全国普通话培训测试丛书

普通话水平测试指导用书

河北版

河北省语言文字培训测试中心　编写
国家语委普通话培训测试中心　审定

商务印书馆

图书在版编目(CIP)数据

普通话水平测试指导用书·河北版／河北省语言文字培训测试中心编.—2版.—北京：商务印书馆，2012
（2023.9重印）
（全国普通话培训测试丛书）
ISBN 978-7-100-08809-1

Ⅰ.①普… Ⅱ.①河… Ⅲ.①普通话—水平测试—自学参考资料 Ⅳ.①H102

中国版本图书馆CIP数据核字(2011)第259081号

权利保留，侵权必究。

PǓTŌNGHUÀ SHUǏPÍNG CÈSHÌ ZHǏDǍO YÒNGSHŪ
普通话水平测试指导用书
河 北 版
河北省语言文字培训测试中心　编写
国家语委普通话培训测试中心　审定

商 务 印 书 馆 出 版
(北京王府井大街36号　邮政编码100710)
商 务 印 书 馆 发 行
北京新华印刷有限公司印刷
ISBN 978-7-100-08809-1

2012年3月第1版　　　开本 850×1168　1/32
2023年9月北京第30次印刷　印张 16⅜
定价：39.00元

普通话水平测试指导用书(河北版)编委会

主 任 委 员：刘教民
副主任委员：宗欢记　王　晖　张淑敏
　　　　　　张二刚　黄振桥
编委会成员：宗欢记　王　晖　张淑敏　张二刚
　　　　　　黄振桥　曹　昭　何秀敏　马美茹
主　　　编：曹　昭

编写人员(按姓氏笔画为序)：
　　　　　　王　晖　何彦杰　张二刚　张淑敏
　　　　　　宗欢记　郝作成　唐健雄　黄振桥
　　　　　　曹　昭　阎浩然

序　　言

开展普通话水平测试是推广普通话的一项重要举措。《中华人民共和国宪法》明确规定:"国家推广全国通用的普通话"。2000年10月31日颁布的《中华人民共和国国家通用语言文字法》,对以普通话为工作语言的人员提出了具体要求,明确规定:"以普通话作为工作语言的播音员、节目主持人和影视话剧演员、教师、国家机关工作人员的普通话水平,应当分别达到国家规定的等级标准;对尚未达到国家规定的普通话等级标准的,分别情况进行培训。"为此,相关行业根据国家法律相继出台了以普通话水平等级标准作为职业准入必备条件之一的规章和文件,如教育部颁布的《教师资格条例实施办法》规定,申请认定教师资格者,其普通话水平应该达到相应的等级标准。2008年1月1日起施行的《河北省实施〈中华人民共和国国家通用语言文字法〉办法》,对国家机关、社会团体、事业单位、幼儿园、学校及其他教育机构工作人员,高等学校、中等职业学校学生,播音员、节目主持人和影视话剧演员、广播员、解说员、话务员、导游员等相关行业人员应达到的普通话水平等级标准做了具体规定。据此，河北省教育厅、省语委决定，从2008年起，在全省各高等学校和中等职业学校（职业中学）中面向所有专业学生开展普通话培训测试工作，使所有专业学生的普通话水平达到法规规定的等级要求。上述法律法规的颁布和实施，为依法开展普通话水平测试工作提供了明确的法律依据。

我省的普通话水平测试工作开始于1996年。16年来，全省广大语言文字工作者怀着对推普事业的无比热爱，坚持以法律为依据，以推广普及普通话为己任，立足服务河北社会经济发展大局，以提高人文素质为目标，大力推动我省的普通话水平测试工作，使它从无到有，范围逐步扩大，数量逐年增加，质量稳步提高，实现了计算机辅助普通话水平测试和网络化管理，在推广普及国家通用语言、增强国民语言规范意识、提高国民语文素质等方面发挥了积极的推动作用。为做好普通话水平测试工作，我省于1995年编写出版了《河北·普通话训练与测试》，2004年7月，我省按照教育部、国家语委2003年修订的《普通话水平测试大纲》，在原有教材基础上，编写了《河北省普通话培训测试教程》。这本教程在我省普通话培训测试工作中发挥了很好的作用，但随着普通话培训测试工作的不断深入和计算机辅助普通话水平测试手段的改革,已经不能适应当前形势的需要。为更好地推广普通话和开展普通话水平测试工作,河北省语委办公室和省语言文字培训测试中心根据国家《普通话水平测试大纲》,结合我省实际,组织专家重新编写了《普通话水平测试指导用书》(河北版)。本书充实了《中华人民共和国国家通用语言文字法》、《河北省实施〈中华人民共和国国家通用语言文字法〉办法》、计算机辅助普通话水平测试等相关内容;使用了国家语委审定的《普通话水平测试实施纲要》中的朗读篇目和说话题目;配备了科大讯飞公司专为此书制作的网上学习测试卡,对学习普通话和参加普通话水平测试的人员更具指导性和实用性。

全书共分六章。第一章对普通话及普通话水平测试做了概要性介绍,第二章从普通话水平测试指导角度,对测试内容和应试技巧进行了详细讲解,第三章至第五章为学习者提供了普通话水平测试的参考内容,规定了我省普通话水平测试的范围,第六章介绍了计算机辅助普通话水平测试的有关内容。本书内容全面,科学规范,整体语言风格简洁、通俗易懂,既吸收了语言的最新研究成果,又贯彻执行了普通话水平测试大纲的新精神,紧跟全国普通话水平测试工作步伐,适宜各类培训和应试人员学习使用。

　　我相信《普通话水平测试指导用书》(河北版)的出版发行,必将对我省推广普及普通话和普通话培训测试工作发挥积极的促进作用。

　　　　　　　　　　　　河北省教育厅厅长　刘教民
　　　　　　　　　　　　　　　　　　2011年9月28日

目　　录

第一章　概述 ·· 1

　第一节　普通话概说 ·· 1

　　一、什么是普通话 ·· 1

　　二、为什么推广普通话 ·· 2

　　三、推广普通话的方针政策 ·· 3

　　四、推广普通话的工作目标 ·· 4

　第二节　方言与河北方言分区 ··· 5

　　一、方言与方言的划分 ·· 5

　　二、河北方言分区 ·· 7

　第三节　普通话水平测试 ··· 10

　　一、普通话水平测试的性质、作用和测试机构 ··············· 10

　　二、普通话水平测试的依据、对象和等级要求 ·············· 11

　　三、普通话水平测试的内容和方式 ······························· 12

　　四、普通话水平测试的等级标准、评分标准、测试

　　　　样卷 ··· 12

　　　（一）等级标准 ··· 12

　　　（二）评分标准 ··· 14

（三）测试样卷 ………………………………… 16

　五、普通话水平测试流程 ……………………………… 17

　　（一）人工测试流程 …………………………………… 17

　　（二）计算机辅助测试流程 …………………………… 18

　六、社会人员如何参加普通话水平测试 ……………… 18

　七、参加普通话水平测试应如何准备 ………………… 19

第二章　普通话培训测试指导 …………………………… 21

　第一节　普通话语音知识 ………………………………… 21

　　一、声母 ………………………………………………… 21

　　二、韵母 ………………………………………………… 29

　　三、声调 ………………………………………………… 43

　　四、音变 ………………………………………………… 45

　　　（一）变调 …………………………………………… 45

　　　（二）轻声 …………………………………………… 48

　　　（三）儿化 …………………………………………… 51

　　　（四）语气词"啊"的音变 ………………………… 55

　　附录　汉语拼音方案 …………………………………… 57

　第二节　普通话水平测试指导 …………………………… 60

　　一、读单音节字词 ……………………………………… 60

　　　（一）概说 …………………………………………… 60

　　　（二）评分标准 ……………………………………… 61

　　　（三）常见问题及解决方法 ………………………… 62

（四）发音训练 …………………………………… 89
　　（五）应试指导 …………………………………… 104
二、读多音节词语 …………………………………… 111
　　（一）概说 ………………………………………… 111
　　（二）评分标准 …………………………………… 112
　　（三）常见问题及解决方法 ……………………… 112
　　（四）音变发音训练 ……………………………… 118
　　（五）应试指导 …………………………………… 123
三、朗读短文 ………………………………………… 127
　　（一）朗读的含义 ………………………………… 128
　　（二）朗读的要求 ………………………………… 128
　　（三）朗读的技巧 ………………………………… 132
　　（四）应试指导 …………………………………… 152
四、命题说话 ………………………………………… 154
　　（一）说话的含义 ………………………………… 154
　　（二）说话的要求 ………………………………… 156
　　（三）应试指导 …………………………………… 158

第三章　普通话水平测试用词语汇总 ……………… 165
　表一：普通话水平测试用词语表 ………………… 165
　表二：普通话水平测试用必读轻声词语表 ……… 371
　表三：普通话水平测试用儿化词语表 …………… 383

第四章　普通话水平测试用朗读作品 ……………… 388

4 普通话水平测试指导用书

第五章 普通话水平测试用说话题目 ……………… 469

第六章 计算机辅助普通话水平测试 ……………… 471

  第一节 计算机辅助普通话水平测试指导 ………… 471

    一、测试简介 …………………………………… 471

    二、注意事项 …………………………………… 472

    三、应试指南 …………………………………… 473

  第二节 考场规则与评分细则 …………………… 479

    一、考场规则 …………………………………… 479

    二、评分细则 …………………………………… 481

附录一 中华人民共和国国家通用语言文字法 ……… 484

附录二 河北省实施《中华人民共和国国家通用语言文字法》办法 ……………………………………… 489

附录三 普通话异读词审音表 ……………………… 495

附录四 河北方言分布示意图 ……………………… 508

后记 ……………………………………………… 509

第一章 概 述

第一节 普通话概说

一、什么是普通话

普通话是以北京语音为标准音，以北方话为基础方言，以典范的现代白话文著作为语法规范的现代汉民族共同语。

从语音上看，普通话以北京语音为标准音。这并不意味着北京人口语中所有的语音成分都可以作为普通话的语音标准，都要作为人们学习普通话的语音参照。实际上，这里的"北京语音"是指北京的语音系统，即北京话的声、韵、调系统，不包括北京话中带有地方色彩的语音成分。

从词汇上看，普通话以北方话为基础方言。"北方话"中的"北方"，不是地理意义上的"北方"，而是一个方言分区意义上的"北方"。北方话分布的区域很大，大致可以包括我国的东北—华北地区、西北地区、西南地区和江淮地区，在不同的地区又形成了"次方言"。使用北方话的人口大约占汉族总人口的四分之三左右。北方话的词汇系统在各地的差异相对较小，适合作为普通话的词汇的基础。

从语法上看，普通话以典范的现代白话文著作为语法规范。"白话"与"文言"相对，用白话写成的文章，遣词造句的方式和行文风格跟人们日常交际所用的口语基本上一致，语法的规范程度比口语更高，以书面的形式存在更有利于人们学习和掌握。

二、为什么推广普通话

语言文字是人类最重要的交际和信息载体，是文化的重要组成部分和鲜明标志，是推动历史发展和社会进步的重要力量。我国是一个多民族、多语言、多方言的人口大国。推广全国通用的普通话，是一项关系到国家统一、民族团结、经济发展和文化传承的基础工程，党中央和国务院在新中国建立之初就将它列入了议事日程。1955年召开了现代汉语规范问题学术会议，征求各方面专家意见，正式确定了普通话为汉民族共同语；1956年国务院成立了以陈毅副总理为主任的中央推广普通话工作委员会，并发出《关于推广普通话的指示》；在"大力提倡、重点推行、逐步普及"的工作方针指导下，我国的推广普通话工作蓬勃发展。改革开放之后，特别是进入20世纪80年代，我国的推普工作进入了一个新的阶段。1982年12月，第五届全国人民代表大会第五次会议通过的新的《中华人民共和国宪法》第十九条规定："国家推广全国通用的普通话。"推广普通话在我国历史上第一次载入国家法律；1997年，国务院批准，自1998年起，每年9月份第三周为全国推广普通话宣传周；同年全国语言文字工作会议确定了2010年以前在全国初步普及普通话的目标；2000年第九届全国人民代表大会常务委员会第十八次会议审议通过了《中华人民共和国国家通用语言文字法》，确立了普通话和规范汉字作为国家通用语言文字的法律地位，明确规定："国家通用语言文字是普通话和规范汉字。""国家推广普通话，推行规范汉字。"

在建设中国特色社会主义现代化的历史进程中，推广和普及普通话，是维护国家主权与尊严、涉及国家核心利益的战略举措。它有利于消除语言隔阂,增进各民族各地区的交流,增强中华民族凝聚力,维护民族团结和国家统一;有利于发展先进生产力,促进商品流通和培育统一的大市场,加快社会主义现代化建设;有利于贯彻教育面向现代化、面向世界、面向未来的战略方针,建设人力资源强国;有利于弘扬中华文化和爱国主义精神,提高全民族的科学文化素质,增强国家软实力。对于促进我国政治和谐、经济发展、文化繁荣,增强民族自豪感,建设中华民族共有精神家园都有重要的意义。

三、推广普通话的方针政策

1957年,国家确定了"大力提倡、重点推行、逐步普及"的推广普通话工作方针。1986年,为了适应改革开放、经济建设和社会发展的需要,国家把推广普通话列为新时期语言文字工作的首要任务。1992年,国家推广普通话工作方针调整为"大力推行、积极普及、逐步提高"。调整后的方针,把工作重点转移到了普及与提高上,在强化政府行为、扩大普通话普及范围、提高全民普通话应用水平方面提出了更高要求。2011年,《国家中长期语言文字事业改革和发展规划纲要》(征求意见稿)(2012年—2020年)提出语言文字事业改革和发展的工作方针——"加快普及,提升能力,弘扬文化,服务大局,和谐发展"。新的语言文字工作方针,一是把加快普及国家通用语言文字作为语言文字事业改革和发展的首要任务;二是把提升国民语言文字应用能力作为语言文字事业改革和发展的根本要求;三是把弘扬中华优秀文化作为语言文字事业改革和发展的重要使命;四是把服务国家经济社会发展大局作为语言文字事业改革和发展的基本原则;五是把构建和谐语言生活作为语言文字事业改革和发展的总体目标。

国家推广普及普通话是不是要求一切人员在一切场合都只能使用普通话呢？当然不是。这需要我们全面了解国家推广普及普通话的政策。首先，要明确普通话是全国通用语言，国家在全国范围内大力推行、积极普及普通话，并逐步提高全社会的普通话水平。其次，各民族语言平等共存，各民族都有使用和发展自己语言的自由；国家鼓励各民族互相学习语言，民族自治地方需要使用汉语的场合，要推广和使用普通话。第三，在处理普通话与方言的关系上，坚持社会语言生活主体化和多样性相结合的原则，一方面使公民普遍具有普通话的应用能力，并在一定场合自觉使用普通话；另一方面承认方言在一定场合有其自身的使用价值和文化价值，推广普通话不是消灭方言。第四，在妥善处理汉语与外语的关系上，要树立母语自尊和认同意识，传承和弘扬中华优秀文化，增强对国家通用语言文字的自信心和自豪感。我们要使各种语言各得其所，各安其位，各展其长，努力形成以国家通用语言为主体的多语言多方言和谐并存良性互动的语言发展态势。

四、推广普通话的工作目标

1997年12月，在第二次全国语言文字工作会议上，国家提出了21世纪推广普通话的工作目标："2010年以前，要在全国范围内实现普通话初步普及，交际中的方言隔阂基本消除，受过中等或中等以上教育的公民具备普通话的应用能力，并在必要的场合自觉地使用普通话，与口语表达关系密切行业的工作人员，其普通话水平达到相应的要求；21世纪中叶，普通话在全国范围内普及，交际中没有方言隔阂，我国国民语文素质将大幅度提高，语言文字的社会应用更加适应社会主义经济、政治、文化建设需要，形成与中等发达国家水平相适应的良好的语言文字环境。"为实现这一目标,国家语委确定了"一个中心,四个重点领域,三项基本措施"的工作思路,即:以城市为中心,以学校为基础,以党政机关为龙头,以广播电视等新闻媒体为榜样,以公共服务行业为窗口,带动全社会全面推广普及普通话。采取了"目标管理、量化评估",开展普通话水平测试和开展全国推广普通话宣传周三项基本措施,保障了新世纪推广普通话工作扎实有效推进。

2011年,《国家中长期语言文字事业改革和发展规划纲要》(征求意见稿)提出了语言文字的工作目标:"到2020年,普通话在全国范围基本普及,汉字社会应用的规范化程度进一步提升,汉语拼音更好地发挥作用。国民的国家通用语言文字意识进一步增强,语言文字应用能力明显提升。语言文字规范标准基本满足社会需求,信息化水平进一步提高。各民族语言文字的科学保护得到加强。语言文字传承和弘扬中华优秀文化的作用进一步发挥。国家语言能力显著增强。"为实现这一目标,国家语委确定了五项工作任务:一是推广和普及国家通用语言文字;二是提升国民语言文字应用能力;三是加强语言文字规范标准和信息化建设;四是加强社会语言生活的监管与服务;五是弘扬中华优秀文化,保护中华语言资源。

第二节 方言与河北方言分区

一、方言与方言的划分

方言是一个专门的术语,指同一种语言因语音、词汇和语法等方面的差异而在不同的地区形成的地域分支或变体。一种语言根据内部差异可以分成不同方言，同一个方言内部，不同地区的人所说的话仍有差异，可以在这个方言的下面再分出"次方言"，次方言的下面还可以再分出"土语片"，土语片的下面还可以再分出"土语小片"，直至一个个方言点。同一种方言、次方言或土语，既有共同的特点，又存在差异，形成不同的层次。对外有差异性，对内有一致性。我们说某某方言，有可能指的是上面的不同层次，如北方方言是方言层次，西南方言是次方言层次，石家庄方言则是土语这个层次。汉语方言之间的差别主要表现在语音上，使用不同方言的人碰到一起，首先感到对方说话时发音与自己不同，其次才会发现对方使用的词语和语法规则与自己的也有些差异。区分方言一般以语音差异为主要依据，也要适当参考词语和语法特点。《中国语言地图集》把汉语方言分为十区：官话区、晋语区、吴语区、徽语区、赣语区、湘语区、闽语区、粤语区、平话区、客家话区，这是方言层次。其中官话区内部又分八区：北京官话、东北官话、冀鲁官话、胶辽官话、中原官话、兰银官话、西南官话、江淮官话。

汉语十大方言见于河北省的有官话和晋语两种，官话内部的次方言见于河北省的有北京官话、冀鲁官话、中原官话三种。

官话旧时指汉语中通行较广的北方话，特别是北京话，也就是北方话内部各种次方言的统称，如北方官话、西南官话、下江官话等。现今官话这一术语指除晋语之外的北方话，即北京官话、东北官话、冀鲁官话、胶辽官话、中原官话、兰银官话、西南官话、江淮官话。北起黑龙江南至云南，从山东、江苏到新疆的大部分说汉语的地区，都属于官话区。使用官话的人口约占70%。

北京官话包括北京市（10个市辖区、8个郊县）、河北省14个市县、天津市1个县、内蒙古自治区4个市县旗、辽宁省6个市县、新疆维吾尔自治区11个市县,共54个市县旗。

冀鲁官话主要分布在河北、山东两省。河北省105个市县、山东省53个市县、天津市5个市县、还有北京市的平谷县、山西省的广灵县,共165个市县。

中原官话以河南省、陕西省关中、山东省西南部为中心,从东到西,分布在江苏、安徽、山东、河北、河南、山西、陕西、甘肃、宁夏、青海、新疆11个省区,390个市县。河北省只有大名、魏县两个县属于中原官话区。

晋语指山西省及其毗连地区有入声的方言,包括山西省78个市县,河北省西部毗邻太行山的35个市县,河南省黄河以北地区17个市县,内蒙古自治区黄河以东28个市县旗,陕西省北部16个市县。

北京官话区、冀鲁官话区、中原官话区、晋语区内部因地区不同语音有很大差异,根据不同地区语音特点划分出若干方言片,每个方言片再根据语音特点分成若干方言小片。

二、河北方言分区

河北省内的方言差异主要是官话和晋语之间的差异以及北京官话、冀鲁官话、中原官话之间的差异,但人们接触更多的却是这些方言片和方言小片的差异。

(一)北京官话

北京官话内部分三片,在河北只有一片,即涿州·承德片,共有13个县市:涿州属保定市、廊坊、固安、香河、大厂、三河以上属廊坊市、承德市、承德县、滦平、平泉、隆化、丰宁、围场以上属承德市。

（二）冀鲁官话

河北省内，冀鲁官话有三片：保定·唐山片、石家庄·邢台片、沧州·黄骅片，共105个市县。每片内部又分若干小片。

1. 保定·唐山片内又分五个方言小片：保定—霸州小片、涞源—阜平小片、唐山—遵化小片、滦县—昌黎小片、抚宁—卢龙小片。

①保定—霸州小片 23 个县市

保定市、清苑、安国、蠡县、博野、定州、唐县、望都、顺平、满城、徐水、易县、涞水、定兴、高碑店、容城、雄县、安新、高阳以上属保定市、霸州、文安、永清、大城以上属廊坊市。

②涞源—阜平小片 4 个县

涞源、阜平、曲阳以上属保定市、蔚县属张家口市。

③唐山—遵化小片 10 个县市

唐山市、丰南、丰润、玉田、唐海、迁安、迁西、遵化以上属唐山市、兴隆、宽城以上属承德市。

④滦县—昌黎小片 4 个县

滦县、滦南、乐亭以上属唐山市、昌黎属秦皇岛市。

⑤抚宁—卢龙小片 4 个县市

秦皇岛市、卢龙、抚宁、青龙以上属秦皇岛市。

2. 石家庄·邢台片又分三个方言小片：赵县—深州小片、邢台—衡水小片、清河—馆陶小片。

①赵县—深州小片 18 个县市

石家庄市、栾城、藁城、高邑、赵县、晋州、无极、深泽、辛集、正定、行唐、新乐、井陉以上属石家庄市、宁晋属邢台市、深州、武强、饶阳、安平以上属衡水市。

②邢台—衡水小片 15 个县市

邢台市、邢台县（东部地区）、南和、任县、平乡、巨鹿、南宫、新河、内丘、临城、隆尧、柏乡_{以上属邢台市}、衡水市、冀州市、枣强_{以上属衡水市}。

③清河—馆陶小片 10 个县

广宗、威县、清河、临西_{以上属邢台市}、故城、吴桥_{以上属沧州市}、邱县、馆陶、曲周、广平（县城以东）_{以上属邯郸市}。

3. 沧州·黄骅片 17 个县市

沧州市、沧县、献县、河间、肃宁、任丘、青县、南皮、泊头、东光、孟村、黄骅、海兴、盐山_{以上属沧州市}、景县、阜城、武邑_{以上属衡水市}。

（三）中原官话

河北省内，中原官话区只有大名、魏县 2 个县_{属邯郸市}。

（四）晋语

河北省内，晋语区分三片：邯郸—邢台片、赞皇—平山片、张家口片。

1. 邯郸—邢台片 17 个县市

邯郸市、邯郸县、磁县、涉县、武安、成安、临漳、魏县（棘林寨以西）、肥乡、永年、曲周（东里町以西）、鸡泽、广平（城关以西）_{以上属邯郸市}、沙河、邢台县（西部地区）、内丘（城关以西）、临城（城关以西）_{以上属邢台市}。

2. 赞皇—平山片 5 个县市

赞皇、元氏、鹿泉（城关以西）、灵寿、平山_{以上属石家庄市}。

3. 张家口片 13 个县市

张家口市、宣化、崇礼、张北、沽源、康保、尚义、万全、阳原、怀安、涿鹿、怀来、赤城以上全属张家口市。

第三节 普通话水平测试

《中华人民共和国国家通用语言文字法》第十九条规定:"凡是以普通话作为工作语言的岗位,其工作人员应当具备说普通话的能力"。掌握和使用一定水平的普通话,是从事现代化建设事业的各行各业人员必备的职业素质。普通话水平测试是推广普通话工作的重要组成部分,是推广普通话工作走向制度化、科学化、规范化的有效举措。对社会的语言生活,对汉语规范化将会产生深远的影响。

一、普通话水平测试的性质、作用和测试机构

普通话水平测试是测查应试人的普通话规范程度、熟练程度,认定其普通话水平等级的标准参照性考试。这项考试注重测查应试人运用普通话的语言水平,不是普通话系统知识的考试,不是文化水平的考核,也不是口才的评估,其目的是检测、评估受测人的语音标准化水平和词汇语法的规范化程度。

普通话水平测试是一项有法律保障的国家级资格证书考试,是在国家语言文字工作部门的领导下,由政府指定的专门机构,根据统一的标准和要求,在全国范围内开展的一项测试。河北省政府指定的测试机构是:河北省语言文字培训测试中心、11个设区市语言文字培训测试站、省部属大中专院校语言文字培训测试站和省广播电影电视局语言文字培训测试站。

开展普通话水平测试是新时期推普工作的重要举措和创新手段。实践证明,通过开展普通话水平测试,有利于加快推广普及普

通话进程,有利于提高全社会普通话水平,有利于推动语言学特别是普通话和语言测试的研究。

二、普通话水平测试的依据、对象和等级要求

1994年,国家语委、国家教委、广播电影电视部联合下发了《关于开展普通话水平测试工作的决定》,对普通话水平测试工作的管理、操作等提出了明确要求。1997年国家语委发布了《普通话水平测试等级标准(试行)》,把普通话水平划分为三级六等。2000年10月31日,第九届全国人大常委会第十八次会议审议通过了《中华人民共和国国家通用语言文字法》,标志着推广普通话工作从此全面走上法制轨道。法律明确规定了普通话是国家机关公务用语,是学校及其他教育机构的教育教学用语,是广播电台、电视台基本的播音用语,是公共服务行业的服务用语。法律规定所有以普通话作为工作用语的人员应当具备说普通话的能力,特别是以普通话作为播音员、节目主持人和影视话剧演员、教师、国家机关工作人员的普通话水平,应当分别达到国家规定的普通话等级标准。2003年5月15日教育部颁布了《普通话水平测试管理规定》(中华人民共和国教育部令第16号),进一步加强了普通话水平测试管理工作,在机构、队伍、参测对象、等级标准等方面提出具体要求。2007年11月23日,河北省第十届人民代表大会常务委员会第三十一次会议通过了《河北省实施〈中华人民共和国国家通用语言文字法〉办法》,进一步确定了河北省普通话水平测试的法律地位,明确了河北省普通话培训测试的对象、普通话水平等级的达标要求。

《河北省实施〈中华人民共和国国家通用语言文字法〉办法》第十条规定:1954年1月1日以后出生的下列人员的普通话水平,应

当根据国家行业主管部门的规定,分别达到以下等级标准:(一)国家机关、社会团体、事业单位工作人员为三级甲等以上,其中省、设区的市、市辖区的国家机关、社会团体、事业单位工作人员为二级乙等以上;(二)幼儿园、学校及其他教育机构的工作人员为三级甲等以上,其中教师及管理人员为二级乙等以上,汉语文教师为二级甲等以上,语音教师为一级乙等以上;(三)高等学校、中等职业学校的学生为二级乙等以上,其中中文、外语、文艺、传媒、旅游等与口语表达密切相关专业的学生为二级甲等以上;(四)广播电台和电视台的播音员、节目主持人及影视话剧演员为一级乙等以上,其中省级广播电台和电视台的播音员、节目主持人为一级甲等;(五)公共服务行业的广播员、解说员、话务员、导游员等特殊岗位人员为二级甲等以上,其他直接面向公众服务的工作人员为三级甲等以上。

三、普通话水平测试的内容和方式

普通话水平测试的内容,包括普通话语音、词汇和语法,分有文字凭借和没有文字凭借两部分。由于汉语各方言和普通话的区别主要表现在语音方面,因此在测试中重点对应试人的语音水平进行测查。

普通话水平测试一律以口试的方式进行。

四、普通话水平测试的等级标准、评分标准、测试样卷

（一）等级标准

1997年国家语委颁布《普通话水平测试等级标准》(试行)。该标准将普通话水平分为三级六等:"三级"是将普通话水平分为

一级、二级和三级,一级可称为标准的普通话,二级可称为比较标准的普通话,三级可称为一般水平的普通话;"六等"指在每一级中进一步分出的甲等和乙等。各个等级的普通话水平具体描述如下:

一级甲等:朗读和自由交谈时,语音标准,词汇、语法正确无误,语调自然,表达流畅。测试总失分率在3%以内。即97分及其以上,为一级甲等。

一级乙等:朗读和自由交谈时,语音标准,词汇、语法正确无误,语调自然,表达流畅。偶然有字音、字调失误。测试总失分率在8%以内。即92分及其以上但不足97分,为一级乙等。

二级甲等:朗读和自由交谈时,声韵调发音基本标准,语调自然,表达流畅。少数难点音(平翘舌音、前后鼻尾音、边鼻音等)有时出现失误。词汇、语法极少有误。测试总失分率在13%以内。即87分及其以上但不足92分,为二级甲等。

二级乙等:朗读和自由交谈时,个别调值不准,声韵母发音有不到位现象。难点音(平翘舌音、前后鼻尾音、边鼻音、fu—hu、z—zh—j不分、送气不送气、i—ü不分、保留浊塞音和浊塞擦音、丢介音、复韵母单音化等)失误较多。方言语调不明显。有使用方言词、方言语法的情况。测试总失分率在20%以内。即80分及其以上但不足87分,为二级乙等。

三级甲等:朗读和自由交谈时,声韵调发音失误较多,难点音超出常见范围,声调调值多不准。方言语调较明显。词汇、语法有失误。测试总失分率在30%以内。即70分及其以上但不足80分,为三级甲等。

三级乙等:朗读和自由交谈时,声韵调发音失误多,方音特征突出。方言语调明显。词汇、语法失误较多。外地人听其谈话有听不懂的情况。测试总失分率在40%以内。即60分及其以上但不足70分,为三级乙等。

《普通话水平测试等级标准》是全国统一的标准,是制定《普通话水平测试大纲》的重要依据。

(二)评分标准

普通话水平测试满分为100分。测试卷共4个组成部分,评分标准分别如下:

1.读单音节字词(100个音节,不含轻声、儿化音节),限时3.5分钟,共10分。

(1)语音错误,每个音节扣0.1分。

(2)语音缺陷,每个音节扣0.05分。

(3)超时1分钟以内,扣0.5分;超时1分钟以上(含1分钟),扣1分。

2.读多音节词语(100个音节),限时2.5分钟,共20分。

(1)语音错误,每个音节扣0.2分。

(2)语音缺陷,每个音节扣0.1分。

(3)超时1分钟以内,扣0.5分;超时1分钟以上(含1分钟),扣1分。

(4)词语内部音节与音节之间明显读断,酌情一次性扣0.5—1分。

(5)双音节词语中重格式处理不当,每次扣0.1分。

3.朗读短文(1篇,400个音节),限时4分钟,共30分。

(1)每错1个音节,扣0.1分;漏读或增读1个音节,扣0.1分。

(2)声母或韵母的系统性语音缺陷,视程度扣 0.5 分、1 分。

(3)语调偏误(语调偏误主要指语流中显现的与普通话语调不一致的问题,如:音节的调值和调型不准确,词语的轻重格式不恰当,音节的长短不合理,连读音变不自然,语调的轻重、快慢、高低、停连的配置与变化同普通话语调有差异等),视程度扣 0.5 分、1 分、2 分。

(4)停连不当(主要指割裂词语、肢解句子、产生歧义等停连不当问题),视程度扣 0.5 分、1 分、2 分。

(5)朗读不流畅(包括回读),视程度扣 0.5 分、1 分、2 分。

(6)超时扣 1 分。

4.命题说话,限时 3 分钟,共 40 分。

由应试人从给定的两个话题中选定 1 个话题,连续说一段话。

(1)语音标准程度,共 25 分。分六档:

一档:语音标准,或极少有失误。扣 0 分、1 分、2 分。

二档:语音错误在 10 次以下,有方音但不明显。扣 3 分、4 分。

三档:语音错误在 10 次以下,但方音比较明显;或语音错误在 10 次－15 次之间,有方音但不明显。扣 5 分、6 分。

四档:语音错误在 10 次－15 次之间,方音比较明显。扣 7 分、8 分。

五档:语音错误超过 15 次,方音明显。扣 9 分、10 分、11 分。

六档:语音错误多,方音重。扣 12 分、13 分、14 分。

(2)词汇语法规范程度,共 10 分。分三档:

一档:词汇、语法规范。扣 0 分。

二档:词汇、语法偶有不规范的情况。扣 1 分、2 分。

三档:词汇、语法屡有不规范的情况。扣 3 分、4 分。

(3)自然流畅程度,共5分。分三档:

一档:语言自然流畅。扣0分。

二档:语言基本流畅,口语化较差,有背稿子的表现。扣0.5分、1分。

三档:语言不连贯,语调生硬。扣2分、3分。

说话不足3分钟,酌情扣分:缺时1分钟以内(含1分钟),扣1分、2分、3分;缺时1分钟以上,扣4分、5分、6分;说话30秒以内(含30秒),本测试项成绩计为0分。

(三) 测试样卷

1. 读100个单音节字词

昼 八 迷 先 毡 皮 幕 美 彻 飞
鸣 破 捶 风 豆 蹲 霞 掉 桃 定
官 铁 翁 念 劳 天 旬 沟 狼 口
靴 娘 嫩 机 蕊 家 跪 绝 趣 全
瓜 穷 屡 知 狂 正 裘 中 恒 社
槐 事 轰 竹 掠 茶 肩 常 概 虫
皇 水 君 人 伙 自 滑 早 绢 足
炒 次 渴 酸 勤 鱼 筛 院 腔 爱
鳖 袖 滨 竖 搏 刷 瞟 帆 彩 愤
司 滕 寸 峦 岸 勒 歪 尔 熊 妥

2. 读多音节词语(100个音节,其中含双音节词语45个,三音节词语2个,4音节词语1个)

取得 阳台 儿童 夹缝儿 混淆
衰落 分析 防御 沙丘 管理

此外	便宜	光环	塑料	扭转
加油	队伍	挖潜	女士	科学
手指	策略	抢劫	森林	侨眷
模特儿	港口	没准儿	干净	日用
紧张	炽热	群众	名牌儿	沉醉
快乐	窗户	财富	应当	生字
奔跑	晚上	卑劣	包装	洒脱
现代化	委员会	轻描淡写		

3. 朗读短文：请朗读作品12号。

4. 命题说话：请按照话题"我的业余生活"或"我熟悉的地方"说一段话（3分钟）。

五、普通话水平测试流程

河北省的普通话水平测试在2007年前是由2—3名普通话水平测试员人工评分。2007年开始逐步推行计算机辅助普通话水平测试。这两种测试形式的流程不同，分别介绍如下。

（一）人工测试流程

1. 入场、抽题备测。应试人须带《准考证》和有效身份证件（身份证或工作证、学生证等）提前到"候测室"报到，按考生名单顺序逐人入场。入场后，先由测试员核实《准考证》和有效身份证件，经查验无误后，再抽取考题（包括一、二项试题和朗读作品、说话题目的题签）进行准备。应试人的备测时间应不少于10分钟。

2. 测试。应试人首先报单位、姓名、准考证号及试卷编号，然后依次完成四项测试内容。测试完毕将试卷交测试员，并迅速离开考场和测试现场,禁止与未测人员交流。

(二) 计算机辅助测试流程

1. 应试人按照规定的时间到候测室报到,交验"准考证"和身份证,按准考证号顺序入座。遵守《计算机辅助普通话水平测试考场规则》。

2. 应试人按照准考证号的顺序由候测室到备测室进行测前准备。在备测室入口处,工作人员负责应试人抽取座位号,应试人入座准备,每个座位号前准备一份试卷,其座位号、试卷号与机位号一致。备测时间为10分钟。

3. 备测时间结束,应试人将试卷放在原位,带上座位号按顺序排队到测试室相应机位进行测试。考务人员再次核对应试人员身份证、准考证和座位号。在考务人员指导下,应试人正确佩戴耳机,正确操作计算机,按照计算机提示核对个人信息,试音,按顺序进行第一至四题项的测试,测试时声音要清晰,音量要适中。

4. 每场次测试结束,经考务人员确认应试状况无误,应试人方可离开测试室。

六、社会人员如何参加普通话水平测试

(一) 测试机构:根据河北省语言文字工作委员会的文件有关要求,由河北师范大学和11个设区市语言文字培训测试站负责定期面向社会上自愿报名人员开展普通话水平测试。

(二) 报名地点和方式:到本人所在的设区市或河北师范大学语言文字培训测试站就近现场报名或网上报名。

(三) 报名时间:现场报名时间原则上为每年3、6、9、12月的

10—15日;具体时间和报名方式由相关测试站确定。

（四）测试时间:原则上安排在报名当月的25—28日,各测试站可根据报名情况确定具体的测试时间,确定后提前在网上或以其他方式公示。

（五）报名有关事项:1.携带本人身份证原件,到测试站进行电子采像或上传电子照片,交纳测试费50元,领取准考证;并认真核对姓名、身份证号码等个人信息。2.应试人未在规定的时间参加测试,视为自动放弃,测试费不予退还。3.应试人不能报名的,可以委托他人代办报名手续。报名时,受委托人须同时携带应试人和委托人的身份证。测试前应试人员在测试站补办电子采像。4.选择网上报名方式的,其报名手续按照相关测试站的要求办理。

七、参加普通话水平测试应如何准备

（一）熟悉测试内容。普通话水平测试包括读单音节字词、多音节词语、朗读短文、命题说话共四项内容。其范围均在本测试指导用书第三章的《普通话水平测试用词语表》《普通话水平测试用必读轻声词语表》《普通话水平测试用儿化词语表》《普通话水平测试用朗读作品》《普通话水平测试用说话题目》中。应试人在测试前应认真研究以上内容,有针对性地进行准备和练习。

（二）参加普通话培训。要积极参加普通话水平测试的相关培训,学习语音知识,掌握发音方法和朗读、说话技巧,找到自己语音中的缺陷和问题,努力提高自身的普通话水平。要认真学习普通话水平测试等级标准,明确普通话等级要求和测试过程中应注意的问题,尽量减少测试失误。

（三）掌握测试方法和注意事项。要认真学习本书中"计算机辅助普通话水平测试指导"、"考场规则"的有关内容,熟练掌握计算机辅助普通话水平测试的操作程序和考场要求,力争取得好的测试成绩。

第二章 普通话培训测试指导

第一节 普通话语音知识

普通话语音系统主要包括声母、韵母、声调、音变以及音节等。音节是人们听觉上最容易分辨、最自然的语音单位。比如,"普通话"就包括了3个音节。一般来说,1个汉字就对应着1个音节,但在记录"儿化音"时例外,比如,"尖儿"是两个字代表了1个音节,"小孩儿"是3个字代表了两个音节。我国传统音韵学把1个音节分为声母、韵母、声调3个部分。

一、声母

声母是指汉语音节开头的辅音(在发音时气流受到发音器官阻碍并要克服阻碍而发出的音)。如"测"(cè)的声母是"c","试"(shì)的声母是"sh"。在普通话里,还有许多音节不是以辅音开头的,如"安"、"鸥"、"额"、"有"、"无"、"月"等音节开头的音分别是元音(发音时气流不受阻碍、声带振动的音)ɑ、o、e、i、u、ü,这样看来,这些音节就没有声母了。但是,我们仍旧可以赋予这些音节以"声母"的概念,即"零声母",这些音节就称为"零声母音节"。算上零声母,普通话里声母的数量共22个。22个声母中有21个由辅音充当。我们可以根据辅音的发音部位和发音方法给普通话的21

个辅音声母分类。

1. 根据发音部位分类

根据发音部位,普通话的辅音声母可以分为 7 类。

(1)双唇音 3 个　上唇和下唇形成阻碍,如 b p m。

(2)唇齿音 1 个　上齿和下唇形成阻碍,如 f。

(3)舌尖前音 3 个　又叫做平舌音,舌尖和上齿背形成阻碍,如 z c s。

(4)舌尖中音 4 个　舌尖和上齿龈形成阻碍,如 d t n l。

(5)舌尖后音 4 个　又叫做翘舌音,舌尖和硬腭前部形成阻碍,如 zh ch sh r。

(6)舌面音 3 个　也叫舌面前音,舌面前部和硬腭形成阻碍,如 j q x。

(7)舌根音 3 个　也叫做舌面后音,舌根和软腭形成阻碍,如 g k h。

2. 根据发音方法分类

(1)根据形成阻碍(成阻)和清除阻碍(除阻)的发音方式,普通话里的辅音声母可以分为 5 类。

①塞音 6 个　成阻时,发音部位完全闭塞,阻塞了气流的通路;除阻时,发音部位突然完全放开,气流骤然冲出,爆发成声。如 b p d t g k。

②擦音 6 个　成阻时,发音部位的两部分靠拢,但并不完全闭塞,形成一个窄缝;除阻时,气流从窄缝里挤出来,摩擦成声。如 f s sh r x h。

③塞擦音 6 个　成阻时,发音部位完全闭塞,封闭了气流的通路;除阻时,发音部位打开一个窄缝,气流从窄缝里挤出来,形成摩

擦。如 z c zh ch j q。

④鼻音 2 个　发鼻音时,发音部位的两部分完全闭塞,同时软腭下垂,打开鼻腔的通路,气流冲击声带从鼻腔里流出,在鼻腔内形成共鸣。如 m n。

⑤边音 1 个　成阻时,舌尖抵住上齿龈,阻挡了气流正前方的通路;除阻时,舌头的两边松弛,气流冲击声带,从舌头两边的空隙中流出。如 l。

(2)根据气流的强弱,普通话里的辅音声母可以分为两类。

①送气音　发音除阻时,从口腔里送出的气流比较强。送气音有 p t k c ch q 6 个。

②不送气音　发音除阻时,从口腔里送出的气流比较弱。不送气音有 b d g z zh j 6 个。

在普通话里,只有塞音和塞擦音才有"送气/不送气"的特征,而且,6 个送气音和 6 个不送气音是 p—b　t—d　k—g c—z　ch—zh q—j 一一对应的。其他辅音声母没有"送气/不送气"的特征。

(3)根据声带是否振动,普通话里的辅音声母可以分为两类。

①清音　发音时声带不振动的辅音叫做清音。普通话声母 b p f d t z c s zh ch sh j q x g k h 17 个辅音是清音。

②浊音　发音时声带振动的辅音叫做浊音。普通话声母 m n l r 4 个辅音是浊音。

普通话里没有清浊对立,塞音、塞擦音和擦音(r 除外)都是清辅音声母,鼻音、边音都是浊辅音声母。

一个辅音声母,可以从发音部位和发音方法两个方面进行描述。例如,b 描述为双唇不送气清塞音;q 描述为舌面送气清塞擦音;h 描述为舌根清擦音。详见下表。

普通话辅音声母表

发音方法 \ 发音部位			双唇音	唇齿音	舌尖音			舌面音	舌根音
					舌尖前音	舌尖中音	舌尖后音		
塞音	清	不送气	b			d			g
		送气	p			t			k
塞擦音	清	不送气			z		zh	j	
		送气			c		ch	q	
擦音		清		f	s		sh	x	h
		浊					r		
鼻音		浊	m			n			(ng)（注）
边音		浊				l			

注：①在普通话中，辅音"ng"不能做声母。②零声母在此表中不体现。

下面分别介绍普通话每个辅音声母的发音情况。

b 双唇不送气清塞音。发音时，双唇闭合，软腭上升堵塞鼻腔通路，气流通路完全封闭，然后双唇打开，气流骤然冲出，爆发成声。声带不振动。例如：

  辨别 biànbié 颁布 bānbù 包办 bāobàn

  标本 biāoběn 褒贬 bāobiǎn 奔波 bēnbō

p 双唇送气清塞音。发音的情况和 b 基本相同，只是在除阻时气流较强。例如：

  批评 pīpíng 匹配 pǐpèi 偏旁 piānpáng

  瓢泼 piáopō 品评 pǐnpíng 乒乓 pīngpāng

m 双唇浊鼻音。发音时，双唇闭合，软腭下降，打开气流的鼻腔通路，使气流从鼻腔流出。声带振动。例如：

眉目 méimù　　　秘密 mìmì　　　面貌 miànmào
美妙 měimiào　　埋没 máimò　　 密谋 mìmóu

f 唇齿清擦音。发音时，上齿接近下唇，形成窄缝，软腭上升堵塞鼻腔通路，气流从唇齿间的窄缝里挤出，摩擦成声。声带不振动。例如：

方法 fāngfǎ　　　反复 fǎnfù　　　仿佛 fǎngfú
奋发 fènfā　　　 防范 fángfàn　　芬芳 fēnfāng

d 舌尖中不送气清塞音。发音时，舌尖抵住上齿龈，软腭上升堵塞鼻腔通路，气流通路完全封闭，然后舌尖离开上齿龈，气流骤然冲出，爆发成声。声带不振动。例如：

到底 dàodǐ　　　 等待 děngdài　　地点 dìdiǎn
道德 dàodé　　　单调 dāndiào　　担当 dāndāng

t 舌尖中送气清塞音。发音的情况和 d 基本相同，只是在除阻时气流较强。例如：

拖沓 tuōtà　　　 团体 tuántǐ　　　探讨 tàntǎo
体贴 tǐtiē　　　 逃脱 táotuō　　　体态 tǐtài

n 舌尖中浊鼻音。发音时，舌尖抵住上齿龈，封闭气流的口腔通路，软腭下降，打开气流的鼻腔通路，使气流从鼻腔流出。声带振动。例如：

男女 nánnǚ　　　恼怒 nǎonù　　　能耐 néng·nai
牛奶 niúnǎi　　　泥泞 nínìng　　　农奴 nóngnú

l 舌尖中浊边音。发音时，舌尖抵住上齿龈，软腭上升堵塞鼻腔通路，气流从舌头的两边流出。声带振动。例如：

力量 lì·liàng　　理论 lǐlùn　　　　联络 liánluò
来历 láilì　　　　流浪 liúlàng　　　利率 lìlǜ

g 舌根不送气清塞音。发音时,舌根抵住软腭,软腭后部上升堵塞鼻腔通路,气流通路完全封闭,然后舌根离开软腭,气流骤然冲出,爆发成声。声带不振动。例如:

公共 gōnggòng　　改革 gǎigé　　　巩固 gǒnggù
广告 guǎnggào　　观光 guānguāng　过关 guòguān

k 舌根送气清塞音。发音的情况和 g 基本相同,只是在除阻时气流较强。例如:

可靠 kěkào　　　　宽阔 kuānkuò　　困苦 kùnkǔ
坎坷 kǎnkě　　　　空旷 kōngkuàng　苛刻 kēkè

h 舌根清擦音。发音时,舌根接近软腭,形成一个窄缝,软腭上升堵塞鼻腔通路,气流从窄缝里挤出来,摩擦成声。声带不振动。例如:

合乎 héhū　　　　辉煌 huīhuáng　　后悔 hòuhuǐ
荷花 héhuā　　　　好坏 hǎohuài　　　横祸 hènghuò

j 舌面不送气清塞擦音。发音时,舌面前部抵住硬腭前部,软腭上升堵塞鼻腔通路,然后舌面微微离开硬腭,形成一个窄缝,气流从中挤出,摩擦成声。声带不振动。例如:

经济 jīngjì　　　　解决 jiějué　　　接近 jiējìn
讲究 jiǎng·jiu　　拒绝 jùjué　　　　艰巨 jiānjù

q 舌面送气清塞擦音。发音的情况和 j 基本相同,只是在除阻时气流较强。例如:

亲切 qīnqiè　　　　请求 qǐngqiú　　　确切 quèqiè
齐全 qíquán　　　　牵强 qiānqiǎng　　情趣 qíngqù

x 舌面清擦音。发音时,舌面前部接近硬腭前部,形成一个窄缝。软腭上升堵塞鼻腔通路,气流从窄缝里挤出来,摩擦成声。声带不振动。例如:

学习 xuéxí　　　现象 xiànxiàng　　新鲜 xīn·xiān
喜讯 xǐxùn　　　遐想 xiáxiǎng　　　显现 xiǎnxiàn

zh 舌尖后不送气清塞擦音。发音时,舌尖抵住硬腭前部,软腭上升堵塞鼻腔通路,然后舌尖微微离开硬腭,形成一个窄缝,气流从中挤出,摩擦成声。声带不振动。例如:

政治 zhèngzhì　　真正 zhēnzhèng　　挣扎 zhēngzhá
注重 zhùzhòng　　周转 zhōuzhuǎn　　支柱 zhīzhù

ch 舌尖后送气清塞擦音。发音的情况和 zh 基本相同,只是在除阻时气流较强。例如:

惩处 chéngchǔ　　长城 chángchéng　　出差 chūchāi
拆除 chāichú　　　驰骋 chíchěng　　　穿插 chuānchā

sh 舌尖后清擦音。发音时,舌尖接近硬腭前部,形成一个窄缝,软腭上升堵塞鼻腔通路,气流从窄缝里挤出来,摩擦成声。声带不振动。例如:

少数 shǎoshù　　　闪烁 shǎnshuò　　实施 shíshī
上升 shàngshēng　山水 shānshuǐ　　税收 shuìshōu

r 舌尖后浊擦音。发音的情况和 sh 基本相同,只是声带振动。例如:

柔软 róuruǎn　　　软弱 ruǎnruò　　　容忍 róngrěn
荣辱 róngrǔ　　　如若 rúruò　　　　仍然 réngrán

z 舌尖前不送气清塞擦音。发音时,舌尖抵住上齿背,软腭上升堵塞鼻腔通路,然后舌尖微微离开齿背,形成一个窄缝,气流从

中挤出,摩擦成声。声带不振动。例如:

自尊 zìzūn　　　造作 zàozuò　　　栽赃 zāizāng
走卒 zǒuzú　　　总则 zǒngzé　　　祖宗 zǔ·zong

c 舌尖前送气清塞擦音。发音的情况和 z 基本相同,只是在除阻时气流较强。例如:

猜测 cāicè　　　仓促 cāngcù　　　草丛 cǎocóng
参差 cēncī　　　措辞 cuòcí　　　残存 cáncún

s 舌尖前清擦音。发音时,舌尖接近上齿背,形成一个窄缝,软腭上升堵塞鼻腔通路,气流从窄缝里挤出来,摩擦成声。声带不振动。例如:

诉讼 sùsòng　　　搜索 sōusuǒ　　　松散 sōngsǎn
琐碎 suǒsuì　　　洒扫 sǎsǎo　　　速算 sùsuàn

零声母

零声母也是一种声母。例如下面这些词语,其中每一个音节的声母都是零声母:

哀怨 āiyuàn　　　奥义 àoyì　　　昂扬 ángyáng
偶尔 ǒu'ěr　　　欧元 ōuyuán　　　俄文 éwén
恩爱 ēn'ài　　　盈余 yíngyú　　　音乐 yīnyuè
万物 wànwù　　　无涯 wúyá　　　委婉 wěiwǎn
云烟 yúnyān　　　游泳 yóuyǒng　　　援引 yuányǐn

正确掌握普通话声母的发音是学好普通话的重要环节。首先,要从根本上了解和掌握声母的发音原理。普通话的声母除零声母外都是由辅音充当的,在学习的过程中要注意从发音部位和发音方法两个方面来掌握辅音的发音要领。其次,要加强方言和普通话的对比与分析，找出二者在声母方面存在的主要差异。在对比分析的时候，要注意总结对应规律，做到举一反三，触类旁通，这样就可以取得事半功倍的效果。最后，由于学习使用普通话具有很强的实践性，因而，在学习普通话理论知识的时候一定不能"纸上谈兵"，要在理论的指导下加强口头练习，反复揣摩，不断强化，最终熟练掌握声母的发音技能。

二、韵母

韵母是音节中声母后面的部分。如"语"（yǔ）的韵母是ü，"言"（yán）的韵母是ian。普通话的韵母可以是1个元音，也可以是两个或三个元音的组合，还可以是元音和辅音的组合。韵母可以分为韵头、韵尾、韵腹三个部分，韵腹是主要元音，相对而言，这个元音的开口度较大，声音较响亮。例如ai ian ua中的韵腹是a，uo ou中的韵腹是o，ie uei中的韵腹是e。韵母中韵腹前面的元音叫做韵头，充当韵头的都是高元音 i u ü；韵腹后面的音素叫做韵尾，充当韵尾的音素有高元音 i u 和鼻音 n ng。并非每一个韵母都是"头、腹、尾"俱全，有的只有韵头和韵腹，有的只有韵腹和韵尾，而有的只有韵腹。可见，在韵母中必定有韵腹，韵腹是一个韵母的核心。

普通话有39个韵母，按结构分，可分为单元音韵母、复元音韵母、带鼻音韵母3类。其中，单元音韵母10个：a o e ê i u ü -i(前) -i(后) er。复元音韵母13个：ai ei ao ou ia ie ua uo üe iao iou uai uei。带鼻辅音n ng韵尾的韵母16个：an ian uan üan en in uen ün ang iang uang eng ing ueng ong iong。

普通话的韵母按开头的元音发音口型,还可分为开口呼韵母、齐齿呼韵母、合口呼韵母、撮口呼韵母 4 类。开口呼韵母,指没有韵头而韵腹又不是 i u ü 的韵母。如 a o e ai ou eng 等。齐齿呼韵母,指韵头或韵腹是 i 的韵母。如 i ia ie iou ian ing 等。合口呼韵母,指韵头或韵腹是 u 的韵母。如 u ua uo uai uan 等。撮口呼韵母,指韵头或韵腹是 ü 的韵母。如 ü üe üan ün 等。

详见"普通话韵母总表"。

普通话韵母总表

按结构分	按口形分	开口呼	齐齿呼	合口呼	撮口呼	按口形分 / 按韵尾分
单韵母	单元音韵母	-i(前) -i(后) a o e ê er	i	u	ü	无韵尾韵母
复合韵母	复元音韵母	ai ei ao ou	ia ie iao iou	ua uo uai uei	üe	元音韵尾韵母
	带鼻音韵母	an en ang eng	ian in iang ing	uan uen uang ueng ong(注)	üan ün iong(注)	鼻音韵尾韵母

注:ong 放在合口呼、iong 放在撮口呼,是按它们的实际读音

排列的。《汉语拼音方案》用 ong、iong 表示[uŋ]、[yŋ]，没有采用 ung、üng，是为了使字形清晰，避免手写体 u 和 o 相混。

下面分别介绍普通话 39 个韵母的发音情况。

1. 单元音韵母

由单元音构成的韵母叫单元音韵母，简称单韵母，普通话里有 10 个。单元音发音时，舌位、唇形及开口度始终不变。单元音韵母的不同，主要是由发音时舌位的高低、前后和唇形的圆展不同造成的。

（1）舌面元音韵母

普通话里一共有 7 个舌面元音韵母，分别是 a o e ê i u ü。舌面元音韵母发音时，舌头起主要作用的部位是舌面。舌头较高的部位叫舌位，口腔开合的程度叫开口度。舌位可以升高或降低，可以前伸或后缩，开口度可大可小，唇形可圆可展。普通话舌面元音韵母的发音情况，一般从这 3 个方面进行分类。

①根据舌位的高低，可以分出高元音、半高元音、半低元音和低元音 4 类。

②根据舌位的前后，可以分出前元音、央元音和后元音 3 类。

③根据唇形圆还是不圆，可以分出圆唇元音和不圆唇元音两类。

在下面的"舌面元音舌位唇形图"上可以直观地看到它们的位置。这个四边形代表了舌位在口腔内高低、前后的范围。标写在斜竖线左侧的音是不圆唇元音，右侧的是圆唇元音。这样，就可以得到这 7 个舌面元音的基本的发音特征：

a 央低不圆唇元音

o 后半高圆唇元音

e 后半高不圆唇元音
ê 前半低不圆唇元音
i 前高不圆唇元音
u 后高圆唇元音
ü 前高圆唇元音

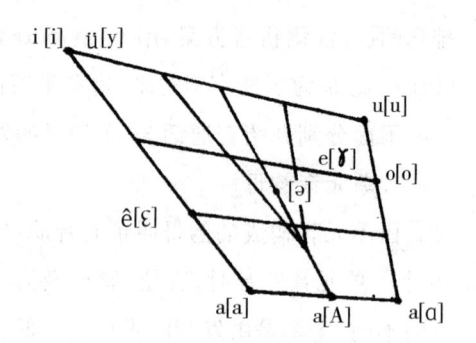

i[i] ü[y]
u[u]
e[ɤ]
[ə]
o[o]
ê[ɛ]
a[a] a[A] a[ɑ]

a 舌面央低不圆唇元音（舌面元音、央元音、低元音、不圆唇元音的简称，以下类推）。发音时，口大开，舌尖微离或接近下齿背，舌面中部偏后微微隆起，和硬腭后部相对。韵母为 a 的词语举例：

沙发 shāfā　　疤瘌 bā·la　　打岔 dǎchà
蛤蟆 há·ma　　腊八 làbā　　哈达 hǎdá

o 舌面后半高圆唇元音。发音时，上下唇自然拢圆，舌身后缩，舌面后部隆起，和软腭相对，舌位半高。韵母为 o 的词语举例：

泼墨 pōmò　　薄膜 bómó　　饽饽 bō·bo
默默 mòmò　　婆婆 pó·po　　薄弱 bóruò

e 舌面后半高不圆唇元音。发音状况与 o 基本相同，但双唇要自然展开。韵母为 e 的词语举例：

特色 tèsè　　车辙 chēzhé　　色泽 sèzé
折射 zhéshè　　合格 hégé　　客车 kèchē

ê 舌面前半低不圆唇元音。发音时，口自然打开，舌尖微触下齿背，舌面前部隆起，和硬腭相对。普通话中只有"欸"这个字念 ê。韵母含有 ê 的词语举例：

解决 jiějué　　确切 quèqiè　　孑孓 jiéjué

趔趄 liè•qie　　谐谑 xiéxuè　　雀跃 quèyuè

i 舌面前高不圆唇元音。发音时，口微开，双唇呈扁平形，嘴角向两边展开，上下齿相对，舌尖接触下齿背，舌面前部隆起和硬腭前部相对。韵母为 i 的词语举例：

激励 jīlì　　荸荠 bí•qí　　利益 lìyì

谜底 mídǐ　　气息 qìxī　　洗涤 xǐdí

u 舌面后高圆唇元音。发音时，双唇拢圆，留一小孔，舌头后缩，舌面后部高度隆起，和软腭相对。韵母为 u 的词语举例：

目录 mùlù　　酷暑 kùshǔ　　朴素 pǔsù

入伍 rùwǔ　　祝福 zhùfú　　突出 tūchū

ü 舌面前高圆唇元音。发音时，状况与 i 基本相同，但唇形拢圆。韵母为 ü 的词语举例：

序曲 xùqǔ　　区域 qūyù　　须臾 xūyú

语序 yǔxù　　雨具 yǔjù　　屈居 qūjū

(2) 舌尖元音韵母

普通话里有两个舌尖元音韵母 -i(前) -i(后)。舌尖元音韵母发音时，起主要作用的部位是舌尖。舌尖前伸接近上齿背；或舌尖向上翘起，接近硬腭，使口腔形成前腔小后腔大的形状。

-i(前)　舌尖前高不圆唇元音。发音时，口略开，嘴角向两旁展开，舌尖和上齿背相对，保持适当距离，气流通路虽然狭窄，但气流通过时不发生摩擦。这个韵母在普通话中只出现在 z、c、s 声母的后面，用普通话念"兹"并拉长，字音的后面部分就是 -i(前)。韵母为 -i(前) 的词语举例：

私自 sīzì　　此次 cǐcì　　字词 zìcí

自私 zìsī　　刺字 cìzì　　次子 cìzǐ

-i(后) 舌尖后高不圆唇元音。发音时,展唇,舌尖上翘,和硬腭相对,保持适当距离,气流通路虽然狭窄,但气流通过时不发生摩擦。这个韵母只出现在 zh、ch、sh、r 声母的后面,用普通话念"知"拉长,字音后面的部分就是-i(后)。韵母为-i(后)的词语举例:

实质 shízhì　　　指示 zhǐshì　　　支持 zhīchí
市尺 shìchǐ　　　日志 rìzhì　　　值日 zhírì

(3)卷舌元音韵母

普通话里只有 1 个卷舌元音韵母 er。卷舌元音韵母发音时,有个舌尖抬起向硬腭滑动的卷舌动作。

er 卷舌央中不圆唇元音。发音时,口自然打开,舌位不前不后不高不低,舌前部上抬,舌尖向后卷,和硬腭前端相对。韵母为 er 的词语举例:

而且 érqiě　　　儿歌 érgē　　　耳朵 ěr·duo
二胡 èrhú　　　儿女 érnǚ　　　儿子 ér·zi

2. 复元音韵母

由复元音构成的韵母叫复元音韵母,简称复韵母,普通话里有 13 个。复元音韵母发音时舌位、唇形都有变化。复韵母的发音有 3 个特点:

第一,由发前音到发后音,是从一个元音的发音状况快速向另一个元音的发音状况过渡,舌位的高低前后、口腔的开闭、唇形的圆展,都是逐渐变动的,而不是突变,中间有一串过渡音。

第二,由发前音到发后音的过程中,气流不中断,中间没有明显的界限,发的音围绕一个中心形成一个整体。

第三,有的韵母可分为韵头、韵腹、韵尾,发音时三者的轻重长短不一致。韵头的发音轻而短,只表示复韵母发音的起点,一发就滑向韵腹了;韵腹的发音与韵头和韵尾相比,声音最清晰、响亮,也最长;韵尾的发音短,且音值含混、不太固定。

韵腹是每个韵母必有的,韵头、韵尾不是每个韵母都有。根据韵头韵尾的有无或韵腹所在位置,13个复韵母可以分为以下3类:

(1)前响复元音韵母

指韵腹在前的复元音韵母,普通话中有4个:ai、ei、ao、ou。发前面的元音后立刻滑向后面的元音,后者音值含混,只表示舌位滑动的方向。例如:

ai	拍卖 pāimài	采摘 cǎizhāi
	拆台 chāitái	海带 hǎidài
	灾害 zāihài	掰开 bāikāi
ei	蓓蕾 bèilěi	飞贼 fēizéi
	肥美 féiměi	配备 pèibèi
	贝类 bèilèi	美味 měiwèi
ao	号召 hàozhào	报告 bàogào
	草帽 cǎomào	跑道 pǎodào
	讨好 tǎohǎo	妖娆 yāoráo
ou	收购 shōugòu	丑陋 chǒulòu
	抖擞 dǒusǒu	口授 kǒushòu
	喉头 hóutóu	露丑 lòuchǒu

(2) 后响复元音韵母

指韵腹在后的复元音韵母,普通话中有 5 个:ia、ie、ua、uo、üe。发音时,前面的元音轻短,只表示舌位从那里开始移动,后面的元音清晰响亮。例如:

ia	加价 jiājià	恰恰 qiàqià
	压价 yājià	下牙 xiàyá
	加压 jiāyā	下辖 xiàxiá

ie	贴切 tiēqiè	结业 jiéyè
	趔趄 liè·qie	歇业 xiēyè
	结节 jiéjié	窃窃 qièqiè

| ua | 耍滑 shuǎhuá | 挂花 guàhuā |
| | 娃娃 wá·wa | 花袜 huāwà |

uo	硕果 shuòguǒ	菠萝 bōluó
	错过 cuòguò	阔绰 kuòchuò
	哆嗦 duō·suo	脱落 tuōluò

| üe | 雀跃 quèyuè | 约略 yuēlüè |
| | 决绝 juéjué | 雪月 xuěyuè |

(3) 中响复元音韵母

指韵腹居中的复元音韵母,普通话中有 4 个:iao、iou、uai、uei。发音时,前面的元音轻短,中间的元音清晰响亮,后面的元音音值含混,只表示舌位滑动的方向。例如:

iao	疗效 liáoxiào		吊桥 diàoqiáo
	秒表 miǎobiǎo		调教 tiáojiào
	逍遥 xiāoyáo		俏销 qiàoxiāo

iou	绣球 xiùqiú		久留 jiǔliú
	求救 qiújiù		优秀 yōuxiù
	牛油 niúyóu		悠游 yōuyóu

uai	外快 wàikuài		怀揣 huáichuāi
	外踝 wàihuái		乖乖 guāi·guai

uei	回归 huíguī		汇兑 huìduì
	尾随 wěisuí		罪魁 zuìkuí
	荟萃 huìcuì		推诿 tuīwěi

3. 带鼻音韵母

普通话共有 16 个带鼻音韵母，又称鼻韵母。其发音要点有二：第一，元音同后面的鼻辅音不是生硬地拼合在一起，而是由元音的发音状态向鼻辅音过渡，鼻音色彩逐渐增加，最后发音部位闭塞，形成鼻辅音。第二，鼻辅音韵尾发音时，除阻阶段不发音。

16 个鼻韵母中，带舌尖鼻辅音韵尾 n 的叫"前鼻韵尾"，共有 8 个；带舌根鼻辅音韵尾 ng 的叫"后鼻韵尾"，也有 8 个。

n 在普通话中既作声母，又作韵尾。声母 n 与韵尾 n 的发音基本相同，区别只在于声母 n 发音时舌尖抵住齿龈以后，要等到气流由鼻腔流出才能离开，韵尾 n 则只需使舌尖抵住齿龈即可。

ng 是舌面后浊鼻音。发音时，软腭下降，打开鼻腔通路，舌面后部后缩抵住软腭,气流振动声带后从鼻腔通过。如:"昌盛"里的韵尾 ng。它在普通话中不作声母,只能用作韵尾,也是除阻阶段不发音。

下面分述鼻韵母的发音。

an、en、in、ün 发音时,先发元音,紧接着软腭逐渐降下来,增加鼻音色彩,舌尖向上齿龈移动,最后抵住上齿龈发 n,整个韵母发音完毕才除阻。例如:

an 赞叹 zàntàn 斑斓 bānlán
   翻版 fānbǎn 感叹 gǎntàn
   难堪 nánkān 谈判 tánpàn

en 振奋 zhènfèn 沉闷 chénmèn
   门诊 ménzhěn 人参 rénshēn
   根本 gēnběn 深圳 shēnzhèn

in 拼音 pīnyīn 濒临 bīnlín
   亲信 qīnxìn 殷勤 yīnqín
   薪金 xīnjīn 音品 yīnpǐn

ün 均匀 jūnyún 军训 jūnxùn
   芸芸 yúnyún 逡巡 qūnxún

ian、uan、üan、uen 发音时,从前面的轻而短的元音(韵头)滑到中间较响亮的主要元音(韵腹),紧接着软腭逐渐下降,鼻腔通路打开,舌尖向上齿龈移动,最后抵住上齿龈发 n(韵尾),整个韵母发音完毕才除阻。例如:

ian	前面 qiánmiàn	边沿 biānyán
	电线 diànxiàn	连绵 liánmián
	天仙 tiānxiān	浅显 qiǎnxiǎn

uan	转换 zhuǎnhuàn	贯穿 guànchuān
	宦官 huànguān	酸软 suānruǎn
	专款 zhuānkuǎn	婉转 wǎnzhuǎn

üan	源泉 yuánquán	全权 quánquán
	眷眷 juànjuàn	圆圈 yuánquān
	轩辕 xuānyuán	涓涓 juānjuān

uen	论文 lùnwén	昆仑 kūnlún
	温顺 wēnshùn	困顿 kùndùn
	馄饨 hún·tun	谆谆 zhūnzhūn

ang、eng、ing、ong、iong 发音时，先发元音，紧接着舌根往软腭移动并抵住软腭发 ng，整个韵母发音完毕才除阻。例如：

| ang | 商场 shāngchǎng | 苍茫 cāngmáng |
| | 当场 dāngchǎng | 张扬 zhāngyáng |

| eng | 征程 zhēngchéng | 更正 gēngzhèng |
| | 冷风 lěngfēng | 萌生 méngshēng |

| ing | 英明 yīngmíng | 秉性 bǐngxìng |
| | 叮咛 dīngníng | 蜻蜓 qīngtíng |

ong　轰动 hōngdòng　　　　浓重 nóngzhòng
　　　瞳孔 tóngkǒng　　　　动容 dòngróng

iong　汹涌 xiōngyǒng　　　炯炯 jiǒngjiǒng
　　　穷凶 qióngxiōng　　　熊熊 xióngxióng

iang、uang、ueng 发音时，前面的韵头轻短，只表示舌位从那里开始移动，紧接着发 ang、eng。例如：

iang　湘江 xiāngjiāng　　　亮相 liàngxiàng
　　　洋枪 yángqiāng　　　 向阳 xiàngyáng

uang　狂妄 kuángwàng　　　双簧 shuānghuáng
　　　状况 zhuàngkuàng　　创伤 chuāngshāng

ueng　嗡嗡 wēngwēng　　　翁 wēng
　　　蓊 wěng　　　　　　 瓮 wèng

　　普通话韵母虽然有 39 个之多，但这 39 个韵母都是由 10 个单元音和 n、ng 两个鼻辅音构成，所以学习普通话韵母的发音，首先，必须学会这 12 个音。这 12 个音读准之后，其他韵母的发音就迎刃而解了。其次，还要掌握单韵母、复韵母和鼻韵母的发音特点，特别是前面谈到的复韵母的发音特点和鼻韵母的发音要点。第三，要注意查找本地方言韵母中的问题，正音、记字，多读多练，不断强化。

　　河北方言中存在着少数词语中单、复韵母混淆现象。如廊坊方言把"塑料"读作 suòliào，"摸摸"读作 māomāo，"仙鹤"读作 xiānháo，"大伯"读作 dàbāi，"唾沫"读作 tuòmei，"叔"说成 shōu

或 shóu；邢台、保定的部分县市把 z、c、s 后面的韵母 e 读作 ai，声母、声调也相应地变化，如"泽、册、色"读作 zhai、chai、shai，这些字多是古入声字。

河北少数地区把普通话的部分或全部撮口呼韵母字，读作齐齿呼韵母字。如唐山市郊及厂矿区一带的发音，"律"＝"粒"，"确"＝"切"，"泉"＝"钱"，"均匀"＝"金银"。又如元氏、鹿泉部分地区，"绿、律、虑"＝"利"，"去"＝"气"，"羽"＝"椅"。这些地区关键要辨明本方言读齐齿呼韵母的字中，哪些在普通话中是读撮口呼的。

河北方言中有些韵母的字有文白两读，即在读书时读一个音，在口语中说另一个音。主要有以下几种情况：

1. 普通话读 üe 韵母的"虐、疟、略、掠、爵、觉、角、雀、鹊、确、削、学、约、跃、岳、乐"，河北大名、魏县、馆陶，文安、大城、霸州、固安、永清以及衡水部分县和邢台不少县往往读成 iao 韵母，或者读书念 üe 韵母，口语说 iao 韵母。正音时注意把这些字都读成 üe 韵母就可以了。

2. 普通话的 ruo 音节字，河北许多地方念成 rao，还有些地方有 ruo、rao 两读。如保定一带，把"若、弱"两字，读书时念 ruo，口语中说 rao。

3. 普通话的非 uo 韵母字，像部分 le、ke、he 音节字，河北有些地方分成 e、uo 两读。如鹿泉读书时把"科、课、棵"读成 ke，口语中把它们说成 kuo；读书时把"贺、荷"读成 he，口语中把它们说成 huo。

4. 一部分普通话读 u 韵母的古入声字，河北晋语区有些地方读 uo 韵母，或有 u、uo 两读。如鹿泉把"粟"读成 su，说成 suo；把"足"读成 zu，说成 zuo；把"入"读成 ru，说成 ruo。

因部分方言读音无法用汉语拼音符号标记,本书使用了少量国际音标符号。为便于学习者查阅对照,特附此表。

汉语拼音和国际音标对照表

声母表

拼音字母	国际音标	拼音字母	国际音标	拼音字母	国际音标
b	[p]	g	[k]	s	[s]
p	[p']	k	[k']	zh	[tʂ]
m	[m]	h	[x]	ch	[tʂ']
f	[f]	j	[tɕ]	sh	[ʂ]
d	[t]	q	[tɕ']	r	[ʐ]
t	[t']	x	[ɕ]	y	[j]
n	[n]	z	[ts]	w	[w]
l	[l]	c	[ts']	v	[v]

单韵母表(以下韵母为单用或只跟在辅音后)

拼音字母	国际音标	拼音字母	国际音标	拼音字母	国际音标
a	[A]	ê	[ɛ]	-i(后)	[ʅ]
o	[o]	i	[i]	u	[u]
e	[ɤ]	-i(前)	[ɿ]	ü	[y]
				er	[ər]

复韵母表

拼音字母	国际音标	拼音字母	国际音标	拼音字母	国际音标
ai	[ai]	en	[ən]	ing	[iŋ]
ei	[ei]	in	[in]	ia	[iA]
ao	[au]	ang	[ɑŋ]	iao	[iau]
ou	[əu]	eng	[ɤŋ]	ian	[iæn]
an	[an]	ong	[uŋ]	iang	[iɑŋ]

续表

ie	[iɛ]	uai	[uai]	ueng	[uɤŋ]
iong	[yŋ]	ui(uei)	[uei]	üe	[yɛ]
iou	[iəu]	uan	[uan]	üan	[yan]
ua	[uA]	uang	[uaŋ]	ün	[yn]
uo	[uo]	un(uen)	[uən]	ng	[ŋ]

本表的国际音标大体上接近严式音标，如果用宽式音标，其中的 a、A、ɑ 和 i 与 n 之间的 æ 都可标作 a。

三、声调

声调是具有区别意义作用的音节的高低曲直方面的变化。在普通话里，声调的不同会导致意义的差别，"买"(mǎi)和"卖"(mài)、"山西"(shānxī)和"陕西"(shǎnxī)、"差异"(chāyì)和"诧异"(chàyì)意义的差别，就是由于声调的不同造成的。

普通话一共有 4 个声调，分别是阴平、阳平、上声和去声。简称四声。4 个声调可以概括为一平二升三曲四降，调型差别较大，不易混淆。普通话的调值(音节的高低升降的变化形式，也就是声调的实际读法)一般用"五度标调法"(见右图)标记。

阴平(第一声)

声调高而平，没有升降变化，起点、终点都在最高 5 度上，调值标为 55，又称为高平调，或 55 调。例如"高、天、轻、松"等字。

阳平(第二声)

声调由中向高扬起，起点在 3 度，终点在 5 度，调值标为 35，又叫中升调或 35 调。例如"唐、阳、王、娘"等字。

上声（第三声）

声调由次低降到最低,再升到次高。这个调型是前半段低降,后半段升高的曲折调。起点是 2 度,降到 1 度,又升到 4 度,调值标为 214。因为先降后升,又叫降升调或 214 调。例如"马、女、九、老"等字。

去声（第四声）

声调由最高降到最低,中间没有曲折。起点是 5 度,终点是 1 度,调值标为 51,又叫全降调或 51 调。例如"树、木、大、岸"等字。

《汉语拼音方案》规定声调符号标在音节的主要元音上,也就是音节中最长最响亮最清晰的元音。元音的响度取决于开口度的大小。元音的开口度分三个级别,最响的是 a,其次 o、e,再次是 i、u。如果音节只有一个元音,声调符号就标在这个元音上；如果有两个以上的元音,先找 a,有 a 就标在 a 上；没有 a 再找 o 或 e,o 或 e 这两个元音在一个音节中不同现；如果是 i、u 并列的时候,标在后一个元音上。下列口诀可以帮助记忆音节中声调符号的标注位置:有 a 不放过,没 a 找 o e,i u 并列标在后,单个元音不用说。

调类	阴平	阳平	上声	去声
调型	高平	中升	降升	全降
调值	55	35	214	51
调号	‑	′	ˇ	`
例字	春天花开 江山多娇 发出通知 偏飞天边 秃割黑七	人民勤劳 群情昂扬 学习哲学 人才难得 职识竹急	党委领导 理想美好 改写底稿 手脚有短 百尺铁笔	胜利建设 大干快上 干部下放 共助社会 麦药月入

汉语是有声调的语言,一个音节可以读成不同的声调。同样一个音节,如果声调不同,意义也就不同。汉语里的各个不同的方言,声调与普通话存在着比较整齐的对应规律,凭借这种对应规律,我们可以利用自己方言的声调推断普通话的声调,从而学好普通话。河北方言声调与普通话的差异,既有调类方面的,也有调值方面的。普通话声调最主要的特点是一平二升三曲四降,要掌握普通话声调的特点,读准普通话声调;并熟悉、利用自己方言与普通话声调的对应规律,纠正方言声调就可以收到事半功倍的效果。

四、音变

我们分析声母、韵母、声调,都是从单字音出发,细致地揭示了语音单位的性质和特点,这只是一种静态的分析。事实上,我们在说话的时候,不会一个字一个字地往外说,总要把一些语言单位组织起来,说出一个个句子、一段段话,形成连续的语流。在语流中,一个音由于受到前后音的影响,或者受到说话的高低、快慢、强弱等因素的影响会发生一些变化,这种现象就叫做"音变",也叫做"语流音变"。这些音变现象在读单字的时候,我们感觉不到,例如,"一"单念是阴平,在"一天""一年""一口"中读去声,在"一样"中读阳平。方言中这种现象更多。学习普通话,光学单字音还不行,还要了解音变现象。否则即使声母、韵母、声调都读得很正确,连起来说就又不像普通话了。普通话里的音变现象主要有变调、轻声、儿化以及语气词"啊"的音变等。

(一) 变调

在语流中,一些音节的声调会发生变化,与它原来的调值有所不同，这种现象就叫做"变调"。普通话里最重要的变调现象有上声变调和"一"、"不"的变调。

1. 上声变调

在语流中，上声变调的情况最多，也最为复杂。上声的调值是214，在以下两种情况下上声是不变调的：(1)单念的时候；(2)出现在词句末尾的时候。在其他情况下，上声一般都要变调。上声变调有两种情况，一是调值变为211，称为"半上"；二是调值变为35，与阳平的调值一致。

①上声和上声相连的时候，前一个上声调值近似35，与阳平的调值接近。例如：

美满 měimǎn　　　　水果 shuǐguǒ
保险 bǎoxiǎn　　　　雨伞 yǔsǎn
选举 xuǎnjǔ　　　　草稿 cǎogǎo
法宝 fǎbǎo　　　　　理想 lǐxiǎng

②上声在非上声（阴平、阳平、去声）以及轻声的前面，变为半上，调值读为211。例如：

上声+阴平：

语音 yǔyīn　　手工 shǒugōng　　演出 yǎnchū
简单 jiǎndān　　每天 měitiān　　古诗 gǔshī

上声+阳平：

演员 yǎnyuán　　普及 pǔjí　　朗读 lǎngdú
补偿 bǔcháng　　感觉 gǎnjué　　走神 zǒushén

上声+去声：

讲话 jiǎnghuà　　水稻 shuǐdào　　省略 shěnglüè
管制 guǎnzhì　　访问 fǎngwèn　　走运 zǒuyùn

上声+轻声：

打量 dǎ·liang　　喇叭 lǎ·ba　　　　免得 miǎn·de
老实 lǎo·shi　　　买卖 mǎi·mai　　 我们 wǒ·men

③三个上声相连，如果前两个音节在语法上联系较为紧密，则为"双单格"，前两个上声音节都变成阳平（调值35）；如果后两个音节在语法上联系比较紧密，则为"单双格"，前两个上声音节分别变成半上（调值211）和阳平（调值35）。例如：

双单格：

表演者 biǎoyǎn zhě　　　　草稿纸 cǎogǎo zhǐ
打靶场 dǎbǎ chǎng　　　　赶紧走 gǎnjǐn zǒu
古典美 gǔdiǎn měi　　　　 体检表 tǐjiǎn biǎo

单双格：

冷处理 lěng chǔlǐ　　　　 女导演 nǚ dǎoyǎn
很典雅 hěn diǎnyǎ　　　　小广场 xiǎo guǎngchǎng
老领导 lǎo lǐngdǎo　　　　买雨伞 mǎi yǔsǎn

④上声在由上声变来的轻声前面有两种变调：一种是变为半上（调值211），一种是变为阳平（调值35）。例如

变半上：

姐姐 jiějie　　　　　　　　奶奶 nǎinai
马虎 mǎhu　　　　　　　　耳朵 ěrduo

变阳平：

想想 xiǎngxiang　　　　　走走 zǒuzou
手里 shǒuli　　　　　　　 哪里 nǎli

2."一"和"不"的变调

"一"和"不"在语流中也经常发生变调。"一、不"在单念、出现

在词句末尾,以及"一"表序数的时候读本调。如在"一等奖"(表序数)、"唯一"、"我不,就是不!"(词句末尾)中读本调。"一、不"变调的情况有:

①在去声的前面,"一、不"都变为阳平(调值35)。例如:

一定 yídìng　　　　　　　一共 yígòng
一律 yílù　　　　　　　　一致 yízhì
不必 búbì　　　　　　　　不但 búdàn
不是 búshì　　　　　　　　不要 búyào

②在非去声(阴平、阳平、上声)的前面,"一"变为去声(调值51),"不"仍读为本调。例如:

一般 yìbān　　　一心 yìxīn　　　一直 yìzhí
一同 yìtóng　　　一起 yìqǐ　　　一手 yìshǒu
不堪 bùkān　　　不惜 bùxī　　　不如 bùrú
不良 bùliáng　　　不许 bùxǔ　　　不解 bùjiě

③"一、不"夹在重叠动词等词语的中间时,读音接近轻声,属于"次轻音"。例如:

想一想　　　看一看　　　谈一谈
好不好　　　来不来　　　想不到

(二)轻声

1. 轻声的性质

普通话里的音节分别属于四个调类,即阴平、阳平、上声和去声。有些音节在词语和句子中使用的时候,失去原来的调值,变成一种既轻又短的调子,这就是轻声。如"别扭"(biè·niu)中的"扭","结实"(jiē·shi)中的"实","漂亮"(piào·liang)中的"亮"。

含有轻声音节的词就是轻声词。有的词,读轻声不读轻声意思好像没有什么区别,有的词必须读成轻声。例如"太阳""西瓜",读不读轻声意思没有差别;"别扭""结实"不读成轻声就很难理解是什么意思。有的词,读轻声和不读轻声有不同的意思,例如,"大意"读轻声的意思是"疏忽",不读轻声的意思是"大概的意思"。轻声现象虽然在普通话里广泛存在,但是不宜将轻声音节看作一种声调而归为一个调类,因为读为轻声的音节有一个本调,只是在特定位置上出现的时候才读为轻声。这样,把轻声看作一种音变现象是比较合适的。

轻声音节的主要特点是"轻"和"短",也就是说,相对于其他非轻声音节来说,轻声音节音长(声音的长短)较短,音强(声音的强弱)较轻。

普通话轻声音节的调值有两种形式。

一是当前面音节的声调是阴平、阳平、去声的时候,后面一个轻声音节的调型是短促的低降调,调值为 31。例如:

阴平+轻声:

桌子　跟头　说了　他的　哥哥　姑娘　称呼　庄稼

阳平+轻声:

孩子　石头　晴了　红的　婆婆　凉快　人们　泥鳅

去声+轻声:

凳子　念头　困了　坏的　弟弟　报酬　事情　丈夫

二是当前面音节的声调是上声的时候,后面一个轻声音节的调型是短促的半高平调,调值为 44。例如:

上声+轻声:

剪子　枕头　好了　我的　姐姐　爽快　委屈　耳朵

普通话中的音节一般要读为轻声的主要有以下几种情况：

①语气词。例如：走吧、写啊、他呢、就是嘛、好吗

②助词。例如：吃的、高兴地、说得（好）、看着、写了、听过

③叠音词和重叠动词末一个音节。例如：妈妈、姐姐、星星、娃娃、走走、练练

④表示趋向的动词。例如：进来、出去、拿回来、跳过去、黑下来

⑤表方位的词或语素。例如：山上、地下、屋里、那边

⑥某些词的后缀。例如：剪子、车子、木头、石头、我们、先生们

⑦一些常用的双音节词的后一个音节（见本书第三章《普通话水平测试用必读轻声词语表》）。

2. 轻声的词汇语法作用

轻声是一种语音现象，同时也具有词汇、语法作用，有些词语，读不读轻声，意思、用法会有不同。例如，"大爷"不读轻声，是对爷爷的哥哥的称呼，"大爷"读轻声，是对伯父的称呼；"兄弟"不读轻声，是指兄和弟，"兄弟"读轻声，是对弟弟的称呼；"生气"不读轻声是动词，"生气"读轻声是名词。轻声的作用可以概括为两个方面。

①区分词义

有些词语中的音节，读为轻声和非轻声，词义各不相同。例如：

{ 东西：东方和西方。
{ 东西：泛指各种事物。

{ 地方：各级行政区划的统称。
{ 地方：区域；空间；部位。

{ 地道：地下坑道。
{ 地道：真正的，纯粹的。

② 改变词性

有时，轻声不但改变词义，而且改变了词性。例如：

{ 大意：名词，主要的意思。
{ 大意：形容词，疏忽；不注意。
{ 精神：名词，指人的意识、思维活动和一般心理状态。
{ 精神：形容词，活跃，有生气。
{ 自然：名词，自然界；自由发展；理所当然。
{ 自然：形容词，不勉强；不局促；不呆板。

（三）儿化

后缀"儿"和前面音节的韵母合成一个音节，并使该音节的韵母变成卷舌的韵母，这种音变现象就叫做"儿化"，儿化后的韵母就叫做"儿化韵"。内部有带儿化韵音节的词就叫做"儿化词"。在书面上用汉字"儿"表示儿化，但是"儿"和前面的字属于同一个音节。在汉语拼音中表示儿化音节，只需在原来音节的拼音形式之后加"r"就可以了。比如：点儿—diǎnr，树叶儿—shùyèr。

1. 儿化的读音规律

一个韵母变成儿化韵，共同的特点是在原有韵母的基础上加上了卷舌的动作。但是，由于韵母的结构特点不同，使得韵母有不同的儿化方式，主要的规律有以下几个：

① 由 a、o、e、ê、u 收尾的韵母，直接加上卷舌动作。例如：

a→ar：　　刀把儿　号码儿　打杂儿

ia→iar：　人家儿　豆芽儿　脚丫儿

ua→uar： 菊花儿　牙刷儿　大褂儿

o→or： 山坡儿　围脖儿　粉末儿

uo→uor： 干活儿　水果儿　餐桌儿

e→er： 山歌儿　风车儿　饭盒儿

ie→ier： 树叶儿　台阶儿　锅贴儿

üe→üer： 丑角儿　木橛儿　弯月儿

u→ur： 水珠儿　脸谱儿　里屋儿

ao→aor： 蜜桃儿　走道儿　跳高儿

iao→iaor： 小鸟儿　禾苗儿　纸条儿

ou→our： 纽扣儿　年头儿　小丑儿

iou→iour： 皮球儿　短袖儿　蜗牛儿

② 单韵母 i、ü，在韵母后面加 er。

i→ier： 书皮儿　没底儿　小米儿

ü→üer： 金鱼儿　孙女儿　小曲儿

③ 单韵母 -i[ɿ]、-i[ʅ]，韵母变成 er。

-i[ɿ]→er： 瓜子儿　毛刺儿　铁丝儿

-i[ʅ]→er： 树枝儿　锯齿儿　没事儿

④ 韵尾是 i、n 的韵母，脱落韵尾，韵腹加上卷舌动作。

ai→ar： 窗台儿　小孩儿　鞋带儿

uai→uar： 一块儿

ei→er： 擦黑儿　宝贝儿

uei→uer： 墨水儿　香味儿　一会儿

an→ar： 名单儿　伙伴儿　鱼杆儿

ian→iar： 花边儿　碎片儿　一点儿

uan→uar： 拐弯儿　指环儿　饭馆儿

üan→üar： 圆圈儿　花园儿　手绢儿
en→er： 书本儿　走神儿　窍门儿
uen→uer： 冰棍儿　开春儿　没准儿

in、ün 韵尾脱落后则为 i、ü,同时遵循第二条规则,在韵母后面加 er。

in→ier： 声音儿　干劲儿　口信儿
ün→üer： 合群儿

⑤韵尾是 ng 的韵母,脱落韵尾,韵腹加上卷舌动作并带上鼻音色彩使其鼻化。

ang→ãr： 药方儿　帮忙儿　茶缸儿
iang→iãr： 透亮儿　唱腔儿　瓜秧儿
uang→uãr： 蛋黄儿　天窗儿　亮光儿
eng→ẽr： 凉风儿　麻绳儿　板凳儿
ueng→uẽr：水瓮儿
ong→õr： 胡同儿　有空儿　水桶儿

ing、iong 韵尾脱落后则为 i、ü,韵腹带上鼻音色彩,同时遵循第二条规则,在韵母后面加 er。

ing→iẽr： 眼镜儿　花瓶儿　电影儿
iong→iõr： 小熊儿

2. 儿化的词汇语法作用

儿化也有词汇语法作用,带不带"儿"缀,用法、意思会有差异。有的不读成儿化词就不成词,有的读成儿化词与不读成儿化词感情色彩不同,还有的读成儿化词与不读成儿化词意思不同。例如,"桃儿""杏儿",没有"儿"缀,在口语中就不能单说;"面条儿"说成"面条","小孩儿"说成"小孩",意思没有什么不同,修辞色彩上可能稍微有点差异;"白面"就不能说成"白面儿",因为"白面"是粮食,"白面儿"是毒品。"亮"是形容词,"扣"是动词,"亮儿"、"扣儿"都是名词。儿化的主要词汇语法作用可以概括为三种。

①区别词义,带"儿"缀的词和不带"儿"缀的词是意义不同的两个词。例如:

$\begin{cases}头:脑袋。\\ 头儿:领头的。\end{cases}$

$\begin{cases}眼:眼睛。\\ 眼儿:小窟窿。\end{cases}$

$\begin{cases}信:信件。\\ 信儿:消息。\end{cases}$

②区别词性,带"儿"缀的词和不带"儿"缀的词,词性不同。例如:

$\begin{cases}盖:动词。\\ 盖儿:名词。\end{cases}$

$\begin{cases}活:动词。\\ 活儿:名词。\end{cases}$

$\begin{cases}个:量词。\\ 个儿:名词。\end{cases}$

③带"儿"缀的词,一般表示细、小、轻、微的意义(与带"子"缀的词比较)。

棍儿 刀儿 花园儿 饭桌儿 皮球儿 纸片儿

④带"儿"缀的词,可以表示喜爱、亲切的感情色彩(与不带"儿"缀的词比较)。

脸儿 伙伴儿 小孩儿 小鸟儿 宝贝儿 花裙儿

3. 儿化词表（见本书第 383 页《普通话水平测试用儿化词语表》）

（四）语气词"啊"的音变

孤立地看，语气词"啊"是由一个单元音 a 构成的轻声音节。用在句末或句中停顿之前，连读时往往受前一个音节收尾音素影响发生音变，通常是在其原有读音前面加上一个音素。语气词"啊"的音变主要是同化的结果，有以下几种情况。

1. 前面音节的收尾音素是 a、o、e、ê、i、ü 的时候，读 ya。例如：

原来是他啊（tā ya）！

还要上一个山坡啊（pō ya）！

我喜欢听你唱歌啊（gē ya）！

态度这么坚决啊（jué ya）！

别着急啊（jí ya）！

这水好绿啊（lǜ ya）！

2. 前面音节的收尾音素是 u（ao、iao 中的 o 读音实际为 u）的时候，读 wa。例如：

这药真苦啊（kǔ wa）！

快来瞧啊（qiáo wa）！

3. 前面音节的收尾音素是 n 的时候，读 na。例如：

天啊（tiān na），大家快来看啊（kàn na）！

他真是个好人啊（rén na）！

4. 前面音节的收尾音素是 ng 的时候，读 nga。例如：

这菜真香啊（xiāng nga）！

接着往下唱啊(chàng nga)!

5.前面音节的收尾音素是-i(前)的时候,读[zA]。例如:

多漂亮的字啊 zì [zA]!

这是什么意思啊 sì [zA]!

6.前面音节的收尾音素是-i(后)的时候,读 ra。例如:

大家快吃啊(chī ra)!

到底是怎么回事啊(shì ra)!

附录 汉语拼音方案

一 字母表

字母:	A a	B b	C c	D d	E e	F f	G g
名称:	ㄚ	ㄅㄝ	ㄘㄝ	ㄉㄝ	ㄜ	ㄝㄈ	ㄍㄝ
	H h	I i	J j	K k	L l	M m	N n
	ㄏㄚ	l	ㄐㄧㄝ	ㄎㄝ	ㄝㄌ	ㄝㄇ	ㄋㄝ
	O o	P p	Q q	R r	S s	T t	
	ㄛ	ㄆㄝ	ㄑㄧㄡ	ㄚㄦ	ㄝㄙ	ㄊㄝ	
	U u	V v	W w	X x	Y y	Z z	
	ㄨ	ㄪㄝ	ㄨㄚ	ㄒㄧ	ㄧㄚ	ㄗㄝ	

v 只用来拼写外来语、少数民族语言和方言。
字母的手写体依照拉丁字母的一般书写习惯。

二 声母表

b	p	m	f		d	t	n	l
ㄅ玻	ㄆ坡	ㄇ摸	ㄈ佛		ㄉ得	ㄊ特	ㄋ讷	ㄌ勒
g	k	h			j	q	x	
ㄍ哥	ㄎ科	ㄏ喝			ㄐ基	ㄑ欺	ㄒ希	
zh	ch	sh	r		z	c	s	
ㄓ知	ㄔ蚩	ㄕ诗	ㄖ日		ㄗ资	ㄘ雌	ㄙ思	

在给汉字注音的时候，为了使拼式简短，zh ch sh 可以省作 ẑ ĉ ŝ。

三 韵母表

	i ㄧ 衣	u ㄨ 乌	ü ㄩ 迂
a ㄚ 啊	ia ㄧㄚ 呀	ua ㄨㄚ 蛙	
o ㄛ 喔		uo ㄨㄛ 窝	
e ㄜ 鹅	ie ㄧㄝ 耶		üe ㄩㄝ 约
ai ㄞ 哀		uai ㄨㄞ 歪	
ei ㄟ 欸		uei ㄨㄟ 威	
ao ㄠ 熬	iao ㄧㄠ 腰		
ou ㄡ 欧	iou ㄧㄡ 忧		
an ㄢ 安	ian ㄧㄢ 烟	uan ㄨㄢ 弯	üan ㄩㄢ 冤
en ㄣ 恩	in ㄧㄣ 因	uen ㄨㄣ 温	ün ㄩㄣ 晕
ang ㄤ 昂	iang ㄧㄤ 央	uang ㄨㄤ 汪	
eng ㄥ 亨的韵母	ing ㄧㄥ 英	ueng ㄨㄥ 翁	
ong (ㄨㄥ)轰的韵母	iong ㄩㄥ 雍		

(1)"知、蚩、诗、日、资、雌、思"等七个音节的韵母用 i,即:知、蚩、诗、日、资、雌、思等字拼作 zhi,chi,shi,ri,zi,ci,si。

(2)韵母儿写成 er,用作韵尾的时候写成 r。例如:"儿童"拼作 ertong,"花儿"拼作 huar。

(3) 韵母ㄝ单用的时候写成 ê。

(4) i 行的韵母,前面没有声母的时候,写成 yi(衣),ya(呀),ye(耶),yao(腰),you(忧),yan(烟),yin(因),yang(央),ying(英),yong(雍)。

u 行的韵母,前面没有声母的时候,写成 wu(乌),wa(蛙),wo(窝),wai(歪),wei(威),wan(弯),wen(温),wang(汪),weng(翁)。

ü 行的韵母,前面没有声母的时候,写成 yu(迂),yue(约),yuan(冤),yun(晕);ü 上两点省略。

ü 行的韵母跟声母 j,q,x 拼的时候,写成 ju(居),qu(区),xu(虚),ü 上两点也省略;但是跟声母 n,l 拼的时候,仍然写成 nü(女),lü(吕)。

(5) iou,uei,uen 前面加声母的时候,写成 iu,ui,un。例如 niu(牛),gui(归),lun(论)。

(6) 在给汉字注音的时候,为了使拼式简短,ng 可以省作 ŋ。

四　声调符号

阴平　　阳平　　上声　　去声
　ˉ　　　ˊ　　　ˇ　　　ˋ

声调符号标在音节的主要母音上。轻声不标。例如:妈 mā(阴平) 麻 má(阳平) 马 mǎ(上声) 骂 mà(去声) 吗 ma(轻声)。

五　隔音符号

a,o,e 开头的音节连接在其他音节后面的时候,如果音节的界限发生混淆,用隔音符号(')隔开,例如:pi'ao(皮袄)。

第二节　普通话水平测试指导

河北的普通话水平测试,包括四个方面的内容:一、读单音节字词;二、读多音节词语;三、朗读短文;四、命题说话。每一个参加普通话水平测试的应试人,都应该了解和熟悉这四个方面的测查目的、测查范围、测查重点以及训练和应试中应该注意的问题。惟其如此,应试人才能通过普通话水平测试之前的训练,较快提高自己的普通话水平;通过普通话水平测试,取得自己比较理想的成绩。

一、读单音节字词

(一)概说

读单音节字词是普通话水平测试的第一题(见第一章第三节样卷),用读试卷的方式测查应试人声母、韵母、声调读音的标准程度。

试卷第一题由 100 个单音节字词构成。这 100 个单音节字词按一定的比例选自本书第三章中的《普通话水平测试用词语表》,这个词语表就是第一题的测试范围,因此,应试人测试前一定要熟悉这个词语表,应该读准词语表每一个音节的声母、韵母和声调。

有些应试人往往忽视第一题的训练,认为这一部分没有什么可准备的,这是因为他们不了解制卷的要求。其实编制这一部分试卷,对声母、韵母和声调的覆盖率,有比较严格的限制。国家《普通话水平测试大纲》规定,在这100个音节中,22个声母(含零声母)每个声母出现的次数一般不少于3次,39个韵母每个韵母出现的次数一般不少于2次,4个声调出现次数大致均衡,每个声调一般不少于20次。正是这个覆盖率,才使这100个音节像一张匀实严密的筛查之网,筛查出应试人种种读音不标准的现象。大家知道,音节是声母、韵母和声调的统一体,除了零声母音节,一般都会以三维的结构形式出现。所以,在读单音节字词时,应试人在声母、韵母、声调任何一方面出现问题,都会被测查出来,绝不会有漏网之鱼。另外,如何朗读好单音节字词,都有哪些要求,也是应试人在测试之前应该了解的。正因为如此,应试人要格外重视读单音节字词的训练。

(二)评分标准

单音节字词总分值为10分。语音错误,每个音节扣0.1分;语音缺陷,每个音节扣0.05分。

语音错误,是指在普通话语音系统中,把甲音读作乙音。例如,把"早"zǎo读作"找"zhǎo,把"人"rén读作"仍"réng,把"而"ér读作"耳"ěr,等等。

语音缺陷,是指发音时没有把甲音读作乙音,但也没有达到标准程度,发音处于甲音与乙音之间且靠近甲音的状态。在一个音节中,声母、韵母、声调都有可能出现缺陷。

声母缺陷，一般表现为发音部位不准确。比如，舌尖前音 z、c、s 发音时舌尖略微靠后，舌尖后音 zh、ch、sh 发音时舌尖略微前伸或翘起过度，舌面音 j、q、x 发音时舌尖前伸或舌面前部靠后，舌尖中音 d、t、n、l 发音时舌尖略往后卷，这些现象，都会影响音节发音的准确程度。

韵母缺陷，一般表现为舌位高低前后有偏差、舌位动程短、归音不到位、口形圆唇度不够、开口度偏大或偏小等等，这些现象，也会影响音节发音的准确程度。

声调缺陷，一般表现在调值上，或者高平调调值偏低，或者中升调上扬不到位，或者高降调下降不到位，或者曲折调曲折度不够等等，这些现象也会使音节发音不标准。

不了解普通话水平测试的人，对于什么是语音缺陷往往缺乏认识，其实正是语音缺陷影响了一些人的测试成绩。许多应试人读单音节字词时，虽然没有读错，但是听起来总觉得味儿不对，离标准有一定的差距，说明这个音节的读音在声母、韵母和声调的某些方面一定有缺陷，这就要求应试人要善于发现并找准自己存在的问题，在训练时努力克服不正确的发音习惯，找准正确的发音部位和发音方法，力争使每一个音节的读音都很标准。了解评分标准，可以约束自己的发音训练，应试时减少失误。

（三）常见问题及解决方法

测试中，读单音节字词常见的问题往往表现在以下 3 个方面。

第一，心理方面的问题

由于普通话水平测试采用口试且同期录音的方式，很多人又都是第一次参加这样的考试，心情难免会比较紧张。有些心理素质差的应试人甚至手心出汗,声音颤抖,不能正常发音。心情紧张,往往会出现以下问题。

1. 声音弱小,吐字含糊不清。这当然会影响音节的清晰准确。

2. 节奏太快,像连珠炮一样。音节的音长太短,音节之间相连太紧,就会让人分不清音节的个数,会影响音节发音的完整饱满。

3. 形体相近的字词混淆。应试人由于紧张着急,没有看清字词的形体就脱口读出,结果往往把笔画或偏旁相近的字词混同一起,导致失误。比如:

拨 bō —— 拔 bá　　吼 hǒu —— 孔 kǒng
舵 duò —— 柁 tuó　　址 zhǐ —— 扯 chě
届 jiè —— 庙 miào　　狐 hú —— 孤 gū

4. 意义相同、相近或相关的字词混淆。由于意义相关联,应试人一紧张常常把下列每组字词中的音节混淆,比如:

怨 yuàn —— 怒 nù　　歪 wāi —— 斜 xié
瘸 qué —— 拐 guǎi　　闩 shuān —— 插 chā
坠 zhuì —— 堕 duò　　叙 xù —— 述 shù

以上这些单音节字词都是常用词语,本来没有什么难度,如果应试人测试时心态放松,看准字形,分辨清楚后再读,就会大大减少这方面的失误。

第二,知识方面的问题

普通话水平测试虽然不是文化水平的考核,但是应试人如果文化水平不高,识字量较少,应该掌握的常用的单音节字词没有掌握或掌握得不牢固,就会出现"斗大的字不识半升"的现象。考查单音节字词制卷范围《普通话水平测试用词语表》,可知单音节字词这一项内容起码涉及三千多个常用字。这表明普通话水平测试测查的是具有中等以上文化程度的应试人的普通话规范程度、熟练程度。如果应试人对单音节字词中的好多字词不认识,他就会蒙着读或隔过去,而这些问题恰恰反映的是应试人知识的贫乏,并不是心理上和发音上的问题。字词不认识,当然会影响测试成绩。例如,下面这些单音节字词,有些应试人往往蒙着读,或者干脆不读。

舂 chōng　臼 jiù　豉 chǐ　笃 dǔ　梵 fàn　喙 huì
舐 shì　螫 shì　裔 yì　辄 zhé　龋 qǔ　谑 xuè

如果应试人在测试前认真学习《普通话水平测试用词语表》,牢记生僻字词的正确读音,就可以减少失误。这样不仅增长了文化知识,也提高了普通话水平。

第三,发音方面的问题

从发音的角度看,应试人读单音节字词出现的问题表现在两个方面。

一是非方音失误。应试人读音虽然不标准,但是他读的不是方音,而是对普通话异读词的规范读音掌握不准确,导致语音失误。例如:

档 —— dàng 误读作 dǎng　　匹 —— pǐ 误读作 pī
室 —— shì 误读作 shǐ　　　质 —— zhì 误读作 zhǐ
穴 —— xué 误读作 xuè　　　脂 —— zhī 误读作 zhǐ

如果应试人能够认真学习《普通话异读词审音表》,掌握异读词的规范读音,就能减少这方面的失误。

二是方音失误。应试人读单音节字词时,读的不是普通话标准音,而是方音。方音失误表现在声母、韵母、声调三个方面。

1. 在声母方面容易出现的问题以及解决的方法

(1)舌尖前音 z、c、s 和舌尖后音 zh、ch、sh 混淆一是应试人的方言中缺少舌尖前声母,便把所有舌尖前声母的字词一律读作舌尖后音。或者应试人的方言中缺少舌尖后声母,便把所有舌尖后声母的字词一律读作舌尖前音。例如:

早 zǎo —— 找 zhǎo　　组 zǔ —— 主 zhǔ
总 zǒng —— 肿 zhǒng　　葱 cōng —— 冲 chōng
醋 cù —— 处 chù　　擦 cā —— 插 chā
洒 sǎ —— 傻 shǎ　　三 sān —— 山 shān
嫂 sǎo —— 少 shǎo　　张 zhāng —— 臧 zāng
柴 chái —— 才 cái　　舒 shū —— 苏 sū

二是应试人的方言中舌尖前音和舌尖后音都有,只是把一些舌尖前音读作舌尖后音,或者把一些舌尖后音读作舌尖前音,使这两类声母呈混乱状态。例如:

错 cuò —— 辍 chuò　　束 shù —— 塑 sù
中 zhōng —— 宗 zōng　　睡 shuì —— 岁 suì
水 shuǐ —— 髓 suǐ　　草 cǎo —— 炒 chǎo
粗 cū —— 出 chū　　窜 cuàn —— 串 chuàn
述 shù —— 诉 sù　　师 shī —— 丝 sī
是 shì —— 四 sì　　走 zǒu —— 肘 zhǒu

应试人要想解决这个问题,应该从两个方面下手。

首先,从发音原理上分清这两组声母的差异。

舌尖前声母 z、c、s 和舌尖后声母 zh、ch、sh 正好形成前后两两相对的关系,即 z—zh、c—ch、s—sh。它们的差异主要是发音部位不同。因此,应试人要想纠正方音,一定要找准发音部位。舌尖前声母 z、c、s 发音时舌尖平伸,和上齿背接触(z、c)或接近(s),舌尖后声母 zh、ch、sh 发音时舌尖上翘,和硬腭前部接触(zh、ch)

或接近(sh)。因为舌尖前声母 z、c、s 发音时舌尖平伸,所以也叫平舌音。舌尖后声母 zh、ch、sh 发音时舌尖翘起,所以也叫翘舌音。训练时可以利用前后的对应关系体会发音部位的不同,如:z—zh、zh—z、c—ch、ch—c、s—sh、sh—s。

其次,分清并记住舌尖前声母和舌尖后声母的字词。

应试人可以利用下列方法分辨舌尖前声母和舌尖后声母的字词。

利用普通话声母和韵母的拼合规律分辨。比如声母 z、c、s 不和合口呼韵母中的 ua、uai、uang 相拼合,韵母是 ua、uai、uang 的字词,读翘舌音 zh、ch、sh 一定不会错。例如:

ua:抓、爪/刷、唰/耍

uai:拽、跩/揣、踹/摔、衰、甩、帅、率、蟀

uang:装、庄、妆、桩、撞、状、幢、僮/窗、疮、床、闯、创、怆/双、霜、孀、礵、爽

利用普通话声母和韵母的拼合规律分辨时,还可以再缩小范围,只留心记住少有的一两个字词,从而分清平舌音和翘舌音。例如:

ei 只和 zh、z、sh 相拼合,而且只有"这 zhèi("这(zhè)一"的合音)、贼 zéi、谁 shéi"这 3 个字词。

en 在和舌尖前声母 z、c、s 拼合时,只有"怎、参(cēn)、岑、涔、森"这几个常用字词。

ong 不和舌尖后声母 sh 拼合,所以分辨 s 和 sh 声母时,只记住"松、嵩、淞、怂、竦、悚、怂、送、宋、颂、诵、讼"这些字词就可以了。

利用形声字的声旁进行类推。形声字的声旁在造字之初应该是表声的,随着语音的变化,有些声旁已经不表声了,但是大部分

形声字的声旁还在起着表声的作用,应试人利用声旁进行类推,可以记住一组字词。例如:

zh　朱—珠、株、诛、洙、蛛、铢/中—钟、忠、衷、盅、肿、种、仲

z　组—租、祖、阻、诅、俎/作—柞、昨、酢、怍、柞、岞/宗—综、棕、踪、鬃

ch　吵—抄、炒、钞/昌—唱、倡、娼、猖/成—城、诚、盛、晟、铖、宬

c　测—侧、厕、恻/崔—催、摧、璀/仓—苍、舱、沧、伧/翠—萃、粹、淬、啐、悴、瘁、綷、倅、膵

sh　沙—纱、砂、莎、裟、痧/删—珊、姗、跚/式—试、拭、轼、弑

s　叟—搜、嗖、艘、馊、飕/随—隋、髓/遂—隧、邃、燧

(2) 唇齿音 f 和舌根音 h 混淆

有些应试人把 f 声母的字词读作 h 声母的字词,或者相反。例如:

欢 huān ── 帆 fān　　富 fù ── 户 hù

发 fā ── 花 huā　　会 huì ── 废 fèi

环 huán ── 凡 fán　　房 fáng ── 黄 huáng

犯 fàn ── 换 huàn　　福 fú ── 胡 hú

飞 fēi ── 灰 huī

要想分清这两个声母,一定要找准发音部位。发 f 声母时,上齿和下唇内沿儿相接近,形成窄缝;发 h 声母时,舌根和软腭相接近,形成窄缝,口微张,嘴角咧开。训练时可以按照 f—h、h—f 的方法体会它们的发音部位。

应试人在分辨这两个声母的字词时,可以利用声韵拼合规律和声旁类推法帮助记忆。普通话 f 声母不与韵母 ua、uo、uai、uei、 uan、uen、ong 相拼合,因此,凡是这些韵母的字词,一定是 h 声母,而不是 f 声母。下面是 h 声母的一些常见的字词。"/"表示前后声调不同,按阴平、阳平、上声、去声的顺序排列

hu 呼、乎、忽、唿、滹/胡、湖、壶、糊、囫、狐、弧、葫、蝴、鹄、斛/虎、琥、唬、浒/互、户、护、沪、扈、祜、笏、瓠、

hua 花、哗/华、划、滑、骅、猾、铧/化、画、话、桦

huai 怀、淮、槐、踝、徊/坏

huan 欢、獾/还、环、桓、寰、缓/换、患、幻、唤、焕、奂、宦、浣、涣、痪

huang 荒、慌、肓/黄、皇、煌、璜、簧、癀、惶、凰、磺、潢、蝗、徨/谎、恍、晃/幌、滉、榥

hui 辉、灰、挥、晖、恢、徽、诙、麾/回、蛔、茴/悔、毁/汇、慧、惠、会、绘、卉、喙、烩、讳、秽、晦、海、贿、荟、桧、哕、彗

hun 昏、婚、荤、阍/魂、浑/馄、混、诨、溷

huo 豁、秴/擭/活/火、伙/或、货、获、祸、霍、惑、藿、镬

hong 轰、烘/红、宏、洪、鸿、虹、弘、泓、蕻/哄/讧

(3) 舌尖中浊鼻音 n 和舌尖中浊边音 l 混淆

有些应试人把 n 声母的字词读作 l 声母的字词,或者相反。例如:

男 nán —— 兰 lán   女 nǚ —— 吕 lǚ
牛 niú —— 刘 liú   料 liào —— 尿 niào
泥 ní —— 梨 lí   努 nǔ —— 鲁 lǔ

这两个声母的发音部位略有细微差别,而发音方法大不一样。发 n 时,舌尖抵住上齿龈,颤动声带,气流从鼻腔流出;发 l 时,舌尖抵住上齿龈后部,颤动声带,气流从舌头两边和两颊内侧形成的

空隙流出。要发准这两个声母,一定要在发音方法上多下功夫。可以连发 le—le—le,ne—ne—ne,也可以交错练习,如:ne—le—le-ne,le—ne—ne—le,ne—le—ne—le—ne—le,le—ne—le—ne—le—ne,ne—ne—le—le—ne—ne—le—le。多做这样的练习,有助于体会这两个声母不同的发音方法。n 是鼻音,发音时气流从鼻腔流出,鼻翼会有震动感,如果捏住鼻子就会发不出声来;l 是边音,发音时气流从舌头两边流出,鼻翼没有震动感,捏住鼻子照样能发出声来。发 n 时,舌头两边没有摩擦感,发 l 时,舌头两边有摩擦感。训练时可以按照上述方法找感觉,体会这两个声母的不同。

应试人要分辨这两个声母的字词,可以利用普通话声韵拼合规律,或根据形声字的声旁进行类推,也可以采用记少推多的方法帮助记忆。

普通话中,n 声母的字词比 l 声母的字词少,可以留心记住 n 声母的字词。例如:

na　　拿/哪/那、纳、娜、捺

nai　　乃、奶、氖、耐、奈

nan　　囡/南、男、难、喃、楠、腩、赧/难

nang　　囊、囔、馕、攮、曩、齉

nao　　孬/挠、铙、猱/脑、恼、瑙/闹、淖

ne　　呐

nei　　馁、哪/内、那

nen　　嫩、恁

neng　　能

ni　　妮/尼、怩、泥、倪、霓、铌、鲵/你、拟、旎/逆、昵、腻、匿、

溺、眽

nian 蔫、拈/年、黏、鲇/捻、碾、撵、辇/念、廿、埝

niang 娘/酿

niao 鸟、袅/尿、脲

nie 捏/苶/聂、涅、啮、蹑、镍、颞、嗫、蘖、镊、蘖、乜

nin 您

ning 宁、狞、凝、咛/拧/宁、泞

niu 妞/牛、扭、钮、纽、忸/拗

nong 农、浓、脓、侬/弄

nou 耨

nu 奴/驽、孥、努、弩/怒

nü 女/衄

nuan 暖

nüe 虐、疟

nuo 挪、傩/诺、喏、糯、懦、锘

（4）舌尖前音 z、c、s 和舌面音 j、q、x 混淆

在普通话语音系统中，舌面音 j、q、x 只和齐齿呼、撮口呼韵母相拼合，而舌尖前音 z、c、s 则不和齐齿呼、撮口呼韵母相拼合。然而，有些方言中，z、c、s 却能够和齐齿呼、撮口呼韵母相拼合。音韵学中把 j、q、x 同齐齿呼、撮口呼韵母相拼合的音叫团音，把 z、c、s 同齐齿呼、撮口呼韵母相拼合的音叫尖音。普通话语音系统中，只有团音没有尖音，而有些方言中既有团音又有尖音。这就是有些应试人把 j、q、x 声母的字词读作 z、c、s 声母的原因。

首先，有尖音问题的应试人，要想克服尖音，必须彻底改变尖音的发音习惯。尖音和团音的差异，主要是声母的发音部位不同

造成的。发 z、c、s 的时候,舌尖平伸,和上齿背接触或接近。发 j、q、x 的时候,舌面前部和硬腭前部接触或接近,这时,舌尖必须抵住下齿背,舌面前部才能隆起和硬腭前部接触。所以,舌尖是否抵住下齿背,是检验应试人能否将尖音改读团音的关键。应试人可以按照这种方法练习体悟。

其次,必须明确普通话中相关的声韵拼合规律,找出普通话和方言之间声韵组合的区别,要分辨出哪些字词是尖音,然后将尖音分别改为团音,也就是方言中凡是 z、c、s 和齐齿呼、撮口呼韵母相拼合的音节,一律把声母改成 j、q、x。比如:

j — 积极	拥挤	国际	事迹	节日	姐姐
租借	焦急	啤酒	尖音	结晶	前进
天津	尽兴	获奖	精神	安静	聚会
q — 七八	妻子	而且	确切	瞧瞧	秋天
花钱	亲人	抢救	青年	清澈	请求
情绪	夺取	喜鹊	麻雀	全面	泉水
x — 七夕	惜别	媳妇	自习	详细	写字
感谢	小学	微笑	消息	修养	优秀
首先	路线	鲜艳	心情	新年	相信

(5) 舌尖后音 r 与舌尖中音 l 或零声母音节混淆

有些应试人把 r 声母的字词读成 l 声母的字词,例如:

然 rán —— 兰 lán　　让 ràng —— 浪 làng

肉 ròu —— 漏 lòu　　入 rù —— 路 lù

仍 réng —— 塄 léng　　容 róng —— 龙 lóng

分清这两个声母,应该从发音部位和发音方法两个方面着手。

从发音部位上看，r 是舌尖后音，舌尖翘起和硬腭前端接近；l 是舌尖中音，舌尖抵住上齿龈稍后部位。从发音方法上看，r 是擦音，颤动声带，气流从发音部位留有的窄缝中摩擦成声；l 是边音，颤动声带，气流从舌头两边的通道中流出而成声。训练时，可以比较它们的不同。例如：

ri—le—ri—le　　le—ri—le—ri　　ri—ri—ri—ri
le—le—le—le　　ri-le-ri-le-ri-le

有些应试人把 r 声母的字词读成齐齿呼韵母自成音节（即零声母音节）的字词，例如：

人 rén —— 银 yín　　肉 ròu —— 又 yòu
饶 ráo —— 摇 yáo　　让 ràng —— 样 yàng
扰 rǎo —— 咬 yǎo　　日 rì —— 义 yì

有上述问题的人，主要是发不准 r 声母，因此要在发准 r 声母上多下功夫。另外，根据普通话声韵拼合规律，记住 r 声母的常用字。例如：

ran　　然、燃、髯/冉、染
rang　　嚷、瓤、穰、嚷、攘/让
rao　　饶、娆、桡/扰/绕
re　　惹/热
ren　　人、仁、壬、任/忍、荏、稔/认、刃、任、韧、妊、仞、纫、轫
reng　　扔/仍、礽
ri　　日
rong　　荣、容、融、溶、蓉、绒、熔、榕、茸、戎、嵘、镕/冗
rou　　柔、揉、糅、鞣、蹂/肉
ru　　如、茹、儒、濡、孺、嚅、蠕/乳、汝、辱/入、褥

ruan 软、阮

rui 蕊/瑞、锐、睿、芮、蚋

run 润、闰

ruo 弱、若、偌

(6) 零声母音节被加上辅音声母

零声母音节是韵母自成音节,本来没有声母,然而有些应试人按照方音习惯加上了声母,或者加上 n,或者加上 ng。这些被加上声母的音节大多是开口呼的零声母音节。

比如,将"爱"ài 读成 nài 或者 ngài,将"欧"ōu 读成 nōu 或者 ngōu。将"饿"è 读成 nè 或者 ngè,将"袄"ǎo 读成 nǎo 或者 ngǎo。

将零声母音节读成辅音声母 ng 的问题相对好解决一些,因为在普通话里没有声母 ng,遇到方言中声母为 ng 的音节,一般只要去掉辅音 ng 就可以了。而要解决零声母音节读成辅音声母 n 的问题,则相对难度大一些,因为普通话声母系统中本来就有 n,这样就需要将方言中声母读为 n 的音节分为两类,一类是和普通话一致,声母均为 n 的音节,一类是普通话里是零声母而方言是辅音声母 n 的音节。然后,将后一种声母为 n 的音节读成零声母音节就可以了。应试人要想读准这些零声母的字词,可以采取记少余多法帮助记忆。例如:

ai 挨、哀、埃/癌、捱、皑/矮、蔼/艾、爱、碍

an 安、谙、鞍、氨/俺/案、按、岸、暗、黯

ang 肮/昂/盎

ao 凹、熬/敖、翱、鳌、遨、鏊/袄、媪/奥、傲、澳、懊、坳、拗

e 额、俄、娥、鹅、峨、蛾、讹/恶/扼、厄、饿、鄂、愕、遏、

鳄、蕚、噩、腭、鹗

en 恩/摁

ou 欧、鸥、殴、瓯、讴/呕、偶、藕、耦、沤、怄

2. 在韵母方面容易出现的问题以及解决的方法

（1）前鼻韵母与后鼻韵母混淆

有些应试人把大部分前鼻韵母的字词读成与之相对的后鼻韵母的字词，而这些字词的不同主要表现在把 n 读作 ng，也有些应试人把 ng 读作 n。例如：

金 jīn —— 京 jīng　　人 rén —— 仍 réng

纯 chún —— 虫 chóng　　群 qún —— 穷 qióng

尊 zūn —— 宗 zōng　　村 cūn —— 葱 cōng

河北方言晋语区这方面的问题比较突出。解决前后鼻韵母混淆的问题，就要弄清哪些鼻韵母容易混淆，怎样相混，并且能够读准这些韵母。普通话 16 个鼻韵母中，有 8 个前鼻韵母，8 个后鼻韵母。这些韵母大多构成两两相对的关系，所谓相混，一般是有相对关系的两个韵母相混。这 8 对鼻韵母分别是：

an—ang　　en—eng　　in—ing

ün—iong　　ian—iang　　uan—uang

uen—ueng　　uen—ong

需要说明的是，8 个前鼻音韵母中，uen 自成音节时，往往被读成 ueng，比如，"问、文、温、稳、闻、吻、蚊、紊"这些字词会被错读成后鼻韵母 ueng。而 uen 前拼声母时，往往被错读成 ong，比如，"顺、滚、尊、村、润、均、损、困"，这些字词中的韵母会被读成后鼻韵母 ong。另外，8 个前鼻韵母中的 üan，普通话中没有与之相对的后鼻韵母，但是一些方言区中的应试人会把它读成 üang，比如，把

"原、源、元、园、员、圆、缘、远、院、愿、怨"的韵母读成üang,把"捐、娟"读成jüang,把"全、权、泉、拳"读成qüang,把"宣、轩、喧"读成xüang,而这个üang是普通话中没有的,但是üang和üan构成一个对应关系,改正起来应该不会很难。

要想读准这些混淆的鼻韵母,必须在韵尾上下功夫。前鼻辅音n是舌尖前伸抵住上齿龈,后鼻辅音ng是舌根抬起,和软腭接触。发音时可以从三方面分辨它们的不同:一是体会发音部位,一个是在口腔的前面,一个是在口腔的后面。二是看口型,发n时,因为舌尖抵住上齿龈,嘴角稍稍咧开,上下唇有一小缝隙;发ng时,因为舌根抬起,所以口要张开。三是听声音,n的声音靠前,ng的声音靠后。另外,这两个音都是鼻辅音,气流从鼻腔流出,发音时,鼻腔都应该有震动感。这两个鼻辅音相比之下,有些人往往觉得前鼻辅音n不好发,其实主要是在归音上存在问题。要想发准前鼻韵母,一定要归音到位,也就是舌尖一定要抵住上齿龈,音发完以后再把舌尖放下来。可以这样练习归音:发前鼻韵母时,舌尖抵住上齿龈不放下来,尽量使声音延长,这时,可以既看口型又听声音,判断发音是否准确。后鼻韵母也可以这样做归音训练。比如,读一些相关的字词,有意识地延长尾音。

安—— 恩—— 音—— 温—— 烟—— 冤——
弯—— 晕—— 根—— 村—— 军—— 孙——
新—— 尊—— 亲—— 熏—— 关—— 甘——
欢—— 掂—— 捐——

(2)撮口呼韵母与部分齐齿呼韵母混淆

有些方言区缺少ü、üe、üan、ün这些撮口呼韵母,因此这些方言区的应试人往往把这些撮口呼韵母的字词读作与之相对的齐齿

呼韵母的字词,例如:

觉 jué —— 节 jié　　需 xū —— 西 xī

与 yǔ —— 已 yǐ　　圆 yuán —— 沿 yán

云 yún —— 银 yín　　卷 juǎn —— 减 jiǎn

有这些问题的应试人要想把这些混淆的字词分辨清楚,首先要学会发准 ü üe üan ün 这 4 个撮口呼韵母,其次就是利用声韵拼合规律记住撮口呼韵母的常用字词。4 个撮口呼韵母和部分齐齿呼韵母相混淆,其实就是和 i ie ian in 相混淆,它们一一对应的关系是:ü—i üe—ie üan—ian ün—in。要想读准这些韵母,一定要学会撮口。撮口,就是把嘴唇拢圆,发这 4 个韵母都要把嘴唇拢圆。如果方言中缺少撮口呼韵母,乍一把嘴唇拢圆,肯定会觉得别扭,不过多读读多练练,习惯了就好了。练习发准撮口呼韵母,一定要在发 i 的基础上练习,因为 i 和 ü 发音时舌位都处在前高的位置,只是 i 的唇形是咧开的,ü 的唇形是拢圆的。所以发 ü 时舌位不要动,只要把嘴唇拢圆就行了。例如:

　　i—ü　　ie—üe　　ian—üan　　in—ün

下面是撮口呼韵母自成音节和前拼声母的常用字词,可以方便我们记忆。

ü　　迂、淤/于、鱼、余、俞、瑜、渝、逾、榆、愉、愚、娱、渔、隅、舆、盂、虞、谀、腴/与、语、雨、宇、羽、予、屿、圄、禹、与、庾/玉、欲、遇、预、域、愈、御、育、裕、郁、浴、喻、誉、寓、狱、豫、毓、峪、煜、昱。

üe　　曰、约/月、越、粤、乐、跃、悦、阅、岳。

üan　　冤、鸢、鸳、渊/圆、原、元、缘、源、园、员、袁、援、媛、猿、辕、垣/远/愿、院、怨。

ün 晕、氲、赟/云、匀、芸、耘、昀、郧、筠/允、陨、殒/运、韵、孕、蕴、熨、酝、晕、愠、恽、郓。

ju 居、拘、鞠、掬、驹、狙、疽、裾/局、菊、橘、焗/举、咀、沮、矩、莒、龃/具、据、距、句、巨、聚、剧、俱、拒、惧、锯、遽、炬、踞。

jue 撅/绝、觉、决、诀、掘、爵、嚼、角、崛、蹶、孓、攫、蕨、抉、獗、矍、谲、噱、蹶/倔。

juan 捐、娟、涓、鹃、镌/卷/卷、绢、隽、倦、圈、鄄。

jun 军、均、菌、君、钧、皲、龟/俊、骏、峻、浚、竣、郡。

lü 驴、榈/屡、吕、旅、履、缕、铝、侣/律、率、绿、虑、滤、氯。

lüe 略、掠。

(3) 单韵母 o 与 e 混淆

有些方言区缺少圆唇单韵母 o，因此有些应试人往往把圆唇单韵母 o 的字词读作与之相对的不圆唇单韵母 e 的字词，例如：

拨 —— bō 误读作 bē   泼 —— pō 误读作 pē
摸 —— mō 误读作 mē   佛 —— fó 误读作 fé

这个问题解决起来应该相对容易一些，因为这两个韵母的区别就在唇形上，发 o 时，只要把嘴唇拢圆就行了。要分清 o 韵母的字词也比较容易。和 o 相拼合的声母只有 b、p、m、f 这 4 个声母，而 b、p、f 都不和 e 相拼合，只有 m 和 e 相拼合，而且只有一个"么"字，所以，读 be、pe、me、fe 音节的字词，除了"么"以外，其他一律读作 bo、po、mo、fo 就对了。下面是 o 韵母的常用字词，可以多读读练练。

bo 波、拨、播、钵、剥、玻、菠/饽、伯、博、搏、泊、勃、脖、薄、驳、

铂、箔、帛、渤、舶、脖、礴/跛、簸

po 坡、泼、颇/婆、鄱/叵、笸/迫、破、魄、粕、珀

mo 摸/模、膜、磨、魔、摩、蘑、摹、馍/抹、莫、末、沫、漠、墨、默、陌、茉、寞、脉、没

fo 佛

(4) 卷舌韵母 er 发音不准

有些方言区没有卷舌韵母 er，因此，一些应试人往往把卷舌韵母的字词读成非卷舌韵母的字词。例如，有人把 er 读成 e，没有卷舌动作，读成了舌面后半高不圆唇的单韵母。有人把 er 读成 a 与 e 的合音，我们暂且标记为 ae。这是普通话中没有的音，这种音也没有卷舌动作，是在发后 a 的基础上舌位上升，口型由大变小，声音由 a 变成了 e，所以，这种音前半截有 a 的色彩，后半截有 e 的色彩。有人把 er 读成舌尖后韵母 －i (后)，或是把 er 发成带有 r 与 l 组合色彩的音，我们暂且标记为 rl。这两种音也是没有卷舌动作，和卷舌韵母的音色相去甚远。例如：

儿 —— é、áe、－í(后)、rl   耳 —— ě、ǎe、－ǐ(后)、rl

二 —— è、àe、－ì(后)、rl

方言中没有卷舌韵母的应试人首先应该学会卷舌韵母 er 的发音，因为这个音发不好，后面读多音节词语中的儿化韵、朗读短文和命题说话都会受到影响。er 是单韵母，只不过是用两个字母表示，e 表示舌面的位置，r 表示卷舌动作。它的发音要领是：舌面隆起点在口腔中不前不后，不高不低，处在中央的位置，先摆好 e 的位置，紧接着舌尖翘起迅速向后滑动，口腔由半开到半闭，嘴角稍微咧向两边。发 er 时，e 的音刚要出来就要迅速卷舌，否则就会像 e 和 r 两个音加在了一起，不是单韵母 er 的声音了。这个音

发好了,发好儿化韵也就不成问题了,普通话水平就能大大提高了。所以,发不好卷舌韵母的应试人,一定要抓住要领,反复练习,力争把这个韵母读得准确无误。

普通话中单韵母 er 只能自成音节,不能前拼声母,所以,er 音节的字词只有"儿、而、尔、耳、迩、饵、洱、二、贰"这样几个,掌握起来并不难。在儿化韵中,比如"果汁儿、锯齿儿、没事儿"中的"汁儿"要读成 zhēr,"齿儿"要读成 chěr,"事儿"要读成 shèr,这并不表明卷舌韵母 er 可以直接前拼声母,而是 zhi、chi、shi 三个音节成为儿化韵的一种音变现象。所以,卷舌韵母发不好,是会影响儿化韵的发音的。

(5) 前鼻韵母 en、uen 与复韵母 ei、uei 混淆

有些应试人读 en、uen 这些前鼻韵母的字词时,往往归音不到位,把鼻辅音 n 发成 i,造成 en 和 ei 相混淆,uen 和 uei 相混淆。例如:

忍 —— rěn 误读作 rěi   很 —— hěn 误读作 hěi
文 —— wén 误读作 wéi   身 —— shēn 误读作 shēi
跟 —— gēn 误读作 gēi   真 —— zhēn 误读作 zhēi
门 —— mén 误读作 méi   滚 —— gǔn 误读作 guǐ
困 —— kùn 误读作 kuì   村 —— cūn 误读作 cuī
尊 —— zūn 误读作 zuī   肯 —— kěn 误读作 kěi

要解决这个问题,在发音上关键是归音要到位,舌尖一定要抵住上齿龈,鼻辅音韵尾 n 才能发出来。训练时可以反复对比练习,体会 ei 和 en、uei 和 uen 的区别,通过看口型、听声音,体会发音部位是否准确。

(6) 复韵母 uei 与 ei 混淆、单韵母 ü 与复韵母 uei 混淆

在一些方言区,uei、ei、ü 这三个韵母都有,读音与普通话也相同,只是声韵拼合规律与普通话不尽一致,导致读单音节字词时出现语音错误。具体情况有以下三种:

①普通话 uei 韵母前拼声母 d、t、z、c、s 的字词"对、队、兑、推、颓、腿、蜕、嘴、最、罪、醉、崔、催、摧、翠、粹、脆、虽、尿(suī)、随、遂、岁、碎、穗、隧"等,有些应试人把韵母 uei 读成 ei,例如,把"对" duì 读作 dèi,把"腿"tuǐ 读作 těi。而有些方言区的应试人则逢 d、t 声母的读 ei 韵母,逢 z、c、s 声母的读 uei 韵母。把 uei 读作 ei,是把韵头 u 丢掉了。改正时一定要注意口型,发 ei 时口微开,嘴唇向两边咧开;发 uei 时,嘴唇先圆后展,所以,要读准 uei,一定要先把嘴唇拢圆。

②普通话中 lei 音节字词"雷、擂、累、垒、儡、类、肋、泪"等,有些方言区的应试人读成 lui 音节,还有些地方 lei、lui 两读。

③普通话中 lü 音节字词"驴、吕、侣、铝、旅、缕、屡、履、虑、滤、律、率、氯、绿"等,有些方言区的应试人读成 lui,也有一些应试人把普通话中的"女"读作 nuǐ。

这是把 ü 读成了 uei,ü 是单韵母,发音时舌位不能动,uei 是复韵母,发音时舌位有动程。另外,发 ü 时舌位在前,发 u 时舌位在后。改正时一定要注意 ü 的发音要领。

要分辨清楚这些容易混淆的字词,可以利用普通话的声韵拼合规律帮助记忆。

①普通话 d、t、z、c、s 5 个声母和韵母 ei 拼合的字词,常用的只有"得(děi)、贼",因此方言中这 5 个声母的 ei 韵母字,除"得(děi)、贼"不变外,其余都要改读。

②普通话没有 lui 音节,因此,把"雷、泪"等读成 lui 的,或有

lei、lui 两读的,一律读作 lei;把"驴、旅、绿"读成 lui 的,一律改读 lü。

③普通话没有 nui 音节,相应的"女"字要读作 nǚ。

(7)单韵母 e 与卷舌韵母 er 或复韵母 ie、ai 混淆

这个问题主要表现在 zhe、che、she、re 4 个音节中,有些方言区的应试人往往把单韵母 e 读作其他韵母。例如:

第一,e 读成 er,即把 zhe、che、she、re 4 个音节分别读作 zher、cher、sher、rer。比如,把"车"读作"吃儿",把"社"读作"事儿"。这是把 e 读成了卷舌韵母 er,改正时注意读这 4 个音节的字词一定不要有卷舌动作。

第二,e 读成 ie,即把 zhe、che、she、re 4 个音节分别读作 jie、qie、xie、ye。不但韵母变了,声母也变了,这是因为普通话和某些方言中 zh、ch、sh、r 4 个声母不和韵母 ie 相拼合,当 ie 和 zh、ch、sh、r 拼合时,声母很自然地变成了 j、q、x。比如,把"车"读作"且",把"热"读作"夜"。有这种问题的应试人一定要练习读准 zhe、che、she、re 这 4 个音节,可以通过对比练习掌握这几个音节的准确读音,比如,jie—zhe qie—che xie—she ye—re。

第三,e 读成 ai,即把 ze、ce、se 3 个音节分别读作 zhai、chai、shai。这些字词大多来自古入声的普通话 e 韵母的字词,比如,把"泽"读作 zhái,把"册"读作 chǎi 等等。这个问题和前两个问题不一样,它是源自古入声的 ze、ce、se 3 个音节的韵母读音,同时将平舌音声母 z、c、s 读为翘舌音 zh、ch、sh。所以,有这种问题的应试人一定要先发好 ze、ce、se 3 个音节,再记住"泽、责、册、侧、厕、恻、策、色、涩、塞"这些常用的字词就能分辨清楚了。

(8)鼻韵母中的元音鼻化或韵尾脱落

这个问题表现在两个方面:

第一,前鼻音韵母 an、ian、uan、üan

这组韵母的发音,出现的问题主要有以下几种情况。

①鼻音韵尾弱化,但没有脱落。把 an、ian、uan、üan 读成 aⁿ、iaⁿ、uaⁿ、üaⁿ。有这种问题的人,读 an、ian、uan、üan 时,应当注意使软腭降下来,打开鼻腔通道,把鼻音韵尾读好。

②鼻音韵尾脱落,主要元音鼻化。把 an、ian、uan、üan 读成鼻化韵母 ã、iã、uã、üã。有这种问题的人读 an、ian、uan、üan 时,注意发出元音后,就移动舌尖抵住上齿龈,堵住口腔通道,软腭下垂,打开鼻腔通道,把韵尾读出来。

③鼻音韵尾脱落,主要元音开口度小,音色接近 ê。把 an、ian、uan、üan 读成 ê、ie、uê、üe。有这种问题的人读 an、ian、uan、üan 时,一定要注意把口张大,发准低元音 a,同时让软腭下垂,打开鼻腔通道,发出鼻音韵尾。此外,还需要记字。分辨普通话里 an 组韵母字的方法是,方言的 uê 韵母字都是普通话的 uan 韵母字。方言的 ê 韵母字除"欸"外,都应读 an 韵母;方言的 üe 韵母字除"靴、瘸"等少数几个外,都应读 üan 韵母;方言的 ie 韵母字中,应该读 ie 韵母的只有"爹、介、芥、疥、界、阶、皆、借、解、懈、蟹、戒、诫、械、秸、街、姐、届、借、茄、且、些、鞋、携、斜、邪、写、泻、卸、谢、椰、爷、也、冶、野"等,其余的都应读作 ian 韵母字。采取记少不记多的办法,可达到事半功倍的效果。

④鼻音韵尾脱落。把 an、ian、uan、üan 读成 a、ia、ua、üa。有这种问题的人发音时除注意让软腭下垂,打开鼻腔通道,读出鼻音韵尾外,还需要下功夫记住这些韵母的字。方言的 üa 韵母字全

部是普通话的 üan 韵母字，这部分不用逐字记忆。在 a、ia、ua 韵母字中，要依次找出应读 an、ian、uan 韵母的字来，这些字大都要靠逐个记忆。

第二，后鼻音韵母 ang、iang、uang

这组韵母的发音，容易出现下面几种问题。

①鼻音韵尾弱化，但没有脱落。把 ang、iang、uang 读成 a^{ng}、ia^{ng}、ua^{ng}。

②鼻音韵尾脱落，主要元音鼻化。把 ang、iang、uang 读成 ã、iã、uã。

③鼻音韵尾脱落，主要元音开口度小，是鼻化的后半高圆唇元音 õ。把 ang、iang、uang 读成 õ、iõ、uõ。

④鼻音韵尾脱落，且主要元音后多出一个鼻化元音 ẽ。把 ang、iang、uang 读成 aẽ、iaẽ、uaẽ。

在字的归类方面，出现上述问题的人只要把本地方言读 a^{ng} 组、ã 组、õ 组或 aẽ 组韵母的字词改读 ang 组字词就可以了。

有以上问题的应试人在练习这两组韵母的发音时，要特别注意读准 n、ng 这两个不同的韵尾。即：n 的发音要领是舌尖抵住上齿龈，ng 的发音要领是软腭下降，和同时抬高的舌根接触，它们都是堵塞口腔通路，使气流由鼻腔流出。

（9）复韵母 ao、iao 读错

这个问题有两种情况：

一是韵尾[u]丢失，把 ao、iao 读成[ɔ][iɔ]。有这种问题的人，发音时注意韵尾不要丢失，不要读成单元音[ɔ]，要把韵母读成复元音 ao。[ɔ]是舌面后半低圆唇元音，发音时口形始终不变；ao 发音时口形、舌位有一个动程，口形开口度由大变小，唇形也由不圆变圆。

二是发音时开口度小,把 ao、iao 读成 o、io,如"袍、炮"读作[p'o],"帽"读作[mo],"聊"读作[lio]。有这种问题的人要想读准 ao、iao 两个韵母,一定要掌握发音要领,发音时,主要元音的开口度要大,韵尾不能丢失,注意不要把复元音读成单元音。[a]和[o]的主要差别是:前者是舌面后低不圆唇元音,后者是舌面后半高圆唇元音。同时还要解决字的归类问题,把方言中的 io 韵母字一律改读 iao 韵母;从方言 o 韵母字中分出普通话读 ao 韵母的字,把韵母 o 改读 ao。当然,如果方言中没有 ao、iao 韵母,还要首先学会 ao、iao 的发音。

从方言的 o 韵母字中分出普通话 ao 韵母字,可利用下面的规律:

①普通话 o 韵母只拼 b、p、m、f,所以方言中其他声母的 o 韵母字都是普通话的 ao 韵母字。

②普通话 f 不拼 ao,所以方言中的 fo 音节字不用改读。

3. 在声调方面容易出现的问题以及解决的方法

在声调方面,应试人容易出现两方面的问题。

(1) 调型与普通话不一致

普通话的高平调,有些应试人或读作曲折调,或读作升调,或读作降调。

普通话的中升调,有些应试人或读作平调,或读作曲折调,或读作降调。

普通话的曲折调,有些应试人或读作平调,或读作升调,或读作降调。

普通话的高降调,有些应试人或读作升调,或读作曲折调,或读作平调。

调型与普通话大相径庭,声调必错无疑。

(2) 调值与普通话不一致

普通话的高平调,调值是 55,有些应试人或读作 44,或读作 33,或读作 22,甚至读作 11。

普通话的中升调,调值是 35,有些应试人或读作 34,或读作 45,或读作 13,或读作 24。

普通话的降升调,调值是 214,有些应试人或读作 324,或读作 424,或读作 3243。

普通话的高降调,调值是 51,有些应试人或读作 53,或读作 42,或读作 342。

调型同普通话大致相同,调值同普通话不一致,就会让人觉得发音同普通话有差距,味儿不足,这在普通话水平测试中大多属于语音缺陷问题。

如何改正自己在声调方面出现的错误和缺陷呢?应试人可以从以下几方面着手。

第一,明辨自己方言的调类

学习普通话,应该对音韵知识有一点了解,这样才能掌握自己方言中各字的调类。可以尝试用下面 4 组例字鉴别方言中的调类。

(1) 阴平　　师方|桌——捏

(2) 阳平　　时房|福——没~有

(3) 上声　　史纺|尺——辱

(4) 去声　　事放|册——木

竖线前面的字分别是阴平、阳平、上声、去声,竖线后面的是古入声字。鉴别时用方音一一去读。竖线前面 4 组字读成四种调值,说明本方言有阴平、阳平、上声、去声四种声调,与"师方"同调的是阴平字,与"时房"同调的是阳平字,与"史纺"同调的是上声字,与"事放"同调的是去声字。"师方"、"时房"同调的方言,是平声不分阴平、阳平的,可以总称平声,本方言与"师时方房"同调的字,也都是平声字;"时房"、"史纺"同调的方言,是阳平和上声不分,可以总称上声,本方言与"时史房纺"同调的都是上声字。用方音读竖线后面的古入声字,这八个字有一部分或者全部与竖线前任何一组调值都不同,则说明本方言有入声调。这些自成调类的字就是本方言的今入声字,其他调值同此的字都是本方言的入声字。竖线后的字都不自成调类,说明本方言今无入声调。这八个字所属的调类与普通话相同与否,还可以进一步鉴别,以便了解自己方言的声调特点。

第二,记住古入声字的今调类

古入声字在方言今调类的归属是区分方言的一个条件,学习普通话,要掌握古入声字与今调类的对应规律,不同的方言入声字归属的今调类不同,但与普通话有一定的对应规律。例如保定话,古清音声母入声字分别归入阴阳上去四声,归入上声的字比普通话多,"福附抚国节结觉~悟角~色职吉菊昔惜各逐足俗读烛袭媳鲫咳~嗽决"等字,保定今读上声,普通话读阳平;"发理~复覆附腹质室册雀鹊劣掠侧赤"等字,保定今读上声,普通话读去声;"郭鞠"等字保定今读上声,普通话读阴平;"竹级橘卓革折浙哲驳帛箔"等字保定今读阴平,普通话阳平。这些字在石家庄今都读阴平。字数虽然不多,但很顽固,需要逐个记忆。有入声调的方言,需要把常用入声字都找出来,逐个记忆它们在普通话所归属的调类。有些规律可以帮助记忆:(1)今韵母是-i [ɿ]、er、uai、uei 或带鼻音韵尾的韵母没有入声字;(2)声母是 m、n、l、r 的,一般都读去声,例外字只有 mā 抹~布、mō 摸、mó 膜、mǒ 抹~涂、méi 没—有、niē 捏、lā 拉、垃邋~塌、lǎ 喇~叭、lēi 勒~紧、luò 捋~树叶儿、rǔ 辱等十几个;(3)零声母字除"额恶~心一壹揖乙压押鸭噎屋挖曰约"外,也都读去声。

第三,分辨阴平字和阳平字

有些方言不分阴平和阳平。这些地区的人学习普通话,首先要按照普通话的分法把方言中的平声字分成阴平、阳平两大类,然后重点记忆阳平字。记忆阳平字也有规律可循:

①平声字中声母是 m、n、l、r 的,普通话除"妈猫捞扔撩摸抹拉垃噜眯咪溜搂拈蔫闷抡蒙"等二十多个字有阴平的读法,其余一律读阳平。

②b、d、g、k、j、z、zh、sh、s 这 9 个声母与鼻辅音韵母相拼的字,除"什绳甭哏咱神扛狂"少数几个字外,都不读阳平。方言中的这类字,可以判定它读阳平。

③uai 韵母字只有"怀淮槐徊踝"五个阳平字,记住这五个阳平字,整个 uai 韵母阴平阳平不分的问题就解决了。这种记少不记多的办法,可以用到所有韵母,例如 ing 韵母的阳平字共 52 个,除"乒青清蜻莺"五个字读阴平,其余都读阳平。

④有些音节只有阳平字,分不清阴平阳平时,这些音节的平声毫无疑问是阳平。如"您得群佛谁贼能腾"。

⑤有些音节没有阴平字,分不清阴平阳平时,这些音节的平声肯定也是阳平。如"人容饶柔燃粮则如没名煤埋棉模忙民棱临连炉驴来狼滦兰槐痕泥奴农宁层儿"。

第四,区分阳平字和上声字

河北省有些方言区只有三个声调,阴平、上声、去声,其中相当于普通话阳平的那一部分字,和上声同调,这些地区的人学习普通话也需要把阳平字找出来,逐个记忆。最好利用同韵字表,寻找规律记忆,效果较好。声母、韵母都是帮助记忆的条件,当字数悬殊时,采取记少不记多的办法,更是事半功倍。例如 zi、si 音节只有上声,没有阳平,ci 音节上声只有"此"一个字,其余都是阳平。b、d、g、j、zh、z 声母与鼻音韵母拼合的音节,阳平调只有一个"咱"字,如果分不清阳平上声,除去"咱"字,这些音节的字肯定是上声。这样的规律需要自己总结,把难点化整为零,一个一个地突破。

第五,改读方言的调值

河北人学习普通话,除北京官话区外,都需改读调值,不过因与普通话的差异大小有别,改读的多少不一罢了。保定话的阳平为低平调,调值是 22,保定人学普通话就要把阳平的低平调改读成中升调,调值是 35,保定话的阴平、上声、去声的调值与普通话相同。石家庄话阴平是低升调,调值是 24,阳平是高降调,调值是 53,上声是高平调,调值是 55,去声是半降调,调值是 31。石家庄人学说普通话,四个声调的调值都要改读。阴平的低升调要改读成高平调 55,阳平的高降调要改读成中升调 35,上声的高平调要改读成曲折调 214,去声的半降调要改成全降调 51。邯郸人学普通话,不仅要改读阴阳上去的调值,还要把入声调的字都归入阴阳上去四声。改读方言调值,应先学会熟练地读准普通话四声的调值,把本方言的某一声调的调值与普通话作一比较,体会两者的差别,然后再用普通话的调值读这一声调的字词,直至掌握为止。

(四)发音训练

1. 声母训练

(1) 舌尖前音 z、c、s 和舌尖后音 zh、ch、sh

① 声母对比练习

z—zh

阻力 zǔlì —— 主力 zhǔlì
资源 zīyuán —— 支援 zhīyuán
祖父 zǔfù —— 嘱咐 zhǔfù
仿造 fǎngzào —— 仿照 fǎngzhào

c—ch

粗气 cūqì —— 出气 chūqì
鱼刺 yúcì —— 鱼翅 yúchì
从来 cónglái —— 重来 chónglái
词序 cíxù —— 持续 chíxù

s—sh

私语 sīyǔ —— 施与 shīyǔ
搜集 sōují —— 收集 shōují
肃立 sùlì —— 树立 shùlì
近似 jìnsì —— 近视 jìnshì

② 声母相连练习

z—zh

组织 zǔzhī　　　　杂志 zázhì

尊重 zūnzhòng　　作者 zuòzhě
作战 zuòzhàn　　自主 zìzhǔ
增长 zēngzhǎng　　宗旨 zōngzhǐ

zh—z

正在 zhèngzài　　制造 zhìzào
著作 zhùzuò　　职责 zhízé
准则 zhǔnzé　　知足 zhīzú
主宰 zhǔzǎi　　追踪 zhuīzōng

c—ch

促成 cùchéng　　财产 cáichǎn
存储 cúnchǔ　　磁场 cíchǎng
操场 cāochǎng　　彩绸 cǎichóu
餐车 cānchē　　草创 cǎochuàng

ch—c

纯粹 chúncuì　　差错 chācuò
尺寸 chǐcùn　　船舱 chuáncāng
场次 chǎngcì　　陈醋 chéncù
成才 chéngcái　　初次 chūcì

s—sh

随时 suíshí　　损失 sǔnshī
宿舍 sùshè　　素食 sùshí

丧失 sàngshī　　　　算术 suànshù
松鼠 sōngshǔ　　　　损伤 sǔnshāng

sh—s
输送 shūsòng　　　　申诉 shēnsù
疏散 shūsàn　　　　　收缩 shōusuō
上司 shàngsi　　　　 声色 shēngsè
世俗 shìsú　　　　　 深思 shēnsī

③绕口令练习

十和四

四是四，十是十，十四是十四，四十是四十。

莫把四字说成十，休将十字说成四。

若要分清四十和十四，经常练说十和四。

酸枣子

山上住着三老子，山下住着三小子，山当腰住着三哥三嫂子。

山下三小子，找山当腰三哥三嫂子，借三斗三升酸枣子，

山当腰三哥三嫂子，借给山下三小子三斗三升酸枣子。

山下三小子，又找山上三老子，借三斗三升酸枣子，

山上三老子，还没有三斗三升酸枣子，

只好到山当腰找三哥三嫂子，

给山下三小子借了三斗三升酸枣子。

过年山下三小子打下酸枣子，

还了山当腰三哥三嫂子,两个三斗三升酸枣子。

(2) 舌尖前音 z c s 和舌面音 j q x

①音节练习

下列每组音节,在分尖团音的方言里,每组的前半部分为团音(声母为 j、q、x),每组的后半部分为尖音(声母为 z、c、s),练习时注意将下列音节的声母一律读为团音。

ji	基 jī	极 jí	吉 jí	记 jì	计 jì/	积 jī
	集 jí	挤 jǐ	际 jì	绩 jì		
qi	期 qī	旗 qí	起 qǐ	企 qǐ	气 qì/妻 qī	
	七 qī	漆 qī	齐 qí			
xi	希 xī	牺 xī	吸 xī	喜 xǐ	戏 xì/惜 xī	
	析 xī	息 xī	习 xí	洗 xǐ		
jie	街 jiē	结 jié	杰 jié	解 jiě/接 jiē		
	节 jié	截 jié	姐 jiě	借 jiè		
qie	茄 qié/切 qiē		且 qiě	窃 qiè	妾 qiè	怯 qiè
xie	歇 xiē	鞋 xié	协 xié	械 xiè/些 xiē		
	斜 xié	写 xiě	卸 xiè	谢 xiè		
jiao	交 jiāo	娇 jiāo	浇 jiāo	教 jiào/焦 jiāo		
	礁 jiāo	椒 jiāo	嚼 jiáo			
qiao	敲 qiāo	乔 qiáo	巧 qiǎo	翘 qiào/悄 qiāo		
	瞧 qiáo					
xiao	晓 xiǎo	校 xiào	孝 xiào/消 xiāo			
	肖 xiāo	小 xiǎo	笑 xiào			
jiu	久 jiǔ	九 jiǔ	旧 jiù	救 jiù/揪 jiū		
	酒 jiǔ	就 jiù				

qiu	丘 qiū	求 qiú	球 qiú/秋 qiū	鳅 qiū
xiu	朽 xiǔ/修 xiū	羞 xiū	袖 xiù	秀 xiù	休 xiū
jian	坚 jiān	间 jiān	艰 jiān	减 jiǎn/尖 jiān	贱 jiàn
	荐 jiàn

qian 铅 qiān 牵 qiān 谦 qiān 欠 qiàn/千 qiān 前 qián
      潜 qián 钱 qián

xian 闲 xián 现 xiàn xiàn/先 xiān 仙 xiān 鲜 xiān
      线 xiàn

jin   今 jīn   斤 jīn   金 jīn   紧 jǐn   近 jìn/津 jīn
      尽 jìn   进 jìn   晋 jìn   浸 jìn

qin   琴 qín   勤 qín   禽 qín/侵 qīn   亲 qīn   秦 qín
      寝 qǐn

xin   欣 xīn/心 xīn   辛 xīn   新 xīn   信 xìn

jiang 江 jiāng 讲 jiǎng 降 jiàng/将 jiāng 奖 jiǎng
      酱 jiàng 匠 jiàng

qiang 强 qiáng/枪 qiāng 墙 qiáng 抢 qiǎng 腔 qiāng

xiang 香 xiāng 乡 xiāng 向 xiàng/相 xiāng 详 xiáng
      想 xiǎng 象 xiàng

jing 京 jīng 经 jīng 竟 jìng 敬 jìng/精 jīng
      晶 jīng 净 jìng 静 jìng

qing 轻 qīng 倾 qīng 庆 qìng/青 qīng
      情 qíng 请 qǐng

xing 兴 xīng 形 xíng 行 xíng 幸 xìng/星 xīng
      醒 xǐng 姓 xìng 性 xìng

ju   居 jū   菊 jú   局 jú   举 jǔ   具 jù/聚 jù

qu	区 qū 屈 qū 曲 qǔ 去 qù/趋 qū 取 qǔ 娶 qǔ
	趣 qù
xu	虚 xū 许 xǔ 蓄 xù/须 xū 需 xū 序 xù 叙 xù
	续 xù
jue	决 jué 掘 jué 觉 jué 角 jué/爵 jué 绝 jué
que	缺 quē 却 què 确 què/鹊 què 雀 què
xue	学 xué 穴 xué 血 xuè/薛 xuē 削 xuē 雪 xuě
quan	圈 quān 拳 quán 券 quàn 劝 quàn/泉 quán
	全 quán
xuan	轩 xuān 玄 xuán 悬 xuán/宣 xuān 旋 xuán
	选 xuǎn
jun	均 jūn 君 jūn 军 jūn/骏 jùn 俊 jùn
xun	熏 xūn 训 xùn/巡 xún 寻 xún 旬 xún

②声母相连练习

j—q

机器 jīqì　　　　　坚强 jiānqiáng

金钱 jīnqián　　　　减轻 jiǎnqīng

全局 quánjú　　　　浅见 qiǎnjiàn

牵就 qiānjiù　　　　切记 qièjì

j—x

进行 jìnxíng　　　　继续 jìxù

坚信 jiānxìn　　　　急需 jíxū

削减 xuējiǎn　　　　洗劫 xǐjié

陷阱 xiànjǐng　　　　席卷 xíjuǎn

q—x

情绪 qíngxù　　　　气象 qìxiàng
取消 qǔxiāo　　　　倾斜 qīngxié
乡亲 xiāngqīn　　　习气 xíqì
相劝 xiāngquàn　　新巧 xīnqiǎo

(3)零声母音节

①词语练习

ai	哀告	挨近	矮小	爱好	尘埃	和蔼	妨碍	关隘
an	安定	按时	案件	暗中	马鞍	河岸	方案	平安
ao	凹陷	遨游	翱翔	懊悔	煎熬	皮袄	骄傲	深奥
ang	昂扬	昂首	肮脏	盎然				
e	婀娜	讹诈	恶心	扼杀	天鹅	前额	饥饿	凶恶
en	恩赐	恩情	摁钉	摁扣				
ou	讴歌	欧洲	呕吐	偶像	斗殴	海鸥	作呕	木偶

②声母对比练习

爱心 àixīn —— 耐心 nàixīn
傲气 àoqì —— 闹气 nàoqì
大袄 dà'ǎo —— 大脑 dànǎo
发案 fā'àn —— 发难 fānàn
鳌头 áotóu —— 挠头 náotóu
矮马 ǎimǎ —— 奶妈 nǎimā

③声母相连练习

零声母—n

懊恼 àonǎo　　安宁 ānníng　　婀娜 ēnuó
按钮 ànniǔ　　按捺 ànnà

n—零声母

南岸 nán'àn　　溺爱 nì'ài　　难熬 nán'áo

嫩藕 nèn'ǒu　　南欧 nán'ōu

④绕口令练习

安(ān)二哥家一群鹅(é)，二哥放鹅(é)爱(ài)唱歌。鹅(é)有二哥不挨(ái)饿(è)，没有二哥就挨(ái)饿(è)，大鹅(é)小鹅(é)伸长脖，"嗷(áo)嗷"、"喔(wō)喔"找二哥。

(4) 舌尖中浊边音 l 和舌尖后浊擦音 r

①声母对比练习

入境 rùjìng　　——　　路径 lùjìng

入口 rùkǒu　　——　　路口 lùkǒu

染病 rǎnbìng　　——　　懒病 lǎnbìng

热天 rètiān　　——　　乐天 lètiān

溶洞 róngdòng　　——　　龙洞 lóngdòng

柔道 róudào　　——　　楼道 lóudào

②声母相连练习

r—l

人类 rénlèi　　热烈 rèliè　　燃料 ránliào　　人力 rénlì

凛然 lǐnrán　　凌辱 língrǔ　　路人 lùrén　　鹿茸 lùróng

(5) 唇齿清擦音 f 和舌面后清擦音 h

①声母对比练习

翻腾 fānténg　　——　　欢腾 huānténg

反话 fǎnhuà　　——　　喊话 hǎnhuà

防空 fángkōng　　——　　航空 hángkōng

飞白 fēibái　　——　黑白 hēibái

②声母相连练习

f—h

发挥 fāhuī　　符号 fúhào　　繁华 fánhuá　　返回 fǎnhuí

挥发 huīfā　　回复 huífù　　荒废 huāngfèi　　花粉 huāfěn

③绕口令训练

画凤凰

粉红墙上画凤凰,凤凰画在粉红墙,红凤凰,黄凤凰,粉红凤凰花凤凰。

化肥会挥发

黑化肥发灰,灰化肥发黑;黑化肥发灰会挥发,灰化肥挥发会发黑;黑化肥发灰挥发会花飞,灰化肥挥发发黑会飞花。

2. 韵母训练

(1) 圆唇韵母 o 和不圆唇韵母 e

①韵母相连练习

o—e　波折 bōzhé　　　　　破格 pògé
　　　　薄荷 bò·he　　　　　磨合 móhé

e—o　隔膜 gémó　　　　　刻薄 kèbó
　　　　折磨 zhé·mó　　　　河伯 hébó

②绕口令练习

哥哥弟弟坡前坐,坡上卧着一只鹅,坡下流着一条河。

哥哥说:宽宽的河,弟弟说:肥肥的鹅。

鹅要过河，河要渡鹅。
不知是鹅过河，还是河渡鹅。

(2) 韵母 er

er- 耳顺 ěrshùn　　而立 érlì　　儿孙 érsūn
　　二战 èrzhàn　　尔后 ěrhòu

-er　木耳 mù'ěr　　尔耳 ěr'ěr
　　然而 rán'ér　　聂耳 niè'ěr

(3) 撮口呼韵母 ü 和合口呼韵母 u 相连练习

u-ü　赌局 dǔjú　　出去 chū·qù
　　富裕 fùyù　　谷雨 gǔyǔ
　　舞女 wǔnǚ

ü—u　女巫 nǚwū　　御侮 yùwǔ
　　吕布 lǚbù　　局促 júcù
　　序幕 xùmù

(4) 复元音韵母 ao、iao

ao—ao　懊恼 àonǎo　　操劳 cāoláo　　高傲 gāo'ào
　　　　号啕 háotáo　　告饶 gàoráo　　祷告 dǎogào
　　　　稻草 dàocǎo　　抛锚 pāomáo　　牢骚 láo·sāo
　　　　逃跑 táopǎo

iao—iao　吊销 diàoxiāo　　脚镣 jiǎoliào
　　　　渺小 miǎoxiǎo　　缥缈 piāomiǎo
　　　　飘摇 piāoyáo　　调焦 tiáojiāo
　　　　萧条 xiāotiáo　　窈窕 yǎotiǎo

(5) 复元音韵母 ei、uei 和前鼻音韵母 en、uen

① 韵母对比练习

ei—en　美味 měiwèi —— 门卫 ménwèi
　　　　备至 bèizhì —— 本质 běnzhì
　　　　飞沫 fēimò —— 粉末 fěnmò
　　　　废除 fèichú —— 粪除 fènchú

uei—uen　晦暗 huì'àn —— 昏暗 hūn'àn
　　　　　吹风 chuīfēng —— 春风 chūnfēng
　　　　　水路 shuǐlù —— 顺路 shùnlù
　　　　　追叙 zhuīxù —— 准许 zhǔnxǔ

② 韵母相连练习

ei—en　北辰 běichén　　贼人 zéirén
　　　　费神 fèishén　　泪痕 lèihén
　　　　分贝 fēnbèi　　门扉 ménfēi
　　　　门楣 ménméi　　本位 běnwèi

uei—uen　慰问 wèiwèn　　鬼魂 guǐhún
　　　　　鬼混 guǐhùn　　亏损 kuīsǔn
　　　　　吨位 dūnwèi　　论罪 lùnzuì
　　　　　纯粹 chúncuì　　浑水 húnshuǐ

(6) 前鼻音韵母 an、ian、uan、üan

an—an　暗淡 àndàn　　参赞 cānzàn　　胆寒 dǎnhán
　　　　繁难 fánnán　　肝胆 gāndǎn

ian—ian　癫痫 diānxián　　简练 jiǎnliàn

联翩 liánpiān　　　棉线 miánxiàn

uan—uan　传唤 chuánhuàn　　婉转 wǎnzhuǎn
　　　　　软缎 ruǎnduàn　　　转换 zhuǎnhuàn

üan—üan　渊源 yuānyuán　　　涓涓 juānjuān
　　　　　全权 quánquán　　　轩辕 xuānyuán

（7）ang、iang、uang

ang—ang　帮忙 bāngmáng　　　厂房 chǎngfáng
　　　　　刚刚 gānggāng　　　浪荡 làngdàng

iang—iang　将养 jiāngyǎng　　两样 liǎngyàng
　　　　　踉跄 liàngqiàng　　　洋姜 yángjiāng

uang—uang　网状 wǎngzhuàng　　往往 wǎngwǎng
　　　　　框框 kuàng·kuang　　装潢 zhuānghuáng

（8）前鼻韵母 en、in、uen、ün 和后鼻韵母 eng、ing、ueng(ong)、iong

①韵母对比练习

en-eng　陈旧 chénjiù　——　成就 chéngjiù
　　　　申明 shēnmíng　——　声明 shēngmíng
　　　　木盆 mùpén　——　木棚 mùpéng
　　　　清真 qīngzhēn　——　清蒸 qīngzhēng

in-ing　心境 xīnjìng　——　行径 xíngjìng

```
              亲生 qīnshēng   ——  轻生 qīngshēng
              金质 jīnzhì     ——  精致 jīngzhì
              人民 rénmín    ——  人名 rénmíng

uen-ong   存钱 cúnqián   ——  从前 cóngqián
          依存 yīcún     ——  依从 yīcóng
          春风 chūnfēng  ——  冲锋 chōngfēng
          吞并 tūnbìng   ——  通病 tōngbìng

ün-iong   运费 yùnfèi    ——  用费 yòngfèi
          晕车 yùnchē    ——  用车 yòngchē
          因循 yīnxún    ——  英雄 yīngxióng
          均匀 jūnyún    ——  军用 jūnyòng
```

②韵母相连练习

```
en-eng    真诚 zhēnchéng           奔腾 bēnténg
          神圣 shénshèng           文风 wénfēng
          诚恳 chéngkěn            缝纫 féngrèn
          胜任 shèngrèn            证人 zhèngrén

in-ing    心情 xīnqíng             民警 mínjǐng
          拼命 pīnmìng             金星 jīnxīng
          听信 tīngxìn             挺进 tǐngjìn
          影印 yǐngyìn             精心 jīngxīn

uen-ong   稳重 wěnzhòng            顺从 shùncóng
```

昆虫 kūnchóng　　　　滚筒 gǔntǒng
红润 hóngrùn　　　　重孙 chóngsūn
公文 gōngwén　　　　共存 gòngcún

ün—iong　运用 yùnyòng　　群雄 qúnxióng
　　　　　拥军 yōngjūn　　穷郡 qióngjùn

③绕口令练习

会炖我的炖冻豆腐，来炖我的炖冻豆腐。

不会炖我的炖冻豆腐，就别炖我的炖冻豆腐。

要是混充会炖我的炖冻豆腐，弄坏了我的炖冻豆腐，那就吃不成我的炖冻豆腐。

3. 声调训练

(1)按阴阳上去的顺序读下列字音

妈麻马骂　　　坡婆叵破　　　哥隔葛个

噎爷也叶　　　妮泥你逆　　　呼湖虎护

区渠娶去　　　吃持齿翅　　　掰白摆败

抛袍跑炮　　　抽愁丑臭　　　家荚甲架

(2)异字同调练习

春天花开　　　江山多娇　　　声东击西

息息相关　　　卑躬屈膝　　　居安思危

人民团结　　　豪情昂扬　　　航行人员

名存实亡　　　牛羊成群　　　竭泽而渔

(3)四声顺序连读

中华伟大　　　山河锦绣　　　登楼远望

山明水秀　　　峰峦拢翠　　　花红柳绿

方言语调　　　交流有碍　　　坚持改掉
积极比赛　　　高扬转降　　　安排有序
(4)四声逆序连读
大好河山　　　碧海蓝天　　　热火朝天
大显神通　　　妙手回春　　　万古流芳
背井离乡　　　破釜沉舟　　　万里长征
万古流芳　　　厚古薄今　　　墨守成规
(5)阳平声与阴、上、去三声连读练习
阳平+阴平：
成功　崇高　传说　读书　房屋　重新　燃烧　熊猫　人参
阴平+阳平：
帮忙　包围　安全　奔驰　发扬　春节　天才　香油　鲸鱼
阳平+上声：
长久　尘土　而且　宏伟　夺取　完整　没有　圆满　潜水
上声+阳平：
草丛　赶忙　感觉　果然　海洋　理疗　水流　可怜　好人
阳平+去声：
伯父　博物　材料　残酷　层次　沉静　难看　连缀　河岸
去声+阳平：
部门　大学　地球　调查　复杂　告别　气旋　木条　树皮
(6)同声韵、异声调语素对比练习
阴平与阳平对比

大哥——大格　　　欺人——旗人　　　呼喊——胡喊
知道——直道　　　掰开——白开　　　包子——雹子
抽丝——愁丝　　　窗帘——床帘　　　小蛙——小娃

大锅——大国

阳平与上声对比

好麻——好马　　老胡——老虎　　土肥——土匪

战国——战果　　小乔——小巧　　返回——反悔

大学——大雪　　牧童——木桶　　菊花——举花

直绳——纸绳

阳平与去声对比

大麻——大骂　　小格——小个　　布娃——布袜

正直——政治　　发愁——发臭　　乱麻——乱骂

同情——同庆　　壶口——户口　　瓷碗——次碗

白军——败军

（五）应试指导

普通话水平测试是由政府职能部门组织实施的国家级资格证书考试，同其他由国家认定资格的考试一样，是一种公开、公平、公正、严肃、严密、严格的考试，每一位应试人都应认真对待。虽然普通话水平测试只是通过读和说测查应试人的普通话规范程度和熟练程度，但是如果应试人不了解与考试相关的知识和要求，没有任何准备，仓促上阵，敷衍了事，肯定不会取得理想的成绩。所以，应试人一定要认真对待普通话水平测试，了解测试前应该如何准备，测试时应该如何应对。

1. 测前准备

（1）认真学习普通话水平测试的培训和指导用书。通过学习，了解普通话的语音系统，知道普通话有多少个声母、韵母和声调，弄清普通话的声韵拼合规律。通过和普通话的语音系统比较，最好能大致找出自己方言和普通话的对应规律,知道自己的方言和普通话有哪些差距。测试前应参加普通话水平测试的辅导。

(2)认真通读本书中的普通话水平测试用词语表。通过学习,了解测试的范围,扫除文字障碍,掌握原来不敢确认的字词,为测试打下坚实的文化基础。

(3)弄清自己存在的问题。比如在声母方面是平翘舌的问题还是尖团音的问题,在韵母方面是前后鼻音的问题还是归音不到位的问题,在声调方面是调型的差别还是调值不准确的问题等等,问题找得越准确越具体,训练才越有针对性,收效才会事半功倍。

(4)刻苦练习自己的难点音。比如,自己主要是平翘舌音混淆,说明自己能够发准这两组声母,那就重点分辨并记住这两组声母的字词。如果自己的方言中缺少平舌音或缺少翘舌音,就要先学会这些声母的发音,并按照一定的方法记住这些声母的常用字词。韵母和声调方面的问题也是如此,要学会举一反三,触类旁通。

(5)虚心好学,勤动脑、动口、动手。遇到不认识的字词,多查《普通话水平测试用词语表》、《普通话异读词审音表》或《现代汉语词典》等工具书,最好预备个小本子,随时记下,并注上拼音,那样会加深印象。遇到发不标准的音,要多向发音标准的人请教,平常听广播、看电视,多向播音员和优秀主持人学习。要多动脑,善于发现自己的问题,找准症结,遇到一个,解决一个。要想纠正方音,克服语音缺陷,一定要勤动口,大胆朗读,千万不要只在心里默读。只有读出声来,才能发现发音上存在的问题。

2. 应试须知

(1)克服紧张情绪,心中充满自信。应试人在测试前10分钟的准备过程中对试卷的内容已经浏览了一遍,因此一定要有足够的信心读好它。长吁几口气,以稳定自己的心情。

(2)声音洪亮,吐字清晰,做到字正腔圆。但不要拿腔拿调,既不能咬字太紧,也不能拖腔太长。

(3)音节的长短要适中。一般以1秒钟读1个音节为宜,100个音节两分钟左右读完都可视为语速得当。

(4)按照由左至右的顺序横向朗读字词。

(5)单音节字词中不考查轻声和儿化,不要把某些字词读成轻声或儿化,比如"块"不要读成"块儿","卜"不要读成轻声bo。

(6)多音字只读一种读音即可。比如"佛"读fó或fú都可以。

(7)对于单音节字词中的上声,一定要把调值读完整,不能只读上声的前半截。

(8)如果意识到读错了某个字词,可及时再读一次,按第二次发音评判。

(9)对于不认识和拿不准的字词,最好不要隔过去,按照自己的判断去读就是了。

附录一　单音节字词样卷

样卷一

(一)读单音节字词

抓　剩　蕊　外　扰　拿　佛　袜　卖　伤
叙　抵　尤　每　寺　翁　香　掐　址　捐

绌 chù	拙 zhuō	戳 chuō	戮 lù
贷 dài	货 huò	档 dàng	挡 dǎng
掂 diān	惦 diàn	叼 diāo	叨 dāo
钓 diào	钩 gōu	跌 fū	跌 diē
陡 dǒu	徒 tú	舵 duò	柁 tuó
亘 gèn	旦 dàn	彀 gòu	彀 gǔ
汩 gǔ	汨 mì	逛 guàng	狂 kuáng
轨 guǐ	轧 yà	盍 hé	盖 gài
亨 hēng	享 xiǎng	侯 hóu	候 hòu
吼 hǒu	孔 kǒng	弧 hú	孤 gū
狐 hú	孤 gū	桓 huán	恒 héng
即 jí	既 jì	楫 jí	揖 yī
冀 jì	翼 yì	笳 jiā	茄 qié
睑 jiǎn	脸 liǎn	桨 jiǎng	浆 jiāng
届 jiè	庙 miào	浸 jìn	侵 qīn
扃 jiōng	局 jú	灸 jiǔ	炙 zhì
雎 jū	睢 suī	绢 juàn	捐 juān
俊 jùn	梭 suō	慨 kǎi	概 gài
炕 kàng	坑 kēng	窠 kē	巢 cháo
渴 kě	喝 hē	侉 kuǎ	跨 kuà
剌 là	刺 cì	狼 láng	狠 hěn
羸 léi	赢 yíng	耒 lěi	来 lái
罹 lí	箩 luó	泠 líng	冷 lěng
幂 mì	幕 mù	沔 miǎn	丐 gài
捺 nà	奈 nài	赧 nǎn	赦 shè

碾 niǎn	辗 zhǎn	恁 nèn	凭 píng
辇 niǎn	替 tì	凝 níng	疑 yí
庞 páng	宠 chǒng	沛 pèi	肺 fèi
捧 pěng	棒 bàng	萁 qí	箕 jī
葺 qì	茸 róng	钤 qián	铃 líng
橇 qiāo	撬 qiào	怯 qiè	却 què
顷 qǐng	倾 qīng	券 quàn	卷 juàn
扰 rǎo	忧 yōu	蕊 ruǐ	芯 xīn
枘 ruì	柄 bǐng	潸 shān	潜 qián
洒 sǎ	酒 jiǔ	赡 shàn	瞻 zhān
哂 shěn	晒 shài	侍 shì	待 dài
朔 shuò	塑 sù	恕 shù	怒 nù
耍 shuǎ	要 yào	涮 shuàn	刷 shuā
巳 sì	已 yǐ	粟 sù	栗 lì
遂 suì	逐 zhú	崇 suì	崇 chóng
帑 tǎng	孥 nú	荼 tú	茶 chá
乌 wū	鸟 niǎo	斡 wò	擀 gǎn
毋 wú	母 mǔ	戊 wù	戌 xū
浠 xī	浙 zhè	葸 xǐ	崽 zǎi
徙 xǐ	徒 tú	袄 xiān	袄 ǎo
筱 xiǎo	莜 yóu	囟 xìn	囱 cōng
揠 yà	偃 yǎn	赝 yàn	膺 yīng
幺 yāo	么 me	冶 yě	治 zhì
弋 yì	戈 gē	抑 yì	仰 yǎng
埸 yì	场 chǎng	肆 yì	肆 sì

第二章　普通话培训测试指导

喑 yīn	暗 àn	臾 yú	叟 sǒu
隅 yú	偶 ǒu	驭 yù	驮 tuó
御 yù	卸 xiè	譖 zèn	潜 qián
眨 zhǎ	贬 biǎn	窄 zhǎi	榨 zhà
棹 zhào	掉 diào	辙 zhé	撤 chè
柘 zhè	拓 tà	址 zhǐ	扯 chě
陟 zhì	陡 dǒu	冢 zhǒng	家 jiā
胄 zhòu	胃 wèi	杼 zhù	抒 shū
隹 zhuī	佳 jiā	第 zǐ	第 dì
恣 zì	姿 zī	纂 zuǎn	篡 cuàn

二、读多音节词语

（一）概说

读多音节词语是普通话水平测试的第二题，用读试卷的方式测查应试人声母、韵母、声调和变调、轻声、儿化读音的标准程度。

试卷第二题同第一题相比，除了测查应试人声母、韵母、声调读音的标准程度，还要测查音变读音的标准程度，测查内容增多了，难度也加大了一些。多音节词语一般由 45 个双音节词语、2 个三音节词语、1 个四音节词语构成。这些词语按一定的比例选自《普通话水平测试用词语表》、《普通话水平测试用必读轻声词语表》、《普通话水平测试用儿化词语表》。这 3 个词语表就是第二题的测查范围，应试人在应试前要认真学习这 3 个词语表，对测查的内容要做到胸中有数。这一题要求应试人能够用普通话朗读双音节词语、三音节词语、四音节词语、变调词语、轻声词语和儿化词语。

国家《普通话水平测试大纲》对试卷第二题的编制做了比较严格的限定。第二题的48个词语，实际上也是100个音节。《普通话水平测试大纲》要求，这100个音节中，声母、韵母、声调的覆盖率与读单音节字词的要求相同。同时，上声与上声相连的词语不少于3个，上声与非上声相连的词语不少于4个，轻声不少于3个，儿化不少于4个，而且应为不同的儿化韵母。另外，有些试卷会涉及个别"一"、"不"变调的词语。这些测查要素编织的测查网，应该说网眼比读单音节字词的还要细。应试人除了声母、韵母、声调有问题，变调、轻声、儿化也有问题，同样会被一一筛查出来。所以，应试人对读多音节词语的测试，同样不能掉以轻心。

（二）评分标准

读多音节词语的总分值为20分。语音错误，每个音节扣0.2分；语音缺陷，每个音节扣0.1分；词语内部音节与音节之间明显读断，酌情一次性扣0.5~1分；轻重音格式处理不当，每次扣0.1分。

读多音节词语声母、韵母、声调正确和缺陷的认定，同读单音节字词相同。评分标准其实也是应试人朗读词语训练时判断正误的标准，应该用这些标准约束自己的训练。

（三）常见问题及解决方法

测试中，读多音节词语容易出现的问题与读单音节字词相比，有了一些变化。在心理上，由于前面经历了读单音节字词的测查，应试人一般心情趋于平稳，逐渐适应了考场的氛围和考试的方式，因此很少出现声音颤抖、含糊不清或词语混淆的现象。这一环节常见的问题主要表现在知识和发音两个方面。

第一,知识方面的问题

如果应试人识字量较小,对多音节词语中的某些词语不认识或者把握不准,同样会出现蒙着读或隔过去的现象。例如,下面这些词语,有些应试人往往会出现上述情况。

冗长 rǒngcháng　　蜷缩 quánsuō

痰盂儿 tányúr　　狭隘 xiá'ài

诓骗 kuāngpiàn　　罹难 línàn

吮吸 shǔnxī　　龋齿 qǔchǐ

癖好 pǐhào　　亲昵 qīnnì

木讷 mùnè　　妊娠 rènshēn

第二,发音方面的问题

在发音方面,应试人读多音节词语容易出现以下三个方面的问题。

1. 违背朗读词语的要求

(1) 词语内部音节与音节之间明显断开,出现一字一顿的现象。例如:

损/坏　乡/村　群/众　宣/传　国/务/院　奋/不/顾/身

作为一个多音节词语,不管它由几个音节组成,音节与音节之间都不能出现停顿,而应该紧紧连在一起,始终以一个整体的面貌出现。不管词语是长是短,在句子中都是一个最小的能独立运用的语言单位,因此,读多音节词语时,不能把词语从中间断开。

(2) 词语的轻重音格式处理不当。例如,把大部分双音节词语读成"重·次轻"格式,把三音节词语读成"重·次轻·中"的格式。

这样读词语显然不符合普通话词语的轻重音格式。普通话的轻重音格式的基本形式是：双音节、三音节、四音节词语大多数最后一个音节读为重音。

双音节词语占普通话词语总数的绝对优势，绝大多数双音节词语读为"中·重"的格式。例如：科学、语音、词语、紧张、冷静、学校、群众。

三音节词语大多数读为"中·次轻·重"的格式。例如：普通话、电视台、交响乐、主人翁、对不起、差不多。

四音节词语大多数读为"中·次轻·中·重"格式。例如：千方百计、自力更生、畅所欲言、风起云涌、轻而易举。

要想处理好多音节词语的轻重音格式，应试人一定要掌握读多音节词语轻重音格式的要领，克服不正确的朗读习惯。如果词语的轻重音格式有问题，在朗读短文时，也会使语调出现偏误，所以，千万不要忽视。

（3）轻声词读得不规范。有些应试人知道某个词语读作轻声，但是往往把轻声音节稍加拉长，读成近似阴平的高平调。例如：耳朵、寡妇、结实、暖和、嫂子、家伙、吆喝。

轻声和非轻声的差别，主要表现在调值上。轻声音节的主要特点是"轻"和"短"。"轻"是说轻声音节音强较轻，"短"是说轻声音节音长较短。因此，读轻声音节，声音一定不能拉长，但也不能轻短得让人听不清楚。

应试人要想把轻声读得规范，必须要掌握轻声音节的两种调值。轻声在上声音节的后面是一个短促的半高平调，调值是44。轻声在非上声音节的后面是一个短促的低降调，调值是31。轻声在上声音节后面，很容易出现不规范现象，有这种问题的应试人一定要多读多练,掌握规范读法。

轻声是普通话中一种重要的音变现象,有些方言区没有轻声,这些方言区的应试人发不好轻声,就会影响普通话语音的标准程度。应试人要认真学习《普通话水平测试用必读轻声词语表》,记住并读准这些轻声词语。

2. 非方音失误

(1) 异读词出现失误。例如:

同胞 tóngbāo	档案 dàng'àn	卑鄙 bēibǐ
教室 jiàoshì	质量 zhìliàng	亚洲 yàzhōu
结束 jiéshù	穴位 xuéwèi	友谊 yǒuyì
细菌 xìjūn	乘客 chéngkè	复杂 fùzá

在这些词语中,一些应试人往往把"胞"读作 pāo,把"档"读作 dǎng,把"鄙"读作 bì,把"室"读作 shǐ,把"质"读作 zhǐ,把"亚"读作 yǎ,把"束"读作 sù,把"穴"读作 xuè,把"谊"读作 yí,把"菌"读作 jǔn,把"乘"读作 chèng,把"复"读作 fù。应试人出现这些问题,不属于方音失误,而是没有掌握异读词的规范读音。

(2) 多音字出现失误。例如:

处理(chǔlǐ)	几乎(jīhū)	间断(jiànduàn)
应用(yìngyòng)	对称(duìchèn)	载重(zàizhòng)
创伤(chuāngshāng)	供给(gōngjǐ)	勉强(miǎnqiǎng)
悄然(qiǎorán)	蒙骗(mēngpiàn)	挣脱(zhèngtuō)

这些多音字在具体的词语中的读音是确定的。但是有些应试人不知道这个字是多音字,或者知道它是多音字,但不清楚它在具体词语中的确定读音,结果造成了语音失误。比如,把"处理"的

"处"读成去声,把"几乎"的"几"读成上声,把"间断"的"间"读成阴平,把"应用"的"应"读成阴平,把"勉强"的"强"读成阳平,把"挣脱"的"挣"读成阴平,把"对称"的"称"读成 chèng,等等。应试人要想减少这方面的失误,就应该多看看《普通话异读词审音表》。掌握多音字,应该从词性和词义两方面着手,因为多音字就是通过不同的读音来表示词性和词义的。比如,"处"有两种读音:读 chǔ,表示某种动作行为,具有动词的性质,所以"处理、处分、处罚、处置、处死、处于、处境、处女、处方、处子、处身、处事、处世、惩处、判处、处心积虑"中的"处"读上声;读 chù,表示地方的意义,具有名词的性质,所以"处所、处处、四处、到处、住处、教导处、总务处、政治处、科研处、联络处、办事处"中的"处"读去声。掌握这些特点,分辨起来就容易一些。

3. 方音失误

方音失误表现在两个方面,或出现语音错误,或出现语音缺陷。每个音节在声母、韵母、声调方面出现的问题同单音节字词的类型一样,这里不再赘述。下面着重谈谈音变方面容易出现的问题。

(1) 上声变调同普通话不一样

上声和上声相连

普通话中上上相连,前面的上声变成阳平。而有些应试人则把前面的上声变成半上,后面的上声读成阳平。例如,"粉笔"、"选举"、"小组",按照普通话的变调规律,"粉"、"选"、"小"都应变成阳平,读"坟"、"悬"、"消"的音,后面的上声不变。而有些应试人把"粉"、"选"、"小"读成一个低降调,也就是上声的前半个调值,后面的"笔"、"举"、"组"读成"鼻"、"局"、"足"的音。这种变调显然是方言的变调规律。

上声和非上声相连

普通话中上声和非上声相连,前面的上声变成半上,而有些应试人把前面的上声变成阳平。例如,"北京"、"朗读"、"考试",按照普通话的变调规律,"北"、"朗"、"考"都应该读成一个低降调,也就是上声的前半截,而有些应试人则把"北"、"朗"、"考"读成"béi"、"láng"、"káo"的音。这种变调显然也是方言中才有的。

要解决上述问题,就要熟练掌握普通话中上声的变调规律,严格按照变调规律读准上声的变化。

(2)儿化词读音同普通话不一样

儿化词在多音节词语中的标志,是在词语的后面加一个"儿"字。这个"儿"不是一个音节,而是表示读这个词语时,"儿"前面音节的韵母要加上卷舌动作,使整个韵母变成儿化韵,所以有人把"儿"看成儿化词的词尾。儿化词在普通话中经常出现,同轻声词一样,它是衡量应试人能不能说好普通话的试金石。有些人受方言影响,往往发不好儿化韵。

一是把"儿"丢掉。有些应试人读儿化词时把"儿"丢掉,同读非儿化词一样。例如,"跑腿儿"读成"跑腿","毛驴儿"读成"毛驴"。

二是把"儿"当成一个独立的音节。有些应试人读儿化词时,把后面的"儿"尾当成一个独立的音节来读。例如,"小孩儿"读成 xiǎohái'ér,"老头儿"读成 lǎotóu'ér,"冰棍儿"读成 bīnggùn'ér。

三是虽然把儿化词读成了儿化韵,但带有明显的方言色彩。凡是发不好 er 韵母的,一定发不好儿化韵。有些应试人发儿化韵时,舌位靠后且舌位较高,发出的声音非常僵硬。虽然主观上想加卷舌动作,实际未能卷舌。例如:"一点儿",读成 yìdiǎe,"点"音节韵尾 n 脱落,a 的舌位靠后且升至 e 的位置。类似情况还有"豆芽儿"、"跑腿儿"、"小孩儿"等。

也有些应试人发儿化韵时,把"儿"尾发成了 e,像附在前面音节后的轻声。例如:"泪珠儿",读成 lèizhūe,"毛驴儿",读成 máolúe。

要想发好儿化韵,必须先发准 er 韵母,然后再掌握儿化韵的发音规律,也就是掌握儿化韵的实际读法。应试人如果发不好儿化韵,最好要向能发准儿化韵的人员请教,并且按照《普通话水平测试用儿化词语表》反复练习朗读。

(四)音变发音训练

1. 变调练习

(1)上声变调

上声+上声(前一个上声音节读为阳平,调值 35)

底稿 dǐgǎo　　　　　耳语 ěryǔ
粉笔 fěnbǐ　　　　　鼓舞 gǔwǔ
好久 hǎojiǔ　　　　　举止 jǔzhǐ
首长 shǒuzhǎng　　　勇敢 yǒnggǎn

上声+阴平(上声音节读为半上,调值 211)

马车 mǎchē　　　　　法官 fǎguān
傻瓜 shǎguā　　　　　假山 jiǎshān
舍身 shěshēn　　　　纸张 zhǐzhāng
走出 zǒuchū　　　　　晚安 wǎn'ān

上声+阳平(上声音节读为半上,调值 211)

考察 kǎochá　　　　　表达 biǎodá
手足 shǒuzú　　　　　满员 mǎnyuán
脸庞 liǎnpáng　　　　准时 zhǔnshí
仿佛 fǎngfú　　　　　冷藏 lěngcáng

上声＋去声（上声音节读为半上，调值211）

法定 fǎdìng　　　　　果断 guǒduàn
写作 xiězuò　　　　　体现 tǐxiàn
水稻 shuǐdào　　　　 丑化 chǒuhuà
想念 xiǎngniàn　　　 总计 zǒngjì

上声＋轻声（上声音节读为半上，调值211）

摆布 bǎibu　　　　　比方 bǐfang
打发 dǎfa　　　　　 点心 diǎnxin
好处 hǎochu　　　　 码头 mǎtou
使唤 shǐhuan　　　　委屈 wěiqu

上声＋轻声（上声音节读为阳平，调值35）

手里 shǒuli　　　　　把手 bǎshǒu
小姐 xiǎojiě　　　　 眼里 yǎnli
想想 xiǎngxiang　　　走走 zǒuzou
写写 xiěxie　　　　　考考 kǎokao

(2)"一、不"的变调

①"一"的变调

一＋去声（"一"读为阳平，调值35）

一半 yībàn　　　　　一并 yībìng
一带 yīdài　　　　　一道 yīdào
一概 yīgài　　　　　一律 yīlù

一切 yīqiè　　　　　　一样 yīyàng

一＋阴平（"一"读为去声，调值51）

一般 yībān　　　　　　一边 yībiān

一番 yīfān　　　　　　一批 yīpī

一生 yīshēng　　　　　一些 yīxiē

一心 yīxīn　　　　　　一双 yīshuāng

一＋阳平（"一"读为去声，调值51）

一回 yīhuí　　　　　　一连 yīlián

一年 yīnián　　　　　　一旁 yīpáng

一齐 yīqí　　　　　　　一如 yīrú

一群 yīqún　　　　　　一直 yīzhí

一＋上声（"一"读为去声，调值51）

一口 yīkǒu　　　　　　一举 yījǔ

一起 yīqǐ　　　　　　　一体 yītǐ

一统 yītǒng　　　　　　一种 yīzhǒng

一览 yīlǎn　　　　　　一点儿 yīdiǎnr

② "不"的变调

不＋去声（"不"读为阳平，调值35）

不是 búshì　　　　　　不必 búbì

不但 búdàn　　　　　　不断 búduàn

不倦 bújuàn　　　　　　不愧 búkuì

不利 búlì　　　　　　　不懈 búxiè

不＋阴平、阳平、上声（"不"读去声，调值51）：

不安 bùān　　　　　　不该 bùgāi

不公 bùgōng　　　　　不堪 bùkān

不曾 bùcéng　　　不乏 bùfá

不良 bùliáng　　　不同 bùtóng

不止 bùzhǐ　　　　不管 bùguǎn

不久 bùjiǔ　　　　不免 bùmiǎn

2. 轻声练习

1. 词语对比练习

兄弟 xiōngdì ——兄弟 xiōngdi

大方 dàfāng ——大方 dàfang

地下 dìxià ——地下 dìxia

大爷 dàyé ——大爷 dàye

2. 绕口令练习（加"."音节读为轻声）

小娃娃,真勤快。种庄稼,下功夫;种高粱,有力气;摘棉花,真麻利,今年又是好收成。

小姑娘,好漂亮。弯眉毛,大眼睛;抹胭脂,巧打扮,新衣服,不俗气,这是谁家好闺女?

3. 儿化练习

练字音儿

　　进了门儿,倒杯水儿,喝了两口运运气儿,顺手儿拿起小唱本儿。

　　唱一曲儿,又一曲儿,练完嗓子练嘴皮儿。绕口令儿,单字音儿。

　　还有单弦儿快板儿大鼓词儿,越说越唱越带劲儿。

公园儿遛弯儿

一大早儿起来上公园儿,
公园儿里头好遛弯儿。
老李头儿左手拉着一个小女孩儿,
老张头儿右手领着一个小男孩儿。
俩老头儿刚好在公园儿门口儿碰到一块儿,
俩小孩儿恰巧是经常一块儿玩儿的小伙伴儿。
小男孩儿起床快没系好鞋带儿,
小女孩儿出门急没扎(zā)好小辫儿。
老李头儿一眼看到了小男孩儿松着的鞋带儿,
老张头儿一下儿发现了小女孩儿散了的小辫儿,
老李头儿赶忙帮小男孩儿系好了鞋带儿,
老张头立即给小女孩儿扎紧了小辫儿。
小男孩儿看着系好的鞋带儿,
小女孩儿摸着扎好的小辫儿。
感谢的话儿不约而同碰到一块儿:
"好爷爷,谢谢您!
咱们先去公园儿里头溜溜弯儿,
再到门口儿喝杯豆汁儿吃点儿羊肉串儿。"

4. 语气词"啊"音变练习

(1) 句子练习

① 这是一个好办法啊(ya)!

② 要等到期末啊(ya)!

③ 大家好好喝啊(ya)!

④ 这件事对大家非常有利啊(ya)。

⑤要走那么远的路啊(wa)!
⑥你以为我不知道啊(wa)!
⑦这一走就是十年啊(na)。
⑧今天好冷啊(nga)!
⑨这张纸可不能撕啊([zA])!
⑩好坚固的牙齿啊(ra)。

(2) 段落练习

多么美丽的春天啊(na)! 阳光真灿烂啊(na),空气好清新啊(na),地上的草多绿啊(ya),树上的花多美啊(ya)! 那些天真的孩子啊[zA],唱啊(nga),跳啊(wa),他们玩得多好啊(wa)。春天的景色真是如画如诗啊(ra)!

你快说啊(ya),今天是星期一啊(ya),是星期二啊(ra),是星期三啊(na),是星期四啊[zA],是星期五啊(wa),是星期六啊(wa),还是星期日啊(ra)? 啊? 是星期四啊[zA],哎,今天可真冷啊(nga)!

(五) 应试指导

1. 测前准备

(1) 认真通读《普通话水平测试用词语表》,扫除文字障碍,规范自己的读音。

(2) 认真学习《普通话异读词审音表》,掌握异读词和多音字在具体词语中的规范读音。

(3) 了解音变常识,掌握音变规律,认真通读《普通话水平测试用轻声词语表》、《普通话水平测试用儿化词语表》,重点记住把握不准的词语。比如轻声词语,有规律可寻的记住规律,就可以记住一组轻声词语。例如：

"气"处在双音节词语末尾，多读轻声：名气、阔气、洋气、土气、秀气、俗气、运气、客气、和气、福气、节气、小气、娇气、老气、女气。

"处"表名词义，处在双音节词语末尾，多读轻声：好处、坏处、长处、短处、苦处、难处、益处、用处。

当然，以上例子只是一个大致的规律，我们不能机械地去把握。比如，"气"表示的意义比较实，一般就不能读轻声了，像"天气、大气、空气、香气、臭气、脚气"等就是如此。因此，我们可以按照词语表示的意义去找规律。例如：

"头"处在双音节词语的末尾，表示的意义比较实，不读轻声，比如：山头、街头、龙头、眉头、箭头、劲头、镜头、针头、钻头、鱼头、鸡头、口头、心头、喉头、瘾头、关头、埋头、接头、牵头、钟头、一头、年头儿、露头儿、窝头儿、砖头儿、兴头儿、对头儿。

"头"表示的意义比较虚，多读轻声，比如：丫头、芋头、枕头、骨头、指头、罐头、拳头、舌头、码头、跟头、锄头、镐头、木头、石头、馒头、兆头、念头、想头、盼头、赚头、兴头、找头、对头、姘头、里头、外头、上头、下头、前头、后头、奔头儿、说头儿、头头儿。

有规律可循的轻声还是比较好把握的，没有规律可循的必读轻声不好把握，对于这样的轻声，只能一个一个地记忆。

（4）儿化韵中原韵母的韵尾是 ng 的儿化词语，变成儿化韵时，原来的 ng 脱落，在韵腹上加卷舌动作，声音要有鼻化色彩，也就是气流同时从口腔和鼻腔出来。但是，有些应试人往往读不好这样的儿化韵，比如，"鼻梁儿、透亮儿、蛋黄儿、夹缝儿、门铃儿、酒盅儿、小熊儿、小葱儿"，读这些儿化韵时，要么没有卷舌动作，保留后鼻辅音的色彩，要么有卷舌动作，但没有鼻化色彩。应试人要按照发音要领多加练习,力争发得准确无误。

2. 应试须知

(1) 按照由左至右的顺序横向朗读。

(2) 声音要洪亮,吐字要清晰,尽量做到字正腔圆。

(3) 词语内部音节与音节之间不要断开,一定要连贯自然,不能一字一顿。

(4) 注意词语的轻重音格式,按照普通话双音节、三音节、四音节词语轻重音格式的规律去读。

(5) 注意上声、"一"、"不"的变调,按照变调规律去读。

(6) 上声处在词语的末尾,只要不是轻声,一定要把调值读完整。

(7) 试卷中轻声没有标记,应试时一定要分清轻声词语,并注意轻声的音高模式。

(8) 儿化词有"儿"尾作标志,试卷中有"儿"尾的词一律要读准儿化韵,没有"儿"尾的词不要读成儿化韵。

(9) 读三音节词语和四音节词语,音节之间不要衔接过短,每个音节都要完整饱满匀称,不能一带而过,含糊不清。

(10) 如果词语中有多音字,一定要根据这个词的语境确定它的读音,如"关卡"中的"卡"不能读成 kǎ,"财会"中的"会"不能成 huì。

(11) 如果有不认识的字或词语,不应隔过去不读,要按照自己的判断读出来。

(12) 如果意识到读错了某个词语,可及时再读一次,按第二次发音评判。

附录 样卷

样卷一

(二)读多音节词语

老师	群体	酿造	值班	房子	补给
混乱	民乐	照片儿	所以	虽然	纠纷
草原	吮吸	财务	搜刮	风格	镜框儿
解剖	军火	流域	选拔	嫁妆	窘迫
嘶哑	调频	率领	杏仁儿	赔偿	恶作剧
化工	侵略	可爱	而且	打量	入网
剥削	传统	怀念	东道主	草根	生产
毛驴儿	存在	起点	暖和	走红	自力更生

样卷二

(二)读多音节词语

儿童	日常	发生	快乐	亏损	悲剧
顺便	旦角儿	允许	裙子	辛苦	高血压
状元	佛祖	谋陷	脑瓜儿	环境	象征
穷人	氧化	洗澡	流域	捏合	共产党
彩券	丝绒	没谱儿	轻薄	黄金	闺女
目标	直观	迥然	佳作	卡车	徒劳
揣测	邮戳儿	脸色	收藏	股票	妥协
膨胀	本领	奋斗	少年	强调	千方百计

样卷三

(二) 读多音节词语

恰当	主导	假设	蓬乱	春天	窘迫
条款	逆流	倘若	成本	秀才	培训
跌跤	嫂子	用品	约束	给予	奏鸣曲
创作	民俗	声波	面孔	石匠	笑话儿
错觉	光辉	筛糠	学院	显然	把握
耽搁	毛驴儿	特别	村庄	启发	悬挂
抓阄儿	超过	抚养	香肠儿	群众	那些
浓缩	豆芽儿	衰老	分水岭	黑夜	脍炙人口

三、朗读短文

朗读是一种有声语言艺术。普通话水平测试中的朗读,是测查应试人用普通话朗读书面语的水平,在测查声母、韵母、声调读音标准程度的同时,重点考查连读音变(上声变调、"一""不"变调)、停连、语调和流畅度等项目。测试用朗读作品从本指导用书选定的60篇普通话水平测试用朗读作品中随机给定。此题项要求应试人在4分钟之内读完一篇作品的前400个音节,共计30分。

朗读短文的评分依据定性定量相结合的原则。应试人在朗读过程中每读错一个音节扣0.1分;对于应试人声母、韵母方面的成系统性语音缺陷,视程度一次性扣0.5分、1分;语调偏误、停连不当、朗读不流畅，视程度酌情扣 0.5 分、1 分、2 分。

（一）朗读的含义

朗读就是运用标准清晰的普通话语音，有感情、有技巧地读书，把视觉形象（文字）转化为听觉形象（语音），准确、生动地再现书面语言所表达的思想感情，是把文字材料用有声语言表达出来的一种带有再创造性的艺术活动。

它要求朗读者在充分理解的基础上，运用一定的技巧，把文字材料用口头有声语言表现出来。由于书面形式本身的局限性，文字材料中蕴涵的情、景、事、理需要朗读者首先自己领会，然后再用有声语言把它充分地还原。

在朗读的时候，既需要发好每个音节的声母、韵母和声调，又要注意种种音变现象，还必须借助声音的语气、轻重、快慢、停连、句调等形式表情达意。所以，朗读既是提高分析表达能力的良好方法，又是练习普通话、锤炼标准的普通话语感的重要方式。

朗读不同于朗诵。朗诵是一种艺术表演形式，使用的是表演语言。而朗读则是用"读而不板，说而不演"的朗读语言。朗读具有转述性、知识性、质朴性、严肃性；而朗诵则具有表演性、角色性、夸饰性。它在语调、语气甚至音量方面都要比朗读更加夸张，更加角色化。普通话水平测试考察的是朗读而非朗诵。

（二）朗读的要求

朗读绝不是一个见字出声的自发的过程，而是一个需要心理和生理的良好协作，由思维、情感和气息共同参与的全面驾驭语言的过程。在这个过程中，朗读者要充分调动起自身思想和语感的储备,在极短的时间内作出准确的判断和选择,用清晰响亮的声音把文字内容自然流畅、有情有味地表达出来。

准确、自然、清晰、含情就是朗读的总体要求。

1. 准确

准确包括两方面的要求。

一是普通话语音要标准:音节的声、韵、调三要素发音要正确无误,音变要合乎规则。要按照普通话语音的要求,认真处理好每一个音节的发音,停延要合理,重音位置要正确。做到"六不",即不读错字,不添字,不减字,不换字,不重复,不颠倒。这是最起码的要求。要想达到这个要求,需要朗读者认真练习单音节字词、双音节词语的发音。有针对性地进行方音辨正。同时,还要对朗读的文字充分地熟悉,对内容了然于胸。

在普通话水平测试中,需要朗读 400 字的短文,如果四百个音节中出现的发音失误过多,则仅字音的丢分就相当可观。

二是对作品内容的理解要准确:要深入理解文章的内容,根据内容的需要适当地处理语流中的轻重、抑扬、快慢、停延关系,绝不能因一段、一句、一词甚至一字的处理不当而造成对文章内容的曲解、误解、肢解。例如下面这句话:

"你看,那不是我们的窗户?"

这句话的意思是:你看,那就是我们的窗户。朗读时,即便每个字的发音都没有问题,如果最后的上扬语气没有读出,并且不恰当地重读了"不"字的话,整个句子的意思就会变得完全相反。

还要在理解内容的基础上选择合适的基调。基调是全文总的思想感情的色彩和分量,是理解和表达的和谐统一。基调必须通过节律来反映,而节律则又会反过来对基调产生一定的影响。比如《白杨礼赞》(作品1号)的整体基调是坚定的,高亢的,敬佩的,所以读的时候语速应该中速偏快,语调可以偏高一些,使声音显得高扬,有气势,以表现出作者对象征中华儿女坚强、不折不挠的精神品质的白杨树的赞美之情。而《朋友和其他》(作品32号)这篇文章总的基调应该是恬淡、闲适、超然的,因此读的时候语速应轻松,不急不慢,充分体现作者领悟和驾驭生活的心境。

需要说明的是,整篇文章有自己的总的基调并不意味着该文中的每一段甚至每一句都必须做统一的处理,具体到文中的某一段,就有可能会变得非常不同,例如《卖火柴的小女孩》,尽管大多数情况下应该采用同情、怜悯的口吻,用压抑和缓的语气,可是在小女孩划着了火柴,眼前出现幻觉的几次情况下,则应该改变基调,和前后形成强烈的反差,以反衬出小女孩命运的悲惨。

可见,普通话语音水平和理解表达能力这两个方面对于准确地朗读都是不可缺少的。

2. 自然

自然就是要求朗读者在准确把握普通话语音和语流变化的基础上,使用自如的声音通畅地读出文字材料。既不能仅仅为了追求字音的准确而一字一顿、生硬刻板;又不可不顾自身声音的特点,华而不实、矫揉造作地刻意模仿名家的声音和技巧。要根据文章的内容,合理地运用朗读的技巧,使声音形式完全服从于内容的表达。不能一个腔调毫无变化地一读到底,又不可哗众取宠、拿腔做调而使自己的音色失真。

普通话基础比较差的朗读者由于方音比较明显,因此往往在朗读的过程中过多地注意单个字词的发音准确而忽略了语流的自如流畅,尤其是平时说普通话较少的人,他们在读文章的时候很容易暴露出"生硬、刻意"的毛病。而普通话基础比较好的人,则要避免不适当地运用感情、技巧,要避免只有模仿而没有自己的理解和创造。再好的模仿也不如在充分把握基础上的自由创造。总之,要始终用质朴自然的声音得体地表现文字内容。

3. 清晰

朗读是用有声语言表达书面材料。既然声音是表达的唯一载体,那么就必须注意发音的清晰和响亮。不可含混不清。在测试的时候,要求朗读者必须保证一定的音量。如果音量过小的话,读得再好,也难以达到自己预期的目的。要尽量做到字正腔圆、饱满到位。当然,清晰不仅指音量的大小,还包括吐字归音的处理。这些通过训练,都可以有一个明显的进步。

4. 含情

文字材料都是表达一定的思想内容的。在貌似死板的书面文字之内,其实蕴涵着作者各种各样细腻而又复杂的感情。优秀的文章里字字句句都体现着作者的匠心,它们根据体裁的不同,或叙事,或说明,或描写,或抒情,或说理。这就要求朗读者首先也要充分体验到作者的用心,然后再用自己的声音尽量传达出领悟感受到的文字中的深层含义。只有能恰当地把握住文章作者的感情脉络,才有可能将作者的书面文字变为亲切灵动,富有感染力的有声语言。

尽管普通话水平测试中的朗读测试并不重点考察应试人的感情丰富程度和朗读时艺术感染力的高低,但是,恰如其分地运用感情无疑会为朗读的整体效果增色。而感情运用不当,势必也会造成语调的不自然和语流的轻重、抑扬、快慢、停延的处理不当,最终影响该项的得分。

（三）朗读的技巧

朗读的基本技巧有呼吸技巧、共鸣技巧、吐字归音技巧、节律技巧。

1. 呼吸技巧

开口讲话离不开用气，"气动则声发"。气息和声音的关系就如同电力和机械的关系，朗朗的声音需要充足和连续的气流支持。有的人讲起话来底气十足、声音洪亮；有的人则显得有气无力、气喘吁吁。除了自身声带状况的差异外，和用气的技巧也有一定的关系。日常的交际谈话倒是不太明显，一旦站到演讲台或者辩论席上，一旦在人多的大场合或者热烈嘈杂的环境里，那种声嘶力竭、气短声虚的人就会感到自己的不足了。

下面我们就简单谈谈有关气息运用和训练的问题。

最常见的呼吸方式有三种：胸式呼吸、腹式呼吸和胸腹联合呼吸。

胸式呼吸又叫浅呼吸，主要靠肋骨的呼吸运动来实现。在呼吸的时候，虽然处于胸腹之间的横膈也略微向下移动，但是并没有对胸腔容积的扩大起到多大的作用。这样呼吸吸进和呼出的气流较弱，发出的音往往窄细、轻飘或者比较僵持。有时能看到发音者的双肩明显上耸。给人没有底气的感觉。由于声带一直处于比较紧张的状态，因此，在需要提高音高的时候，常常会中气不接。并且，如果在较长时间的演说中一直用这种方法的话，还会造成喉部肌肉负担过重，致使声音不能持久。所以，在公众场所大声讲话，最好不要用这种呼吸方式。

当然，事物都有两面性，这种呼吸方式也并非一无是处，在我们需要表现特定的语气或者模仿特定的人物口吻时,这种呼吸方式可以帮助我们。

腹式呼吸是一种深呼吸。和胸式呼吸正好相反,腹式呼吸主要靠向下运动横膈膜来吸入气流。这种呼吸法吸气量大,并且吸得深沉。运用这种方式时,腹部的肌肉往往放松,并且可以看到一动一动的。而胸部则看不出明显的活动来。这种方法男同志采用的较多。在日常交谈中用这样的呼吸方法显得从容、沉稳,但是如果在演说或者辩论到了高潮的地方,需要高音的时候,它就显得无能为力了。

胸腹联合呼吸法又叫胸膈呼吸法。这种方法是靠肋骨和横膈膜共同运动,互相配合来发音的。也可以理解为胸式呼吸和腹式呼吸的联合应用。它不但具有前面两种方法各自的优点,还有它们无法比拟的独到之处。首先,这种方法吸入的气流量最大,因为用这种方法的时候,肋骨和横膈膜同时扩张;其次,这种呼吸方式使胸、腹和横膈膜的关系更为密切,它们互相配合,互相帮助,使呼吸更为稳健,有利于控制;第三,它还有助于音色的美化。这种方法产生的音色不但坚实稳定而且响亮干净。在公众场所能够最大限度地保证声音的效果。

由于大多数女同志在日常生活中习惯于使用胸式呼吸法,所以她们的声音往往飘忽不定,并且很容易感到疲劳。男同志多采用腹式呼吸法,所以有的时候需要激情渲染,他们却显得无法尽兴。我们提倡大家多练练胸腹联合呼吸。

2. 共鸣技巧

声带是人最主要的发音体,从肺部流出的气流振动声带可以发出微弱的声音,这种微弱的声音再经过共鸣器官的共鸣放大,传到听者的耳朵里，就是响亮的声音。

那么什么是共鸣呢？共鸣又叫"共振"。一个物体振动的时候，会影响到附近的物体，如果附近的物体振动频率和原来的物体相同，那么它会跟着一起振动，反过来又加强了原来物体的振动。这样以来，本来微弱单调干涩的声音经过共鸣放大，就变得清晰有力饱满圆润起来。

人身上的共鸣器官有多处。对声音面貌影响最大、最直接的是喉、咽、口、鼻四个空腔。另外，胸腔、前额、两颧等部位也能起到辅助共鸣的作用。一般情况下，我们在说话的时候应该以口腔共鸣为主，以胸腔共鸣为基础，同时也略微带上一点鼻腔共鸣，用这种共鸣方式发出来的音，显得沉实、厚重并且清晰有力。如果不是这样，比如只利用口腔和咽腔的话，声音就会显得单薄、干涩，既没有穿透力，又没有"磁性"。并且不充分利用共鸣腔来扩大声音效果的话，还会造成说话者"扯着嗓子喊"，虽然音量也有明显的增大，但是声带的负担却变得非常重，往往说不了多长时间就会感到口干舌燥、嗓子难受，时间长了会造成声带的疲劳甚至损伤。因此，每个人都应该注意自己的发音方式。

艺术工作者在长期的实践中总结出了一些技巧，来获得较好的共鸣效果。当然，共鸣的练习也离不开对共鸣器官的训练。对我们来说，最重要的共鸣器官就是我们的口腔，口腔里的诸多发音器官越灵活，发音时就越自如。对发音器官的训练我们下面还要谈到，在这里介绍自如控制共鸣的两种技巧。

一种叫做"通"。顾名思义，"通"就是通畅、不阻塞。有的人在说话的时候喉部的肌肉特别紧张，使得本来就不宽敞的气流通道变得更加狭仄，声音硬"挤"出嗓子眼，效果很不好。我们应该在发音的时候,让背部和颈部自然伸直,尤其是胸部,应该自然放松,不应该感觉到憋闷和僵硬。喉头充分地放松,口腔也打开到适当的程度,让气流可以十分通畅地流出发音。

一种叫做"挂"。"挂"的意思就是不要让声音从声道里直直地跑出来,而是要充分控制住气流,让它们好像受到一股磁力的吸引,能"挂"在硬腭的前部。这样发出来的音节,声音肯定响亮、清晰、饱满、厚重。大家可以通过练习一些简单的韵母来体会"通"和"挂"的感觉。比如可以发"a、ai、ao、ou、ia、uo"等。

3. 吐字归音技巧

字音是否清晰影响到大家的听感,即使音质很好,音量也很大,如果不能把字咬清楚,同样会影响到表达的效果。朗读的时候,吐字必须清晰、集中、饱满、自如。为了达到这个要求,必须进行吐字归音的训练。吐字归音原来是中国说唱艺术在咬字方面的一个术语,它把一个音节分为"出字、立字、归音"三个阶段,每个阶段都有明确的要求,如果能够达到那些要求,吐出的字就会显得清晰、饱满、有弹性。

(1)发音器官训练

①练舌:舌头尽量向前平伸,再尽量往后收缩,先慢后快,反复数次,可以增强它前后运动的能力,增强它的位置感。舌尖翘起,从前往后依次抵住上齿背、上齿龈、硬腭前部等部位,由慢到快反复数次。舌尖平伸向前,再卷起,然后再平伸向前,再卷起,反复数次。然后,连续地发"za……da……zha……jia……ga"等声音,体会舌头用力部位的变化。

②练口腔:把嘴张到最大,注意不要只张开前面,后面也要跟着打开。

③练双唇：把嘴唇尽量向前撮圆，像发ǔ的样子，再用力向两边展开，像发i的样子，由慢而快，反复数次。

(2)吐字归音的要领

一个成分最完整的音节包括声母、韵头（又叫介音）、韵腹、韵尾和声调五个部分。习惯上我们把音节的五个部分分别叫做"头、颈、腹、尾、神"。下面我们以"团"(tuán)这个五部分齐全的音节为例子，来分析吐字归音对各个部分的具体要求。

①出字：出字指的是发声母（头）和韵头（颈）的阶段。这个阶段的要求是发音部位一定要准确，并且弹发有力。其实在具体发音时，这个要求主要体现在声母的发音上。比如 tuan 这个音节，t 的发音过程是，先让舌尖和上齿龈形成阻碍，然后积蓄气流（持阻），最后用强烈的气流冲破这个阻碍，爆发出声。

有句俗话叫做"叼字如叼虎"，意思就是人们"叼字"时应该像大老虎叼小老虎跳越障碍一个样子，如果叼得过紧，就会把小老虎叼死，如果叼得太松，则又会把小老虎摔死，因此要掌握好火候，不紧也不松，要恰到好处。这样就不至于造成生硬和松垮这两种不好的感觉。字颈都是由舌位最高的高元音充当的，这些音素虽然是韵头，但实际发音过程中它们和声母的关系更密切，往往给人的感觉好像它们是一个整体。它会影响到前面声母发音时候的口型。在立字阶段，应注意声母和介音的配合，中间不能拉太长。

②立字：立字阶段就是发韵腹的阶段。韵腹是一个音节中最响亮的部分，是响度的中心，音节的音色主要是由韵腹决定的。以 tuan 为例，韵腹就是开口度最大的 a，出字后就应该把发音部位放松，同时口腔大开。即便是开口度较小的高元音如 i、u、ü 等，做韵腹时，开口度也要尽量的大些，这样才能使音节"立得住"。

③归音:归音是指音节后部的收尾过程,也就是发完韵腹向韵尾过渡的过程。充当韵尾的都是开口度最小的高元音,归音时应该干净利索,不拖沓,不含糊。常见的毛病有两种,一是拖泥带水,一是火候不够,归音不到家。tuan 这个音节发出响亮的韵腹 a 的音色后,舌头应该迅速地抬高并且前伸,向上齿龈方向移动,最后到达上齿龈,出现鼻音色彩。如果音节发完,舌尖没有接触到上齿龈的话,就会归音不到位。普通话中能够做韵尾的只有四个音素:i、u、n、ng(o 在韵母的结尾其实只是一种改写,发音实际是 u),各自归音时要注意以下问题:

i 做韵尾的时候,要注意最后舌位一定要达到一定的高度,假如音节结束时舌位比较低,肯定会造成归音不到位。比如柴(chai)、类(lei)的发音。

u 做韵尾的时候,要注意把嘴唇拢圆,舌头要退到口腔的后部。比如抽(chou)、丢(diu)的发音。

n 做韵尾的时候,要把舌尖收到上齿龈,阻挡住口腔的出路,但不要太过,等鼻音色彩一出现发音就结束。如果舌尖根本接触不到上齿龈,那么肯定前鼻音归音不到位。如天(tian)、准(zhun)的发音。

ng 做韵尾的时候,舌头的前半部分应该放松,发音结束的时候,舌根应该接触到软腭,阻挡住口腔的出路,一有了鼻音色彩就马上结束。比如长(chang)、请(qing)的发音。

④珠圆玉润——枣核形:吐字归音应该以"枣核形"为理想状态。所谓的"枣核形"也就是指以声母和韵头为音节的开头,像枣核的一端;韵尾为音节的结尾,像枣核的另一端;响亮清晰的韵腹为音节的核心部分,就像一个枣核鼓起的中间部分。

我们前面把吐字归音的各个阶段进行了详细的分析,需要注意的是,真正发音时绝对不能把各个部分割裂开来单独用力,整个音节是一个连贯的整体。"前音轻短后音重,两音相连猛一碰"说的就是声介和韵腹韵尾拼合时的要领。字头是整个字音的着力点,字腹是字音中最响亮的部分,字尾则是字音的收束。这几个部分紧密联系在一起,成为一个饱满完整的音节。有的音节并没有介音或者韵尾,零声母音节甚至没有声母,那么这些音节是否也能做到"枣核形"呢,只要多注意,是可以的。因为无论什么音节都是从闭口到开口再到闭口的一个过程,用心揣摩,刻苦训练,你就能让每一个音节饱满圆润。

4. 节律技巧

在实际朗读或者说话的时候,我们发出来的往往是由音节和音节连接配合而构成的长短不等的语流。一方面,在语流中由于受到前后音节的影响,某些音节的声母、韵母或者声调的发音会发生一定的变化;另一方面,从表达的角度看,如果想要准确、得体、传神地说出一句、一段话来,还必须处理好声音的语气、轻重、快慢、停连、句调等问题,所有这些要素则构成了普通话的节律。可以说,节律是指我们在朗读中或说话中的节奏或韵律,主要表现为停延、轻重、句调、语速等几个方面,节律就是这些方面的互相配合、综合运用。

例如"我赞美白杨树"(作品1号),不加标点,就说明它并没有进入交际,只是个短语,语言备用单位,还不是一个语言表达单位,而如果加上句号、问号或叹号,并伴有一定语调,它就成了语言表达的基本单位——句子。加不同的标点,则表达出不同的句意。标点反映的实际上是语气的区别。

相同的语言符号序列,使用陈述、疑问、感叹三种不同的语气,能表达三种不同的句义,构成三个不同的句子。例如:

我赞美白杨树。

我赞美白杨树?

我赞美白杨树!

相同的语言符号序列,语气相同,重读的词语不同,就能强调不同的对象,表达不同的句义。例如:

我赞美白杨树。

我赞美白杨树。

我赞美白杨树。

相同的语言符号序列,语气相同,重读的词语也相同,在词语和词语之间进行长短不同的停顿或延宕,可以表达出不同的情味色彩。例如:

我赞美／白杨树!

我——赞美白杨树!

我——赞美／白杨树!

我——赞美／白—杨—树!

停延、轻重、长短、升降、快慢等都是表达句义的重要手段。掌握节律要素在表达中的作用,恰当地运用这些表达手段,可以使朗读、说话更加准确、妥帖。

语言是用来交际的工具。语义是内容,语音是形式,形式要为内容服务。节律是语言表达的重要手段,不同节律要素在句义表达上有不同的作用。下面我们就对节律的重要组成要素进行分别的探讨说明。

(1)停延(用"／"表示停顿,用"——"表示延续,具体时间的长

短则通过数量变化表示）

①停延的含义和作用

停延就是口头表达时声音的停顿和延续。停顿是音节之间语音的中断造成的,延续是音节尾音音长增加而形成的。停顿和延续既是生理上换气的必然要求,也是更好地传达语言内容的重要方法。

> 如同一只奉上祭坛的大鸟脱落的羽毛,低吟着壮烈的悲歌离去。（作品33号）

这句话比较长,如果一口气读下来,不但读的人感到气息不够用,而且听的人也觉得不自然。而如果这样处理,读着轻松,听得也明白:

> 如同/一只—奉上祭坛的大鸟脱落的羽毛,//低吟着—壮烈的悲歌/离去。

其中,"如同"和"悲歌"的后面应该做适当的停顿,而"一只"后面则要通过声音的延续来区分定语和中心词,"低吟着"后面要通过声音的延续来区分动语和宾语。如果"大鸟"后面有停延的话,就容易被误解为离去的是"大鸟",而不是"羽毛"。

②停延的种类

我们把停延分为两种:语法停延、强调停延。

除此之外,还有生理停延的说法。生理停延其实就是由生理上换气的需要而产生的停延,在口头表达的实际过程中,尽管调节气息的现象不可避免且非常频繁,但是每次因之而需要停延的时候,我们往往也要照顾到语法和强调的需要,很少有为了换气而不顾语意的需要随时随处停顿的情况。也就是说,生理停延其实是暗含在语法或者强调停延过程中的,因此,我们不再专门分析。

语法停延就是反映语言内部结构层次关系的停延。语言中的大大小小的单位词、短语、句子、句群之间存在着各种各样的结构关系。语法停延就是为了适应表达语言内部结构关系的需要而做出的语音处理。这是最基本的停延。

首先是句子内部的停延,这种停延一般时间都比较短。往往发生在主语和谓语,动语和宾语,定语、状语和中心语之间。在这些成分的中间略作停延,可以更加清楚地表明整个句子的结构层次、结构关系,从而能更好地传达整个句子的含义。

主语和谓语之间:

主语是被陈述的对象,谓语是对主语的陈述、说明,在它们之间略作停延,可以突出主语的情况,让听者更好地把握全句的意思。

这/就是白杨树。(作品1号)

朋友/即将远行。(作品32号)

动语和宾语之间:

动语(述语)和宾语之间是支配、关涉的关系,在这里略作停延,可以引起听者注意,突出宾语。

可能有人不欣赏花,但绝不会有人欣赏/落在自己面前的炮弹。(作品24号)

我们开始追捉/她那离合的神光了。(作品25号)

突然,不远处传来了/声声柳笛。(作品28号)

定语、状语和中心语之间:

定语和状语属于句子的修饰成分,被它们修饰的成分是中心语。一个中心语往往有不只一个修饰成分,这样,在每个成分之间可以略作停延,以便听者更好地理解句子的层次。但是,一般情况下,与中心语最接近的那个修饰成分后不应该有停延。

  我常常遗憾我家门前/那块丑石。(作品3号)
  再也找不到要回家的/那条/孤寂的小道了。(作品28号)

  除了这些常见的句法成分之间的停延,某些句子中还需要利用停延来区别词语的意义和词性,从而排除歧义。这也属于语法停延。

  我/跟他去北京。("跟"是介词)
  我跟他/去北京。("跟"是连词)
  她看到儿子/有些奇怪。(感到奇怪的是"她")
  她看到/儿子有些奇怪。(感到奇怪的是"儿子")

  以上分析的是发生在句子(单句)内部的停延。而由分句构成的复句内部,除了各个分句内应按照规律在成分之间进行停延之外,分句之间的停延就更是明显了。而且,对于多重复句而言,停延更是揭示分句间关系的重要方法。句子和句子的组合叫做句群,句群内的停延和复句的情况相同。

  这平铺着、/厚积着的绿,//着实可爱。(作品25号)
  有的人活着,/他已经死了;//有的人死了,/他还活着。

  在书面上,标点符号和段落也是为了反映话语的结构关系的,因此,它们也是确定停延的重要标志。一般情况下,句号、叹号、问号的停延要长于分号、冒号、逗号,而逗号又长于顿号。省略号和破折号则可以根据具体情况适当掌握。

  强调停延就是根据表情达意的需要,在没有标点或者语法停延规律要求之外的地方进行停延。这样做,往往可以起到突出某种语意、强调某种观点和加强某种感情的作用。强调停延是在语法停延的基础上做出的进一步的处理。它可以变换语法停延的规律,在不必做语法停延的地方停延;还可以根据需要,对语法停延的时间长短做出变更。这是更高层次的一种技巧,也是反映一个人普通话水平和口头表达能力的重要指标。

> 我觉察他去的/匆匆了,伸出手遮挽时,他又从遮挽着的手边/过去。

这句话中,在"去的"后略作停延,可以突出后面的"匆匆",而在"手边"后面读,同样可以强调"过去"的不可避免,发人深思。

> 第二天的清晨,这个小女孩/坐在墙角里,两腮/通—红—,嘴上/带着/微—笑—。她/死/了,在旧年的大年夜/冻—死—了。

这句话中的"小女孩"、"两腮"、"嘴上"后面本来也是语法停延的地方(主谓之间),但是,处理得应该比一般情况下的主谓间停延时间明显加长,以便更加引起听者的关注。而"通红"、"微笑"两个词,每个音节都应该略作延长,以便使小女孩的形象更加生动鲜明。"她死了"应该一字一顿,渲染强调这个悲惨的结局。接下来的"在旧年的大年夜"应该加快速度,加大音量,同时后面应有较长的停顿,最后的"冻死了"则应该声音延长,呼应前面的"她死了",把听者的感情带向高潮。

> 这时候最热闹的,要数树上的蝉声/和水里的蛙声;但—热闹是它们的,我—什么也没有。

这句话中,"蝉声"后面略作停顿,可以突出强调这两种热闹的声音。而后面的"但"略作延续,使前面那种快乐的气氛陡然转换,表达出作者的感情变化。而最后在"我"字后进行较长时间的延续,则更加反衬出作者的孤独和失意。

需要说明的是,对某些句子来说,停延的处理方法可能不是唯一的。在不同的位置进行停延,尽管节律形式上可能有较大的差异,却可能都会收到良好的效果。但不论如何停延,都有一个基本的出发点,那就是更好地表达语言的内容。

你——是——一颗明珠,镶嵌在南中国的海岸。

你是——一颗明珠,镶嵌在南中国的海岸。

你是一颗——明珠,镶嵌在南中国的海岸。

这句话在朗诵的时候,可以有这么三种不同的处理方法,很难说哪一种是效果最好的。在充分理解内容,熟练掌握停延技巧的情况下,表达者可以根据自己的习惯、理解,对同样的文字做出不同的处理,显示出一定的个人风格。

（2）重音（加点字表示重音音节）

①重音的含义和作用

由于表意的需要,语流中某些音节的发音相对较重,较为明显突出,这就是重音。需要指出的是,尽管我们把这种现象叫做"重"音,也并不是意味着只有加大音强,增加音量才能形成重音（词重音除外）。这里的"重"理解为"突出、明显、重要"更合适些。

因此,普通话重音的表现形式也是多种多样的,最常见的是加大音量,除此之外还有减小音量、扩大音域、增加或缩短音长、前后稍作停顿、利用虚声、气声等。不论哪种方式,目的都是一样的:在语流中,通过对比反衬,突出表意的重点,引起听者的注意。

单个音节无所谓轻重,轻重都是相对而言的,因此,重音现象也只会出现在语流中。小到一个双音节的词语,大到一个复句,在口头表达过程中都会遇到重音的问题。和停延一样,重音也是普通话节律的重要构成要素,直接影响到一个人的语音面貌。

②重音的种类

广义的重音可以分为词重音和语句重音两种。词重音主要是指双音节词语的基本轻重模式。词重音中的"重"的确就是读音较重的意思。

狭义的重音则专指语句重音,即句子内部的词语之间相比较而出现的重音现象。

下面我们重点谈谈朗读中的语句重音。语句重音可分为语法重音和强调重音。

根据句子的结构关系,某些句子成分往往需要读得略重一些,这就是语法重音。

语法重音并不表示什么特殊的意义,只是一种固定的结构规律在语音上的表现,因此位置也比较固定。语法重音也是语句重音的基本形式。一般情况下,这些成分需要重读:

主谓短语构成的短句中,谓语中心词要重读。如:

一群朋友郊游。(作品57号)

她老了,身体不好。(作品33号)

偏正短语中的修饰语要重读,包括定语和状语。如:

青年人若有所思地说。

起初四周非常清静。(作品48号)

陶行知满意地笑了。(作品39号)

述宾短语中,宾语往往要重读。如:

揪着草,攀着乱石,小心探身下去,又鞠躬过了一个石穹门,便到了汪汪一碧的潭边了。(作品25号)

我爱月夜,但我也爱星天。(作品8号)

述补短语中,补语要重读。如:

天冷极了。

他起得特别早。

我把它们认得很熟了。

疑问代词、指示代词和活用的代词（任指、虚指、不定指）要重读。如：

谁让你来的？

这使我能够继续战斗到胜利那一天。（作品42号）

他无论谁的话也听不进去。

强调重音又叫逻辑重音或者感情重音，指在口头表达时根据表情达意的需要而对某些音节做重音处理，以突出该音节的意义，使听者更好地理解。相对于语法重音而言，强调重音可以说是一种高级的重音形式。它不像语法重音那样有固定的规律可以参照，在什么地方重读应完全根据上下文语境及表达的需要来决定。强调重音和强调停延一样，可以反映出一个人的理解能力和语言素养，是构成普通话节律的重要因素。

例如"我知道你会唱歌"这句话，可以有多种读法，而每一种读法背后都暗含着不同的语意背景，即"潜台词"：

我知道你会唱歌。（谁知道？）

我知道你会唱歌。（你知道吗？）

我知道你会唱歌。（谁会唱歌？）

我知道你会唱歌。（别谦虚了！）

我知道你会唱歌。（跳舞会不会就不清楚了。）

我知道你会唱歌。（写歌会不会不知道。）

我知道你会唱歌。（你不会唱戏。）

可见强调重音在口头表达中是多么的重要，如果摆错了位置，

则虽然每个音节的发音都没有问题,也未必能表达出实际需要表达的意义。再请看下面这个例子:

烈火在他身上烧了半个多钟头才渐渐熄灭。这个伟大的战士,直到最后一息,也没挪动一寸地方,没发出一声呻吟。

其中,一般人往往容易重读"半"这个字,实际这样处理很不应该。因为从全句来看,这是赞颂伟大的战士——邱少云。重读"半"看似没什么,并不影响全句大意的表达。可仔细琢磨起来,这个"半"字重读就不妥当。因为"半"往往表示少数,而重读的结果就是让人感觉火烧得时间还太短。其实这句话中最应重读的是"钟头",因为和"秒"、"分"、"刻"这些常用的短时间单位比较,"钟头"太漫长了。而这里表现的又是我们的战士忍受着常人难以想象的痛苦,这需要多么坚强的毅力啊!所以,重读"钟头"能够很好地发人深思,渲染气氛。更好地突出英雄的光辉形象。

再比如作品51号中的这样一段话:

那位妈妈式的老师不仅给了他最高分,在班上带感情地朗读了这篇作文,还一笔一画地批道:你很聪明,你的作文写得非常感人,请放心,妈妈肯定会格外喜欢你的,老师肯定会格外喜欢你的,大家肯定会格外喜欢你的。

这篇作品讲述的是一个美丽的故事,面对一个智力受损的孩子写的只有三句话的作文,老师却给了他"最高分",还通过在班上"朗读"加以表扬,让孩子相信,他写的作文"非常"好,他的愿望一定能实现,"妈妈"、"老师"、"大家"都会喜欢他的。通过以上的重音处理,使文章的逻辑关系非常明晰,充分表达了"智力可以受损,但爱永远不会"这一中心主题。如果重音放在"老师"、"你"的位置,则完全歪曲了作品的中心主题。

学习普通话,练习朗读、说话,应该对重音,尤其是强调重音给予高度的重视。在同一句话中,强调重音要比语法重音处理得更重些,因为强调重音的音节肯定是整个语句的表意核心。但要注意的是,重和轻是相对的,在一句话中重读的成分不能太多,那样容易造成失去表意的重心——都是重点也就没有了重点。尽管强调重音不像语法重音那样在语句中有比较固定的位置,但它还是有一定的规律可循。有的时候,强调重音所在的位置和语法重音的位置是一致的,这时需要在原来语法重音的基础上加大力度,突出强调该音节,使重音更为鲜明。而有的时候,则需要具体体会分析,在语法重音之外专门考虑强调重音的问题。

一般情况下,表并列、对比、转折等内容的词语往往需要做出重读处理。如:

　　通常扎得最多的是"老雕"、"美人儿"、"花蝴蝶"等。(并列)

　　去的尽管去了,来的尽管来着。(对比)

　　黑夜给了我黑色的眼睛,我却用它寻找光明。(对比)

　　这就是白杨树,西北极普通的一种树,然而决不是平凡的树!(转折)

(3) 句调

① 句调的含义和作用

句调是贯穿于整个句子的高低升降的变化。虽说它贯穿于整个句子,但是表现最明显的还是句子末尾的音节。句调和音节的声调有关,但句调决不是音节声调的简单相加。一般把句调分为平、升、曲、降四种基本类型,尽管和声调的类型一样,但是句子的高低升降变化要远比音节的高低升降变化复杂。这也只是一个大致的分类。句调在语流中有非常重要的作用,它不但是句子语气类型划分的依据,也是表情达意过程中重要的辅助表达手段,是语调的主体。

平调是指句子(或分句)末尾部分的高低没有特别明显的升降变化,语势平直舒缓。一般用来表达客观、严肃、冷淡、庄重情绪的陈述、说明性的句子多用平调。如:

　　今天白天,晴间多云,偏南风三到四级,最高温度28度。(客观)
　　鸣沙山东麓是平均高度为十七米的崖壁。(客观)
　　我没有什么要交代的。(冷淡)
　　在历次战斗中牺牲的英雄们永垂不朽。(庄重)

降调是指句子(或分句)末尾部分下抑,语势前高后低或前平后降。随着语气的不同,这种变化有的明显有的微弱。一般用来表达请求、感叹、赞扬、坚决、沉痛等语气的陈述句、祈使句和疑问代词处于句首的疑问句多用降调。如:

　　三十年代初,胡适在北京大学任教授。(肯定)
　　多么蓝的天啊!(感叹)
　　举起手来!(命令)
　　再给我一次机会吧!(请求)
　　你再也不要吸烟了!(劝阻)
　　谁告诉你的?(疑问)

升调是指句子(或分句)末尾上升,语势前低后高或前平后扬。一般用来表达设问、反问、疑问、号召、鼓动、惊异等语气的疑问句和感叹句多用升调。如:

　　世界杯怎么会有如此巨大的吸引力?(疑问)

为什么我的眼里常含泪水?(因为我对这土地爱得深沉。)(设问)

难道你觉得树只是树?(反问)

中华人民共和国成立了!中国人民站起来了!(感叹)

曲调是指整个句子的语势呈现出明显的曲折变化,一般分为降升调和升降调两种。表示怀疑、讽刺、夸张、幽默、双关等语气的疑问句、陈述句、祈使句多用曲调。如:

门外有狗!(双关)

你行,你什么都行!(讽刺)

我不会说普通话?(怀疑)

你这个人真是太好了!(讽刺)

(4)语速

①语速的含义和作用

语速指口头表达时的快慢。音节连接得比较紧密,语速就快;反之则慢。在普通话的节律中,语速和停延、重音、句调会互相影响,因为速度的快慢要取决于内容的特点和表达者的感情态度。一般说来,欢快、兴奋、激动、紧张、惊恐、愤怒时,语速要快,而忧郁、压抑、悲痛、庄严、平静、迟疑、失望时,语速较慢。语速不但是节律的重要组成部分,而且还可以体现出一段话的基调。

②语速的种类

快速一般用来表现热闹的场景或激动的心情:

雄浑的大桥敞开胸怀,汽车的呼啸、摩托的笛音、自行车的叮铃,合奏着进行交响乐;南来的钢筋、花布,北往的柑橙、家禽,绘出交流欢悦图……(热闹)

忽然,从附近一棵树上飞下一只黑胸脯的老麻雀,像一颗

石子似的落到狗的跟前。老麻雀全身倒竖着羽毛,惊恐万状,发出绝望、凄惨的叫声,接着向露出牙齿、大张着的狗嘴扑去。(紧张)

哎呀,大会马上就开始了,他怎么还不来啊?(焦急)

中速适用于一般性的陈述、说明:

两个同龄的年轻人同时受雇于一家店铺,并且拿同样的薪水。(陈述)

我们知道,水是生物的重要组成部分,许多动物组织的含水量在百分之八十以上,而一些海洋生物的含水量高达百分之九十五。(说明)

慢速适用于表现沉重的情绪、压抑的气氛:

那哀痛的日子,断断续续地持续了很久,爸爸妈妈也不知道如何安慰我。他们知道与其骗我说外祖母睡着了,还不如对我说实话:外祖母永远不会回来了。(悲痛)

她的头歪向枕头一边,痛苦地用手抓挠胸口。床架上方,则挂着一枚我一九三二年赢得耐斯市少年乒乓球冠军的银质奖章。(沉重)

当然,这也只是对语速的粗略分类,在具体的表达过程中,根据内容的需要和表达者的感情变化,语速也呈现出多种多样的组合变化形式。并且,任何一篇文章、一段话内部,如果比较的话,我们也可以发现总是存在着快慢的对比和变化,否则,语言也就失去了美感和生命力。

停延、重音、句调、语速等要素构成了语音的节律特征,节律可以起到避免单调呆板、突出表达重点、更好地实现语言交际功能的重要作用。学习普通话,在掌握了声母、韵母、声调的正确发音后,还必须在节律方面多加揣摩和训练,这是通向标准语音面貌的必由之路。

(四) 应试指导

普通话水平测试的朗读题项考查的是应试人在有书面文字凭借的情况下,运用普通话的标准程度。其命题范围是本书中提供的60篇朗读作品。

1. 测前准备

(1)熟读朗读作品。普通话水平测试选用的60篇朗读作品,每一篇都较为全面地涵盖了普通话的声、韵、调三大要素,对于轻声、儿化、连读变调等内容也有较好体现,熟读这些作品,对于提高应试人普通话水平有极大帮助。作为应试人,应熟读每一篇作品,不应抱有侥幸心理,认为测试时只考一篇,在测前练习的时候挑挑拣拣;或只重点熟读前边的几篇,而放松了对后面作品的练习。在测试过程中,如对作品内容不熟悉,就可能出现停顿不当、朗读不流畅、回读等问题,造成不应有的丢分。

(2)关注"语音提示"。每一篇作品后面都列出了在朗读过程中容易出错的一些音节的正确读音,应试人应掌握这些词语的正确读音,争取做到测试时字字读音准确,在字的读音方面不丢分。

(3)避免方言影响。应试人应在朗读时尽量克服方言对自身的影响,包括方言对应试人音节声母、韵母的影响,方言对应试人音节声调、朗读语调的影响。这就需要应试人尽量熟悉自身方言和普通话的对应规律,在作品中容易受到方言影响的地方提高警惕,必要时做提醒标记,尽量避免失分。

(4)恰当处理儿化音。在朗读过程中,为内容表达需要,有些没有标记儿化的地方可以适当做儿化处理,如:"乍一看,再划几下就到了"(作品16号)这一句中的"下"在朗读时就可以读为儿化韵。

（5）朗读语速要适中。朗读题项不同于单音节字词和多音节词语测试。在朗读测试过程中,应试人不要为了读准每个音节而忽略了句子和作品的整体性,致使语速过慢,要保证朗读流畅,自然的正常语速。

（6）音译外来词的读音要正确。朗读作品中一些外国的人名和地名等一律按照汉语音节的规范读音朗读,如"彼得·弗雷特"、"里约热内卢"等,应直接读其汉字读音,不应模仿外语的语调,否则会导致语调方面的扣分。

（7）"一"、"不"、"啊"的音变要准确。关于"一"、"不"、"啊"的音变,在前面内容已有说明,应试人在朗读的测前准备阶段应对作品中三者的正确读音做到心中有数。

2. 应试须知

（1）快速通读全篇内容。应试人拿到试题后,只有10分钟的准备时间。对于朗读题项要抓大放小,快速阅读全篇内容,再次整体把握整篇文章的思想基调。

（2）复习语音提示,关注易错字词。有重点地复习一遍作品后面的语音提示,并根据自身前期准备情况,进一步熟悉受方言等因素影响容易出错的地方,尽量避免失误。

（3）随机应变,灵活处理。朗读测试开始后,很多人因为紧张等原因,容易读错字。大多数人的习惯是通过回读整个句子来纠正某个字的读音,结果造成了朗读不流畅,导致更多失分。按照朗读评分标准,读错一个字只扣0.1分,回读影响流畅度最少要扣

0.5分。遇到这种情况,建议应试人将错就错,以保证朗读连贯流畅为重。

四、命题说话

普通话水平测试中的说话,是测查应试人在无文字凭借的情况下说普通话的水平,重点测查语音的标准程度、词汇语法规范程度和自然流畅程度。测试时,从本指导用书给定的30个说话话题中选出,由应试人从给定的两个话题中选定1个话题,单项连续说3分钟,共计40分。

说话题项从三方面评分:第一方面是语音标准程度,共25分,根据应试人语音标准程度分6档扣分;第二方面是词汇语法规范程度,分三档扣分;第三方面是自然流畅程度,分三档扣分。这三方面的详细评分规定见第一章第三节相关内容。在计算机辅助普通话水平测试中,如果应试人说话时出现的离题、背稿子、复述作品、无效语料、说话时间不够3分钟等问题,都将被酌情扣分,详细评分规定参见本书第六章第二节相关内容。

(一)说话的含义

说话就是脱离文字材料而进行的口头表达。在各种场合能否随机按照普通话语法规则组织普通话词语,用普通话标准的语音自如地表达自己的思想和意愿,是高水平普通话的真正表现。语言是人类最重要的交际工具,而说话又是运用这种交际工具进行的最多、最重要的交际活动。所以,在很大程度上我们可以这样说,一个人说话的水平最能反映其普通话的标准程度。

语言有两种存在的形式——口语和书面语。口语存在于人们的口头,书面语在口语的基础上产生,是口语的一种加工形式。口语是用来听的,书面语则是用来看的。书面语的书写工具是文字,但是用文字写下来的语言却不一定是书面语。也就是说,口语和书面语这两个概念除了表现形式和承载工具不同,它们主要的区别其实还是在语言风格特征方面。

普通话水平测试的说话测试项目,意在考查应试人运用普通话随机组织语言进行表达的能力,考查的是应试人的口语而不是书面语。因此,接受测试的时候最好不要提前完整地写出底稿,因为字斟句酌、推敲锤炼出来的句子,无论是在内容上还是在形式上,都会出现明显的书面语痕迹。

说话的形式分为双向说话和单向说话。双向说话是指说者和听者在共同创设的语言情境中相互应答的说话形式,比如朋友之间的聊天、交谈等。它是社会生活中最直接、最广泛、最简便的语言交际方式。单向说话就是独自说话,它是时间比较长而且比较连贯的说话形式。这是生活中人们进行口头表达的另一种手段。普通话水平测试的"说话"题项,主要指单向说话这种表达方式,只有当应试人由于过度紧张或其他原因无法继续下去时,才辅以测试员的提示,加进对话的因素。在计算机辅助普通话水平测试过程中,说话题项仅指单向说话。

单向说话语言要求表达者具备较好的心理素质,能够及时调控自己的心理状态,尽力排除来自各方面的干扰,集中精神,完成当下的任务。并且,讲话人的话语要连贯,要有一定的条理性。虽然普通话水平测试的说话并不是演讲比赛和辩论比赛,对话语内容的要求并不是太严格,但是,毕竟,能否运用普通话进行自如的表达,内容也是一个不可或缺的观测点。与双向说话相比,更加注重语言的规范,也是单向说话的一个重要的特点,由于没有了那些客观因素的补充,单向说话的语言应该比较规范、流畅。

(二) 说话的要求

1. 言之有物——重内容

不管你的话有多么优美、动听,大家毕竟不是当成音乐来听的,并不是为了陶醉于你的音质、你的语调、你的韵律。因为语言的首要功能还是传递信息、交流思想,你的表达形式可能有欠缺,你的音质可能不如意,但是这些和你要讲的内容比起来,则显得次要了。我们常常会被那些精彩的演讲和谈话所打动。那些演讲者、谈话者有的其貌不扬,有的声音沙哑,有的三言两语,有的长篇大论,但是不管他们个人条件区别有多大,不管演讲和谈话的性质目的距离有多远,打动我们的最主要的因素还是他们演讲和谈话的思想内容,还是那语音形式所传达出的意义信息。

所以,在开口前,你一定要想一想,我是否做好了说话的准备?我对自己要说些什么是否心中有数?语言既是人们用来交际的最重要的工具,又是人们的思维工具。一个人如果磕磕巴巴、语无伦次的话,很可能是他的思维有问题。因此,要想得到一副好的口才,必须要注意思维能力的训练。在说话之前对话题充分思考、精心准备,是取得良好的表达效果的必要条件。

2. 言之有理——合逻辑

有了丰富实在的思想内容只是有了说话成功的基本条件,这些思想还是要经过大致的整理,并且最终要靠口头传达出来。而把心底的感觉、朦胧的意识整理传达的过程其实就是一个动脑思考、进行抽象思维的过程。因此，一个人的抽象思维能力如何，将会决定他说话是否准确严密，是否简洁清楚。而抽象思维能力也就是逻辑能力。先说什么后说什么，思路清晰，是表达成功的另一个重要条件。

必须要重视逻辑训练。如果你擅长辞令，那么逻辑知识可以令你锦上添花；如果你对问题总是感觉模棱两可，不知道从何说起，不知道怎么有条理地表达你的思想，那么我建议你从逻辑出发，开始你自我挑战的训练之路。在这方面有了进步，我相信你的收获决不仅仅是说话成功，你肯定会惊奇地发现，你看问题，做事情比以前少了盲目和困惑，多了自如和信心。

3. 言之有文——讲修辞

俗话说：一样话百样说。意思就是要表达的内容只有一个，但表达的方式、可供选用的词语和句式则不限于一种。根据特定的语境、特定的目的，众多可供选择的表达方式中总有一个是最合适的、效果最好的，选用那个最好的从而取得最佳的表达效果，这就是修辞的任务。因此我们可以说，修辞就是根据特定的目的和语境，恰当地选择词语和句子，以求得最佳表达效果的一种活动。也可以说，讲修辞的目的是为了把话说得更有水平。

其实修辞是很平常、很自然的一件事情。我们大可不必把它复杂化神秘化。当你有一件事情想说，刚要开口，却突然觉得与其这样说不如那样说；或者某个词语尽管也能表达出你的基本意思，但是总觉得还可以再找一个更合适的来替换它；或者你为了增强说服力，尽量引用名人名言；为了增加感染力，使用比喻夸张对偶排比等手法，这些时候，你都是在进行修辞活动。修辞水平高的说话者，说出的话就能得体、准确、简练、生动。

（三）应试指导

在普通话水平测试中，说话是考查应试人在没有文字凭借的条件下，运用普通话口语所达到的标准化程度。它不仅要考查语音面貌，还要考查运用普通话词汇、语法的规范程度和表达过程中自然流畅的程度。由于没有了文字材料的依托，因此除了语音水平外，该项测试还需要应试人有良好的心理素质、较强的思维能力和临时组织语言及应变的能力。

下面，我们就分别从语音面貌、词汇语法、自然流畅和考前准备这几个方面入手，分析该项测试的训练和应试过程中应该注意的问题。

1. 语音标准程度

说话项要求应试人脱离文字材料说话3分钟，评分时对出现的语音失误（音节发音错误）量化扣分，因此，应试人应该像对待前三项那样重视每一个音节的发音标准程度。尽量避免过多地出现声、韵、调发音错误和音变错误。尤其是方音较重地区的人，更应该在平时的训练中注意分析自己话语中的每一个字音，通过对比，认识到自己的发音在声、韵、调和音变方面与普通话有哪些明显的差距。

一般来说，平时不讲普通话的人，在应试说话的时候使用普通话会感到非常别扭，有一种"撇"的感觉，这是很正常的。因为平时不说普通话，所以日常的思维语言（内部语言）使用的也是方言，在短时间内改用另一套语音系统，势必会感到处处掣肘、别扭得很。要改变这种状况，只有平时多加训练，有意识地在一些场合使用普通话表达，锻炼自己使用普通话思考问题的能力。

现在有声传媒非常发达,电视、收音机早已普及,为大家的训练和学习提供了非常好的条件。在听广播、看电视的时候,我们要有意识地关注播音员、主持人和优秀演员的发音,在心里跟着他们模仿。时间长了,在不知不觉中我们的普通话语感就会明显增强。在测试说话的时候,发普通话的标准音就会由刻意、自觉地模仿变成自发、下意识的习惯。

如"是、还、我、你、他、咱、说、很、比较"等常用的音节,更是应该多加注意。一方面,它们出现频率很高,如果这些字词的发音不标准,在3分钟的过程中就会出现太多的错误;另一方面,由于它们常用,因此如果纠正了这些音节的方音习惯,也有助于形成一个无形的参照,从而促使自己改正其他音节的方音。

2. 词汇语法

普通话包括语音、词汇、语法三个方面,语音只是其中之一。不过由于和另外两个要素相比,语音是造成方言和普通话差距的最重要、最明显的要素,所以在普通话水平测试的题项中,语音所占的比重最大。单音节字词、多音节词语、朗读三项,由于都是读书面材料,所以不存在词汇语法的规范问题,但是说话是要求应试人自己组织语言,所以词汇和语法的问题就应该引起重视了。

(1) 避免方言词

普通话词汇以北方方言词汇为基础,和其他非官话方言相比,北方话在词汇语法方面和普通话差距比较小,但这也并不意味着北方方言区的人在说话的时候就不需要对词汇语法问题予以考虑。

汉语的词类系统中,任何一个词类里都存在方言和普通话的差别问题。比如:

太阳——日头	明天——明儿个	锁——锁头
厕所——茅厕	看——扒头儿	这么——恁
特别——邪	很——忒	呢——哩

这些词语中，每一组的后者都是方言词，在普通话水平测试的说话中应该避免使用。

（2）少用书面词语

现代汉语从古代汉语中继承了大量的文言词语，这些词语带有浓郁的书面色彩。在公文、论文等书面语体的文章中，使用这些词语可以增加庄重、严肃的色彩，在书面表达的时候，也可以使文字显得简练含蓄。但是，普通话水平测试的说话过程中，应该尽量少用书面语词。因为那样的话会使说话显得不自然、不得体。如：

那时我尚年幼，且我们村尚未通电，众人一到夜晚就上床就寝了。

这句话里的"尚""尚未""年幼""且""众人""就寝"都是书面语，都应该换成相应的口语词"还""还没有""小""并且""大家""睡觉"。

（3）不用时髦语

时髦语（包括网络语言）是时代的必然产物，反映了一部分人求新求异的心理需要，如"潮人"、"菜鸟"、"恐龙"、"神马都是浮云"等。在某些场合，时髦语可以起到积极的表达作用，但是在普通话水平测试的说话中不要使用。因为新词新语是否规范、是否有存在的必要还需要时间的检验。我们测试普通话就是要看应试人对规范的普通话的掌握情况，如果不注意甄别，满口新奇怪异的时髦语，肯定会影响最后的得分。如：

太好了——没治了，表演——做秀，非常——巨，东西——东东,高手——老鸟。

应试人在测试时应使用各组词中前面的规范词语。其实大多数时髦语也都是来自某些方言的方言词,无论从哪个角度讲,都没必要在测试说话的时候对它们青睐有加。

(4) 不用方言句式

有某些特殊标志的句子结构类型叫做句式。虽然在语法方面普通话也主要是以北方方言的用法作为规范用法,但是并不包括那些过于土俗的用例。如:

他们去得了。——他们去了喽。

他们去得了去不了?——他们去了去不了?

放在椅子上。——放儿椅子上。

不知道。——知不道。

不认得。——认不得。

你先走。——你走先。

后者都是方言中的习惯用法,很容易在测试说话时不自觉地使用,应注意避免。

3. 自然流畅

在该项测试中,自然流畅程度也是评分关注的一个重要方面。为了更好地做到语句流畅、表达自然,应注意以下几个问题。

(1) 少用长句

长句字数多,一般结构比较复杂,适合于表现严密的思想、复杂的内容。但是长句组织起来却比短句的要求高得多,稍有不注意,就会出现搭配不当、残缺或多余、句式杂糅等语法错误。而普通话水平测试中的说话测试,要求应试人在较短时间的准备后脱离文字材料表达,所以如果使用长句过多,势必会造成这样或那样的错误。即使不出语法错误,也会显得很不自然、口语化程度不高,从而影响得分。

而短句由于字数少,因此短小灵活,便于立刻组织起来,便于在考场上即席发挥。如:

> 我看到一个衣着非常朴素并且满头大汗的四十多岁的工人师傅正在蹬着一辆半新的三轮车吃力地上桥。

这句话中的定语多,因此句子变得臃肿不堪,如果是写文章还可以,但是说话中应把它变成一组短句:

> 我看到一个工人师傅,他衣着非常朴素,四十多岁的样子。他正蹬着一辆半新的三轮上桥,看上去很吃力。

长句化为短句,既表达出了原来的意思,又使说的人省力、自然,听的人轻松、明白。

(2)减少口头禅

口语表达的即时性决定了在话语中难免出现一些冗余成分。尽管测试员评分时不可能像对待书面文字材料那样字斟句酌、仔细推敲,但是太多的重复和习惯用语必定会使表达变得生硬勉强,从而影响应试人的得分。具体说,应该注意以下两点:

①少重复

有些人习惯于在说话时重复某些音节,尤其是一句话最后的几个音节,这种重复是下意识的,是机械的、消极的,反映了思想的迟滞和表达能力的低下。比如:

> 那是十几年前的一天,十几年前的一天,那天的天很冷,天很冷……

这样的重复大多是由于说话人准备不足,思路跟不上,也有的是长时间形成的一个坏毛病。

②避免出现习惯性的口头语

有些人在说话的时候不自觉地过多使用某些没有价值的词语，如"恩，啊，这个，就是说，的话，然后"等，这些成分在整个说话中是一种累赘，说的人没什么感觉，听的人却会感到很不舒服，很不习惯。这样的词语只会让人感觉话语逻辑关系失当，思路混乱。严重影响自然流畅程度。

（3）不背稿

在人工测试形式下，有的人对当众说话有一种本能的恐惧心理，尤其是测试中，面对着测试员和录音机，他们会感到更加无所适从；实行计算机辅助普通话水平测试后，应试人需面对计算机完成测试，有些人又觉得不如面对测试员亲切，失去了对象感。因此，很多人就事先写好了一段文章，一旦测试的题目与之吻合，就开始背诵，这是绝对不可取的。因为朗读（背诵实际也是朗读，依托的是记在心里的文字材料）和说话绝对是有区别的，在语调、语气的诸多方面都有明显的不同。说话考的不是"背话"，无论背的多么熟练或多么不熟练，都会在表达过程中流露出非说话的成分，直接影响到最后的得分。

完全把希望寄托在"背"上的人，一旦遇到某些特殊情况，造成精神紧张或者注意力分散后，就很容易"卡壳"，那个时候脑子里就会一片空白，不知道话该再从何说起。因此，我们绝对不提倡背诵。

（4）精心准备

不打无准备之仗。这句话尤其适合说话的应试。因为凭空说话3分钟，既需要注意语音面貌的完美，又要注意词汇语法的规范，还要努力做到自然流畅，这对一般人来讲都是一个很大的挑战。如果事先不做充分的准备,势必难以取得令自己满意的成绩。应试人应在考前对每一个话题都做到心中有数,最好能为每个话题想好大致的提纲,在应试的时候,就可以有条不紊地充分展开话题。

(5) 利用好测前 10 分钟

应试人在进入备测阶段后,有 10 分钟的准备时间。这时,应试人应重点准备朗读和说话,重中之重是准备说话的内容。首先,应试人要迅速选定话题。其次,根据平时准备的内容进行梳理,关键是围绕话题准备具体的内容,包括事件的时间、地点、起因、经过、结果。准备的内容说不完没关系,但一定要保证说满 3 分钟。然后,再处理前三题中个别生僻的字或不太确定的读音等问题。

第三章 普通话水平测试用词语汇总

表一：普通话水平测试用词语表

说　明

1. 本表共收入词语9817条，全部选自《现代汉语词典》。

2. 本表词语按音序排列，读音根据《普通话异读词审音表》核定，释义以《现代汉语词典》为准。

3. 本表未收入必读轻声、儿化字词（另编），并尽可能避免多音、通假字词。可轻读也可重读（含区别意义和不区别意义）的词，注音上标调号，注音前再加圆点，如："大意 dà·yì"。

4. 为了易于标注，本表对"一"、"不"、"上声"等变调音节均采用"标本调读变调"方法。在读音时可根据变调音节后面音节的读音，按变调规律取决变调音节的读音。

A

阿姨 āyí

哀 āi

哀愁 āichóu

哀悼 āidào

哀告 āigào

哀号 āiháo

哀思 āisī

挨打 áidǎ

癌 ái

癌症 áizhèng
矮 ǎi
矮小 ǎixiǎo
爱 ài
爱戴 àidài
爱抚 àifǔ
爱国 àiguó
爱好 àihào
爱护 àihù
爱恋 àiliàn
爱慕 àimù
碍事 àishì
碍眼 àiyǎn

安 ān
安定 āndìng
安抚 ānfǔ
安静 ānjìng
安居乐业 ānjū lèyè
安宁 ānníng
安排 ānpái
安培 ānpéi
安全 ānquán
安慰 ānwèi
安稳 ānwěn

安置 ānzhì
氨 ān
氨基酸 ānjīsuān
庵 ān
岸 àn
岸然 ànrán
按 àn
按摩 ànmó
按捺 ànnà
按钮 ànniǔ
按期 ànqī
按时 ànshí
按照 ànzhào
案 àn
案板 ànbǎn
案件 ànjiàn
案情 ànqíng
暗 àn
暗藏 àncáng
暗礁 ànjiāo
暗示 ànshì
暗中 ànzhōng
黯 àn

肮脏 āngzāng

昂 áng
昂贵 ángguì
昂然 ángrán
昂首 ángshǒu
昂扬 ángyáng
盎然 àngrán

凹 āo
凹陷 āoxiàn
遨游 áoyóu
熬 áo
熬夜 áoyè
翱翔 áoxiáng
鳌 áo
袄 ǎo
傲 ào
傲慢 àomàn
奥 ào
奥秘 àomì
奥妙 àomiào
奥运会 àoyùnhuì
澳 ào
懊悔 àohuǐ
懊恼 àonǎo
懊丧 àosàng

拗口 àokǒu

B

八卦 bāguà
八仙桌 bāxiānzhuō
巴 bā
巴豆 bādòu
芭蕉 bājiāo
芭蕾舞 bālěiwǔ
疤 bā
疤痕 bāhén
拔 bá
拔高 bágāo
跋涉 báshè
把柄 bǎbǐng
把持 bǎchí
把握 bǎwò
把戏 bǎxì
靶 bǎ
靶场 bǎchǎng
坝 bà
爸 bà
罢 bà
罢工 bàgōng
罢官 bàguān

罢免 bàmiǎn
罢休 bàxiū
霸 bà
霸道 bàdào
霸主 bàzhǔ

白 bái
白菜 báicài
白痴 báichī
白话文 báihuàwén
白面 báimiàn
白描 báimiáo
白日 báirì
白色 báisè
白糖 báitáng
白眼 báiyǎn
百般 bǎibān
百分比 bǎifēnbǐ
百合 bǎihé
百花齐放 bǎihuā qífàng
百货 bǎihuò
百家争鸣 bǎijiā zhēngmíng
百科全书 bǎikē quánshū
柏树 bǎishù
柏油 bǎiyóu

摆 bǎi
摆动 bǎidòng
摆渡 bǎidù
摆弄 bǎinòng
摆脱 bǎituō
败 bài
败北 bàiběi
败笔 bàibǐ
败类 bàilèi
败落 bàiluò
败诉 bàisù
败兴 bàixìng
拜 bài
拜访 bàifǎng
拜会 bàihuì
拜师 bàishī
拜托 bàituō

班 bān
班级 bānjí
班主任 bānzhǔrèn
般 bān
般配 bānpèi
颁布 bānbù
颁发 bānfā

斑 bān
斑白 bānbái
斑点 bāndiǎn
搬 bān
搬兵 bānbīng
搬家 bānjiā
搬弄 bānnòng
搬用 bānyòng
搬运 bānyùn
板 bǎn
板凳 bǎndèng
板栗 bǎnlì
板书 bǎnshū
板眼 bǎnyǎn
版 bǎn
版画 bǎnhuà
版图 bǎntú
办 bàn
办法 bànfǎ
办公 bàngōng
办公室 bàngōngshì
办理 bànlǐ
半 bàn
半成品 bànchéngpǐn
半导体 bàndǎotǐ

半岛 bàndǎo
半径 bànjìng
半圆 bànyuán
伴 bàn
伴唱 bànchàng
伴侣 bànlǚ
伴随 bànsuí
伴奏 bànzòu
扮 bàn
扮相 bànxiàng
扮演 bànyǎn
拌 bàn
拌嘴 bànzuǐ

邦交 bāngjiāo
帮 bāng
帮工 bānggōng
帮会 bānghuì
帮忙 bāngmáng
帮腔 bāngqiāng
绑架 bǎngjià
绑票 bǎngpiào
榜 bǎng
榜样 bǎngyàng
傍 bàng

傍晚 bàngwǎn
棒 bàng
棒球 bàngqiú

包 bāo
包办 bāobàn
包庇 bāobì
包裹 bāoguǒ
包涵 bāo·hán
包罗万象 bāoluó wànxiàng
包围 bāowéi
包扎 bāozā
包装 bāozhuāng
苞 bāo
胞 bāo
褒贬 bāobiǎn
褒奖 bāojiǎng
雹 báo
宝 bǎo
宝贝 bǎobèi
宝藏 bǎozàng
宝石 bǎoshí
宝塔 bǎotǎ
饱 bǎo
饱和 bǎohé
饱满 bǎomǎn

保 bǎo
保安 bǎo'ān
保持 bǎochí
保存 bǎocún
保管 bǎoguǎn
保护色 bǎohùsè
保健 bǎojiàn
保卫 bǎowèi
保险 bǎoxiǎn
保险丝 bǎoxiǎnsī
保证金 bǎozhèngjīn
保证人 bǎozhèngrén
报 bào
报案 bào'àn
报仇 bàochóu
报答 bàodá
报废 bàofèi
报复 bào·fù
报警 bàojǐng
报刊 bàokān
报考 bàokǎo
报名 bàomíng
报社 bàoshè
报效 bàoxiào
报纸 bàozhǐ

抱 bào
抱不平 bàobùpíng
抱负 bàofù
抱歉 bàoqiàn
抱怨 bàoyuàn
豹 bào
暴病 bàobìng
暴动 bàodòng
暴发 bàofā
暴风雪 bàofēngxuě
暴风雨 bàofēngyǔ
暴露 bàolù
暴行 bàoxíng
暴雨 bàoyǔ
暴躁 bàozào
曝光 bàoguāng
爆 bào
爆破 bàopò
爆炸 bàozhà
爆竹 bàozhú

杯 bēi
卑鄙 bēibǐ
卑贱 bēijiàn
背包 bēibāo

悲 bēi
悲哀 bēi'āi
悲惨 bēicǎn
悲观 bēiguān
悲壮 bēizhuàng
碑 bēi
北 běi
北半球 běibànqiú
北极星 běijíxīng
贝 bèi
备 bèi
备案 bèi'àn
备份 bèifèn
备课 bèikè
备注 bèizhù
背道而驰 bèidào'érchí
背景 bèijǐng
背叛 bèipàn
背诵 bèisòng
钡 bèi
倍 bèi
被 bèi
被动 bèidòng
被告 bèigào
辈 bèi

奔波 bēnbō
奔驰 bēnchí
奔放 bēnfàng
奔忙 bēnmáng
奔跑 bēnpǎo
奔涌 bēnyǒng
奔走 bēnzǒu
贲门 bēnmén
本 běn
本分 běnfèn
本位 běnwèi
本职 běnzhí
本质 běnzhì
苯 běn
笨 bèn
笨重 bènzhòng
笨拙 bènzhuō

崩 bēng
崩溃 bēngkuì
崩裂 bēngliè
崩塌 bēngtā
绷带 bēngdài
绷脸 běngliǎn

泵 bèng
迸 bèng
蹦 bèng
蹦床 bèngchuáng
蹦极 bèngjí

逼 bī
逼供 bīgòng
逼迫 bīpò
逼真 bīzhēn
鼻 bí
鼻音 bíyīn
鼻祖 bízǔ
匕首 bǐshǒu
比 bǐ
比较 bǐjiào
比例尺 bǐlìchǐ
比拟 bǐnǐ
比赛 bǐsài
比喻 bǐyù
彼 bǐ
彼岸 bǐ'àn
彼此 bǐcǐ
笔 bǐ
笔法 bǐfǎ

笔画 bǐhuà
笔记 bǐjì
笔尖 bǐjiān
笔录 bǐlù
笔顺 bǐshùn
笔者 bǐzhě
鄙 bǐ
鄙薄 bǐbó
鄙视 bǐshì
币 bì
必 bì
必定 bìdìng
必然性 bìránxìng
必须 bìxū
必需品 bìxūpǐn
必要 bìyào
毕业 bìyè
闭 bì
闭幕 bìmù
闭塞 bìsè
庇护 bìhù
毙 bì
弊病 bìbìng
弊端 bìduān
碧波 bìbō

碧绿 bìlǜ
蔽 bì
壁 bì
壁橱 bìchú
壁纸 bìzhǐ
避 bì
避雷针 bìléizhēn
避难 bìnàn
避暑 bìshǔ

边 biān
边防 biānfáng
边卡 biānqiǎ
边缘 biānyuán
编 biān
编导 biāndǎo
编辑 biānjí
编校 biānjiào
编写 biānxiě
编纂 biānzuǎn
鞭 biān
鞭策 biāncè
鞭炮 biānpào
贬 biǎn
贬低 biǎndī

贬值 biǎnzhí
匾 biǎn
便道 biàndào
便服 biànfú
便函 biànhán
变革 biàngé
变更 biàngēng
变化 biànhuà
变幻 biànhuàn
变量 biànliàng
变迁 biànqiān
变压器 biànyāqì
变质 biànzhì
遍 biàn
辨 biàn
辨别 biànbié
辨认 biànrèn
辩 biàn
辩驳 biànbó
辩护人 biànhùrén
辩论 biànlùn
辩证 biànzhèng
辩证法 biànzhèngfǎ
辫 biàn

标 biāo
标点 biāodiǎn
标记 biāojì
标题 biāotí
标新立异 biāoxīn lìyì
标语 biāoyǔ
标志 biāozhì
标准 biāozhǔn
标准化 biāozhǔnhuà
膘 biāo
表 biǎo
表达 biǎodá
表明 biǎomíng
表皮 biǎopí
表示 biǎoshì
表现 biǎoxiàn
表演 biǎoyǎn
表扬 biǎoyáng
表彰 biǎozhāng

憋 biē
鳖 biē
别称 biéchēng
别出心裁 biéchū xīncái
别具一格 biéjù yīgé

别开生面 biékāi shēngmiàn
别人 bié·rén
别墅 biéshù
别有用心 biéyǒu yòngxīn
别字 biézì

宾 bīn
宾馆 bīnguǎn
宾客 bīnkè
宾朋 bīnpéng
宾主 bīnzhǔ
滨 bīn
濒临 bīnlín
濒于 bīnyú
鬓 bìn
鬓发 bìnfà

冰 bīng
冰雹 bīngbáo
冰川 bīngchuān
冰毒 bīngdú
冰糖 bīngtáng
冰天雪地 bīngtiān xuědì
冰箱 bīngxiāng
兵 bīng
丙 bǐng

柄 bǐng
饼 bǐng
禀 bǐng
并 bìng
并存 bìngcún
并且 bìngqiě
并用 bìngyòng
病 bìng
病变 bìngbiàn
病床 bìngchuáng
病毒 bìngdú
病菌 bìngjūn
病人 bìngrén
病榻 bìngtà
病态 bìngtài
病原体 bìngyuántǐ

拨 bō
拨款 bōkuǎn
拨弄 bō·nòng
波 bō
波长 bōcháng
波动 bōdòng
波段 bōduàn
波峰 bōfēng

波谷 bōgǔ
波及 bōjí
波浪 bōlàng
波涛 bōtāo
波纹 bōwén
剥夺 bōduó
剥削 bōxuē
菠 bō
菠菜 bōcài
播 bō
播放 bōfàng
播音 bōyīn
伯母 bómǔ
脖 bó
驳 bó
帛 bó
铂 bó
博 bó
博爱 bó'ài
博彩 bócǎi
博大 bódà
博导 bódǎo
博得 bódé
博览会 bólǎnhuì

博物馆 bówùguǎn
搏斗 bódòu
搏击 bójī
箔 bó
膊 bó
薄弱 bóruò

补 bǔ
补偿 bǔcháng
补充 bǔchōng
补给 bǔjǐ
补助 bǔzhù
哺乳 bǔrǔ
哺育 bǔyù
捕 bǔ
捕获 bǔhuò
捕捞 bǔlāo
捕捉 bǔzhuō
不安 bù'ān
不便 bùbiàn
不得了 bùdéliǎo
不得已 bùdéyǐ
不动产 bùdòngchǎn
不动声色 bùdòng shēngsè
不对 bùduì

不妨 bùfáng
不敢当 bùgǎndāng
不讳 bùhuì
不惑 bùhuò
不计其数 bùjì qíshù
不仅 bùjǐn
不胫而走 bùjìng'érzǒu
不可思议 bùkě sīyì
不愧 bùkuì
不良 bùliáng
不然 bùrán
不速之客 bùsùzhīkè
不像话 bùxiànghuà
不行 bùxíng
不锈钢 bùxiùgāng
不言而喻 bùyán'éryù
不要 bùyào
不以为然 bùyǐwéirán
不约而同 bùyuē'értóng
不足 bùzú
布告 bùgào
布景 bùjǐng
步 bù
步伐 bùfá
步骤 bùzhòu

部 bù
部队 bùduì
部署 bùshǔ
部位 bùwèi

C

擦 cā
擦拭 cāshì
擦洗 cāxǐ
猜 cāi
猜测 cāicè
猜想 cāixiǎng
才 cái
才干 cáigàn
才能 cáinéng
才学 cáixué
材 cái
材料 cáiliào
财 cái
财产 cáichǎn
财富 cáifù
财会 cáikuài
财经 cáijīng
财务 cáiwù

财政 cáizhèng
裁 cái
裁定 cáidìng
裁剪 cáijiǎn
裁判 cáipàn
采纳 cǎinà
采取 cǎiqǔ
采用 cǎiyòng
彩 cǎi
彩电 cǎidiàn
彩券 cǎiquàn
彩色 cǎisè
踩 cǎi
菜 cài
菜单 càidān
菜农 càinóng
菜系 càixì
蔡 cài

参观 cānguān
参加 cānjiā
参军 cānjūn
参考 cānkǎo
参议院 cānyìyuàn
参与 cānyù

参照 cānzhào
餐 cān
餐具 cānjù
餐厅 cāntīng
残 cán
残暴 cánbào
残酷 cánkù
残忍 cánrěn
蚕 cán
惨 cǎn
惨重 cǎnzhòng
灿烂 cànlàn

仓 cāng
仓促 cāngcù
仓库 cāngkù
沧桑 cāngsāng
苍 cāng
苍白 cāngbái
苍劲 cāngjìng
苍老 cānglǎo
苍茫 cāngmáng
苍穹 cāngqióng
舱 cāng

操办 cāobàn
操场 cāochǎng
操心 cāoxīn
操纵 cāozòng
操作 cāozuò
曹 cáo
嘈杂 cáozá
槽 cáo
草 cǎo
草案 cǎo'àn
草丛 cǎocóng
草地 cǎodì
草率 cǎoshuài
草皮 cǎopí
草原 cǎoyuán
草纸 cǎozhǐ

册 cè
侧 cè
侧面 cèmiàn
侧重 cèzhòng
测 cè
测定 cèdìng
测绘 cèhuì
测量 cèliáng

测试 cèshì
测验 cèyàn
策 cè
策划 cèhuà
策略 cèlüè
策应 cèyìng

参差 cēncī

层 céng
层出不穷 céngchū bùqióng
层次 céngcì
层面 céngmiàn
曾经 céngjīng
蹭 cèng

差别 chābié
差错 chācuò
差额 chā'é
差距 chājù
差异 chāyì
插 chā
插话 chāhuà
插曲 chāqǔ
查办 chábàn

查处 cháchǔ
查获 cháhuò
查看 chákàn
茬 chá
茶 chá
茶具 chájù
茶水 cháshuǐ
茶叶 cháyè
察 chá
察觉 chájué
岔 chà
岔路 chàlù
差劲 chàjìn

拆 chāi
拆穿 chāichuān
拆借 chāijiè
拆卸 chāixiè
柴 chái
柴草 cháicǎo
柴油 cháiyóu
豺狼 cháiláng

搀扶 chānfú
谗 chán

谗言 chányán
缠 chán
缠绕 chánrào
产 chǎn
产量 chǎnliàng
产品 chǎnpǐn
产权 chǎnquán
产生 chǎnshēng
产销 chǎnxiāo
铲 chǎn
阐明 chǎnmíng
阐述 chǎnshù
忏悔 chànhuǐ
颤动 chàndòng
颤抖 chàndǒu

昌 chāng
昌盛 chāngshèng
猖狂 chāngkuáng
长臂猿 chángbìyuán
长城 Chángchéng
长度 chángdù
长方形 chángfāngxíng
长颈鹿 chángjǐnglù

长久 chángjiǔ
长征 chángzhēng
肠 cháng
尝 cháng
尝试 chángshì
偿 cháng
偿还 chánghuán
偿命 chángmìng
常 cháng
常备 chángbèi
常规 chángguī
常例 chánglì
常言 chángyán
厂 chǎng
厂房 chǎngfáng
厂家 chǎngjiā
厂商 chǎngshāng
场地 chǎngdì
场景 chǎngjǐng
场面 chǎngmiàn
场所 chǎngsuǒ
敞 chǎng
敞开 chǎngkāi
畅所欲言 chàngsuǒyùyán
畅通 chàngtōng

畅想 chàngxiǎng
畅饮 chàngyǐn
畅游 chàngyóu
倡议 chàngyì
唱 chàng
唱腔 chàngqiāng
唱戏 chàngxì

抄 chāo
抄袭 chāoxí
抄写 chāoxiě
钞 chāo
钞票 chāopiào
超 chāo
超标 chāobiāo
超车 chāochē
超额 chāo'é
超过 chāoguò
超声波 chāoshēngbō
超脱 chāotuō
超越 chāoyuè
巢 cháo
朝代 cháodài
朝向 cháoxiàng
嘲笑 cháoxiào

潮 cháo
吵 chǎo
吵架 chǎojià
吵嘴 chǎozuǐ
炒 chǎo
炒股 chǎogǔ
炒作 chǎozuò

车床 chēchuáng
车次 chēcì
车厢 chēxiāng
车站 chēzhàn
扯 chě
扯谎 chěhuǎng
扯皮 chěpí
彻 chè
彻底 chèdǐ
彻夜 chèyè
撤 chè
撤退 chètuì
撤销 chèxiāo
撤职 chèzhí
撤资 chèzī
澈 chè

抻 chēn
尘 chén
尘土 chéntǔ
尘雾 chénwù
臣 chén
沉 chén
沉淀 chéndiàn
沉浮 chénfú
沉积 chénjī
沉浸 chénjìn
沉静 chénjìng
沉没 chénmò
沉闷 chénmèn
沉稳 chénwěn
沉重 chénzhòng
沉着 chénzhuó
辰 chén
陈 chén
陈诉 chénsù
晨 chén
衬衫 chènshān
称职 chènzhí
趁 chèn

撑 chēng

撑腰 chēngyāo
成 chéng
成败 chéngbài
成本 chéngběn
成长 chéngzhǎng
成虫 chéngchóng
成分 chéngfèn
成功 chénggōng
成果 chéngguǒ
成绩 chéngjì
成就 chéngjiù
成名 chéngmíng
成年 chéngnián
成品 chéngpǐn
成全 chéngquán
成人 chéngrén
成熟 chéngshú
成为 chéngwéi
成药 chéngyào
成语 chéngyǔ
呈 chéng
呈报 chéngbào
呈现 chéngxiàn
承 chéng
承办 chéngbàn

承包 chéngbāo
承当 chéngdāng
承认 chéngrèn
承受 chéngshòu
诚 chéng
诚恳 chéngkěn
诚然 chéngrán
诚挚 chéngzhì
城 chéng
乘机 chéngjī
乘客 chéngkè
乘务员 chéngwùyuán
乘坐 chéngzuò
惩 chéng
惩办 chéngbàn
惩罚 chéngfá
惩治 chéngzhì
程 chéng
程度 chéngdù
程控 chéngkòng
程序 chéngxù
澄清 chéngqīng
橙 chéng
逞能 chěngnéng
逞强 chěngqiáng

吃 chī
吃惊 chījīng
吃苦 chīkǔ
痴迷 chīmí
痴情 chīqíng
池 chí
池塘 chítáng
驰 chí
迟 chí
迟到 chídào
迟缓 chíhuǎn
迟疑 chíyí
迟早 chízǎo
持 chí
持久 chíjiǔ
持续 chíxù
持之以恒 chízhīyǐhéng
持重 chízhòng
尺 chǐ
尺度 chǐdù
齿 chǐ
齿轮 chǐlún
耻辱 chǐrǔ
斥责 chìzé

赤 chì
赤潮 chìcháo
赤诚 chìchéng
赤道 chìdào
赤手空拳 chìshǒu kōngquán
翅 chì
翅膀 chìbǎng
充 chōng
充当 chōngdāng
充分 chōngfèn
冲动 chōngdòng
冲锋 chōngfēng
冲刷 chōngshuā
冲洗 chōngxǐ
冲撞 chōngzhuàng
春 chōng
虫 chóng
重叠 chóngdié
重复 chóngfù
崇拜 chóngbài
崇高 chónggāo
崇敬 chóngjìng
宠 chǒng
宠物 chǒngwù

冲压 chòngyā

抽 chōu
抽查 chōuchá
抽奖 chōujiǎng
抽象 chōuxiàng
仇恨 chóuhèn
仇视 chóushì
绸 chóu
绸缎 chóuduàn
愁 chóu
筹 chóu
筹备 chóubèi
筹划 chóuhuà
筹建 chóujiàn
酬金 chóujīn
酬劳 chóuláo
酬谢 chóuxiè
丑 chǒu
丑恶 chǒu'è
丑化 chǒuhuà
丑闻 chǒuwén

出 chū
出版 chūbǎn

出差 chūchāi
出发 chūfā
出发点 chūfādiǎn
出击 chūjī
出类拔萃 chūlèi bácuì
出路 chūlù
出品 chūpǐn
出其不意 chūqíbùyì
出人意料 chūrényìliào
出色 chūsè
出神 chūshén
出征 chūzhēng
出租 chūzū
初 chū
初步 chūbù
初创 chūchuàng
初级 chūjí
初期 chūqī
初衷 chūzhōng
除 chú
除非 chúfēi
除夕 chúxī
厨房 chúfáng
厨具 chújù
厨师 chúshī

雏 chú
储 chǔ
储备 chǔbèi
储藏 chǔcáng
储存 chǔcún
储蓄 chǔxù
楚 chǔ
处罚 chǔfá
处方 chǔfāng
处分 chǔfèn
处境 chǔjìng
处理 chǔlǐ
处世 chǔshì
处于 chǔyú
处置 chǔzhì
处所 chùsuǒ
触 chù
触动 chùdòng
触犯 chùfàn
触角 chùjiǎo
触摸 chùmō
触目惊心 chùmù jīngxīn

揣测 chuǎicè
揣度 chuǎiduó

踹 chuài

川 chuān
川流不息 chuānliú bùxī
穿 chuān
穿插 chuānchā
穿戴 chuāndài
穿山甲 chuānshānjiǎ
传单 chuándān
传导 chuándǎo
传递 chuándì
传教士 chuánjiàoshì
传奇 chuánqí
传染 chuánrǎn
传染病 chuánrǎnbìng
传说 chuánshuō
传统 chuántǒng
船 chuán
船台 chuántái
喘 chuǎn
喘气 chuǎnqì
喘息 chuǎnxī
串 chuàn
串联 chuànlián
串通 chuàntōng

疮 chuāng
疮疤 chuāngbā
创伤 chuāngshāng
创痛 chuāngtòng
窗 chuāng
窗口 chuāngkǒu
窗纱 chuāngshā
床 chuáng
床铺 chuángpù
床位 chuángwèi
闯 chuǎng
闯荡 chuǎngdàng
闯祸 chuǎnghuò
创办 chuàngbàn
创见 chuàngjiàn
创举 chuàngjǔ
创立 chuànglì
创业 chuàngyè
创造 chuàngzào
创造性 chuàngzàoxìng
创作 chuàngzuò

吹 chuī
吹风 chuīfēng
吹牛 chuīniú
吹捧 chuīpěng
吹奏 chuīzòu
垂 chuí
垂范 chuífàn
垂柳 chuíliǔ
垂死 chuísǐ
垂危 chuíwēi
垂直 chuízhí
捶 chuí
锤炼 chuíliàn

春 chūn
春风 chūnfēng
春光 chūnguāng
春色 chūnsè
春天 chūntiān
春游 chūnyóu
纯 chún
纯粹 chúncuì
纯度 chúndù
纯洁 chúnjié
纯真 chúnzhēn
纯正 chúnzhèng
唇 chún

淳厚 chúnhòu
淳朴 chúnpǔ
醇 chún
蠢 chǔn
蠢笨 chǔnbèn

戳 chuō
戳穿 chuōchuān
绰号 chuòhào
辍学 chuòxué

词 cí
词典 cídiǎn
词汇 cíhuì
慈 cí
慈悲 cíbēi
慈善 císhàn
辞 cí
辞别 cíbié
辞退 cítuì
辞职 cízhí
磁 cí
磁场 cíchǎng
磁带 cídài
磁盘 cípán

此 cǐ
此后 cǐhòu
此刻 cǐkè
此起彼伏 cǐqǐbǐfú
此外 cǐwài
次 cì
次品 cìpǐn
次日 cìrì
次序 cìxù
次要 cìyào
刺 cì
刺耳 cì'ěr
刺激 cìjī
刺客 cìkè
刺探 cìtàn
刺绣 cìxiù
赐 cì
赐教 cìjiào

匆 cōng
匆忙 cōngmáng
葱 cōng
葱绿 cōnglǜ
聪慧 cōnghuì
聪明 cōng·míng

聪颖 cōngyǐng
从 cóng
从此 cóngcǐ
从而 cóng'ér
从军 cóngjūn
从来 cónglái
从前 cóngqián
从容 cóngróng
从小 cóngxiǎo
从新 cóngxīn
从业 cóngyè
从众 cóngzhòng
从属 cóngshǔ
丛 cóng
丛林 cónglín
丛书 cóngshū

凑 còu
凑近 còujìn
凑巧 còuqiǎo

粗 cū
粗暴 cūbào
粗糙 cūcāo
粗放 cūfàng

粗犷 cūguǎng
粗略 cūlüè
粗浅 cūqiǎn
粗心 cūxīn
粗野 cūyě
粗壮 cūzhuàng
促 cù
促进 cùjìn
促使 cùshǐ
促销 cùxiāo
猝死 cùsǐ
醋 cù
簇 cù
簇拥 cùyōng

蹿 cuān
蹿红 cuānhóng
蹿升 cuānshēng
窜 cuàn
篡夺 cuànduó
篡改 cuàngǎi
篡位 cuànwèi

崔 cuī
催 cuī

催促 cuīcù
催化 cuīhuà
催化剂 cuīhuàjì
催眠 cuīmián
摧 cuī
摧残 cuīcán
摧毁 cuīhuǐ
脆 cuì
脆弱 cuìruò
翠 cuì
翠绿 cuìlǜ

村 cūn
村落 cūnluò
村庄 cūnzhuāng
存 cún
存储 cúnchǔ
存档 cúndàng
存根 cúngēn
存款 cúnkuǎn
存盘 cúnpán
存亡 cúnwáng
存在 cúnzài
寸 cùn
寸土 cùntǔ

寸心 cùnxīn

搓 cuō
磋商 cuōshāng
蹉跎 cuōtuó
痤疮 cuóchuāng
挫败 cuòbài
挫伤 cuòshāng
挫折 cuòzhé
措辞 cuòcí
措施 cuòshī
错 cuò
错怪 cuòguài
错觉 cuòjué
错乱 cuòluàn
错误 cuòwù
错综复杂 cuòzōng fùzá

D

搭 dā
搭档 dādàng
搭救 dājiù
搭配 dāpèi
搭讪 dā·shàn
达 dá

答案 dá'àn
答辩 dábiàn
答谢 dáxiè
打靶 dǎbǎ
打岔 dǎchà
打倒 dǎdǎo
打动 dǎdòng
打赌 dǎdǔ
打工 dǎgōng
打火机 dǎhuǒjī
打击 dǎjī
打劫 dǎjié
打卡 dǎkǎ
打扫 dǎsǎo
打字 dǎzì
大本营 dàběnyíng
大胆 dàdǎn
大度 dàdù
大多 dàduō
大多数 dàduōshù
大方 dàfāng
大方 dà·fang
大概 dàgài
大纲 dàgāng
大公无私 dàgōng wúsī
大褂 dàguà

大会 dàhuì
大计 dàjì
大惊小怪 dàjīng xiǎoguài
大局 dàjú
大理石 dàlǐshí
大量 dàliàng
大陆 dàlù
大脑 dànǎo
大娘 dàniáng
大气层 dàqìcéng
大气压 dàqìyā
大人物 dàrénwù
大体 dàtǐ
大同小异 dàtóng xiǎoyì
大显身手 dàxiǎn shēnshǒu
大相径庭 dàxiāng jìngtíng
大选 dàxuǎn
大学 dàxué
大学生 dàxuéshēng
大业 dàyè
大意 dàyì
大意 dà·yi
大约 dàyuē
大战 dàzhàn
大自然 dàzìrán
大作 dàzuò

呆 dāi
呆板 dāibǎn
呆滞 dāizhì
歹徒 dǎitú
代 dài
代办 dàibàn
代理 dàilǐ
代理人 dàilǐrén
代替 dàitì
带 dài
带动 dàidòng
待业 dàiyè
待遇 dàiyù
贷 dài
贷款 dàikuǎn
袋 dài
逮捕 dàibǔ
戴 dài

丹 dān
丹顶鹤 dāndǐnghè
单纯 dānchún
单词 dāncí
单元 dānyuán

担保 dānbǎo
担待 dāndài
担当 dāndāng
担忧 dānyōu
胆 dǎn
胆固醇 dǎngùchún
胆量 dǎnliàng
胆识 dǎnshí
胆小鬼 dǎnxiǎoguǐ
掸 dǎn
旦 dàn
但是 dànshì
诞辰 dànchén
诞生 dànshēng
弹弓 dàngōng
弹丸 dànwán
弹药 dànyào
淡 dàn
淡泊 dànbó
淡薄 dànbó
淡漠 dànmò
淡水 dànshuǐ
淡忘 dànwàng
淡雅 dànyǎ
蛋 dàn

蛋白 dànbái
蛋白质 dànbáizhì
蛋糕 dàngāo
氮 dàn
氮肥 dànféi
氮气 dànqì

当场 dāngchǎng
当初 dāngchū
当红 dānghóng
当即 dāngjí
当局 dāngjú
当年 dāngnián
当前 dāngqián
当然 dāngrán
当事人 dāngshìrén
当心 dāngxīn
当中 dāngzhōng
挡驾 dǎngjià
党 dǎng
党费 dǎngfèi
党纲 dǎnggāng
党委 dǎngwěi
党性 dǎngxìng
当天 dàngtiān

当真 dàngzhēn
当作 dàngzuò
荡 dàng
荡漾 dàngyàng
档 dàng
档案 dàng'àn
档次 dàngcì
档期 dàngqī

刀 dāo
刀具 dāojù
刀枪 dāoqiāng
导 dǎo
导播 dǎobō
导弹 dǎodàn
导演 dǎoyǎn
导游 dǎoyóu
岛 dǎo
倒闭 dǎobì
倒卖 dǎomài
倒霉 dǎoméi
倒塌 dǎotā
捣鬼 dǎoguǐ
捣毁 dǎohuǐ
捣乱 dǎoluàn

祷告 dǎogào
到 dào
到位 dàowèi
倒挂 dàoguà
倒立 dàolì
悼念 dàoniàn
盗 dào
盗版 dàobǎn
盗窃 dàoqiè
盗贼 dàozéi
道 dào
道别 dàobié
道德 dàodé
道歉 dàoqiàn
道谢 dàoxiè
稻 dào
稻草 dàocǎo
稻谷 dàogǔ

得逞 déchěng
得当 dédàng
得失 déshī
得体 détǐ
得天独厚 détiān dúhòu
得心应手 déxīn yìngshǒu

得意 déyì
得罪 dézuì
德 dé
德育 déyù

灯 dēng
灯光 dēngguāng
灯塔 dēngtǎ
登 dēng
登场 dēngchǎng
登载 dēngzǎi
蹬 dēng
等 děng
等待 děngdài
等候 děnghòu
等于 děngyú
邓 dèng
凳 dèng
瞪眼 dèngyǎn

低 dī
低潮 dīcháo
低沉 dīchén
低劣 dīliè
低能 dīnéng

低洼 dīwā
低下 dīxià
堤 dī
堤岸 dī'àn
堤坝 dībà
堤防 dīfáng
滴 dī
滴定 dīdìng
的确 díquè
敌 dí
敌对 díduì
敌寇 díkòu
敌意 díyì
涤荡 dídàng
嫡 dí
嫡传 díchuán
嫡系 díxì
诋毁 dǐhuǐ
底 dǐ
底版 dǐbǎn
底层 dǐcéng
底价 dǐjià
底牌 dǐpái
抵 dǐ
抵偿 dǐcháng
抵达 dǐdá

抵押 dǐyā
抵制 dǐzhì
地 dì
地板 dìbǎn
地步 dìbù
地层 dìcéng
地带 dìdài
地道 dìdào
地道 dì·dao
地点 dìdiǎn
地方 dìfāng
地方 dì·fang
地基 dìjī
地界 dìjiè
地平线 dìpíngxiàn
地球 dìqiú
地区 dìqū
地税 dìshuì
地位 dìwèi
地下室 dìxiàshì
地下水 dìxiàshuǐ
地域 dìyù
地震 dìzhèn
地址 dìzhǐ
帝 dì
帝国 dìguó

帝王 dìwáng
递 dì
递补 dìbǔ
递交 dìjiāo
递增 dìzēng
第 dì
缔 dì
缔交 dìjiāo
缔约 dìyuē
缔造 dìzào

掂 diān
滇 diān
颠 diān
颠簸 diānbǒ
颠倒 diāndǎo
颠覆 diānfù
巅 diān
典 diǎn
典当 diǎndàng
典范 diǎnfàn
典故 diǎngù
典礼 diǎnlǐ
典型 diǎnxíng

典雅 diǎnyǎ
点 diǎn
点播 diǎnbō
点滴 diǎndī
点名 diǎnmíng
碘 diǎn
电 diàn
电报 diànbào
电池 diànchí
电磁波 diàncíbō
电磁场 diàncíchǎng
电灯 diàndēng
电焊 diànhàn
电话 diànhuà
电汇 diànhuì
电解质 diànjiězhì
电缆 diànlǎn
电力 diànlì
电流 diànliú
电路 diànlù
电脑 diànnǎo
电能 diànnéng
电气化 diànqìhuà
电器 diànqì
电视 diànshì

电视剧 diànshìjù
电视台 diànshìtái
电压 diànyā
电影院 diànyǐngyuàn
电子 diànzǐ
店 diàn
店员 diànyuán
垫 diàn
垫付 diànfù
玷污 diànwū
惦念 diànniàn
淀粉 diànfěn

刁 diāo
刁难 diāonàn
刁钻 diāozuān
叼 diāo
凋零 diāolíng
凋落 diāoluò
凋谢 diāoxiè
貂 diāo
碉堡 diāobǎo
雕 diāo
雕刻 diāokè
雕塑 diāosù

雕琢 diāozhuó
吊 diào
吊车 diàochē
吊灯 diàodēng
吊销 diàoxiāo
钓 diào
钓饵 diào'ěr
调研 diàoyán
掉 diào
掉队 diàoduì
掉换 diàohuàn
掉头 diàotóu
掉转 diàozhuǎn

爹 diē
跌 diē
跌宕 diēdàng
跌幅 diēfú
跌落 diēluò
迭 dié
迭出 diéchū
迭起 diéqǐ
叠 dié
叠韵 diéyùn
碟 dié

蝶 dié

叮 dīng
叮咛 dīngníng
叮嘱 dīngzhǔ
盯 dīng
顶 dǐng
顶点 dǐngdiǎn
顶峰 dǐngfēng
顶用 dǐngyòng
顶撞 dǐngzhuàng
鼎立 dǐnglì
订 dìng
订单 dìngdān
订正 dìngzhèng
定 dìng
定案 dìng'àn
定编 dìngbiān
定额 dìng'é
定居 dìngjū
定理 dìnglǐ
定量 dìngliàng
定律 dìnglǜ
定论 dìnglùn
定期 dìngqī

定向 dìngxiàng
定罪 dìngzuì
锭 dìng

丢 diū
丢丑 diūchǒu
丢掉 diūdiào
丢脸 diūliǎn
丢人 diūrén
丢失 diūshī

东 dōng
东道主 dōngdàozhǔ
东方 dōngfāng
东欧 dōng'ōu
冬 dōng
冬季 dōngjì
冬眠 dōngmián
冬天 dōngtiān
董 dǒng
董事 dǒngshì
董事会 dǒngshìhuì
懂 dǒng
动 dòng
动荡 dòngdàng

动感 dònggǎn
动画片 dònghuàpiàn
动机 dòngjī
动力 dònglì
动迁 dòngqiān
动摇 dòngyáo
动员 dòngyuán
动作 dòngzuò
冻 dòng
冻疮 dòngchuāng
冻结 dòngjié
冻伤 dòngshāng
恫吓 dònghè
栋 dòng
栋梁 dòngliáng
洞 dòng
洞察 dòngchá
洞悉 dòngxī
洞穴 dòngxué

兜 dōu
兜底 dōudǐ
兜风 dōufēng
兜售 dōushòu
斗胆 dǒudǎn

斗室 dǒushì
抖 dǒu
抖动 dǒudòng
抖擞 dǒusǒu
陡 dǒu
陡变 dǒubiàn
陡坡 dǒupō
陡峭 dǒuqiào
斗争 dòuzhēng
斗志 dòuzhì
豆 dòu
豆浆 dòujiāng
逗 dòu
逗留 dòuliú
窦 dòu

督办 dūbàn
督察 dūchá
督促 dūcù
督导 dūdǎo
督学 dūxué
读者 dúzhě
渎职 dúzhí
犊 dú
独 dú

独立 dúlì
独特 dútè
独一无二 dúyī wú'èr
独资 dúzī
笃爱 dǔ'ài
笃守 dǔshǒu
堵 dǔ
堵截 dǔjié
堵塞 dǔsè
赌 dǔ
赌博 dǔbó
赌气 dǔqì
睹 dǔ
杜 dù
杜绝 dùjué
杜撰 dùzhuàn
度假 dùjià
度日 dùrì
渡 dù
渡船 dùchuán
渡口 dùkǒu
镀金 dùjīn
蠹虫 dùchóng

端 duān

端详 duānxiáng
端正 duānzhèng
短 duǎn
短促 duǎncù
短见 duǎnjiàn
短期 duǎnqī
短缺 duǎnquē
短暂 duǎnzàn
段 duàn
断 duàn
断层 duàncéng
断代 duàndài
断定 duàndìng
断绝 duànjué
断送 duànsòng
断言 duànyán
缎 duàn
锻炼 duànliàn
锻压 duànyā
锻造 duànzào

堆 duī
堆放 duīfàng
堆积 duījī
队 duì

队列 duìliè
对 duì
对比 duìbǐ
对策 duìcè
对称 duìchèn
对抗 duìkàng
对面 duìmiàn
对偶 duì'ǒu
对象 duìxiàng
对应 duìyìng
对照 duìzhào
对质 duìzhì
兑 duì
兑奖 duìjiǎng
兑现 duìxiàn

吨 dūn
敦促 dūncù
敦厚 dūnhòu
墩 dūn
墩布 dūnbù
蹲 dūn
炖 dùn
盾 dùn
盾牌 dùnpái

顿 dùn
顿时 dùnshí
顿悟 dùnwù

多 duō
多边形 duōbiānxíng
多寡 duōguǎ
多亏 duōkuī
多谢 duōxiè
多心 duōxīn
多疑 duōyí
多余 duōyú
夺 duó
夺魁 duókuí
夺目 duómù
夺取 duóqǔ
踱 duó
踱步 duóbù
朵 duǒ
垛口 duǒkǒu
躲 duǒ
躲避 duǒbì
躲藏 duǒcáng
剁 duò
堕落 duòluò

舵 duò
舵手 duòshǒu
惰性 duòxìng
跺 duò
跺脚 duòjiǎo

E

阿谀 ēyú
讹传 échuán
讹诈 ézhà
俄 é
鹅 é
鹅卵石 éluǎnshí
额 é
额度 édù
额外 éwài
婀娜 ēnuó
厄运 èyùn
扼杀 èshā
扼制 èzhì
恶霸 èbà
恶毒 èdú
恶化 èhuà
恶劣 èliè
恶习 èxí

恶性 èxìng
恶意 èyì
恶仗 èzhàng
恶作剧 èzuòjù
饿 è
遏止 èzhǐ
遏制 èzhì

恩 ēn
恩赐 ēncì
恩典 ēndiǎn
恩惠 ēnhuì
恩情 ēnqíng
恩人 ēnrén
恩怨 ēnyuàn
摁 èn

儿 ér
儿女 érnǚ
儿童 értóng
儿戏 érxì
而 ér
而今 érjīn
而且 érqiě
而已 éryǐ

尔 ěr
耳 ěr
耳福 ěrfú
耳光 ěrguāng
耳鸣 ěrmíng
耳闻 ěrwén
耳语 ěryǔ
二 èr

F

发表 fābiǎo
发布 fābù
发达 fādá
发动 fādòng
发动机 fādòngjī
发火 fāhuǒ
发酵 fājiào
发觉 fājué
发狂 fākuáng
发愣 fālèng
发落 fāluò
发明 fāmíng
发票 fāpiào
发生 fāshēng
发誓 fāshì

发送 fāsòng
发送 fā·song
发行 fāxíng
发言 fāyán
发扬 fāyáng
发展 fāzhǎn
发作 fāzuò
乏 fá
乏力 fálì
乏味 fáwèi
伐 fá
罚 fá
罚款 fákuǎn
筏 fá
法 fǎ
法案 fǎ'àn
法宝 fǎbǎo
法定 fǎdìng
法网 fǎwǎng
法西斯 fǎxīsī
法院 fǎyuàn
法则 fǎzé
法制 fǎzhì

帆 fān
帆布 fānbù

帆船 fānchuán
番茄 fānqié
翻 fān
翻案 fān'àn
翻版 fānbǎn
翻译 fānyì
凡 fán
凡例 fánlì
凡是 fánshì
烦 fán
烦闷 fánmèn
烦恼 fánnǎo
烦琐 fánsuǒ
烦躁 fánzào
繁华 fánhuá
繁忙 fánmáng
繁荣 fánróng
繁体 fántǐ
繁衍 fányǎn
繁殖 fánzhí
繁重 fánzhòng
反 fǎn
反驳 fǎnbó
反常 fǎncháng
反而 fǎn'ér

反复 fǎnfù
反感 fǎngǎn
反馈 fǎnkuì
反省 fǎnxǐng
反思 fǎnsī
反问 fǎnwèn
反响 fǎnxiǎng
反义词 fǎnyìcí
反映 fǎnyìng
返 fǎn
返还 fǎnhuán
返回 fǎnhuí
返聘 fǎnpìn
犯 fàn
犯法 fànfǎ
犯规 fànguī
犯人 fànrén
犯罪 fànzuì
泛 fàn
泛滥 fànlàn
饭 fàn
饭店 fàndiàn
饭局 fànjú
饭庄 fànzhuāng
范 fàn

范畴 fànchóu
范例 fànlì
范围 fànwéi
贩 fàn
贩卖 fànmài
贩运 fànyùn

方 fāng
方案 fāng'àn
方便 fāngbiàn
方程 fāngchéng
方法 fāngfǎ
方法论 fāngfǎlùn
方略 fānglüè
方位 fāngwèi
方向 fāngxiàng
方向盘 fāngxiàngpán
方兴未艾 fāngxīng wèi'ài
方针 fāngzhēn
芳草 fāngcǎo
芳香 fāngxiāng
防 fáng
防备 fángbèi
防范 fángfàn
防汛 fángxùn
防御 fángyù
防止 fángzhǐ
妨碍 fáng'ài
房 fáng
房产 fángchǎn
房改 fánggǎi
房间 fángjiān
房屋 fángwū
仿 fǎng
仿佛 fǎngfú
仿效 fǎngxiào
仿照 fǎngzhào
访 fǎng
访谈 fǎngtán
访问 fǎngwèn
纺 fǎng
纺织 fǎngzhī
纺织品 fǎngzhīpǐn
放 fàng
放大 fàngdà
放大镜 fàngdàjìng
放风 fàngfēng
放假 fàngjià
放弃 fàngqì
放射 fàngshè

放射线 fàngshèxiàn
放射性 fàngshèxìng
放心 fàngxīn
放学 fàngxué

飞 fēi
飞船 fēichuán
飞碟 fēidié
飞机 fēijī
飞快 fēikuài
飞禽 fēiqín
飞舞 fēiwǔ
飞翔 fēixiáng
飞行 fēixíng
飞行器 fēixíngqì
飞行员 fēixíngyuán
飞跃 fēiyuè
非 fēi
非常 fēicháng
非法 fēifǎ
非同小可 fēitóng xiǎokě
菲薄 fěibó
肥 féi
肥料 féiliào
肥沃 féiwò

肥皂 féizào
匪 fěi
匪帮 fěibāng
匪徒 fěitú
诽谤 fěibàng
翡 fěi
翡翠 fěicuì
吠 fèi
废 fèi
废除 fèichú
废品 fèipǐn
废弃 fèiqì
废水 fèishuǐ
废墟 fèixū
沸腾 fèiténg
肺 fèi
肺腑 fèifǔ
肺活量 fèihuóliàng
肺结核 fèijiéhé
肺炎 fèiyán
费 fèi
费解 fèijiě
费力 fèilì
费心 fèixīn

分贝 fēnbèi
分辨 fēnbiàn
分别 fēnbié
分布 fēnbù
分成 fēnchéng
分工 fēngōng
分化 fēnhuà
分解 fēnjiě
分离 fēnlí
分裂 fēnliè
分泌 fēnmì
分明 fēnmíng
分配 fēnpèi
分歧 fēnqí
分散 fēnsàn
分水岭 fēnshuǐlǐng
分析 fēnxī
芬芳 fēnfāng
纷争 fēnzhēng
氛围 fēnwéi
酚 fēn
坟 fén
坟墓 fénmù
焚 fén
焚毁 fénhuǐ

焚烧 fénshāo
粉 fěn
粉笔 fěnbǐ
粉尘 fěnchén
粉饰 fěnshì
粉碎 fěnsuì
分外 fènwài
份 fèn
份额 fèn'é
奋 fèn
奋不顾身 fènbùgùshēn
奋斗 fèndòu
奋发 fènfā
奋进 fènjìn
奋勇 fènyǒng
愤恨 fènhèn
愤慨 fènkǎi
愤怒 fènnù
粪 fèn

丰 fēng
丰富 fēngfù
丰满 fēngmǎn
丰盛 fēngshèng
丰收 fēngshōu

丰硕 fēngshuò
风 fēng
风波 fēngbō
风采 fēngcǎi
风尘 fēngchén
风驰电掣 fēngchí diànchè
风范 fēngfàn
风格 fēnggé
风光 fēngguāng
风貌 fēngmào
风起云涌 fēngqǐ yúnyǒng
风气 fēngqì
风俗 fēngsú
风土 fēngtǔ
风险 fēngxiǎn
风雨 fēngyǔ
风云 fēngyún
枫 fēng
封 fēng
封闭 fēngbì
封建 fēngjiàn
封锁 fēngsuǒ
疯 fēng
疯狂 fēngkuáng
峰 fēng

峰会 fēnghuì
峰峦 fēngluán
烽火 fēnghuǒ
烽烟 fēngyān
锋 fēng
锋利 fēnglì
锋芒 fēngmáng
蜂 fēng
蜂巢 fēngcháo
蜂蜜 fēngmì
冯 féng
逢 féng
逢迎 féngyíng
缝补 féngbǔ
缝合 fénghé
讽 fěng
讽刺 fěngcì
凤 fèng
凤凰 fènghuáng
缝隙 fèngxì
奉 fèng
奉告 fènggào
奉陪 fèngpéi
奉献 fèngxiàn

佛 fó
佛典 fódiǎn
佛法 fófǎ
佛教 fójiào
佛经 fójīng
佛寺 fósì
佛像 fóxiàng
佛学 fóxué
佛祖 fózǔ

否定 fǒudìng
否决 fǒujué
否认 fǒurèn
否则 fǒuzé

夫 fū
夫妇 fūfù
夫妻 fūqī
肤浅 fūqiǎn
肤色 fūsè
孵 fū
敷 fū
伏 fú
扶 fú
扶持 fúchí

扶养 fúyǎng
扶助 fúzhù
芙蓉 fúróng
拂 fú
拂拭 fúshì
拂晓 fúxiǎo
服务员 fúwùyuán
服役 fúyì
俘获 fúhuò
俘虏 fúlǔ

氟 fú
浮 fú
浮动 fúdòng
浮华 fúhuá
浮夸 fúkuā
浮浅 fúqiǎn
浮现 fúxiàn
浮躁 fúzào
符合 fúhé
幅 fú
幅度 fúdù
幅员 fúyuán
福 fú
辐射 fúshè
辐条 fútiáo

抚摸 fǔmō
抚恤 fǔxù
抚养 fǔyǎng
抚育 fǔyù
甫 fǔ
府 fǔ
斧 fǔ
俯首 fǔshǒu
辅 fǔ
辅导 fǔdǎo
辅助 fǔzhù
腐 fǔ
腐败 fǔbài
腐烂 fǔlàn
腐蚀 fǔshí
腐朽 fǔxiǔ
付 fù
付出 fùchū
妇 fù
妇女 fùnǚ
妇幼 fùyòu
负 fù
负担 fùdān
负离子 fùlízǐ
负伤 fùshāng

负责 fùzé
附 fù
附和 fùhè
附会 fùhuì
附加 fùjiā
附近 fùjìn
附庸 fùyōng
附属 fùshǔ
复 fù
复辟 fùbì
复活 fùhuó
复述 fùshù
复习 fùxí
复杂 fùzá
复制 fùzhì
赴 fù
副食 fùshí
副业 fùyè
副作用 fùzuòyòng
富 fù
富强 fùqiáng
富翁 fùwēng
富有 fùyǒu
富裕 fùyù
赋 fù

赋予 fùyǔ
腹 fù
覆盖 fùgài
覆没 fùmò
覆灭 fùmiè

G

该 gāi
改 gǎi
改变 gǎibiàn
改良 gǎiliáng
改善 gǎishàn
改写 gǎixiě
改造 gǎizào
改正 gǎizhèng
钙 gài
概 gài
概括 gàikuò
概率 gàilǜ
概念 gàiniàn

干杯 gānbēi
干脆 gāncuì
干戈 gāngē
干净 gānjìng

干涉 gānshè
干预 gānyù
干燥 gānzào
甘 gān
甘泉 gānquán
甘心 gānxīn
肝 gān
柑 gān
竿 gān
尴尬 gāngà
秆 gǎn
赶 gǎn
赶紧 gǎnjǐn
赶快 gǎnkuài
赶忙 gǎnmáng
敢 gǎn
敢于 gǎnyú
感 gǎn
感触 gǎnchù
感动 gǎndòng
感激 gǎnjī
感觉 gǎnjué
感慨 gǎnkǎi
感情 gǎnqíng

感染 gǎnrǎn
感伤 gǎnshāng
感受 gǎnshòu
感想 gǎnxiǎng
感谢 gǎnxiè
干部 gànbù
干练 gànliàn
赣 gàn

刚 gāng
刚才 gāngcái
刚劲 gāngjìng
刚直 gāngzhí
纲 gāng
纲领 gānglǐng
纲要 gāngyào
缸 gāng
钢笔 gāngbǐ
钢琴 gāngqín
钢铁 gāngtiě
岗哨 gǎngshào
岗位 gǎngwèi
港 gǎng
港口 gǎngkǒu
港湾 gǎngwān

杠 gàng

羔 gāo
高 gāo
高昂 gāo'áng
高傲 gāo'ào
高潮 gāocháo
高度 gāodù
高明 gāomíng
高尚 gāoshàng
高兴 gāoxìng
高血压 gāoxuèyā
高原 gāoyuán
高涨 gāozhǎng
高中 gāozhōng
篙 gāo
糕点 gāodiǎn
搞 gǎo
搞鬼 gǎoguǐ
搞活 gǎohuó
稿 gǎo
稿件 gǎojiàn
告别 gàobié
告辞 gàocí
告捷 gàojié

告诉 gàosù
告诉 gào·su
告终 gàozhōng
告状 gàozhuàng

戈 gē
戈壁 gēbì
鸽 gē
割 gē
割断 gēduàn
割舍 gēshě
搁浅 gēqiǎn
搁置 gēzhì
歌 gē
歌唱 gēchàng
歌带 gēdài
歌迷 gēmí
歌曲 gēqǔ
歌声 gēshēng
歌厅 gētīng
歌舞 gēwǔ
阁 gé
阁楼 gélóu
阁下 géxià
革除 géchú

革命 gémìng
革职 gézhí
格 gé
格斗 gédòu
格言 géyán
隔 gé
隔壁 gébì
隔阂 géhé
隔绝 géjué
隔离 gélí
个别 gèbié
个体 gètǐ
个性 gèxìng
各 gè
各别 gèbié
各自 gèzì

给以 gěiyǐ

根 gēn
根本 gēnběn
根底 gēndǐ
根据 gēnjù
根据地 gēnjùdì
根深蒂固 gēnshēn dìgù
根源 gēnyuán

跟 gēn
跟风 gēnfēng
跟随 gēnsuí
跟踪 gēnzōng

更迭 gēngdié
更改 gēnggǎi
更换 gēnghuàn
更新 gēngxīn
更正 gēngzhèng
耕 gēng
耕地 gēngdì
耕耘 gēngyún
耕种 gēngzhòng
耕作 gēngzuò
羹 gēng
哽咽 gěngyè
埂 gěng
耿 gěng
耿直 gěngzhí
梗 gěng
梗概 gěnggài
梗阻 gěngzǔ

工 gōng

工厂 gōngchǎng
工程 gōngchéng
工程师 gōngchéngshī
工会 gōnghuì
工具 gōngjù
工商业 gōngshāngyè
工薪 gōngxīn
工业 gōngyè
工业化 gōngyèhuà
工艺品 gōngyìpǐn
工整 gōngzhěng
工作 gōngzuò
工作日 gōngzuòrì
弓 gōng
公 gōng
公安 gōng'ān
公布 gōngbù
公道 gōngdào
公道 gōng·dao
公德 gōngdé
公告 gōnggào
公关 gōngguān
公积金 gōngjījīn
公开 gōngkāi
公路 gōnglù

公民 gōngmín
公示 gōngshì
公司 gōngsī
公务员 gōngwùyuán
公用 gōngyòng
公有制 gōngyǒuzhì
公寓 gōngyù
公正 gōngzhèng
功 gōng
功绩 gōngjì
功率 gōnglǜ
功能 gōngnéng
功用 gōngyòng
攻 gōng
攻击 gōngjī
攻克 gōngkè
供给 gōngjǐ
供求 gōngqiú
供应 gōngyìng
供品 gòngpǐn
供认 gòngrèn
供职 gòngzhí
宫 gōng
宫殿 gōngdiàn
宫女 gōngnǚ

恭贺 gōnghè
恭敬 gōngjìng
恭喜 gōngxǐ
龚 gōng
巩 gǒng
巩固 gǒnggù
拱 gǒng
拱桥 gǒngqiáo
拱手 gǒngshǒu
汞 gǒng
共 gòng
共产党 gòngchǎndǎng
共存 gòngcún
共和国 gònghéguó
共识 gòngshí
共同 gòngtóng
共性 gòngxìng
贡 gòng
贡献 gòngxiàn

勾兑 gōuduì
勾结 gōujié
勾引 gōuyǐn
沟 gōu
沟通 gōutōng

钩 gōu
狗 gǒu
苟且 gǒuqiě
苟同 gǒutóng
构 gòu
构成 gòuchéng
构想 gòuxiǎng
构造 gòuzào
购 gòu
购买 gòumǎi
购置 gòuzhì
够 gòu

估计 gūjì
估算 gūsuàn
姑且 gūqiě
姑息 gūxī
孤 gū
孤傲 gū'ào
孤立 gūlì
辜负 gūfù
古 gǔ
古板 gǔbǎn
古代 gǔdài
古朴 gǔpǔ

古文 gǔwén
谷 gǔ
股东 gǔdōng
股份 gǔfèn
股民 gǔmín
股指 gǔzhǐ
骨干 gǔgàn
骨骼 gǔgé
骨架 gǔjià
骨气 gǔqì
骨肉 gǔròu
骨髓 gǔsuǐ
蛊惑 gǔhuò
鼓 gǔ
鼓吹 gǔchuī
鼓动 gǔdòng
鼓励 gǔlì
鼓掌 gǔzhǎng
固 gù
固定 gùdìng
固然 gùrán
固体 gùtǐ
故 gù
故事 gùshì
故事 gù·shi
故土 gùtǔ

故乡 gùxiāng
故意 gùyì
顾 gù
顾客 gùkè
顾虑 gùlǜ
顾名思义 gùmíng sīyì
顾问 gùwèn
雇 gù
雇佣 gùyōng
雇用 gùyòng
雇员 gùyuán

瓜 guā
瓜分 guāfēn
瓜葛 guāgé
刮 guā
刮风 guāfēng
刮目 guāmù
寡 guǎ
寡言 guǎyán
卦 guà
挂 guà
挂钩 guàgōu
挂号 guàhào
挂靠 guàkào
挂念 guàniàn

挂帅 guàshuài
挂职 guàzhí

乖 guāi
乖巧 guāiqiǎo
拐 guǎi
拐卖 guǎimài
拐骗 guǎipiàn
怪 guài
怪诞 guàidàn
怪癖 guàipǐ
怪僻 guàipì
怪异 guàiyì
怪罪 guàizuì

关 guān
关闭 guānbì
关怀 guānhuái
关键 guānjiàn
关卡 guānqiǎ
关切 guānqiè
关系 guānxì
关系 guān·xi
关押 guānyā
关于 guānyú

关照 guānzhào
观察 guānchá
观点 guāndiǎn
观光 guānguāng
观念 guānniàn
观赏 guānshǎng
观望 guānwàng
观众 guānzhòng
官 guān
官倒 guāndǎo
官方 guānfāng
官僚 guānliáo
官商 guānshāng
官职 guānzhí
冠军 guànjūn
棺椁 guānguǒ
馆 guǎn
管 guǎn
管道 guǎndào
管理 guǎnlǐ
管辖 guǎnxiá
管弦乐 guǎnxiányuè
管制 guǎnzhì
惯 guàn
惯例 guànlì

惯性 guànxìng
灌 guàn
灌溉 guàngài
灌注 guànzhù
罐 guàn

光 guāng
光标 guāngbiāo
光彩 guāngcǎi
光景 guāngjǐng
光临 guānglín
光芒 guāngmáng
光明 guāngmíng
光盘 guāngpán
光驱 guāngqū
光荣 guāngróng
光泽 guāngzé
光照 guāngzhào
广 guǎng
广播 guǎngbō
广场 guǎngchǎng
广阔 guǎngkuò
犷悍 guǎnghàn
逛 guàng

归 guī
归来 guīlái
归纳 guīnà
归宿 guīsù
规 guī
规定 guīdìng
规范 guīfàn
规范化 guīfànhuà
规格 guīgé
规划 guīhuà
规律 guīlǜ
规模 guīmó
规则 guīzé
规章 guīzhāng
闺秀 guīxiù
硅 guī
瑰宝 guībǎo
轨 guǐ
轨道 guǐdào
轨迹 guǐjì
诡辩 guǐbiàn
诡计 guǐjì
鬼 guǐ
鬼脸 guǐliǎn
刽 guì

柜 guì
柜台 guìtái
柜员 guìyuán
贵 guì
贵宾 guìbīn
贵姓 guìxìng
贵重 guìzhòng
桂 guì
桂冠 guìguān
跪 guì

滚 gǔn
滚动 gǔndòng
棍 gùn
棍棒 gùnbàng

郭 guō
聒耳 guō'ěr
锅 guō
国 guó
国策 guócè
国法 guófǎ
国家 guójiā
国力 guólì
国民 guómín

国旗 guóqí
国情 guóqíng
国庆 guóqìng
国王 guówáng
国务院 guówùyuàn
国营 guóyíng
果 guǒ
果断 guǒduàn
果然 guǒrán
果实 guǒshí
果真 guǒzhēn
裹 guǒ
过程 guòchéng
过渡 guòdù
过分 guòfèn
过瘾 guòyǐn
过于 guòyú

H

哈蜜瓜 hāmìguā
哈腰 hāyāo
哈达 hǎdá

孩 hái
海 hǎi

海岸线 hǎi'ànxiàn
海拔 hǎibá
海报 hǎibào
海港 hǎigǎng
海关 hǎiguān
海涵 hǎihán
海市蜃楼 hǎishì shènlóu
海外 hǎiwài
海鲜 hǎixiān
海啸 hǎixiào
海洋 hǎiyáng
海域 hǎiyù
骇 hài
害 hài
害怕 hàipà
害臊 hàisào
害羞 hàixiū
氦 hài

含 hán
含混 hánhùn
含量 hánliàng
含蓄 hánxù
含义 hányì
函 hán

函告 hángào
函授 hánshòu
涵洞 hándòng
涵盖 hángài
涵养 hányǎng
寒冷 hánlěng
寒舍 hánshè
寒酸 hánsuān
罕 hǎn
罕见 hǎnjiàn
喊 hǎn
汉 hàn
汉语 hànyǔ
汉字 hànzì
汗 hàn
汗流浃背 hànliú jiābèi
旱 hàn
悍然 hànrán
捍卫 hànwèi
焊接 hànjiē
憾事 hànshì
撼 hàn
撼动 hàndòng

杭 háng

航 háng
航海 hánghǎi
航空 hángkōng
航天 hángtiān
航线 hángxiàn
航向 hángxiàng

毫 háo
豪 háo
豪放 háofàng
豪华 háohuá
豪杰 háojié
豪迈 háomài
豪爽 háoshuǎng
豪宅 háozhái
嚎叫 háojiào
壕 háo
号叫 háojiào
好比 hǎobǐ
好歹 hǎodǎi
好感 hǎogǎn
好评 hǎopíng
好像 hǎoxiàng
好笑 hǎoxiào
好在 hǎozài

好转 hǎozhuǎn
好客 hàokè
好奇 hàoqí
好强 hàoqiáng
好胜 hàoshèng
号称 hàochēng
号令 hàolìng
号召 hàozhào
浩 hào
浩大 hàodà
浩荡 hàodàng
浩劫 hàojié
耗 hào

呵斥 hēchì
呵护 hēhù
禾 hé
禾苗 hémiáo
合 hé
合并 hébìng
合成 héchéng
合法 héfǎ
合营 héyíng
合影 héyǐng
合资 hézī

合作 hézuò
合作社 hézuòshè
何 hé
何必 hébì
何尝 hécháng
何况 hékuàng
何止 hézhǐ
和缓 héhuǎn
和平 hépíng
和谈 hétán
和谐 héxié
和约 héyuē
河 hé
河流 héliú
河山 héshān
核实 héshí
核算 hésuàn
核心 héxīn
盒 hé
盒带 hédài
颌 hé
和诗 hèshī
贺 hè
贺电 hèdiàn
贺礼 hèlǐ

贺岁 hèsuì
荷重 hèzhòng
喝彩 hècǎi
喝令 hèlìng
褐 hè
赫 hè
鹤 hè

黑 hēi
黑暗 hēi'àn
黑板 hēibǎn
黑帮 hēibāng
黑客 hēikè
黑幕 hēimù
黑市 hēishì
黑夜 hēiyè

痕 hén
痕迹 hénjì
很 hěn
狠毒 hěndú
狠心 hěnxīn
恨 hèn

亨通 hēngtōng

衡 héng
恒 héng
恒温 héngwēn
恒心 héngxīn
恒星 héngxīng
横幅 héngfú
横扫 héngsǎo
横行 héngxíng
横财 hèngcái
横祸 hènghuò

轰 hōng
轰动 hōngdòng
轰炸 hōngzhà
哄抢 hōngqiǎng
哄抬 hōngtái
烘 hōng
烘焙 hōngbèi
烘托 hōngtuō
弘 hóng
弘扬 hóngyáng
红尘 hóngchén
红军 hóngjūn
红领巾 hónglǐngjīn
红娘 hóngniáng

红旗 hóngqí
红润 hóngrùn
红色 hóngsè
红外线 hóngwàixiàn
宏 hóng
宏大 hóngdà
宏观 hóngguān
宏伟 hóngwěi
洪 hóng
洪亮 hóngliàng
洪水 hóngshuǐ
虹 hóng
鸿 hóng
哄骗 hǒngpiàn
哄闹 hōngnào

侯 hóu
喉舌 hóushé
吼 hǒu
后 hòu .
后尘 hòuchén
后顾之忧 hòugùzhīyōu
后果 hòuguǒ
后悔 hòuhuǐ
后来 hòulái

后勤 hòuqín
后台 hòutái
后天 hòutiān
后退 hòutuì
后账 hòuzhàng
厚 hòu
厚爱 hòu'ài
厚待 hòudài
厚望 hòuwàng
厚意 hòuyì
候 hòu
候补 hòubǔ
候鸟 hòuniǎo
候诊 hòuzhěn

呼 hū
呼唤 hūhuàn
呼应 hūyìng
呼吁 hūyù
忽 hū
忽略 hūlüè
忽然 hūrán
忽视 hūshì
弧 hú
胡 hú

胡来 húlái
胡闹 húnào
壶 hú
湖 hú
湖泊 húpō
糊 hú
蝴蝶 húdié
虎 hǔ
唬 hǔ
互 hù
互利 hùlì
互相 hùxiāng
互助 hùzhù
户 hù
户籍 hùjí
户口 hùkǒu
护 hù
护理 hùlǐ
护照 hùzhào

花 huā
花灯 huādēng
花朵 huāduǒ
花岗岩 huāgāngyán
花环 huāhuán

花卉 huāhuì
花蕾 huālěi
花脸 huāliǎn
花鸟 huāniǎo
花瓶 huāpíng
花蕊 huāruǐ
花纹 huāwén
花絮 huāxù
华表 huábiǎo
华灯 huádēng
华丽 huálì
华侨 huáqiáo
哗然 huárán
滑 huá
滑冰 huábīng
滑动 huádòng
滑行 huáxíng
滑雪 huáxuě
划拳 huáquán
划算 huásuàn
化 huà
化肥 huàféi
化工 huàgōng
化合 huàhé

化合物 huàhéwù
化妆 huàzhuāng
化装 huàzhuāng
划拨 huàbō
划分 huàfēn
画报 huàbào
画家 huàjiā
画卷 huàjuàn
画廊 huàláng
画面 huàmiàn
画图 huàtú
画外音 huàwàiyīn
话 huà
话别 huàbié
话剧 huàjù
话题 huàtí
话筒 huàtǒng
话语 huàyǔ
桦 huà

怀 huái
怀抱 huáibào
怀恨 huáihèn
怀旧 huáijiù
怀念 huáiniàn

怀疑 huáiyí
淮 huái
槐 huái
踝骨 huáigǔ
坏 huài
坏人 huàirén

欢 huān
欢畅 huānchàng
还礼 huánlǐ
还原 huányuán
还账 huánzhàng
环 huán
环顾 huángù
环绕 huánrào
环卫 huánwèi
寰球 huánqiú
缓 huǎn
缓冲 huǎnchōng
缓和 huǎnhé
缓解 huǎnjiě
缓慢 huǎnmàn
幻觉 huànjué
幻想 huànxiǎng
唤 huàn

换 huàn
换届 huànjiè
换算 huànsuàn
涣散 huànsàn
患 huàn
患难 huànnàn
焕发 huànfā
焕然一新 huànrán yīxīn
豢养 huànyǎng

荒 huāng
荒诞 huāngdàn
荒凉 huāngliáng
荒谬 huāngmiù
荒漠 huāngmò
荒野 huāngyě
慌 huāng
慌乱 huāngluàn
慌忙 huāngmáng
皇 huáng
黄 huáng
黄豆 huángdòu
黄瓜 huáng·guā
黄昏 huánghūn
黄金 huángjīn

黄泉 huángquán
黄色 huángsè
惶恐 huángkǒng
蝗灾 huángzāi
簧 huáng
恍惚 huǎnghū
恍然 huǎngrán
晃眼 huǎngyǎn
谎 huǎng
谎言 huǎngyán
晃动 huàngdòng

灰 huī
灰尘 huīchén
诙谐 huīxié
恢 huī
恢复 huīfù
恢弘 huīhóng
挥 huī
挥发 huīfā
挥霍 huīhuò
挥洒 huīsǎ
挥舞 huīwǔ
辉 huī
辉煌 huīhuáng

辉映 huīyìng
徽 huī
回 huí
回避 huíbì
回答 huídá
回荡 huídàng
回顾 huígù
回归 huíguī
回归线 huíguīxiàn
回家 huíjiā
回绝 huíjué
回去 huí•qù
回收 huíshōu
回首 huíshǒu
回溯 huísù
回忆录 huíyìlù
毁 huǐ
毁坏 huǐhuài
毁灭 huǐmiè
毁约 huǐyuē
悔改 huǐgǎi
悔恨 huǐhèn
悔悟 huǐwù
汇报 huìbào
会场 huìchǎng

会合 huìhé
会见 huìjiàn
会客 huìkè
会师 huìshī
会晤 huìwù
会议 huìyì
绘 huì
绘画 huìhuà
绘图 huìtú
荟萃 huìcuì
贿赂 huìlù
晦涩 huìsè
惠 huì
惠存 huìcún
惠顾 huìgù
慧眼 huìyǎn

昏 hūn
昏暗 hūn'àn
昏沉 hūnchén
昏厥 hūnjué
昏迷 hūnmí
婚介 hūnjiè
荤 hūn
婚 hūn

婚姻 hūnyīn
婚约 hūnyuē
浑 hún
浑厚 húnhòu
浑然 húnrán
浑身 húnshēn
浑圆 húnyuán
魂 hún
混合 hùnhé
混合物 hùnhéwù
混乱 hùnluàn
混凝土 hùnníngtǔ
混淆 hùnxiáo
混杂 hùnzá

活 huó
活动 huódòng
活该 huógāi
活力 huólì
活塞 huósāi
活现 huóxiàn
活页 huóyè
活跃 huóyuè
火 huǒ
火柴 huǒchái

火车 huǒchē
火箭 huǒjiàn
火炬 huǒjù
火坑 huǒkēng
火种 huǒzhǒng
或许 huòxǔ
或者 huòzhě
货 huò
货币 huòbì
货色 huòsè
货运 huòyùn
获 huò
获取 huòqǔ
获悉 huòxī
祸 huò
祸乱 huòluàn
祸殃 huòyāng
霍乱 huòluàn
豁达 huòdá
豁免 huòmiǎn

J

几乎 jīhū
讥讽 jīfěng
讥笑 jīxiào

击 jī
饥 jī
饥饿 jī'è
饥寒 jīhán
机 jī
机会 jī·huì
机密 jīmì
机敏 jīmǐn
机能 jīnéng
机器人 jīqìrén
机械 jīxiè
机械化 jīxièhuà
机要 jīyào
机遇 jīyù
机智 jīzhì
肌 jī
肌肉 jīròu
肌体 jītǐ
姬 jī
积淀 jīdiàn
积累 jīlěi
积习 jīxí
积蓄 jīxù
基 jī
基本 jīběn

基本功 jīběngōng
基层 jīcéng
缉拿 jīná
缉私 jīsī
畸形 jīxíng
稽查 jīchá
激 jī
激昂 jī'áng
激动 jīdòng
激流 jīliú
激素 jīsù
及 jí
及格 jígé
及时 jíshí
吉利 jílì
吉普车 jípǔchē
吉祥 jíxiáng
汲取 jíqǔ
级别 jíbié
即 jí
即便 jíbiàn
即将 jíjiāng
即日 jírì
即使 jíshǐ
即兴 jíxìng

极 jí
极点 jídiǎn
极端 jíduān
极限 jíxiàn
急 jí
急促 jícù
急剧 jíjù
急躁 jízào
急中生智 jízhōng shēngzhì
疾病 jíbìng
疾驰 jíchí
疾风 jífēng
疾苦 jíkǔ
棘手 jíshǒu
集锦 jíjǐn
集市 jíshì
集体 jítǐ
集装箱 jízhuāngxiāng
集资 jízī
嫉妒 jídù
辑录 jílù
瘠 jí
籍贯 jíguàn
给养 jǐyǎng
给予 jǐyǔ

挤 jǐ
脊梁 jǐ·liáng
脊髓 jǐsuǐ
脊椎 jǐzhuī
记忆力 jìyìlì
记载 jìzǎi
记者 jìzhě
纪检 jìjiǎn
纪律 jìlǜ
技能 jìnéng
忌 jì
技巧 jìqiǎo
技术 jìshù
技术员 jìshùyuán
技艺 jìyì
剂 jì
剂量 jìliàng
季 jì
季度 jìdù
季节 jìjié
既 jì
既然 jìrán
继 jì
继承权 jìchéngquán
继承人 jìchéngrén
继续 jìxù

迹象 jìxiàng
寂静 jìjìng
寂寞 jìmò
寄生虫 jìshēngchóng
寄宿 jìsù
寄托 jìtuō
寄予 jìyǔ
祭奠 jìdiàn
祭文 jìwén
髻 jì

加 jiā
加工 jiāgōng
加剧 jiājù
加盟 jiāméng
加密 jiāmì
加强 jiāqiáng
加热 jiārè
加入 jiārù
加速 jiāsù
加速度 jiāsùdù
加以 jiāyǐ
夹层 jiācéng
夹缝 jiāfèng
夹攻 jiāgōng

夹克 jiākè
夹杂 jiāzá
佳 jiā
佳节 jiājié
佳丽 jiālì
佳作 jiāzuò
枷锁 jiāsuǒ
家 jiā
家常 jiācháng
家畜 jiāchù
家电 jiādiàn
家教 jiājiào
家属 jiāshǔ
家庭 jiātíng
家乡 jiāxiāng
家喻户晓 jiāyù hùxiǎo
家长 jiāzhǎng
家政 jiāzhèng
家族 jiāzú
嘉 jiā
嘉宾 jiābīn
嘉奖 jiājiǎng
甲 jiǎ
甲板 jiǎbǎn
甲骨文 jiǎgǔwén

甲状腺 jiǎzhuàngxiàn
钾 jiǎ
假冒 jiǎmào
假球 jiǎqiú
假如 jiǎrú
假若 jiǎruò
假设 jiǎshè
假象 jiǎxiàng
假装 jiǎzhuāng
价 jià
价格 jiàgé
价值 jiàzhí
驾 jià
驾临 jiàlín
驾龄 jiàlíng
驾驭 jiàyù
驾照 jiàzhào
架 jià
假期 jiàqī
假日 jiàrì
嫁 jià
嫁接 jiàjiē

奸计 jiānjì
奸笑 jiānxiào

奸诈 jiānzhà
尖 jiān
尖酸 jiānsuān
坚 jiān
坚持 jiānchí
坚定 jiāndìng
坚决 jiānjué
坚强 jiānqiáng
坚韧 jiānrèn
歼 jiān
肩 jiān
艰 jiān
艰巨 jiānjù
艰辛 jiānxīn
兼 jiān
兼并 jiānbìng
兼容 jiānróng
兼职 jiānzhí
监督 jiāndū
监狱 jiānyù
缄默 jiānmò
煎 jiān
煎熬 jiān'áo
俭朴 jiǎnpǔ
捡 jiǎn

减 jiǎn
减肥 jiǎnféi
减负 jiǎnfù
减免 jiǎnmiǎn
减轻 jiǎnqīng
减少 jiǎnshǎo
减灾 jiǎnzāi
剪彩 jiǎncǎi
剪辑 jiǎnjí
检 jiǎn
检查 jiǎnchá
检验 jiǎnyàn
简 jiǎn
简单 jiǎndān
简历 jiǎnlì
见证 jiànzhèng
件 jiàn
建 jiàn
建筑 jiànzhù
间谍 jiàndié
间断 jiànduàn
间隔 jiàngé
间接 jiànjiē
间隙 jiànxì
间歇 jiànxiē

剑 jiàn
荐 jiàn
健将 jiànjiàng
健康 jiànkāng
健美 jiànměi
健全 jiànquán
健壮 jiànzhuàng
涧 jiàn
舰 jiàn
渐 jiàn
谏 jiàn
鉴别 jiànbié
践踏 jiàntà
鉴定 jiàndìng
鉴赏 jiànshǎng
键 jiàn
键盘 jiànpán
键入 jiànrù
箭 jiàn

江 jiāng
姜 jiāng
将军 jiāngjūn
将来 jiānglái
将养 jiāngyǎng

浆洗 jiāngxǐ
僵 jiāng
僵持 jiāngchí
僵化 jiānghuà
僵局 jiāngjú
僵硬 jiāngyìng
缰 jiāng
疆 jiāng
疆场 jiāngchǎng
讲 jiǎng
讲话 jiǎnghuà
讲理 jiǎnglǐ
讲述 jiǎngshù
讲座 jiǎngzuò
奖 jiǎng
奖惩 jiǎngchéng
奖励 jiǎnglì
奖赏 jiǎngshǎng
奖项 jiǎngxiàng
奖状 jiǎngzhuàng
桨 jiǎng
蒋 jiǎng
匠 jiàng
匠心 jiàngxīn
降低 jiàngdī

将领 jiànglǐng
将士 jiàngshì
酱油 jiàngyóu
犟嘴 jiàngzuǐ

交 jiāo
交叉 jiāochā
交差 jiāochāi
交际 jiāojì
交接 jiāojiē
交流 jiāoliú
交涉 jiāoshè
交谈 jiāotán
交通 jiāotōng
交往 jiāowǎng
交响乐 jiāoxiǎngyuè
交易 jiāoyì
郊区 jiāoqū
郊外 jiāowài
娇惯 jiāoguàn
浇 jiāo
浇灌 jiāoguàn
浇筑 jiāozhù
骄 jiāo
骄傲 jiāo'ào

骄横 jiāohèng
胶 jiāo
胶片 jiāopiàn
胶印 jiāoyìn
焦 jiāo
焦点 jiāodiǎn
焦急 jiāojí
焦虑 jiāolǜ
焦躁 jiāozào
跤 jiāo
礁 jiāo
礁石 jiāoshí
角度 jiǎodù
角落 jiǎoluò
侥幸 jiǎoxìng
狡辩 jiǎobiàn
狡猾 jiǎohuá
狡诈 jiǎozhà
绞 jiǎo
矫健 jiǎojiàn
皎洁 jiǎojié
矫 jiǎo
矫揉造作 jiǎoróu zàozuò
矫正 jiǎozhèng
脚 jiǎo

脚步 jiǎobù
脚手架 jiǎoshǒujià
搅 jiǎo
搅拌 jiǎobàn
搅扰 jiǎorǎo
缴 jiǎo
缴纳 jiǎonà
缴械 jiǎoxiè
叫 jiào
叫苦 jiàokǔ
叫卖 jiàomài
叫嚣 jiàoxiāo
轿 jiào
轿车 jiàochē
较 jiào
较量 jiàoliàng
教案 jiào'àn
教材 jiàocái
教官 jiàoguān
教科书 jiàokēshū
酵 jiào
酵母 jiàomǔ

阶 jiē
阶层 jiēcéng

阶段 jiēduàn
阶梯 jiētī
皆 jiē
接 jiē
接触 jiēchù
接纳 jiēnà
接洽 jiēqià
接壤 jiērǎng
接受 jiēshòu
接应 jiēyìng
秸 jiē
秸秆 jiēgǎn
揭 jiē
揭穿 jiēchuān
揭发 jiēfā
揭露 jiēlù
揭示 jiēshì
街 jiē
节目 jiémù
节日 jiérì
节约 jiéyuē
节制 jiézhì
节奏 jiézòu
劫 jié
劫持 jiéchí

劫难 jiénàn
杰 jié
杰出 jiéchū
杰作 jiézuò
洁 jié
洁白 jiébái
洁净 jiéjìng
结构 jiégòu
结业 jiéyè
捷 jié
捷报 jiébào
捷径 jiéjìng
睫毛 jiémáo
截 jié
截获 jiéhuò
截留 jiéliú
截然 jiérán
截止 jiézhǐ
竭 jié
竭诚 jiéchéng
竭尽 jiéjìn
竭力 jiélì
姐 jiě
解嘲 jiěcháo
解剖 jiěpōu

解释 jiěshì
解脱 jiětuō
解职 jiězhí
介入 jièrù
介绍 jièshào
介意 jièyì
戒 jiè
戒备 jièbèi
戒心 jièxīn
戒严 jièyán
届 jiè
界 jiè
界碑 jièbēi
界定 jièdìng
界限 jièxiàn
借 jiè
借鉴 jièjiàn
借口 jièkǒu
借用 jièyòng
解差 jièchāi
解送 jièsòng

巾 jīn
今 jīn
今日 jīnrì

金 jīn
金额 jīn'é
金刚石 jīngāngshí
金融 jīnróng
金丝猴 jīnsīhóu
金属 jīnshǔ
金字塔 jīnzìtǎ
津 jīn
津贴 jīntiē
筋 jīn
襟 jīn
禁受 jīnshòu
仅 jǐn
紧 jǐn
紧迫 jǐnpò
紧俏 jǐnqiào
紧缺 jǐnquē
紧缩 jǐnsuō
紧张 jǐnzhāng
谨 jǐn
谨慎 jǐnshèn
锦 jǐn
锦标 jǐnbiāo
锦标赛 jǐnbiāosài
锦绣 jǐnxiù

尽管 jǐnguǎn
尽快 jǐnkuài
尽量 jǐnliàng
尽早 jǐnzǎo
尽情 jìnqíng
尽兴 jìnxìng
近 jìn
近来 jìnlái
近期 jìnqī
近视 jìnshì
进 jìn
进步 jìnbù
进程 jìnchéng
进化 jìnhuà
进化论 jìnhuàlùn
进口 jìnkǒu
进取 jìnqǔ
进行 jìnxíng
进行曲 jìnxíngqǔ
进修 jìnxiū
进展 jìnzhǎn
晋 jìn
晋级 jìnjí
晋见 jìnjiàn
晋升 jìnshēng

浸 jìn
浸泡 jìnpào
浸透 jìntòu
禁闭 jìnbì
禁锢 jìngù
禁止 jìnzhǐ

京剧 jīngjù
经销 jīngxiāo
茎 jīng
荆 jīng
荆棘 jīngjí
惊 jīng
晶 jīng
晶体 jīngtǐ
晶莹 jīngyíng
睛 jīng
精 jīng
精彩 jīngcǎi
精当 jīngdàng
精干 jīnggàn
精辟 jīngpì
精神 jīngshén
精神 jīng·shen
精髓 jīngsuǐ
精益求精 jīngyì qiújīng

精湛 jīngzhàn
精致 jīngzhì
井 jǐng
井然 jǐngrán
颈椎 jǐngzhuī
景 jǐng
景观 jǐngguān
景气 jǐngqì
景象 jǐngxiàng
景仰 jǐngyǎng
警 jǐng
警察 jǐngchá
警告 jǐnggào
警觉 jǐngjué
警犬 jǐngquǎn
警嫂 jǐngsǎo
警惕 jǐngtì
净化 jìnghuà
净土 jìngtǔ
净重 jìngzhòng
径 jìng
径直 jìngzhí
径自 jìngzì
竞猜 jìngcāi
竞岗 jìnggǎng

竞聘 jìngpìn
竞选 jìngxuǎn
竟 jìng
竟然 jìngrán
敬 jìng
敬贺 jìnghè
敬畏 jìngwèi
敬仰 jìngyǎng
敬业 jìngyè
境 jìng
境界 jìngjiè
境遇 jìngyù
静 jìng
静观 jìngguān
静脉 jìngmài
静养 jìngyǎng
静止 jìngzhǐ
镜 jìng
劲敌 jìngdí
劲旅 jìnglǚ

迥然 jiǒngrán
窘 jiǒng
窘迫 jiǒngpò

纠 jiū
纠察 jiūchá
纠缠 jiūchán
纠纷 jiūfēn
纠风 jiūfēng
纠正 jiūzhèng
究 jiū
究竟 jiūjìng
揪 jiū
久 jiǔ
久违 jiǔwéi
久仰 jiǔyǎng
灸 jiǔ
酒 jiǔ
酒吧 jiǔbā
酒会 jiǔhuì
酒精 jiǔjīng
旧 jiù
旧情 jiùqíng
疚 jiù
救 jiù
救济 jiùjì
救星 jiùxīng
救援 jiùyuán
就 jiù

就餐 jiùcān
就坐 jiùzuò

居 jū
居民 jūmín
居然 jūrán
居心 jūxīn
拘 jū
拘捕 jūbǔ
拘谨 jūjǐn
拘束 jūshù
狙击 jūjī
驹 jū
鞠躬 jūgōng
鞠躬尽瘁 jūgōng jìncuì
局 jú
局促 júcù
局面 júmiàn
局势 júshì
局限 júxiàn
菊 jú
菊花 júhuā
焗油 júyóu
咀嚼 jǔjué
沮丧 jǔsàng

举 jǔ
举办 jǔbàn
举措 jǔcuò
举动 jǔdòng
举例 jǔlì
举止 jǔzhǐ
举足轻重 jǔzú qīngzhòng
矩 jǔ
矩形 jǔxíng
句 jù
句读 jùdòu
巨 jù
巨流 jùliú
巨细 jùxì
巨著 jùzhù
拒 jù
拒绝 jùjué
拒载 jùzài
具 jù
具备 jùbèi
具体 jùtǐ
俱乐部 jùlèbù
剧 jù
剧变 jùbiàn
剧烈 jùliè

剧团 jùtuán
惧 jù
惧怕 jùpà
据说 jùshuō
据悉 jùxī
距 jù
距离 jùlí
飓风 jùfēng
聚 jù
聚会 jùhuì
聚集 jùjí
聚焦 jùjiāo
聚众 jùzhòng

捐 juān
捐款 juānkuǎn
捐赠 juānzèng
捐助 juānzhù
涓 juān
娟秀 juānxiù
卷尺 juǎnchǐ
卷烟 juǎnyān
卷宗 juànzōng
倦 juàn
倦容 juànróng

绢 juàn
眷恋 juànliàn
眷属 juànshǔ
圈养 juànyǎng

撅 juē
决 jué
决策 juécè
决定 juédìng
决定性 juédìngxìng
决断 juéduàn
决然 juérán
决心 juéxīn
决议 juéyì
决战 juézhàn
诀 jué
诀别 juébié
诀窍 juéqiào
抉择 juézé
角色 juésè
角逐 juézhú
绝 jué
绝对 juéduì
绝迹 juéjì
觉察 juéchá

觉悟 juéwù
觉醒 juéxǐng
倔强 juéjiàng
崛起 juéqǐ
掘 jué
厥 jué
蕨 jué
爵 jué
爵士乐 juéshìyuè
攫 jué

军 jūn
军备 jūnbèi
军队 jūnduì
军阀 jūnfá
军火 jūnhuǒ
军机 jūnjī
军粮 jūnliáng
军情 jūnqíng
军人 jūnrén
军事 jūnshì
军属 jūnshǔ
军械 jūnxiè
军用 jūnyòng
军政 jūnzhèng

君 jūn
均 jūn
均衡 jūnhéng
均匀 jūnyún
菌 jūn
俊 jùn
俊杰 jùnjié
俊俏 jùnqiào
竣工 jùngōng

K

咖啡 kāfēi
卡车 kǎchē
卡尺 kǎchǐ
卡片 kǎpiàn
卡钳 kǎqián

开 kāi
开办 kāibàn
开采 kāicǎi
开除 kāichú
开创 kāichuàng
开导 kāidǎo
开放 kāifàng
开怀 kāihuái

开会 kāihuì
开垦 kāikěn
开阔 kāikuò
开朗 kāilǎng
开明 kāimíng
开辟 kāipì
开设 kāishè
开庭 kāitíng
开拓 kāituò
开外 kāiwài
开玩笑 kāiwánxiào
开心 kāixīn
开学 kāixué
开业 kāiyè
开展 kāizhǎn
揩 kāi
凯 kǎi
凯歌 kǎigē
凯旋 kǎixuán
慨 kǎi
慨叹 kǎitàn
楷模 kǎimó
楷书 kǎishū

刊 kān

刊登 kāndēng
刊物 kānwù
刊载 kānzǎi
看管 kānguǎn
看守 kānshǒu
看押 kānyā
勘 kān
勘测 kāncè
勘察 kānchá
勘探 kāntàn
勘误 kānwù
堪 kān
坎 kǎn
坎坷 kǎnkě
砍 kǎn
砍伐 kǎnfá
看病 kànbìng
看待 kàndài
看法 kànfǎ
看见 kànjiàn
看望 kànwàng
看中 kànzhòng

康 kāng
康复 kāngfù

慷慨 kāngkǎi
糠 kāng
亢奋 kàngfèn
伉俪 kànglì
抗 kàng
抗衡 kànghéng
抗拒 kàngjù
抗议 kàngyì
抗争 kàngzhēng
炕 kàng

考 kǎo
考查 kǎochá
拷贝 kǎobèi
拷问 kǎowèn
烤 kǎo
烤火 kǎohuǒ
铐 kào
犒赏 kàoshǎng
靠 kào
靠不住 kàobùzhù
靠拢 kàolǒng
靠山 kàoshān

苛 kē

苛刻 kēkè
苛求 kēqiú
柯 kē
科 kē
科幻 kēhuàn
科教 kējiào
科普 kēpǔ
科学 kēxué
科学家 kēxuéjiā
科学院 kēxuéyuàn
科研 kēyán
棵 kē
颗粒 kēlì
磕 kē
磕碰 kēpèng
瞌睡 kēshuì
咳 ké
可 kě
可观 kěguān
可贵 kěguì
可见 kějiàn
可行 kěxíng
可恶 kěwù
可以 kěyǐ
渴 kě

渴求 kěqiú
渴望 kěwàng
克服 kèfú
克隆 kèlóng
克制 kèzhì
刻 kè
刻薄 kèbó
刻不容缓 kèbùrónghuǎn
刻骨 kègǔ
刻苦 kèkǔ
刻意 kèyì
客 kè
客串 kèchuàn
客观 kèguān
客套 kètào
客运 kèyùn
客栈 kèzhàn
客座 kèzuò
恪守 kèshǒu
课本 kèběn
课程 kèchéng
课堂 kètáng
课题 kètí
课文 kèwén

肯 kěn
肯定 kěndìng
垦 kěn
垦荒 kěnhuāng
恳 kěn
恳切 kěnqiè
恳求 kěnqiú
啃 kěn

吭气 kēngqì
吭声 kēngshēng
坑 kēng
坑道 kēngdào
坑害 kēnghài
坑蒙 kēngmēng
坑骗 kēngpiàn
铿锵 kēngqiāng

空仓 kōngcāng
空乘 kōngchéng
空难 kōngnàn
空调 kōngtiáo
空袭 kōngxí
空虚 kōngxū
空运 kōngyùn

孔 kǒng
孔雀 kǒngquè
恐 kǒng
恐怖 kǒngbù
恐惧 kǒngjù
恐吓 kǒnghè
恐龙 kǒnglóng
恐怕 kǒngpà
空白 kòngbái
空隙 kòngxì
空余 kòngyú
控 kòng
控告 kònggào
控股 kònggǔ
控诉 kòngsù
控制 kòngzhì

抠 kōu
口 kǒu
口供 kǒugòng
口径 kǒujìng
口诀 kǒujué
口令 kǒulìng
口气 kǒu·qì
口腔 kǒuqiāng

口舌 kǒushé
口吻 kǒuwěn
口音 kǒuyīn
口语 kǒuyǔ
叩 kòu
扣 kòu
扣除 kòuchú
扣留 kòuliú
扣题 kòutí
扣押 kòuyā
寇 kòu

枯 kū
枯肠 kūcháng
枯竭 kūjié
枯燥 kūzào
窟 kū
苦 kǔ
苦果 kǔguǒ
苦闷 kǔmèn
苦难 kǔnàn
苦恼 kǔnǎo
苦心 kǔxīn
苦衷 kǔzhōng
库 kù

库存 kùcún
库房 kùfáng
裤 kù
酷 kù
酷暑 kùshǔ
酷刑 kùxíng

夸 kuā
夸大 kuādà
夸奖 kuājiǎng
夸口 kuākǒu
夸耀 kuāyào
夸张 kuāzhāng
垮 kuǎ
垮台 kuǎtái
挎 kuà
挎包 kuàbāo
跨 kuà
跨度 kuàdù
跨越 kuàyuè

块 kuài
快 kuài
快餐 kuàicān
快捷 kuàijié

快乐 kuàilè
快速 kuàisù
快讯 kuàixùn
快要 kuàiyào
脍炙人口 kuàizhì rénkǒu

宽 kuān
宽带 kuāndài
宽宏 kuānhóng
宽阔 kuānkuò
宽容 kuānróng
宽慰 kuānwèi
宽限 kuānxiàn
款 kuǎn
款待 kuǎndài
款项 kuǎnxiàng

匡谬 kuāngmiù
诓骗 kuāngpiàn
筐 kuāng
狂 kuáng
狂暴 kuángbào
狂飙 kuángbiāo
狂风 kuángfēng
狂妄 kuángwàng

狂笑 kuángxiào
狂躁 kuángzào
况 kuàng
况且 kuàngqiě
旷 kuàng
旷野 kuàngyě
矿 kuàng
矿藏 kuàngcáng
矿产 kuàngchǎn
矿泉 kuàngquán
矿山 kuàngshān
框 kuàng
框定 kuàngdìng
框架 kuàngjià
眶 kuàng

亏 kuī
亏待 kuīdài
亏欠 kuīqiàn
亏损 kuīsǔn
亏心 kuīxīn
盔甲 kuījiǎ
窥测 kuīcè
窥视 kuīshì
奎 kuí

葵花 kuíhuā
魁 kuí
魁首 kuíshǒu
魁伟 kuíwěi
傀儡 kuǐlěi
匮乏 kuìfá
愧 kuì
愧恨 kuìhèn
愧疚 kuìjiù
愧色 kuìsè
溃 kuì
溃烂 kuìlàn
溃退 kuìtuì
溃疡 kuìyáng
馈赠 kuìzèng

坤 kūn
昆 kūn
昆虫 kūnchóng
昆曲 kūnqǔ
捆 kǔn
捆绑 kǔnbǎng
困 kùn
困乏 kùnfá
困惑 kùnhuò
困境 kùnjìng
困扰 kùnrǎo

扩 kuò
扩充 kuòchōng
扩大 kuòdà
扩散 kuòsàn
扩展 kuòzhǎn
扩张 kuòzhāng
扩招 kuòzhāo
括 kuò
阔 kuò
阔别 kuòbié
阔步 kuòbù
廓 kuò

L

垃圾 lājī
拉倒 lādǎo
拉动 lādòng
腊 là
腊梅 làméi
蜡 là
蜡染 làrǎn
蜡像 làxiàng

蜡烛 làzhú
辣 là
辣椒 làjiāo

来 lái
来宾 láibīn
来临 láilín
来路 láilù
来往 láiwǎng
来由 láiyóu
来源 láiyuán
赖 lài
赖皮 làipí
赖账 làizhàng
癞 lài

兰 lán
兰草 láncǎo
拦 lán
拦截 lánjié
拦网 lánwǎng
栏 lán
栏杆 lángān
栏目 lánmù

阑尾 lánwěi
蓝领 lánlǐng
蓝图 lántú
篮 lán
篮球 lánqiú
览 lǎn
览胜 lǎnshèng
揽 lǎn
缆 lǎn
缆车 lǎnchē
缆绳 lǎnshéng
懒 lǎn
懒惰 lǎnduò
懒散 lǎnsǎn
烂 làn
烂漫 lànmàn
滥 làn
滥用 lànyòng

狼 láng
狼狈 lángbèi
狼藉 lángjí
廊 láng
朗读 lǎngdú
朗诵 lǎngsòng

浪 làng
浪潮 làngcháo
浪费 làngfèi
浪漫 làngmàn

捞 lāo
劳 láo
劳保 láobǎo
劳动 láodòng
劳动力 láodònglì
劳动日 láodòngrì
劳动者 láodòngzhě
劳驾 láojià
劳累 láolèi
劳碌 láolù
劳心 láoxīn
牢 láo
牢固 láogù
牢笼 láolóng
牢狱 láoyù
老百姓 lǎobǎixìng
老板 lǎobǎn
老练 lǎoliàn
老气 lǎo·qì
老人 lǎorén

老师 lǎoshī
老天爷 lǎotiānyé
老乡 lǎoxiāng
涝 lào
烙印 làoyìn

乐观 lèguān
乐趣 lèqù
乐意 lèyì
勒令 lèlìng
勒索 lèsuǒ

雷 léi
雷达 léidá
雷同 léitóng
镭 léi
垒 lěi
磊 lěi
累积 lěijī
累计 lěijì
磊落 lěiluò
肋 lèi
肋骨 lèigǔ
泪 lèi
泪痕 lèihén

类 lèi
类比 lèibǐ
类别 lèibié
类似 lèisì
类推 lèituī
类型 lèixíng
擂台 lèitái

棱 léng
冷 lěng
冷藏 lěngcáng
冷酷 lěngkù
冷落 lěngluò
冷漠 lěngmò
冷清 lěngqīng
冷水 lěngshuǐ
冷笑 lěngxiào
冷眼 lěngyǎn
冷战 lěngzhàn
愣 lèng

厘 lí
厘米 límǐ
梨 lí
离 lí

离别 líbié
离合 líhé
离间 líjiàn
离奇 líqí
离心力 líxīnlì
犁 lí
黎民 límín
黎明 límíng

礼 lǐ
礼拜 lǐbài
里程碑 lǐchéngbēi
理 lǐ
理睬 lǐcǎi
理会 lǐhuì
理解 lǐjiě
理论 lǐlùn
理赔 lǐpéi
理直气壮 lǐzhí qìzhuàng
理智 lǐzhì
鲤 lǐ
鲤鱼 lǐyú

力 lì
力度 lìdù
力量 lì·liàng
力求 lìqiú

力图 lìtú
力争 lìzhēng
历 lì
历程 lìchéng
历法 lìfǎ
历来 lìlái
历史 lìshǐ
立 lì
立场 lìchǎng
立即 lìjí
立足 lìzú
吏 lì
利 lì
利弊 lìbì
利率 lìlǜ
利润 lìrùn
利益 lìyì
利用 lìyòng
利诱 lìyòu
例 lì
例如 lìrú
例外 lìwài
例证 lìzhèng
隶 lì
隶属 lìshǔ

荔枝 lìzhī
粒 lì

俩 liǎ

连 lián
连贯 liánguàn
连环 liánhuán
连环画 liánhuánhuà
连理 liánlǐ
连绵 liánmián
连日 liánrì
连锁 liánsuǒ
连续 liánxù
连衣裙 liányīqún
连载 liánzǎi
帘 lián
怜 lián
怜悯 liánmǐn
莲 lián
联 lián
联络 liánluò
廉政 liánzhèng
敛 liǎn

敛财 liǎncái
脸 liǎn
脸色 liǎnsè
练 liàn
练达 liàndá
练习 liànxí
炼 liàn
炼焦 liànjiāo
炼乳 liànrǔ
恋 liàn
恋爱 liàn'ài
链 liàn
链接 liànjiē

良 liáng
良好 liánghǎo
良心 liángxīn
良言 liángyán
凉爽 liángshuǎng
凉台 liángtái
凉意 liángyì
梁 liáng
粮 liáng
两 liǎng
两边 liǎngbiān

两可 liǎngkě
两立 liǎnglì
两难 liǎngnán
两栖 liǎngqī
两全 liǎngquán
亮 liàng
亮相 liàngxiàng
谅解 liàngjiě
辆 liàng
晾 liàng
量变 liàngbiàn
踉跄 liàngqiàng

潦草 liáocǎo
辽 liáo
辽阔 liáokuò
疗 liáo
疗程 liáochéng
疗效 liáoxiào
疗养 liáoyǎng
疗养院 liáoyǎngyuàn
聊 liáo
聊赖 liáolài
寥落 liáoluò
嘹亮 liáoliàng

缭乱 liáoluàn
缭绕 liáorào
燎原 liáoyuán
了当 liǎodàng
了断 liǎoduàn
了解 liǎojiě
了如指掌 liǎorúzhǐzhǎng
了事 liǎoshì
料 liào
料定 liàodìng
料理 liàolǐ
料想 liàoxiǎng

咧 liě
列 liè
列岛 lièdǎo
劣 liè
劣迹 lièjì
劣势 lièshì
劣质 lièzhì
烈 liè
烈火 lièhuǒ
烈日 lièrì
烈性 lièxìng
猎 liè

猎奇 lièqí
猎取 lièqǔ
裂 liè
裂变 lièbiàn
裂痕 lièhén

拎 līn
邻 lín
邻邦 línbāng
邻里 línlǐ
林 lín
林阴道 línyīndào
临 lín
临床 línchuáng
淋巴结 línbājié
淋漓尽致 línlí jìnzhì
琳琅满目 línláng mǎnmù
霖 lín
磷 lín
鳞 lín
凛冽 lǐnliè
凛然 lǐnrán
吝啬 lìnsè
吝惜 lìnxī

灵 líng
灵机 língjī
灵敏 língmǐn
灵通 língtōng
玲珑 línglóng
凌 líng
凌厉 línglì
凌辱 língrǔ
铃 líng
陵园 língyuán
聆听 língtīng
零售 língshòu
零星 língxīng
龄 líng
岭 lǐng
领 lǐng
领导 lǐngdǎo
领教 lǐngjiào
领略 lǐnglüè
领事馆 lǐngshìguǎn
领域 lǐngyù
另 lìng
另类 lìnglèi
另外 lìngwài

溜冰 liūbīng
刘 liú
浏览 liúlǎn
流 liú
流畅 liúchàng
流传 liúchuán
流荡 liúdàng
流水线 liúshuǐxiàn
流通 liútōng
流行 liúxíng
流域 liúyù
留 liú
留步 liúbù
留念 liúniàn
留声机 liúshēngjī
硫 liú
硫磺 liúhuáng
硫酸 liúsuān
瘤 liú
柳 liǔ
绺 liǔ

龙 lóng
龙灯 lóngdēng
龙卷风 lóngjuǎnfēng

龙套 lóngtào
聋 lóng
隆 lóng
隆冬 lóngdōng
隆重 lóngzhòng
陇 lǒng
拢 lǒng
拢共 lǒnggòng
垄 lǒng
垄断 lǒngduàn
笼络 lǒngluò
笼统 lǒngtǒng
笼罩 lǒngzhào

楼 lóu
楼盘 lóupán
楼市 lóushì
篓 lǒu
陋 lòu
陋俗 lòusú
陋习 lòuxí
漏 lòu
漏洞 lòudòng
漏网 lòuwǎng

卢 lú
炉 lú
颅 lú
卤 lǔ
卤水 lǔshuǐ
虏获 lǔhuò
掳掠 lǔlüè
鲁 lǔ
鲁莽 lǔmǎng
陆续 lùxù
录 lù
录取 lùqǔ
录入 lùrù
录像机 lùxiàngjī
录音机 lùyīnjī
录用 lùyòng
鹿 lù
路 lù
露骨 lùgǔ
露宿 lùsù

驴 lǘ
侣 lǚ
旅 lǚ
旅程 lǚchéng

旅馆 lǚguǎn
旅途 lǚtú
旅行 lǚxíng
旅游 lǚyóu
铝 lǚ
屡 lǚ
屡次 lǚcì
屡见不鲜 lǚjiàn bùxiān
缕 lǚ
履 lǚ
履历 lǚlì
履行 lǚxíng
律 lǜ
律师 lǜshī
律条 lǜtiáo
虑 lǜ
绿化 lǜhuà
绿林 lǜlín
绿茵 lǜyīn
绿洲 lǜzhōu
氯 lǜ

孪 luán
孪生 luánshēng
卵 luǎn

乱 luàn
乱套 luàntào
乱真 luànzhēn

掠 lüè
掠夺 lüèduó
掠取 lüèqǔ
掠影 lüèyǐng
略 lüè
略图 lüètú
略微 lüèwēi

抡拳 lūnquán
伦比 lúnbǐ
伦理 lúnlǐ
沦落 lúnluò
沦陷 lúnxiàn
轮 lún
轮番 lúnfān
轮廓 lúnkuò
轮流 lúnliú
轮胎 lúntāi
论点 lùndiǎn
论调 lùndiào
论述 lùnshù

论坛 lùntán
论文 lùnwén
论证 lùnzhèng

罗 luó
罗列 luóliè
罗网 luówǎng
罗织 luózhī
逻 luó
锣 luó
锣鼓 luógǔ
螺钉 luódīng
螺栓 luóshuān
螺旋桨 luóxuánjiǎng
裸 luǒ
裸机 luǒjī
裸露 luǒlù
裸体 luǒtǐ
洛 luò
落差 luòchā
落槌 luòchuí
落后 luòhòu
落聘 luòpìn
落日 luòrì
落实 luòshí

落网 luòwǎng
落座 luòzuò
摞 luò

M

抹布 mābù
麻 má
麻痹 mábì
麻袋 mádài
麻木 mámù
麻雀 máquè
麻醉 mázuì
马 mǎ
马车 mǎchē
马达 mǎdá
马脚 mǎjiǎo
马力 mǎlì
马铃薯 mǎlíngshǔ
马匹 mǎpǐ
马上 mǎshàng
马戏 mǎxì
玛瑙 mǎnǎo
码 mǎ
蚂蚁 mǎyǐ
骂 mà

埋没 máimò
埋头 máitóu
买 mǎi
买通 mǎitōng
买账 mǎizhàng
迈 mài
迈步 màibù
迈进 màijìn
麦 mài
卖 mài
卖点 màidiǎn
卖乖 màiguāi
脉冲 màichōng

埋怨 mányuàn
蛮 mán
蛮干 mángàn
蛮横 mánhèng
鳗 mán
瞒 mán
满 mǎn
满面 mǎnmiàn
曼 màn
谩骂 mànmà

慢 màn
慢待 màndài
慢条斯理 màntiáo sīlǐ
漫 màn
漫不经心 mànbùjīngxīn
漫延 mànyán

忙 máng
忙碌 mánglù
忙乱 mángluàn
芒 máng
盲 máng
盲从 mángcóng
茫 máng
茫然 mángrán
莽 mǎng
莽原 mǎngyuán
莽撞 mǎngzhuàng
蟒 mǎng
蟒蛇 mǎngshé

猫 māo
猫头鹰 māotóuyīng
毛 máo
毛笔 máobǐ

毛纺 máofǎng
毛骨悚然 máogǔ sǒngrán
毛衣 máoyī
矛 máo
矛盾 máodùn
矛头 máotóu
茅舍 máoshè
锚 máo
蟊贼 máozéi
卯 mǎo
铆钉 mǎodīng
茂 mào
茂密 màomì
茂盛 màoshèng
冒 mào
冒昧 màomèi
冒险 màoxiǎn
贸然 màorán
贸易 màoyì
帽 mào
貌 mào
貌似 màosì
貌相 màoxiàng

没有 méiyǒu

没辙 méizhé
眉飞色舞 méifēi sèwǔ
眉睫 méijié
眉开眼笑 méikāi yǎnxiào
眉目 méimù
眉目 méi·mu
眉头 méitóu
梅 méi
媒 méi
媒介 méijiè
媒体 méitǐ
煤 méi
煤气 méiqì
煤炭 méitàn
酶 méi
霉 méi
霉烂 méilàn
每 měi
美 měi
美德 měidé
美感 měigǎn
美观 měiguān
美酒 měijiǔ
美丽 měilì
镁 měi
昧 mèi

昧心 mèixīn
媚态 mèitài
魅力 mèilì

门 mén
门道 méndào
门道 mén·dao
门户 ménhù
门闩 ménshuān
门徒 méntú
扪心 ménxīn
闷雷 mènléi

蒙骗 mēngpiàn
萌 méng
萌动 méngdòng
萌发 méngfā
萌芽 méngyá
蒙混 ménghùn
蒙受 méngshòu
蒙冤 méngyuān
盟 méng
盟誓 méngshì
朦胧 ménglóng
猛 měng

蒙古包 měnggǔbāo
孟 mèng
孟浪 mènglàng
梦 mèng
梦幻 mènghuàn
梦境 mèngjìng
梦寐以求 mèngmèiyǐqiú
梦想 mèngxiǎng

弥补 míbǔ
弥留 míliú
弥漫 mímàn
弥天 mítiān
迷 mí
迷漫 mímàn
迷茫 mímáng
迷惘 míwǎng
迷信 míxìn
眯 mí
眯眼 míyǎn
谜 mí
谜语 míyǔ
糜烂 mílàn
米 mǐ
弭乱 mǐluàn
觅 mì

秘方 mìfāng
秘密 mìmì
密 mì
密封 mìfēng
密切 mìqiè
幂 mì
蜜 mì
蜜蜂 mìfēng

眠 mián
绵 mián
绵薄 miánbó
绵长 miáncháng
绵软 miánruǎn
棉絮 miánxù
免 miǎn
免除 miǎnchú
免疫 miǎnyì
免职 miǎnzhí
勉 miǎn
勉励 miǎnlì
勉强 miǎnqiǎng
缅怀 miǎnhuái
面 miàn
面点 miàndiǎn

面孔 miànkǒng
面临 miànlín
面貌 miànmào
面目 miànmù
面前 miànqián
面世 miànshì
面叙 miànxù

苗 miáo
描 miáo
描绘 miáohuì
描述 miáoshù
描写 miáoxiě
瞄 miáo
瞄准 miáozhǔn
秒 miǎo
渺 miǎo
渺茫 miǎománg
渺然 miǎorán
渺小 miǎoxiǎo
藐视 miǎoshì
藐小 miǎoxiǎo
妙 miào
妙趣 miàoqù
妙手 miàoshǒu

庙 miào

灭 miè
灭迹 mièjì
灭绝 mièjué
灭亡 mièwáng
蔑视 mièshì
篾 miè

民 mín
民办 mínbàn
民风 mínfēng
民间 mínjiān
民乐 mínyuè
民情 mínqíng
民俗 mínsú
民主 mínzhǔ
民族 mínzú
皿 mǐn
抿 mǐn
泯灭 mǐnmiè
闽 mǐn
敏 mǐn
敏感 mǐngǎn
敏捷 mǐnjié

敏锐 mǐnruì

名 míng
名称 míngchēng
名词 míngcí
名次 míngcì
名额 míng'é
名副其实 míngfùqíshí
名利 mínglì
名列前茅 mínglièqiánmáo
名目 míngmù
名义 míngyì
明 míng
明澈 míngchè
明快 míngkuài
明朗 mínglǎng
明媚 míngmèi
明年 míngnián
明确 míngquè
明天 míngtiān
明显 míngxiǎn
明智 míngzhì
鸣 míng
铭 míng
铭刻 míngkè

瞑目 míngmù
命 mìng
命令 mìnglìng
命运 mìngyùn

谬 miù
谬论 miùlùn
谬误 miùwù

摸 mō
摸底 mōdǐ
摹 mó
模范 mófàn
模仿 mófǎng
模拟 mónǐ
模式 móshì
模型 móxíng
膜 mó
膜拜 móbài
磨难 mónàn
魔 mó
末 mò
没落 mòluò
没收 mòshōu
陌路 mòlù

陌生 mòshēng
莫 mò
莫非 mòfēi
漠视 mòshì
蓦然 mòrán
墨 mò
默契 mòqì
默许 mòxǔ

牟利 móulì
牟取 móuqǔ
眸 móu
谋 móu
谋划 móuhuà
某 mǒu

模样 múyàng
母 mǔ
母亲 mǔ·qīn
母体 mǔtǐ
母校 mǔxiào
母语 mǔyǔ
亩 mǔ
牡 mǔ
拇指 mǔzhǐ

木 mù
木讷 mùnè
木偶 mù'ǒu
木炭 mùtàn
目 mù
目标 mùbiāo
目不转睛 mùbùzhuǎnjīng
目瞪口呆 mùdèng kǒudāi
目的 mùdì
沐浴 mùyù
牧场 mùchǎng
牧区 mùqū
募 mù
募兵 mùbīng
募捐 mùjuān
墓 mù
墓碑 mùbēi
墓地 mùdì
幕 mù
幕后 mùhòu
睦邻 mùlín
暮 mù
暮霭 mù'ǎi
暮年 mùnián
穆 mù

穆斯林 mùsīlín

N

拿 ná
拿办 nábàn
拿手 náshǒu
哪里 nǎ·lǐ
哪怕 nǎpà
哪些 nǎxiē
那些 nàxiē
纳 nà
纳粹 nàcuì
纳凉 nàliáng
纳米 nàmǐ
纳入 nàrù
纳税 nàshuì
钠 nà
捺 nà

内 nèi
内部 nèibù
内存 nèicún
内涵 nèihán
内行 nèiháng
内燃机 nèiránjī

内容 nèiróng
内退 nèituì
内外 nèiwài
内需 nèixū
内资 nèizī

乃 nǎi
乃至 nǎizhì
奶 nǎi
奶茶 nǎichá
奶粉 nǎifěn
奶酪 nǎilào
奶牛 nǎiniú
氖 nǎi
奈 nài
奈何 nàihé
耐 nài
耐烦 nàifán
耐用 nàiyòng

男 nán
男女 nánnǚ
男人 nánrén
男人 nán·ren
南 nán
南半球 nánbànqiú

南北 nánběi
南方 nánfāng
南瓜 nán·guā
难道 nándào
难得 nándé
难点 nándiǎn
难度 nándù
难怪 nánguài
难过 nánguò
难堪 nánkān
难免 nánmiǎn
难受 nánshòu
难题 nántí
难为情 nánwéiqíng
赧颜 nǎnyán
难民 nànmín

囊 nāng
囊括 nángkuò
囊肿 nángzhǒng

挠 náo
挠头 náotóu
恼 nǎo
恼恨 nǎohèn

恼火 nǎohuǒ
恼怒 nǎonù
脑 nǎo
脑海 nǎohǎi
脑筋 nǎojīn
脑髓 nǎosuǐ
闹 nào
闹剧 nàojù
闹事 nàoshì

嫩 nèn
嫩黄 nènhuáng
嫩绿 nènlǜ

能 néng
能动 néngdòng
能够 nénggòu
能力 nénglì
能量 néngliàng
能源 néngyuán

尼 ní
泥垢 nígòu
泥淖 nínào
泥泞 nínìng

泥塑 nísù
泥沼 nízhǎo
呢喃 nínán
倪 ní
霓虹灯 níhóngdēng
你 nǐ
拟 nǐ
拟订 nǐdìng
拟定 nǐdìng
昵称 nìchēng
逆 nì
逆反 nìfǎn
逆境 nìjìng
逆流 nìliú
匿名 nìmíng
溺 nì
溺水 nìshuǐ
腻 nì

拈 niān
年 nián
年代 niándài
年度 niándù
年华 niánhuá
年鉴 niánjiàn

年龄 niánlíng
年轻 niánqīng
年限 niánxiàn
黏 nián
捻 niǎn
撵 niǎn
碾 niǎn
念 niàn
念旧 niànjiù
念书 niànshū

娘 niáng
酿 niàng
酿造 niàngzào

鸟 niǎo
袅娜 niǎonuó
袅绕 niǎorào

捏 niē
捏合 niēhé
捏造 niēzào
涅槃 nièpán
聂 niè
啮 niè

镊 niè
镍 niè
蹑足 nièzú
孽 niè
孽根 niègēn

您 nín

宁静 níngjìng
凝 níng
凝固 nínggù
凝结 níngjié
凝重 níngzhòng
宁可 nìngkě
宁愿 nìngyuàn

牛 niú
牛犊 niúdú
牛顿 niúdùn
牛皮 niúpí
牛仔裤 niúzǎikù
扭 niǔ
扭曲 niǔqū
扭转 niǔzhuǎn
纽带 niǔdài

农 nóng
农产品 nóngchǎnpǐn
农村 nóngcūn
农历 nónglì
农民 nóngmín
农业 nóngyè
农作物 nóngzuòwù
浓 nóng
浓缩 nóngsuō
浓郁 nóngyù
浓重 nóngzhòng
脓 nóng
弄虚作假 nòngxū zuòjiǎ

努 nǔ
努力 nǔlì
怒 nù
怒气 nùqì

女 nǚ
女工 nǚgōng
女郎 nǚláng
女权 nǚquán
女人 nǚrén
女人 nǚ·ren

女士 nǚshì

疟 nüè
虐 nüè
虐待 nüèdài
虐政 nüèzhèng

暖 nuǎn
暖色 nuǎnsè

挪 nuó
挪借 nuójiè
挪用 nuóyòng
诺 nuò
诺言 nuòyán
懦 nuò
懦夫 nuòfū
懦弱 nuòruò
糯米 nuòmǐ

O

讴歌 ōugē
欧 ōu
欧化 ōuhuà
欧元 ōuyuán

殴打 ōudǎ
鸥 ōu
呕 ǒu
呕吐 ǒutù
呕心 ǒuxīn
偶 ǒu
偶尔 ǒu'ěr
偶合 ǒuhé
偶然 ǒurán
偶然性 ǒuránxìng
偶像 ǒuxiàng
藕 ǒu
怄气 òuqì

P

趴 pā
爬 pá
扒窃 páqiè
扒手 páshǒu
爬升 páshēng
爬行 páxíng
帕 pà
怕 pà

拍 pāi

拍板 pāibǎn
拍马 pāimǎ
拍卖 pāimài
拍品 pāipǐn
拍摄 pāishè
拍照 pāizhào
徘徊 páihuái
排 pái
排斥 páichì
排忧解难 páiyōu jiěnàn
牌 pái
牌匾 páibiǎn
牌照 páizhào
派 pài
派别 pàibié
派出所 pàichūsuǒ
派对 pàiduì
派遣 pàiqiǎn
派生 pàishēng
派系 pàixì
湃 pài

潘 pān
攀 pān
攀比 pānbǐ

攀登 pāndēng
攀附 pānfù
攀高 pāngāo
攀亲 pānqīn
攀升 pānshēng
盘 pán
盘查 pánchá
盘旋 pánxuán
磐石 pánshí
蹒跚 pánshān
判 pàn
判别 pànbié
判定 pàndìng
判断 pànduàn
判决书 pànjuéshū
判明 pànmíng
叛 pàn
叛变 pànbiàn
叛逆 pànnì
盼 pàn
盼望 pànwàng
畔 pàn

滂沱 pāngtuó
庞 páng

庞大 pángdà
庞杂 pángzá
旁 páng
旁观 pángguān
旁听 pángtīng
旁证 pángzhèng

抛 pāo
抛光 pāoguāng
抛弃 pāoqì
抛却 pāoquè
抛售 pāoshòu
袍 páo
刨除 páochú
咆哮 páoxiào
炮制 páozhì
泡沫 pàomò
泡影 pàoyǐng
炮兵 pàobīng

胚 pēi
胚胎 pēitāi
陪 péi
陪伴 péibàn
陪衬 péichèn

陪读 péidú
陪同 péitóng
培 péi
培训 péixùn
培养 péiyǎng
培育 péiyù
培植 péizhí
赔 péi
赔偿 péicháng
赔礼 péilǐ
赔罪 péizuì
沛 pèi
佩 pèi
佩戴 pèidài
佩服 pèi·fú
配 pèi
配备 pèibèi
配方 pèifāng
配合 pèihé
配合 pèi·he
配偶 pèi'ǒu
配套 pèitào

喷 pēn
喷薄 pēnbó
喷灌 pēnguàn

喷泉 pēnquán
喷洒 pēnsǎ
喷涌 pēnyǒng
盆 pén
盆地 péndì
盆景 pénjǐng

抨击 pēngjī
烹调 pēngtiáo
烹饪 pēngrèn
朋 péng
彭 péng
棚 péng
硼 péng
蓬 péng
蓬勃 péngbó
蓬乱 péngluàn
蓬松 péngsōng
鹏 péng
澎湃 péngpài
篷 péng
膨大 péngdà
膨胀 péngzhàng
捧 pěng
捧场 pěngchǎng

捧腹 pěngfù
碰 pèng
碰壁 pèngbì
碰巧 pèngqiǎo
碰撞 pèngzhuàng

批 pī
批驳 pībó
批发 pīfā
批文 pīwén
批准 pīzhǔn
披 pī
披挂 pīguà
披露 pīlù
披靡 pīmǐ
砒霜 pīshuāng
霹雷 pīléi
霹雳 pīlì
皮 pí
皮包 píbāo
皮肤 pífū
皮革 pígé
皮毛 pímáo
疲 pí
疲惫 píbèi

疲倦 píjuàn
疲劳 píláo
疲软 píruǎn
啤酒 píjiǔ
脾 pí
匹 pǐ
匹敌 pǐdí
匹配 pǐpèi
癖 pǐ
癖好 pǐhào
癖性 pǐxìng
媲美 pìměi
僻 pì
僻静 pìjìng
譬如 pìrú

偏 piān
偏爱 piān'ài
偏激 piānjī
偏见 piānjiàn
偏僻 piānpì
偏袒 piāntǎn
篇 piān
篇目 piānmù

篇章 piānzhāng
片段 piànduàn
片刻 piànkè
片面 piànmiàn
片言 piànyán
骗 piàn
骗局 piànjú
骗取 piànqǔ
骗术 piànshù

剽窃 piāoqiè
漂泊 piāobó
缥缈 piāomiǎo
飘 piāo
飘带 piāodài
飘荡 piāodàng
飘动 piāodòng
飘零 piāolíng
飘落 piāoluò
飘然 piāorán
飘扬 piāoyáng
飘逸 piāoyì
瓢 piáo
瞟 piǎo
漂白 piǎobái

漂白粉 piǎobáifěn
漂洗 piǎoxǐ
票 piào
票据 piàojù
票友 piàoyǒu
票证 piàozhèng

瞥 piē
撇开 piē·kāi
撇嘴 piězuǐ

拼 pīn
拼搏 pīnbó
拼凑 pīncòu
拼命 pīnmìng
拼写 pīnxiě
贫 pín
贫乏 pínfá
贫穷 pínqióng
贫油 pínyóu
频 pín
频道 píndào
频繁 pínfán
频率 pínlǜ
品 pǐn

品名 pǐnmíng
品牌 pǐnpái
品位 pǐnwèi
品行 pǐnxíng
品质 pǐnzhì
品种 pǐnzhǒng
聘 pìn
聘请 pìnqǐng
聘任 pìnrèn
聘用 pìnyòng

乒乓球 pīngpāngqiú
平 píng
平衡木 pínghéngmù
平静 píngjìng
平均 píngjūn
平面 píngmiàn
平稳 píngwěn
平息 píngxī
平行 píngxíng
平庸 píngyōng
平原 píngyuán
评 píng
评比 píngbǐ
评选 píngxuǎn

凭 píng
凭借 píngjiè
凭据 píngjù
凭证 píngzhèng
坪 píng
苹果 píngguǒ
屏蔽 píngbì
屏风 píngfēng
屏幕 píngmù
屏障 píngzhàng
瓶 píng
萍 píng
萍踪 píngzōng

坡 pō
坡度 pōdù
泼 pō
泼墨 pōmò
泼洒 pōsǎ
颇 pō
迫不及待 pòbùjídài
迫害 pòhài
迫近 pòjìn
迫切 pòqiè
迫使 pòshǐ

破 pò
破费 pòfèi
破坏 pòhuài
破旧 pòjiù
魄 pò

剖 pōu
剖面 pōumiàn
剖析 pōuxī

扑 pū
扑救 pūjiù
扑克 pūkè
扑面 pūmiàn
铺垫 pūdiàn
铺盖 pūgài
铺盖 pū·gai
铺设 pūshè
铺张 pūzhāng
葡 pú
蒲公英 púgōngyīng
圃 pǔ
浦 pǔ
普 pǔ
普遍 pǔbiàn

普查 pǔchá
普通话 pǔtōnghuà
谱 pǔ
谱写 pǔxiě
铺板 pùbǎn
铺面 pùmiàn
瀑 pù
瀑布 pùbù
曝晒 pùshài

Q

七 qī
沏 qī
沏茶 qīchá
栖身 qīshēn
栖息 qīxī
戚 qī
期 qī
期待 qīdài
期间 qījiān
期刊 qīkān
期望 qīwàng
期限 qīxiàn
欺 qī
欺瞒 qīmán
欺骗 qīpiàn

欺侮 qīwǔ
欺压 qīyā
欺诈 qīzhà
漆 qī
漆黑 qīhēi
蹊跷 qīqiāo
齐 qí
齐备 qíbèi
齐整 qízhěng
其 qí
其次 qícì
其实 qíshí
奇迹 qíjì
奇妙 qímiào
奇特 qítè
奇遇 qíyù
歧视 qíshì
歧途 qítú
祈 qí
祈祷 qídǎo
祈求 qíqiú
颀长 qícháng
颀伟 qíwěi
崎岖 qíqū
畦 qí

骑 qí
棋 qí
旗 qí
旗语 qíyǔ
旗帜 qízhì
鳍 qí
乞丐 qǐgài
乞怜 qǐlián
乞讨 qǐtǎo
企 qǐ
企盼 qǐpàn
企求 qǐqiú
企图 qǐtú
企望 qǐwàng
企业 qǐyè
岂敢 qǐgǎn
岂有此理 qǐyǒucǐlǐ
岂止 qǐzhǐ
启 qǐ
启齿 qǐchǐ
启迪 qǐdí
启动 qǐdòng
启发 qǐfā
启蒙 qǐméng
启示 qǐshì

启用 qǐyòng
起 qǐ
起步 qǐbù
起哄 qǐhòng
起家 qǐjiā
起居 qǐjū
起落 qǐluò
起色 qǐsè
起诉 qǐsù
起用 qǐyòng
起早 qǐzǎo
绮丽 qǐlì
气 qì
气喘 qìchuǎn
气度 qìdù
气氛 qìfēn
气魄 qìpò
气质 qìzhì
迄今 qìjīn
弃 qì
弃权 qìquán
汽 qì
汽车 qìchē
汽笛 qìdí
汽缸 qìgāng

汽油 qìyóu
契机 qìjī
契约 qìyuē
砌 qì
砌墙 qìqiáng
器 qì
器材 qìcái
器官 qìguān
器皿 qìmǐn
器械 qìxiè
器宇 qìyǔ
器重 qìzhòng

掐 qiā
掐算 qiāsuàn
恰 qià
恰当 qiàdàng
恰好 qiàhǎo
恰巧 qiàqiǎo
恰如 qiàrú
恰似 qiàsì
洽 qià
洽商 qiàshāng
洽谈 qiàtán

千方百计 qiānfāng bǎijì
千古 qiāngǔ
千金 qiānjīn
千钧一发 qiānjūn yīfà
千秋 qiānqiū
千瓦 qiānwǎ
阡陌 qiānmò
迁 qiān
迁就 qiānjiù
迁居 qiānjū
迁徙 qiānxǐ
迁移 qiānyí
牵 qiān
牵扯 qiānchě
牵挂 qiānguà
牵连 qiānlián
牵强 qiānqiǎng
牵涉 qiānshè
牵引 qiānyǐn
牵制 qiānzhì
谦虚 qiānxū
谦逊 qiānxùn
签 qiān
签单 qiāndān
签订 qiāndìng

签发 qiānfā
签名 qiānmíng
签署 qiānshǔ
签约 qiānyuē
签字 qiānzì
前 qián
前程 qiánchéng
前进 qiánjìn
前景 qiánjǐng
前仆后继 qiánpū hòujì
前兆 qiánzhào
前奏 qiánzòu
虔诚 qiánchéng
钱 qián
钳 qián
钳工 qiángōng
乾坤 qiánkūn
潜 qián
潜藏 qiáncáng
潜伏 qiánfú
潜力 qiánlì
潜能 qiánnéng
潜水 qiánshuǐ
潜逃 qiántáo
潜心 qiánxīn

潜移默化 qiányí mòhuà
潜在 qiánzài
浅薄 qiǎnbó
浅陋 qiǎnlòu
浅显 qiǎnxiǎn
遣 qiǎn
遣返 qiǎnfǎn
遣送 qiǎnsòng
谴责 qiǎnzé
欠 qiàn
欠安 qiàn'ān
欠缺 qiànquē
芡粉 qiànfěn
倩影 qiànyǐng
堑壕 qiànháo
歉 qiàn
歉疚 qiànjiù
歉意 qiànyì

戕害 qiānghài
枪 qiāng
枪毙 qiāngbì
枪决 qiāngjué
枪手 qiāngshǒu
腔 qiāng

强暴 qiángbào
强大 qiángdà
强盗 qiángdào
强调 qiángdiào
强度 qiángdù
强烈 qiángliè
强权 qiángquán
强行 qiángxíng
强制 qiángzhì
墙 qiáng
墙壁 qiángbì
蔷薇 qiángwēi
强辩 qiǎngbiàn
强迫 qiǎngpò
强求 qiǎngqiú
强颜 qiǎngyán
抢 qiǎng
抢夺 qiǎngduó
抢劫 qiǎngjié
抢救 qiǎngjiù
抢滩 qiǎngtān
抢险 qiǎngxiǎn
抢眼 qiǎngyǎn
襁褓 qiǎngbǎo

跷 qiāo
敲 qiāo
敲定 qiāodìng
敲诈 qiāozhà
锹 qiāo
乔 qiáo
乔木 qiáomù
乔迁 qiáoqiān
乔装 qiáozhuāng
侨胞 qiáobāo
侨眷 qiáojuàn
侨民 qiáomín
荞麦 qiáomài
桥 qiáo
桥梁 qiáoliáng
桥牌 qiáopái
憔悴 qiáocuì
翘首 qiáoshǒu
瞧 qiáo
巧 qiǎo
巧合 qiǎohé
巧匠 qiǎojiàng
巧妙 qiǎomiào
巧遇 qiǎoyù
悄然 qiǎorán

悄声 qiǎoshēng
俏 qiào
俏丽 qiàolì
俏皮 qiàopí
峭壁 qiàobì
峭立 qiàolì
窍 qiào
撬 qiào

切除 qiēchú
切磋 qiēcuō
切削 qiēxiāo
切合 qièhé
切身 qièshēn
切实 qièshí
妾 qiè
怯 qiè
怯场 qièchǎng
怯懦 qiènuò
窃 qiè
窃密 qièmì
窃取 qièqǔ
窃听 qiètīng
惬意 qièyì

亲近 qīnjìn
亲历 qīnlì
亲临 qīnlín
亲密 qīnmì
亲昵 qīnnì
亲切 qīnqiè
亲热 qīnrè
亲属 qīnshǔ
亲自 qīnzì
侵 qīn
侵犯 qīnfàn
侵害 qīnhài
侵略 qīnlüè
侵权 qīnquán
侵蚀 qīnshí
侵占 qīnzhàn
钦差 qīnchāi
钦定 qīndìng
钦佩 qīnpèi
芹菜 qíncài
秦 qín
琴 qín
琴瑟 qínsè
琴书 qínshū
勤 qín

勤奋 qínfèn
勤俭 qínjiǎn
勤恳 qínkěn
勤劳 qínláo
勤勉 qínmiǎn
噙 qín
擒获 qínhuò
擒拿 qínná
寝 qǐn
寝食 qǐnshí
寝室 qǐnshì
沁 qìn

青 qīng
青春 qīngchūn
青翠 qīngcuì
青睐 qīnglài
青霉素 qīngméisù
青年 qīngnián
青蛙 qīngwā
青云 qīngyún
轻便 qīngbiàn
轻薄 qīngbó
轻而易举 qīng'éryìjǔ
轻浮 qīngfú

轻工业 qīnggōngyè
轻快 qīngkuài
轻狂 qīngkuáng
轻率 qīngshuài
轻慢 qīngmàn
轻描淡写 qīngmiáo dànxiě
轻易 qīngyì
轻音乐 qīngyīnyuè
轻盈 qīngyíng
倾 qīng
倾情 qīngqíng
倾诉 qīngsù
倾听 qīngtīng
倾吐 qīngtǔ
倾向 qīngxiàng
倾销 qīngxiāo
倾斜 qīngxié
倾心 qīngxīn
倾轧 qīngyà
倾注 qīngzhù
卿 qīng
清 qīng
清白 qīngbái
清澈 qīngchè
清明 qīngmíng

清爽 qīngshuǎng
清晰 qīngxī
清醒 qīngxǐng
清真寺 qīngzhēnsì
蜻蜓 qīngtíng
情 qíng
情不自禁 qíngbùzìjīn
情操 qíngcāo
情感 qínggǎn
情怀 qínghuái
情节 qíngjié
情景 qíngjǐng
情况 qíngkuàng
情理 qínglǐ
情谊 qíngyì
情愿 qíngyuàn
晴 qíng
擎 qíng
顷 qǐng
顷刻 qǐngkè
请 qǐng
请便 qǐngbiàn
请假 qǐngjià
请教 qǐngjiào
请客 qǐngkè

请求 qǐngqiú
请示 qǐngshì
请帖 qǐngtiě
请愿 qǐngyuàn
庆典 qìngdiǎn
庆贺 qìnghè
庆幸 qìngxìng
庆祝 qìngzhù

穷 qióng
穷尽 qióngjìn
穷苦 qióngkǔ
穷困 qióngkùn
穷人 qióngrén
穷途 qióngtú
琼 qióng
琼浆 qióngjiāng
琼脂 qióngzhī

丘 qiū
丘陵 qiūlíng
邱 qiū
秋 qiū
秋水 qiūshuǐ
蚯蚓 qiūyǐn

囚 qiú
囚犯 qiúfàn
囚禁 qiújìn
求 qiú
求教 qiújiào
泅渡 qiúdù
球 qiú
球菌 qiújūn
球迷 qiúmí
球赛 qiúsài
球市 qiúshì
球星 qiúxīng
遒劲 qiújìng
裘 qiú
裘皮 qiúpí

区别 qūbié
区分 qūfēn
区划 qūhuà
区间 qūjiān
区域 qūyù
曲解 qūjiě
曲线 qūxiàn
曲折 qūzhé
驱 qū

驱除 qūchú
驱赶 qūgǎn
驱使 qūshǐ
驱逐 qūzhú
屈 qū
屈才 qūcái
屈从 qūcóng
屈服 qūfú
屈驾 qūjià
屈辱 qūrǔ
躯 qū
躯干 qūgàn
躯体 qūtǐ
趋 qū
趋附 qūfù
趋势 qūshì
趋同 qūtóng
趋向 qūxiàng
渠 qú
曲艺 qǔyì
曲调 qǔdiào
曲目 qǔmù
取 qǔ
取证 qǔzhèng
娶 qǔ

龋齿 qǔchǐ
去 qù
去日 qùrì
去向 qùxiàng
趣 qù
趣味 qùwèi
趣闻 qùwén

圈点 quāndiǎn
圈定 quāndìng
圈套 quāntào
圈阅 quānyuè
全 quán
全部 quánbù
全局 quánjú
全面 quánmiàn
全身 quánshēn
全体 quántǐ
权 quán
权贵 quánguì
权衡 quánhéng
权力 quánlì
权利 quánlì
权谋 quánmóu
权宜 quányí

诠释 quánshì
泉 quán
泉水 quánshuǐ
泉涌 quányǒng
拳击 quánjī
拳脚 quánjiǎo
痊愈 quányù
蜷伏 quánfú
蜷缩 quánsuō
犬 quǎn
劝 quàn
劝告 quàngào
劝解 quànjiě
劝说 quànshuō
劝阻 quànzǔ
券 quàn

缺 quē
缺点 quēdiǎn
缺乏 quēfá
缺憾 quēhàn
缺口 quēkǒu
缺少 quēshǎo
缺陷 quēxiàn
瘸 qué

却 què
雀斑 quèbān
雀跃 quèyuè
确 què
确定 quèdìng
确切 quèqiè
确实 quèshí
确凿 quèzáo
鹊 què

裙 qún
裙带 qúndài
群 qún
群岛 qúndǎo
群体 qúntǐ
群众 qúnzhòng

R

然 rán
然而 rán'ér
然后 ránhòu
燃 rán
燃点 rándiǎn
燃料 ránliào
燃烧 ránshāo
染 rǎn

染缸 rǎngāng
染料 rǎnliào
染色体 rǎnsètǐ
染指 rǎnzhǐ

壤 rǎng
让 ràng
让步 ràngbù
让路 rànglù

饶 ráo
饶舌 ráoshé
饶恕 ráoshù
扰 rǎo
扰乱 rǎoluàn
绕 rào
绕行 ràoxíng
绕嘴 ràozuǐ

惹 rě
惹祸 rěhuò
惹事 rěshì
热 rè
热爱 rè'ài
热潮 rècháo

热忱 rèchén
热点 rèdiǎn
热敷 rèfū
热量 rèliàng
热烈 rèliè
热能 rènéng
热切 rèqiè
热情 rèqíng
热线 rèxiàn
热心 rèxīn
热血 rèxuè

人 rén
人才 réncái
人称 rénchēng
人道 réndào
人工 réngōng
人口 rénkǒu
人类 rénlèi
人民 rénmín
人民币 rénmínbì
人品 rénpǐn
人情 rénqíng
人权 rénquán
人群 rénqún

人事 rénshì
人为 rénwéi
人员 rényuán
人质 rénzhì
仁义 rényì
忍 rěn
忍耐 rěnnài
忍让 rěnràng
忍受 rěnshòu
忍心 rěnxīn
荏苒 rěnrǎn
认 rèn
认定 rèndìng
认识论 rènshilùn
认同 rèntóng
认为 rènwéi
认养 rènyǎng
认真 rènzhēn
任何 rènhé
任免 rènmiǎn
任命 rènmìng
任凭 rènpíng
任期 rènqī
任性 rènxìng
任意 rènyì

任用 rènyòng
任职 rènzhí
妊娠 rènshēn

扔 rēng
仍 réng
仍旧 réngjiù
仍然 réngrán

日 rì
日报 rìbào
日常 rìcháng
日程 rìchéng
日光 rìguāng
日后 rìhòu
日记 rìjì
日见 rìjiàn
日渐 rìjiàn
日历 rìlì
日期 rìqī
日前 rìqián
日食 rìshí
日夜 rìyè
日益 rìyì
日用 rìyòng

日月 rìyuè
日志 rìzhì

戎 róng
戎马 róngmǎ
戎装 róngzhuāng
绒 róng
绒线 róngxiàn
茸毛 róngmáo
荣 róng
荣幸 róngxìng
荣耀 róngyào
荣誉 róngyù
容 róng
容光 róngguāng
容量 róngliàng
容貌 róngmào
容纳 róngnà
容易 róngyì
溶 róng
溶洞 róngdòng
溶剂 róngjì
溶解 róngjiě
溶液 róngyè
榕树 róngshù

熔 róng
熔点 róngdiǎn
熔炼 róngliàn
熔炉 rónglú
熔铸 róngzhù
融 róng
融合 rónghé
融化 rónghuà
融会 rónghuì
融洽 róngqià
融资 róngzī
冗长 rǒngcháng
冗员 rǒngyuán

柔 róu
柔肠 róucháng
柔和 róuhé
柔美 róuměi
柔情 róuqíng
柔韧 róurèn
柔软 róuruǎn
柔弱 róuruò
揉 róu
肉 ròu

如 rú
如此 rúcǐ
如释重负 rúshìzhòngfù
如同 rútóng
如下 rúxià
如意 rúyì
如愿 rúyuàn
茹 rú
儒 rú
儒雅 rúyǎ
蠕动 rúdòng
孺子 rúzǐ
汝 rǔ
乳 rǔ
乳臭 rǔxiù
乳胶 rǔjiāo
乳名 rǔmíng
辱 rǔ
辱没 rǔmò
辱命 rǔmìng
入 rù
入耳 rù'ěr
入股 rùgǔ
入微 rùwēi
入伍 rùwǔ

入学 rùxué
入座 rùzuò
褥 rù

软 ruǎn
软骨 ruǎngǔ
软件 ruǎnjiàn
软禁 ruǎnjìn
软磨 ruǎnmó
软盘 ruǎnpán
软驱 ruǎnqū
软弱 ruǎnruò

蕊 ruǐ
锐 ruì
锐利 ruìlì
锐气 ruìqì
瑞 ruì
睿智 ruìzhì

闰 rùn
闰年 rùnnián
润 rùn
润滑 rùnhuá
润色 rùnsè

润泽 rùnzé

若 ruò
若非 ruòfēi
若干 ruògān
若无其事 ruòwúqíshì
弱 ruò
弱点 ruòdiǎn
弱势 ruòshì
弱小 ruòxiǎo
弱智 ruòzhì

S

撒谎 sāhuǎng
撒气 sāqì
撒手 sāshǒu
撒野 sāyě
洒 sǎ
洒落 sǎluò
洒扫 sǎsǎo
飒爽 sàshuǎng

塞车 sāichē
塞外 sàiwài
腮 sāi

鳃 sāi
赛 sài
赛场 sàichǎng
赛区 sàiqū
赛事 sàishì

三角形 sānjiǎoxíng
三 sān
三角洲 sānjiǎozhōu
三轮车 sānlúnchē
伞 sǎn
散布 sànbù
散步 sànbù
散发 sànfā
散光 sǎnguāng
散会 sànhuì
散记 sǎnjì
散架 sǎnjià
散漫 sǎnmàn
散装 sǎnzhuāng
散心 sànxīn

桑 sāng
桑梓 sāngzǐ
嗓 sǎng

嗓音 sǎngyīn
丧胆 sàngdǎn
丧礼 sānglǐ
丧气 sàngqì
丧失 sàngshī
丧葬 sāngzàng
丧志 sàngzhì
丧钟 sāngzhōng

搔 sāo
骚 sāo
骚动 sāodòng
骚乱 sāoluàn
骚扰 sāorǎo
缫 sāo
扫除 sǎochú
扫兴 sǎoxìng
嫂 sǎo

色彩 sècǎi
色调 sèdiào
色盲 sèmáng
色素 sèsù
色泽 sèzé
涩 sè

瑟 sè

森 sēn
森林 sēnlín
森严 sēnyán
僧 sēng
僧侣 sēnglǚ
僧尼 sēngní

杀 shā
杀毒 shādú
杀价 shājià
杀菌 shājūn
杀戮 shālù
杀青 shāqīng
沙 shā
沙暴 shābào
沙尘 shāchén
沙袋 shādài
沙雕 shādiāo
沙发 shāfā
纱 shā
纱布 shābù
纱窗 shāchuāng
刹车 shāchē

砂 shā
砂纸 shāzhǐ
傻 shǎ
傻瓜 shǎguā
煞白 shàbái
霎时 shàshí

筛 shāi
筛糠 shāikāng
筛选 shāixuǎn
晒 shài
晒干 shàigān
晒台 shàitái
晒图 shàitú

山 shān
山坳 shān'ào
山区 shānqū
山水 shānshuǐ
山崖 shānyá
山野 shānyě
山庄 shānzhuāng
删 shān
删除 shānchú
删改 shāngǎi

衫 shān
珊瑚 shānhú
煽动 shāndòng
煽情 shānqíng
闪 shǎn
闪避 shǎnbì
闪电 shǎndiàn
闪光 shǎnguāng
讪笑 shànxiào
汕 shàn
苫布 shànbù
扇贝 shànbèi
善 shàn
善举 shànjǔ
善良 shànliáng
善意 shànyì
擅 shàn
擅长 shàncháng
擅自 shànzì
膳 shàn
膳食 shànshí
赡养 shànyǎng

伤 shāng
伤疤 shāngbā

伤风 shāngfēng
伤感 shānggǎn
伤害 shānghài
伤痕 shānghén
伤神 shāngshén
伤心 shāngxīn
商 shāng
商标 shāngbiāo
商贾 shānggǔ
商检 shāngjiǎn
商贸 shāngmào
商品 shāngpǐn
商洽 shāngqià
商榷 shāngquè
商谈 shāngtán
商讨 shāngtǎo
商行 shāngháng
商业 shāngyè
商议 shāngyì
晌 shǎng
赏 shǎng
赏赐 shǎngcì
赏光 shǎngguāng
赏脸 shǎngliǎn
赏识 shǎngshí

赏析 shǎngxī
上班 shàngbān
上报 shàngbào
上策 shàngcè
上层 shàngcéng
上当 shàngdàng
上吊 shàngdiào
上访 shàngfǎng
上级 shàngjí
上进 shàngjìn
上空 shàngkōng
上市 shàngshì
上诉 shàngsù
上网 shàngwǎng
上下 shàngxià
上心 shàngxīn
上瘾 shàngyǐn
上涨 shàngzhǎng
尚 shàng
尚且 shàngqiě

捎带 shāodài
梢 shāo
烧 shāo

烧毁 shāohuǐ
烧烤 shāokǎo
烧香 shāoxiāng
稍 shāo
稍微 shāowēi
稍许 shāoxǔ
艄公 shāogōng
勺 sháo
韶 sháo
韶光 sháoguāng
韶华 sháohuá
少见 shǎojiàn
少许 shǎoxǔ
少儿 shào'ér
少年 shàonián
少女 shàonǚ
少壮 shàozhuàng
绍 shào
哨 shào
哨卡 shàoqiǎ
哨位 shàowèi
稍息 shàoxī

奢侈 shēchǐ
奢华 shēhuá
奢求 shēqiú
奢望 shēwàng
赊欠 shēqiàn
赊账 shēzhàng
舌 shé
舌苔 shétāi
舌战 shézhàn
蛇 shé
舍命 shěmìng
舍弃 shěqì
舍身 shěshēn
设 shè
设备 shèbèi
设防 shèfáng
社会 shèhuì
社会学 shèhuìxué
社交 shèjiāo
社论 shèlùn
社区 shèqū
社团 shètuán
射 shè
射线 shèxiàn
涉 shè
涉及 shèjí
涉猎 shèliè

涉嫌 shèxián
涉足 shèzú
赦免 shèmiǎn
摄 shè
摄取 shèqǔ
摄像 shèxiàng
摄影 shèyǐng
摄制 shèzhì

申 shēn
申诉 shēnsù
申冤 shēnyuān
伸 shēn
伸手 shēnshǒu
伸缩 shēnsuō
伸展 shēnzhǎn
伸张 shēnzhāng
身 shēn
身边 shēnbiān
身材 shēncái
身躯 shēnqū
绅士 shēnshì
砷 shēn
深 shēn

深奥 shēn'ào
深层 shēncéng
深沉 shēnchén
深厚 shēnhòu
深化 shēnhuà
深刻 shēnkè
神 shén
神经病 shénjīngbìng
神经质 shénjīngzhì
神秘 shénmì
沈 shěn
审 shěn
审美 shěnměi
审阅 shěnyuè
婶 shěn
肾 shèn
甚 shèn
甚至 shènzhì
渗 shèn
渗入 shènrù
渗透 shèntòu
慎 shèn
慎重 shènzhòng

升 shēng
升华 shēnghuá
升级 shēngjí
升平 shēngpíng
升迁 shēngqiān
升温 shēngwēn
升值 shēngzhí
生 shēng
生产 shēngchǎn
生产力 shēngchǎnlì
生存 shēngcún
生肖 shēngxiào
生涯 shēngyá
生长 shēngzhǎng
声 shēng
声波 shēngbō
声誉 shēngyù
声张 shēngzhāng
牲畜 shēngchù
胜地 shèngdì
胜利 shènglì
胜算 shèngsuàn
笙 shēng
绳 shéng
绳索 shéngsuǒ

省城 shěngchéng
省略 shěnglüè
省心 shěngxīn
圣 shèng
圣地 shèngdì
圣洁 shèngjié
盛行 shèngxíng
剩 shèng
剩余 shèngyú

失 shī
失败 shībài
师 shī
师表 shībiǎo
师范 shīfàn
师资 shīzī
诗 shī
诗意 shīyì
施 shī
施工 shīgōng
施舍 shīshě
施行 shīxíng
施展 shīzhǎn
狮 shī
湿 shī

湿润 shīrùn
什锦 shíjǐn
石 shí
石雕 shídiāo
时 shí
时差 shíchā
时日 shírì
时事 shíshì
实践 shíjiàn
实用 shíyòng
实质 shízhì
食 shí
食品 shípǐn
食堂 shítáng
食物链 shíwùliàn
食用 shíyòng
史 shǐ
史册 shǐcè
史书 shǐshū
矢口 shǐkǒu
矢志 shǐzhì
使 shǐ
使馆 shǐguǎn
使命 shǐmìng
使用 shǐyòng

始 shǐ
始终 shǐzhōng
驶 shǐ
士 shì
氏 shì
世 shì
世道 shìdào
世纪 shìjì
世界 shìjiè
世界观 shìjièguān
世面 shìmiàn
世俗 shìsú
市 shì
市场 shìchǎng
市话 shìhuà
市政 shìzhèng
示 shì
示范 shìfàn
示例 shìlì
示威 shìwēi
示意 shìyì
式 shì
式样 shìyàng
事 shì
事故 shìgù

事迹 shìjì
侍奉 shìfèng
侍卫 shìwèi
势 shì
势态 shìtài
视 shì
视察 shìchá
视频 shìpín
视网膜 shìwǎngmó
视线 shìxiàn
试 shì
试点 shìdiǎn
试剂 shìjì
试图 shìtú
试行 shìxíng
试验 shìyàn
饰 shì
室 shì
是 shì
是非 shìfēi
是否 shìfǒu
适当 shìdàng
适度 shìdù
适合 shìhé
适宜 shìyí

适应 shìyìng
逝 shì
释 shì
释放 shìfàng
嗜好 shìhào
誓师 shìshī

收 shōu
收藏 shōucáng
收场 shōuchǎng
收购 shōugòu
收回 shōuhuí
收获 shōuhuò
收缴 shōujiǎo
收缩 shōusuō
收音机 shōuyīnjī
手 shǒu
手表 shǒubiǎo
手册 shǒucè
手段 shǒuduàn
手法 shǒufǎ
手稿 shǒugǎo
手工业 shǒugōngyè
手机 shǒujī
手脚 shǒujiǎo

手软 shǒuruǎn
手术 shǒushù
手续 shǒuxù
手艺 shǒuyì
守 shǒu
守法 shǒufǎ
守卫 shǒuwèi
守则 shǒuzé
首 shǒu
首创 shǒuchuàng
首都 shǒudū
首肯 shǒukěn
首脑 shǒunǎo
首尾 shǒuwěi
寿 shòu
受 shòu
受贿 shòuhuì
受罪 shòuzuì
狩猎 shòuliè
兽 shòu
售 shòu
授 shòu
授命 shòumìng
授权 shòuquán
授意 shòuyì

授予 shòuyǔ
绶带 shòudài
瘦 shòu
书 shū
书法 shūfǎ
书卷 shūjuàn
书刊 shūkān
抒发 shūfā
抒情 shūqíng
枢纽 shūniǔ
殊 shū
殊荣 shūróng
梳 shū
梳理 shūlǐ
梳妆 shūzhuāng
淑女 shūnǚ
疏 shū
疏导 shūdǎo
疏漏 shūlòu
舒适 shūshì
输 shū
输出 shūchū
输入 shūrù
输送 shūsòng

蔬菜 shūcài
赎 shú
赎金 shújīn
赎罪 shúzuì
熟练 shúliàn
暑 shǔ
暑假 shǔjià
暑期 shǔqī
署 shǔ
署名 shǔmíng
鼠标 shǔbiāo
鼠疫 shǔyì
蜀 shǔ
曙光 shǔguāng
术 shù
术语 shùyǔ
束 shù
束缚 shùfù
束手 shùshǒu
述 shù
述怀 shùhuái
述评 shùpíng
述说 shùshuō
述职 shùzhí

树 shù
树立 shùlì
竖 shù
庶民 shùmín
数据 shùjù
数量 shùliàng
数目 shùmù
数学 shùxué
数字 shùzì
墅 shù
漱 shù

刷 shuā
刷卡 shuākǎ
刷洗 shuāxǐ
刷新 shuāxīn
耍 shuǎ

衰 shuāi
衰败 shuāibài
衰变 shuāibiàn
衰老 shuāilǎo
衰弱 shuāiruò
衰退 shuāituì
摔 shuāi

摔跤 shuāijiāo
甩 shuǎi
甩卖 shuǎimài
甩手 shuǎishǒu
率领 shuàilǐng
率先 shuàixiān
率直 shuàizhí

闩 shuān
拴 shuān
栓 shuān

涮 shuàn

双 shuāng
双边 shuāngbiān
双重 shuāngchóng
双关 shuāngguān
双亲 shuāngqīn
双赢 shuāngyíng
双语 shuāngyǔ
霜 shuāng
霜冻 shuāngdòng
霜期 shuāngqī
爽 shuǎng
爽朗 shuǎnglǎng

爽直 shuǎngzhí

水 shuǐ
水彩 shuǐcǎi
水产 shuǐchǎn
水分 shuǐfèn
水果 shuǐguǒ
水货 shuǐhuò
水晶 shuǐjīng
水利 shuǐlì
水路 shuǐlù
水鸟 shuǐniǎo
水平 shuǐpíng
水土 shuǐtǔ
水文 shuǐwén
水系 shuǐxì
水箱 shuǐxiāng
水印 shuǐyìn
水蒸气 shuǐzhēngqì
水准 shuǐzhǔn
税 shuì
税收 shuìshōu
税务 shuìwù
睡 shuì
睡眠 shuìmián

睡意 shuìyì

吮 shǔn
吮吸 shǔnxī
顺 shùn
顺便 shùnbiàn
顺应 shùnyìng
舜 shùn
瞬间 shùnjiān
瞬息 shùnxī

说 shuō
说唱 shuōchàng
说法 shuōfǎ
说服 shuōfú
说话 shuōhuà
说谎 shuōhuǎng
说教 shuōjiào
说理 shuōlǐ
说明 shuōmíng
说笑 shuōxiào
朔 shuò
朔风 shuòfēng
硕 shuò
硕大 shuòdà

硕果 shuòguǒ
硕士 shuòshì

丝 sī
丝绸 sīchóu
丝毫 sīháo
丝绒 sīróng
丝竹 sīzhú
司 sī
司法 sīfǎ
司机 sījī
司空见惯 sīkōng jiànguàn
司令 sīlìng
司仪 sīyí
私 sī
私访 sīfǎng
私交 sījiāo
私立 sīlì
私囊 sīnáng
私企 sīqǐ
私情 sīqíng
私人 sīrén
私心 sīxīn
私营 sīyíng
私有制 sīyǒuzhì

私自 sīzì
思潮 sīcháo
思考 sīkǎo
思路 sīlù
思慕 sīmù
思念 sīniàn
思索 sīsuǒ
思维 sīwéi
思想 sīxiǎng
思想家 sīxiǎngjiā
思绪 sīxù
斯 sī
厮打 sīdǎ
嘶鸣 sīmíng
嘶哑 sīyǎ
撕 sī
撕扯 sīchě
撕毁 sīhuǐ
死 sǐ
死板 sǐbǎn
死党 sǐdǎng
四 sì
四边形 sìbiānxíng
四周 sìzhōu
寺 sì

寺观 sìguàn
寺庙 sìmiào
似乎 sìhū
似是而非 sìshì'érfēi
饲料 sìliào
饲养 sìyǎng
肆虐 sìnüè
肆无忌惮 sìwújìdàn
肆意 sìyì

松 sōng
松弛 sōngchí
松软 sōngruǎn
松懈 sōngxiè
怂恿 sǒngyǒng
悚然 sǒngrán
耸 sǒng
耸肩 sǒngjiān
耸立 sǒnglì
讼 sòng
宋 sòng
诵读 sòngdú
送 sòng
送别 sòngbié
送礼 sònglǐ

送行 sòngxíng
颂 sòng
颂歌 sònggē
颂扬 sòngyáng

搜 sōu
搜捕 sōubǔ
搜查 sōuchá
搜刮 sōuguā
艘 sōu

苏 sū
苏打 sūdá
苏醒 sūxǐng
苏绣 sūxiù
酥 sū
酥脆 sūcuì
酥麻 sūmá
酥软 sūruǎn
俗 sú
俗称 súchēng
夙愿 sùyuàn
诉 sù
诉苦 sùkǔ
诉讼 sùsòng

肃静 sùjìng
肃穆 sùmù
肃然 sùrán
素 sù
素质 sùzhì
速 sù
速递 sùdì
速度 sùdù
速率 sùlǜ
速写 sùxiě
宿舍 sùshè
宿营 sùyíng
粟 sù
塑 sù
塑钢 sùgāng
塑料 sùliào
塑像 sùxiàng
溯源 sùyuán

酸 suān
酸痛 suāntòng
酸心 suānxīn
蒜 suàn
算 suàn
算盘 suàn·pán

算账 suànzhàng

虽 suī
虽然 suīrán
虽说 suīshuō
绥 suí
隋 suí
随 suí
随便 suíbiàn
随从 suícóng
随感 suígǎn
随后 suíhòu
随即 suíjí
随同 suítóng
随心 suíxīn
随心所欲 suíxīnsuǒyù
随意 suíyì
髓 suǐ
岁 suì
碎 suì
隧道 suìdào
隧洞 suìdòng
穗 suì

孙 sūn

损 sǔn
笋 sǔn

唆使 suōshǐ
梭 suō
蓑衣 suōyī
缩 suō
缩短 suōduǎn
缩减 suōjiǎn
缩水 suōshuǐ
缩小 suōxiǎo
缩印 suōyìn
缩影 suōyǐng
所 suǒ
所谓 suǒwèi
所以 suǒyǐ
所有 suǒyǒu
所有制 suǒyǒuzhì
所在 suǒzài
索 suǒ
索道 suǒdào
索赔 suǒpéi
琐事 suǒshì
琐碎 suǒsuì
锁 suǒ

T

他 tā
它 tā
塌 tā
塌方 tāfāng
塌陷 tāxiàn
塔 tǎ
榻 tà
拓片 tàpiàn
踏板 tàbǎn
踏步 tàbù
踏青 tàqīng

胎 tāi
台 tái
台阶 táijiē
台球 táiqiú
抬 tái
抬爱 tái'ài
抬杠 táigàng
抬头 táitóu
太 tài
太空 tàikōng
太平 tàipíng

太阳能 tàiyángnéng
太阳系 tàiyángxì
态 tài
态度 tàidù
态势 tàishì
泰 tài
泰斗 tàidǒu
泰然 tàirán
泰山 tàishān

坍塌 tāntā
贪 tān
贪婪 tānlán
贪生 tānshēng
贪污 tānwū
贪心 tānxīn
贪赃 tānzāng
摊 tān
摊牌 tānpái
摊派 tānpài
摊位 tānwèi
滩 tān
滩涂 tāntú
瘫痪 tānhuàn
坛 tán

弹簧 tánhuáng
昙花 tánhuā
谈吐 tántǔ
谈心 tánxīn
谈资 tánzī
谭 tán
潭 tán
忐忑 tǎntè
坦率 tǎnshuài
坦然 tǎnrán
毯 tǎn
叹 tàn
叹服 tànfú
叹气 tànqì
叹息 tànxī
炭 tàn
探 tàn
探测 tàncè
探索 tànsuǒ
探讨 tàntǎo
探望 tànwàng
探险 tànxiǎn
碳 tàn

唐 táng

堂 táng
堂皇 tánghuáng
塘 táng
搪塞 tángsè
膛 táng
糖 táng
糖尿病 tángniàobìng
倘若 tǎngruò
倘使 tǎngshǐ
淌 tǎng
躺 tǎng
烫 tàng
烫发 tàngfà
烫金 tàngjīn

涛 tāo
掏 tāo
掏心 tāoxīn
滔 tāo
韬略 tāolüè
逃 táo
逃避 táobì
逃窜 táocuàn
逃跑 táopǎo
逃亡 táowáng

逃逸 táoyì
逃走 táozǒu
桃 táo
陶 táo
陶瓷 táocí
陶冶 táoyě
陶醉 táozuì
淘 táo
淘金 táojīn
淘气 táoqì
淘汰 táotài
讨 tǎo
讨伐 tǎofá
讨好 tǎohǎo
讨还 tǎohuán
讨教 tǎojiào

特 tè
特别 tèbié
特产 tèchǎn
特长 tècháng
特点 tèdiǎn
特警 tèjǐng
特务 tèwù
特务 tè·wu
特写 tèxiě

特性 tèxìng
特征 tèzhēng

疼 téng
疼爱 téng'ài
疼痛 téngtòng
腾 téng
腾飞 téngfēi
腾空 téngkōng
誊写 téngxiě
藤 téng
藤萝 téngluó

剔 tī
剔除 tīchú
剔透 tītòu
梯 tī
梯队 tīduì
梯田 tītián
踢 tī
啼 tí
啼哭 tíkū
啼笑皆非 tíxiào jiēfēi
提案 tí'àn
提供 tígōng

题 tí
题字 tízì
蹄 tí
体 tǐ
体操 tǐcāo
体察 tǐchá
体会 tǐhuì
体魄 tǐpò
体贴 tǐtiē
体统 tǐtǒng
体温 tǐwēn
体系 tǐxì
体育场 tǐyùchǎng
体育馆 tǐyùguǎn
体制 tǐzhì
剃 tì
倜傥 tìtǎng
替 tì
替补 tìbǔ
替代 tìdài

天 tiān
天才 tiāncái
天鹅 tiān'é
天赋 tiānfù

天花板 tiānhuābǎn
天价 tiānjià
天经地义 tiānjīng dìyì
天空 tiānkōng
天伦 tiānlún
天体 tiāntǐ
天文 tiānwén
天下 tiānxià
天涯 tiānyá
天真 tiānzhēn
添 tiān
添彩 tiāncǎi
添乱 tiānluàn
添置 tiānzhì
田 tián
恬淡 tiándàn
恬静 tiánjìng
甜 tián
甜美 tiánměi
甜蜜 tiánmì
填 tián
填报 tiánbào
填补 tiánbǔ
填充 tiánchōng
填写 tiánxiě

舔 tiǎn

挑拣 tiāojiǎn
挑食 tiāoshí
调剂 tiáojì
调节 tiáojié
调控 tiáokòng
调皮 tiáopí
调试 tiáoshì
调养 tiáoyǎng
调整 tiáozhěng
条 tiáo
条件 tiáojiàn
条款 tiáokuǎn
条理 tiáolǐ
条例 tiáolì
条目 tiáomù
条约 tiáoyuē
挑拨 tiǎobō
挑动 tiǎodòng
挑衅 tiǎoxìn
挑战 tiǎozhàn
眺望 tiàowàng
跳 tiào

跳板 tiàobǎn
跳动 tiàodòng
跳舞 tiàowǔ
跳跃 tiàoyuè

贴 tiē
贴金 tiējīn
贴近 tiējìn
贴切 tiēqiè
贴心 tiēxīn
铁 tiě
铁轨 tiěguǐ
铁路 tiělù
铁青 tiěqīng
铁丝 tiěsī
铁索 tiěsuǒ
铁锹 tiěxiān
铁证 tiězhèng

厅 tīng
听 tīng
听便 tīngbiàn
听从 tīngcóng
听话 tīnghuà
听命 tīngmìng

听取 tīngqǔ
听证 tīngzhèng
廷 tíng
亭 tíng
庭 tíng
庭审 tíngshěn
庭院 tíngyuàn
停 tíng
停泊 tíngbó
停滞 tíngzhì
挺 tǐng
挺拔 tǐngbá
挺进 tǐngjìn
挺立 tǐnglì
挺身 tǐngshēn
艇 tǐng

通报 tōngbào
通病 tōngbìng
通常 tōngcháng
通达 tōngdá
通牒 tōngdié
通缉 tōngjī
通讯 tōngxùn
通用 tōngyòng

通知 tōngzhī
同伴 tóngbàn
同胞 tóngbāo
同位素 tóngwèisù
同学 tóngxué
同意 tóngyì
佟 tóng
铜 tóng
铜臭 tóngxiù
童 tóng
童年 tóngnián
童心 tóngxīn
童谣 tóngyáo
童真 tóngzhēn
瞳孔 tóngkǒng
统 tǒng
统称 tǒngchēng
统筹 tǒngchóu
捅 tǒng
桶 tǒng
筒 tǒng
痛 tòng
痛斥 tòngchì
痛恨 tònghèn
痛哭 tòngkū

痛苦 tòngkǔ
痛心 tòngxīn
痛痒 tòngyǎng

偷 tōu
偷盗 tōudào
偷渡 tōudù
偷懒 tōulǎn
偷窃 tōuqiè
偷生 tōushēng
偷闲 tōuxián
头 tóu
头等 tóuděng
头绪 tóuxù
投 tóu
投案 tóu'àn
投奔 tóubèn
投标 tóubiāo
投递 tóudì
投机 tóujī
投票 tóupiào
投入 tóurù
投诉 tóusù
投资 tóuzī
透 tòu

透彻 tòuchè
透漏 tòulòu
透露 tòulù
透明 tòumíng
透视 tòushì
透支 tòuzhī

凸 tū
突 tū
突变 tūbiàn
突出 tūchū
突破 tūpò
突然 tūrán
图 tú
图案 tú'àn
图片 túpiàn
图书 túshū
图书馆 túshūguǎn
徒 tú
徒步 túbù
徒劳 túláo
徒刑 túxíng
涂 tú
涂改 túgǎi
涂抹 túmǒ

涂写 túxiě
途 tú
途径 tújìng
屠 tú
屠刀 túdāo
屠杀 túshā
土 tǔ
土产 tǔchǎn
土地 tǔdì
土匪 tǔfěi
土木 tǔmù
土壤 tǔrǎng
土语 tǔyǔ
吐露 tǔlù

湍急 tuānjí
湍流 tuānliú
团 tuán
团拜 tuánbài
团结 tuánjié

推 tuī
推测 tuīcè
推迟 tuīchí
推辞 tuīcí

推荐 tuījiàn
推算 tuīsuàn
推脱 tuītuō
推行 tuīxíng
推选 tuīxuǎn
推移 tuīyí
颓败 tuíbài
颓废 tuífèi
颓丧 tuísàng
腿 tuǐ
腿脚 tuǐjiǎo
退 tuì
退步 tuìbù
退出 tuìchū
退耕 tuìgēng
退化 tuìhuà
退缩 tuìsuō
退休 tuìxiū
退役 tuìyì
蜕 tuì
蜕变 tuìbiàn
蜕化 tuìhuà
褪色 tuìsè

吞 tūn

吞并 tūnbìng
吞没 tūnmò
屯 tún
屯聚 túnjù
屯守 túnshǒu
囤积 túnjī
臀 tún

托 tuō
托词 tuōcí
托付 tuōfù
拖 tuō
拖把 tuōbǎ
拖累 tuōlěi
拖欠 tuōqiàn
拖沓 tuōtà
拖延 tuōyán
脱 tuō
脱产 tuōchǎn
脱岗 tuōgǎng
脱节 tuōjié
陀螺 tuóluó
驼 tuó
驼背 tuóbèi
鸵鸟 tuóniǎo

妥 tuǒ
妥善 tuǒshàn
妥帖 tuǒtiē
妥协 tuǒxié
椭圆 tuǒyuán
拓荒 tuòhuāng
拓宽 tuòkuān
唾 tuò
唾骂 tuòmà
唾弃 tuòqì

W

娃 wá
挖 wā
挖掘 wājué
挖潜 wāqián
洼 wā
洼地 wādì
洼陷 wāxiàn
蛙 wā
蛙泳 wāyǒng
瓦 wǎ
瓦解 wǎjiě
瓦砾 wǎlì
瓦斯 wǎsī

瓦刀 wàdāo
袜 wà

歪 wāi
歪理 wāilǐ
歪曲 wāiqū
外 wài
外表 wàibiǎo
外宾 wàibīn
外部 wàibù
外出 wàichū
外国 wàiguó
外汇 wàihuì
外交 wàijiāo
外界 wàijiè
外科 wàikē
外快 wàikuài
外卖 wàimài
外贸 wàimào
外面 wàimiàn
外商 wàishāng
外事 wàishì
外向 wàixiàng
外行 wàiháng
外援 wàiyuán

外祖父 wàizǔfù
外祖母 wàizǔmǔ

弯 wān
弯路 wānlù
弯曲 wānqū
湾 wān
蜿蜒 wānyán
丸 wán
纨绔 wánkù
完 wán
完备 wánbèi
完成 wánchéng
完好 wánhǎo
完满 wánmǎn
完美 wánměi
完全 wánquán
完善 wánshàn
完整 wánzhěng
玩 wán
玩具 wánjù
玩弄 wánnòng
玩赏 wánshǎng
玩耍 wánshuǎ
宛然 wǎnrán

宛如 wǎnrú
挽 wǎn
挽回 wǎnhuí
挽救 wǎnjiù
挽留 wǎnliú
晚 wǎn
晚安 wǎn'ān
婉转 wǎnzhuǎn
惋惜 wǎnxī
婉言 wǎnyán
皖 wǎn
碗 wǎn
万 wàn
万恶 wàn'è
万能 wànnéng
万全 wànquán
万象 wànxiàng
万幸 wànxìng
万一 wànyī
万紫千红 wànzǐ qiānhóng

汪 wāng
汪洋 wāngyáng
亡 wáng
王 wáng

王朝 wángcháo
王国 wángguó
王后 wánghòu
王牌 wángpái
网 wǎng
网吧 wǎngbā
往 wǎng
往常 wǎngcháng
往返 wǎngfǎn
往来 wǎnglái
往日 wǎngrì
往事 wǎngshì
枉 wǎng
枉法 wǎngfǎ
枉费 wǎngfèi
枉然 wǎngrán
妄 wàng
妄动 wàngdòng
妄图 wàngtú
妄为 wàngwéi
妄想 wàngxiǎng
忘 wàng
忘本 wàngběn
忘恩负义 wàng'ēn fùyì
旺 wàng

望 wàng
望风 wàngfēng
望远镜 wàngyuǎnjìng

危 wēi
危房 wēifáng
危害 wēihài
危机 wēijī
危难 wēinàn
威吓 wēihè
威胁 wēixié
逶迤 wēiyí
微 wēi
微波 wēibō
微观 wēiguān
微弱 wēiruò
微生物 wēishēngwù
微笑 wēixiào
巍峨 wēi'é
巍然 wēirán
为难 wéinán
为人 wéirén
为止 wéizhǐ
围 wéi
围攻 wéigōng

围剿 wéijiǎo
围困 wéikùn
围绕 wéirào
违 wéi
违背 wéibèi
违反 wéifǎn
违禁 wéijìn
桅杆 wéigān
唯 wéi
帷幕 wéimù
帷幄 wéiwò
惟 wéi
惟独 wéidú
惟恐 wéikǒng
惟一 wéiyī
维 wéi
维持 wéichí
维和 wéihé
维护 wéihù
维权 wéiquán
维生素 wéishēngsù
维修 wéixiū
伟 wěi
伟岸 wěi'àn
伟大 wěidà

伟业 wěiyè
伪 wěi
伪钞 wěichāo
伪劣 wěiliè
伪善 wěishàn
伪造 wěizào
伪证 wěizhèng
伪装 wěizhuāng
尾声 wěishēng
尾随 wěisuí
纬 wěi
苇 wěi
委 wěi
委靡 wěimǐ
委派 wěipài
委婉 wěiwǎn
委员会 wěiyuánhuì
萎缩 wěisuō
卫 wèi
卫冕 wèimiǎn
卫生 wèishēng
未曾 wèicéng
未免 wèimiǎn
未遂 wèisuì
位 wèi

味精 wèijīng
味觉 wèijué
畏 wèi
畏惧 wèijù
畏难 wèinán
胃 wèi
谓 wèi
喂养 wèiyǎng
蔚然 wèirán
慰藉 wèijiè
慰劳 wèiláo
慰问 wèiwèn
魏 wèi

温 wēn
温饱 wēnbǎo
温存 wēncún
温带 wēndài
温度 wēndù
温度计 wēndùjì
温暖 wēnnuǎn
温情 wēnqíng
温柔 wēnróu
温顺 wēnshùn
温馨 wēnxīn

瘟 wēn
瘟疫 wēnyì
文 wén
文盲 wénmáng
文明 wénmíng
文凭 wénpíng
文物 wénwù
文献 wénxiàn
文学 wénxué
文雅 wényǎ
文艺 wényì
文章 wénzhāng
纹 wén
闻 wén
蚊 wén
吻 wěn
吻合 wěnhé
紊乱 wěnluàn
稳 wěn
稳定 wěndìng
稳固 wěngù
稳健 wěnjiàn
稳妥 wěntuǒ
稳重 wěnzhòng
问 wèn

问好 wènhǎo
问候 wènhòu
问卷 wènjuàn
问世 wènshì
问题 wèntí

翁 wēng
瓮 wèng

涡 wō
涡流 wōliú
莴笋 wōsǔn
窝 wō
窝藏 wōcáng
窝点 wōdiǎn
窝气 wōqì
窝赃 wōzāng
蜗牛 wōniú
我 wǒ
沃野 wòyě
卧 wò
卧床 wòchuáng
卧底 wòdǐ
卧室 wòshì
握 wò

握别 wòbié
握手 wòshǒu
斡旋 wòxuán
龌龊 wòchuò

乌 wū
乌鸦 wūyā
乌云 wūyún
污 wū
污点 wūdiǎn
污垢 wūgòu
污秽 wūhuì
污染 wūrǎn
污辱 wūrǔ
巫婆 wūpó
巫师 wūshī
屋 wū
诬告 wūgào
诬赖 wūlài
诬蔑 wūmiè
诬陷 wūxiàn
无 wú
无偿 wúcháng
无辜 wúgū
无可奈何 wúkěnàihé

无愧 wúkuì
无赖 wúlài
无聊 wúliáo
无奈 wúnài
无能 wúnéng
无穷 wúqióng
无畏 wúwèi
无线电 wúxiàndiàn
无知 wúzhī
毋庸 wúyōng
吴 wú
吾 wú
梧桐 wútóng
午 wǔ
伍 wǔ
忤逆 wǔnì
武 wǔ
侮蔑 wǔmiè
侮辱 wǔrǔ
舞 wǔ
舞弊 wǔbì
舞蹈 wǔdǎo
舞厅 wǔtīng
勿 wù
务 wù

务必 wùbì
务实 wùshí
务虚 wùxū
物 wù
物产 wùchǎn
物价 wùjià
物理 wùlǐ
物品 wùpǐn
误 wù
误差 wùchā
误导 wùdǎo
误会 wùhuì
误解 wùjiě
误区 wùqū
误事 wùshì
晤 wù
雾 wù
雾霭 wù'ǎi

X

夕 xī
夕阳 xīyáng
夕照 xīzhào
西餐 xīcān
西红柿 xīhóngshì
西欧 xī'ōu
希 xī
希望 xīwàng
昔 xī
奚落 xīluò
悉数 xīshù
悉心 xīxīn
惜 xī
惜别 xībié
犀利 xīlì
稀薄 xībó
溪 xī
锡 xī
熄灭 xīmiè
蜥蜴 xīyì
嬉闹 xīnào
嬉戏 xīxì
嬉笑 xīxiào
膝 xī
蟋蟀 xīshuài
习 xí
席卷 xíjuǎn
席位 xíwèi
袭 xí
袭击 xíjī

檄文 xíwén
洗 xǐ
洗尘 xǐchén
洗涤 xǐdí
洗劫 xǐjié
洗礼 xǐlǐ
洗漱 xǐshù
洗澡 xǐzǎo
喜 xǐ
喜爱 xǐ'ài
喜好 xǐhào
喜剧 xǐjù
喜庆 xǐqìng
喜悦 xǐyuè
戏 xì
戏剧 xìjù
戏迷 xìmí
戏弄 xìnòng
戏曲 xìqǔ
戏耍 xìshuǎ
戏说 xìshuō
戏谑 xìxuè
戏言 xìyán
系 xì
系列 xìliè

系统 xìtǒng
细 xì
细胞 xìbāo
细胞核 xìbāohé
细节 xìjié
细菌 xìjūn
细腻 xìnì
细软 xìruǎn

虾 xiā
瞎 xiā
瞎扯 xiāchě
瞎话 xiāhuà
瞎闹 xiānào
瞎说 xiāshuō
侠 xiá
峡谷 xiágǔ
狭隘 xiá'ài
遐迩 xiá'ěr
遐想 xiáxiǎng
瑕疵 xiácī
辖区 xiáqū
辖制 xiázhì
霞 xiá
霞光 xiáguāng

下 xià
下策 xiàcè
下贱 xiàjiàn
下降 xiàjiàng
下课 xiàkè
下来 xià·lái
下列 xiàliè
下流 xiàliú
下落 xiàluò
下马 xiàmǎ
下面 xiàmiàn
下台 xiàtái
下问 xiàwèn
下午 xiàwǔ
下野 xiàyě
下游 xiàyóu
下载 xiàzài
夏 xià
夏季 xiàjì
夏天 xiàtiān

仙境 xiānjìng
仙女 xiānnǚ
仙逝 xiānshì
先 xiān

先导 xiāndǎo
先锋 xiānfēng
纤维 xiānwéi
纤细 xiānxì
籼米 xiānmǐ
鲜花 xiānhuā
鲜明 xiānmíng
鲜血 xiānxuè
鲜艳 xiānyàn
闲 xián
闲扯 xiánchě
闲逛 xiánguàng
闲散 xiánsǎn
闲谈 xiántán
闲暇 xiánxiá
弦 xián
贤 xián
贤达 xiándá
贤德 xiándé
贤惠 xiánhuì
贤淑 xiánshū
咸 xián
娴熟 xiánshú
娴雅 xiányǎ
舷窗 xiánchuāng

舷梯 xiántī
衔 xián
衔接 xiánjiē
嫌弃 xiánqì
嫌疑 xiányí
显 xiǎn
显贵 xiǎnguì
显赫 xiǎnhè
显微镜 xiǎnwēijìng
显现 xiǎnxiàn
显著 xiǎnzhù
险 xiǎn
险恶 xiǎn'è
险峰 xiǎnfēng
险峻 xiǎnjùn
险要 xiǎnyào
险阻 xiǎnzǔ
现场 xiànchǎng
现存 xiàncún
现代 xiàndài
现代化 xiàndàihuà
现眼 xiànyǎn
现在 xiànzài
现状 xiànzhuàng
线 xiàn

线段 xiànduàn
线路 xiànlù
线圈 xiànquān
线索 xiànsuǒ
限 xiàn
宪章 xiànzhāng
陷 xiàn
陷害 xiànhài
陷阱 xiànjǐng
陷落 xiànluò
羡慕 xiànmù
献 xiàn
献策 xiàncè
献媚 xiànmèi
献身 xiànshēn
腺 xiàn

乡 xiāng
乡村 xiāngcūn
乡亲 xiāngqīn
相处 xiāngchǔ
相当 xiāngdāng
相得益彰 xiāngdé yìzhāng
相对 xiāngduì
相反 xiāngfǎn

相关 xiāngguān
相互 xiānghù
相识 xiāngshí
相似 xiāngsì
相同 xiāngtóng
相信 xiāngxìn
相应 xiāngyìng
香 xiāng
香烟 xiāngyān
香皂 xiāngzào
厢 xiāng
箱 xiāng
镶 xiāng
镶嵌 xiāngqiàn
详尽 xiángjìn
详细 xiángxì
祥 xiáng
祥和 xiánghé
翔实 xiángshí
享 xiǎng
享福 xiǎngfú
享受 xiǎngshòu
响 xiǎng
响亮 xiǎngliàng
响应 xiǎngyìng

饷 xiǎng
想 xiǎng
想必 xiǎngbì
想念 xiǎngniàn
想象力 xiǎngxiànglì
向 xiàng
向背 xiàngbèi
向导 xiàngdǎo
向来 xiànglái
向日葵 xiàngrìkuí
向往 xiàngwǎng
巷战 xiàngzhàn
项 xiàng
项目 xiàngmù
象 xiàng
象棋 xiàngqí
象征 xiàngzhēng
像 xiàng
橡胶 xiàngjiāo
橡皮 xiàngpí

枭将 xiāojiàng
枭雄 xiāoxióng
骁勇 xiāoyǒng
消 xiāo

消沉 xiāochén
消毒 xiāodú
消防 xiāofáng
消费 xiāofèi
消费品 xiāofèipǐn
消耗 xiāohào
消化 xiāohuà
消极 xiāojí
消灭 xiāomiè
消磨 xiāomó
消遣 xiāoqiǎn
逍遥 xiāoyáo
萧墙 xiāoqiáng
萧瑟 xiāosè
萧条 xiāotiáo
硝烟 xiāoyān
销 xiāo
销毁 xiāohuǐ
销魂 xiāohún
销售 xiāoshòu
潇洒 xiāosǎ
霄 xiāo
嚣张 xiāozhāng
小 xiǎo
小吃 xiǎochī

小丑 xiǎochǒu
小节 xiǎojié
小看 xiǎokàn
小康 xiǎokāng
小朋友 xiǎopéngyǒu
小品 xiǎopǐn
小憩 xiǎoqì
小区 xiǎoqū
小人 xiǎorén
小腿 xiǎotuǐ
小学生 xiǎoxuéshēng
小夜曲 xiǎoyèqǔ
小组 xiǎozǔ
晓 xiǎo
晓畅 xiǎochàng
晓谕 xiǎoyù
孝道 xiàodào
孝敬 xiàojìng
孝顺 xiàoshùn
孝心 xiàoxīn
肖像 xiàoxiàng
哮喘 xiàochuǎn
效 xiào
效法 xiàofǎ
效仿 xiàofǎng

效果 xiàoguǒ
效劳 xiàoláo
效率 xiàolǜ
效益 xiàoyì
效应 xiàoyìng
效用 xiàoyòng
校官 xiàoguān
校徽 xiàohuī
校舍 xiàoshè
校园 xiàoyuán
笑 xiào
笑柄 xiàobǐng
笑纳 xiàonà
笑容 xiàoróng
笑星 xiàoxīng
笑颜 xiàoyán
笑靥 xiàoyè
啸 xiào

些微 xiēwēi
些许 xiēxǔ
歇 xiē
歇业 xiēyè
协办 xiébàn
协调 xiétiáo

协奏曲 xiézòuqǔ
协作 xiézuò
邪 xié
邪恶 xié'è
邪教 xiéjiào
邪念 xiéniàn
邪说 xiéshuō
胁从 xiécóng
胁迫 xiépò
挟持 xiéchí
挟制 xiézhì
斜 xié
谐调 xiétiáo
谐音 xiéyīn
携带 xiédài
携手 xiéshǒu
鞋 xié
写 xiě
写作 xiězuò
泄 xiè
泄露 xièlòu
泄密 xièmì
泻 xiè
卸 xiè
卸车 xièchē

卸载 xièzài
卸妆 xièzhuāng
屑 xiè
械 xiè
亵渎 xièdú
谢 xiè
谢绝 xièjué
谢意 xièyì
解数 xièshù
懈怠 xièdài
懈气 xièqì
邂逅 xièhòu
蟹 xiè

心 xīn
心病 xīnbìng
心不在焉 xīnbùzàiyān
心潮 xīncháo
心得 xīndé
心计 xīnjì
心旷神怡 xīnkuàng shényí
芯 xīn
芯片 xīnpiàn
辛 xīn
辛苦 xīnkǔ

辛辣 xīnlà
欣慰 xīnwèi
新潮 xīncháo
新陈代谢 xīnchén dàixiè
新风 xīnfēng
新高 xīngāo
新娘 xīnniáng
新闻 xīnwén
新秀 xīnxiù
新颖 xīnyǐng
薪 xīn
薪金 xīnjīn
信 xìn
信贷 xìndài
信访 xìnfǎng
信件 xìnjiàn
信赖 xìnlài
信仰 xìnyǎng
信用 xìnyòng
信誉 xìnyù

兴办 xīngbàn
兴奋 xīngfèn
兴隆 xīnglóng
兴许 xīngxǔ

星 xīng
腥 xīng
腥臭 xīngchòu
刑 xíng
行程 xíngchéng
行动 xíngdòng
行色 xíngsè
行为 xíngwéi
行政 xíngzhèng
行踪 xíngzōng
形 xíng
形成 xíngchéng
形迹 xíngjì
形状 xíngzhuàng
型 xíng
醒 xǐng
醒目 xǐngmù
醒悟 xǐngwù
兴致 xìngzhì
兴高采烈 xìnggāo cǎiliè
姓 xìng
姓名 xìngmíng
幸 xìng
幸存 xìngcún
幸福 xìngfú

幸会 xìnghuì
幸亏 xìngkuī
幸运 xìngyùn
性 xìng
性质 xìngzhì

凶 xiōng
凶暴 xiōngbào
凶残 xiōngcán
凶恶 xiōng'è
凶猛 xiōngměng
凶险 xiōngxiǎn
兄 xiōng
兄弟 xiōngdì
兄弟 xiōng·di
汹涌 xiōngyǒng
胸 xiōng
胸怀 xiōnghuái
胸襟 xiōngjīn
胸脯 xiōngpú
胸膛 xiōngtáng
胸有成竹 xiōngyǒu chéngzhú
雄 xióng
雄辩 xióngbiàn
雄浑 xiónghún
雄伟 xióngwěi

雄壮 xióngzhuàng
雄姿 xióngzī

休 xiū
休假 xiūjià
休眠 xiūmián
休整 xiūzhěng
修 xiū
修补 xiūbǔ
修订 xiūdìng
修改 xiūgǎi
修理 xiūlǐ
修饰 xiūshì
修养 xiūyǎng
修正 xiūzhèng
羞惭 xiūcán
羞耻 xiūchǐ
羞愧 xiūkuì
羞怯 xiūqiè
羞辱 xiūrǔ
羞涩 xiūsè
朽 xiǔ
秀 xiù
秀丽 xiùlì
秀美 xiùměi

绣 xiù
袖 xiù
袖章 xiùzhāng
袖珍 xiùzhēn
锈 xiù
嗅 xiù
嗅觉 xiùjué

须 xū
须眉 xūméi
须臾 xūyú
须知 xūzhī
虚 xū
虚构 xūgòu
虚幻 xūhuàn
虚拟 xūnǐ
虚荣 xūróng
虚弱 xūruò
虚伪 xūwěi
虚心 xūxīn
嘘 xū
需 xū
需求 xūqiú
需要 xūyào
徐 xú

许 xǔ
许多 xǔduō
许久 xǔjiǔ
许可 xǔkě
许诺 xǔnuò
许愿 xǔyuàn
旭日 xùrì
序列 xùliè
序幕 xùmù
序曲 xùqǔ
叙 xù
叙旧 xùjiù
叙述 xùshù
叙说 xùshuō
畜牧 xùmù
绪 xù
绪论 xùlùn
绪言 xùyán
续 xù
酗酒 xùjiǔ
絮 xù
蓄电池 xùdiànchí
蓄谋 xùmóu
蓄意 xùyì

宣布 xuānbù
宣传 xuānchuán
喧哗 xuānhuá
喧闹 xuānnào
喧嚷 xuānrǎng
玄机 xuánjī
玄妙 xuánmiào
玄虚 xuánxū
悬 xuán
悬案 xuán'àn
悬浮 xuánfú
悬挂 xuánguà
悬念 xuánniàn
悬赏 xuánshǎng
悬殊 xuánshū
悬崖 xuányá
旋即 xuánjí
旋律 xuánlǜ
旋绕 xuánrào
旋转 xuánzhuǎn
选 xuǎn
选拔 xuǎnbá
选段 xuǎnduàn
选举 xuǎnjǔ
选取 xuǎnqǔ

选择 xuǎnzé
癣 xuǎn
炫目 xuànmù
炫耀 xuànyào
绚烂 xuànlàn
绚丽 xuànlì
眩晕 xuànyùn
旋风 xuànfēng
渲染 xuànrǎn

薛 xuē
削减 xuējiǎn
削弱 xuēruò
穴 xué
穴位 xuéwèi
学 xué
学费 xuéfèi
学籍 xuéjí
学究 xuéjiū
学科 xuékē
学历 xuélì
学生 xué•shēng
学识 xuéshí
学术 xuéshù
学说 xuéshuō
学位 xuéwèi

学习 xuéxí
学校 xuéxiào
学业 xuéyè
学院 xuéyuàn
学者 xuézhě
学制 xuézhì
雪 xuě
雪白 xuěbái
雪耻 xuěchǐ
雪雕 xuědiāo
雪糕 xuěgāo
雪茄 xuějiā
雪山 xuěshān
雪原 xuěyuán
血仇 xuèchóu
血管 xuèguǎn
血汗 xuèhàn
血红 xuèhóng
血迹 xuèjì
血泪 xuèlèi
血脉 xuèmài
血统 xuètǒng
血性 xuèxìng
血压 xuèyā
血液 xuèyè

血缘 xuèyuán
血债 xuèzhài
血脂 xuèzhī

勋 xūn
熏 xūn
熏染 xūnrǎn
熏陶 xūntáo
寻 xún
寻常 xúncháng
寻求 xúnqiú
寻衅 xúnxìn
寻找 xúnzhǎo
巡 xún
巡查 xúnchá
巡回 xúnhuí
巡警 xúnjǐng
巡逻 xúnluó
巡游 xúnyóu
旬 xún
询问 xúnwèn
循 xún
循环 xúnhuán
循序 xúnxù
训 xùn

训斥 xùnchì
训诫 xùnjiè
训练 xùnliàn
驯 xùn
驯服 xùnfú
驯化 xùnhuà
驯良 xùnliáng
驯养 xùnyǎng
讯 xùn
汛 xùn
汛期 xùnqī
汛情 xùnqíng
迅 xùn
迅猛 xùnměng
迅速 xùnsù
徇情 xùnqíng
徇私 xùnsī
逊 xùn
逊色 xùnsè
殉国 xùnguó
殉难 xùnnàn
殉情 xùnqíng
殉职 xùnzhí

Y

压倒 yādǎo
压力 yālì
压迫 yāpò
压缩 yāsuō
压抑 yāyì
压榨 yāzhà
压制 yāzhì
押 yā
押解 yājiè
押金 yājīn
押运 yāyùn
鸭 yā
牙 yá
牙齿 yáchǐ
牙雕 yádiāo
芽 yá
涯 yá
哑 yǎ
哑谜 yǎmí
哑然 yǎrán
雅 yǎ
雅观 yǎguān
雅静 yǎjìng
雅致 yǎzhì
亚 yà
亚军 yàjūn
亚麻 yàmá
亚热带 yàrèdài
烟 yān
烟草 yāncǎo
烟尘 yānchén
烟幕 yānmù
烟雾 yānwù
淹 yān
淹没 yānmò
焉 yān
蔫 niān
延 yán
延长 yáncháng
延迟 yánchí
延缓 yánhuǎn
延期 yánqī
延伸 yánshēn
延误 yánwù
延续 yánxù
严 yán
严办 yánbàn

严惩 yánchéng
严峻 yánjùn
严酷 yánkù
严厉 yánlì
严密 yánmì
严肃 yánsù
严重 yánzhòng
言 yán
言辞 yáncí
言论 yánlùn
言行 yánxíng
岩 yán
岩浆 yánjiāng
岩石 yánshí
沿 yán
沿海 yánhǎi
沿途 yántú
沿袭 yánxí
沿线 yánxiàn
沿用 yányòng
炎 yán
炎凉 yánliáng
炎热 yánrè
研发 yánfā
研究生 yánjiūshēng

研究员 yánjiūyuán
研讨 yántǎo
研制 yánzhì
盐 yán
阎 yán
颜面 yánmiàn
颜色 yánsè
俨然 yǎnrán
衍 yǎn
衍生 yǎnshēng
掩 yǎn
掩盖 yǎngài
掩饰 yǎnshì
掩体 yǎntǐ
眼 yǎn
眼前 yǎnqián
眼色 yǎnsè
眼熟 yǎnshú
演 yǎn
演变 yǎnbiàn
演唱 yǎnchàng
演绎 yǎnyì
演员 yǎnyuán
演奏 yǎnzòu
厌 yàn

厌恶 yànwù
厌烦 yànfán
厌倦 yànjuàn
砚 yàn
宴会 yànhuì
宴请 yànqǐng
宴席 yànxí
艳 yàn
谚语 yànyǔ
焰 yàn
焰火 yànhuǒ
赝品 yànpǐn

央 yāng
央行 yāngháng
央求 yāngqiú
殃 yāng
秧 yāng
扬 yáng
扬长 yángcháng
扬尘 yángchén
扬帆 yángfān
扬言 yángyán
羊 yáng
阳 yáng

阳刚 yánggāng
阳光 yángguāng
佯攻 yánggōng
佯装 yángzhuāng
洋 yáng
洋溢 yángyì
仰 yǎng
仰慕 yǎngmù
仰望 yǎngwàng
仰仗 yǎngzhàng
养 yǎng
养分 yǎngfèn
养护 yǎnghù
养料 yǎngliào
氧 yǎng
氧吧 yǎngbā
氧化 yǎnghuà
痒 yǎng
样 yàng
样板 yàngbǎn
样品 yàngpǐn
样式 yàngshì
漾 yàng

夭亡 yāowáng

夭折 yāozhé
妖 yāo
妖怪 yāoguài
妖孽 yāoniè
妖言 yāoyán
要求 yāoqiú
腰 yāo
邀 yāo
邀功 yāogōng
邀请 yāoqǐng
窑 yáo
窑洞 yáodòng
谣传 yáochuán
谣言 yáoyán
摇摆 yáobǎi
摇篮 yáolán
摇曳 yáoyè
遥 yáo
遥感 yáogǎn
遥控 yáokòng
遥望 yáowàng
遥想 yáoxiǎng
遥远 yáoyuǎn
咬 yǎo
窈窕 yǎotiǎo

舀 yǎo
药 yào
药检 yàojiǎn
要强 yàoqiáng
要素 yàosù
耀 yào
耀眼 yàoyǎn

噎 yē
也罢 yěbà
也许 yěxǔ
冶金 yějīn
冶炼 yěliàn
野 yě
野餐 yěcān
野蛮 yěmán
野生 yěshēng
野兽 yěshòu
野外 yěwài
野心 yěxīn
业 yè
业绩 yèjì
业者 yèzhě
叶绿素 yèlǜsù
曳 yè

页 yè
夜 yè
夜空 yèkōng
夜市 yèshì
液 yè
液化 yèhuà
液晶 yèjīng
液体 yètǐ
谒见 yèjiàn

一般 yībān
一筹莫展 yīchóu mòzhǎn
一旦 yīdàn
一帆风顺 yīfān fēngshùn
一律 yīlǜ
一目了然 yīmù liǎorán
一切 yīqiè
一丝不苟 yīsī bùgǒu
一些 yīxiē
一心 yīxīn
一样 yīyàng
一直 yīzhí
医疗 yīliáo
医务 yīwù
医学 yīxué

医院 yīyuàn
依 yī
依附 yīfù
依旧 yījiù
依据 yījù
依靠 yīkào
依赖 yīlài
仪 yí
仪表 yíbiǎo
仪器 yíqì
仪式 yíshì
宜 yí
怡然 yírán
贻误 yíwù
胰岛素 yídǎosù
移 yí
遗憾 yíhàn
遗留 yíliú
遗忘 yíwàng
疑 yí
疑犯 yífàn
疑惑 yíhuò
疑虑 yílǜ
疑难 yínán
疑似 yísì

疑问 yíwèn
疑凶 yíxiōng
乙 yǐ
以后 yǐhòu
以及 yǐjí
以来 yǐlái
以外 yǐwài
以往 yǐwǎng
以为 yǐwéi
倚 yǐ
椅 yǐ
义 yì
义愤 yìfèn
义务 yìwù
忆 yì
艺 yì
艺术 yìshù
艺术家 yìshùjiā
议程 yìchéng
议论 yìlùn
议题 yìtí
屹立 yìlì
异常 yìcháng
异端 yìduān
异类 yìlèi

役 yì
抑扬顿挫 yìyáng dùncuò
抑郁 yìyù
抑制 yìzhì
译 yì
疫情 yìqíng
益 yì
翌日 yìrì
逸 yì
逸闻 yìwén
意 yì
意境 yìjìng
意料 yìliào
意愿 yìyuàn
意志 yìzhì
溢 yì
肄业 yìyè
毅然 yìrán
翼 yì
臆想 yìxiǎng

因 yīn
因此 yīncǐ
因地制宜 yīndì zhìyí
因而 yīn'ér

因果 yīnguǒ
因素 yīnsù
阴 yīn
阴暗 yīn'àn
阴沉 yīnchén
阴霾 yīnmái
阴谋 yīnmóu
阴险 yīnxiǎn
姻缘 yīnyuán
音 yīn
音响 yīnxiǎng
音像 yīnxiàng
音乐 yīnyuè
殷切 yīnqiè
殷勤 yīnqín
吟 yín
银 yín
银行 yínháng
银屏 yínpíng
尹 yǐn
引导 yǐndǎo
引渡 yǐndù
引申 yǐnshēn
引用 yǐnyòng
引诱 yǐnyòu

饮食 yǐnshí
饮誉 yǐnyù
隐 yǐn
隐蔽 yǐnbì
隐藏 yǐncáng
隐患 yǐnhuàn
隐讳 yǐnhuì
隐瞒 yǐnmán
隐私 yǐnsī
隐约 yǐnyuē
瘾 yǐn
印发 yìnfā
印染 yìnrǎn
印刷 yìnshuā
印象 yìnxiàng
印证 yìnzhèng

应当 yīngdāng
应该 yīnggāi
应届 yīngjiè
英 yīng
英才 yīngcái
英俊 yīngjùn
英明 yīngmíng
英雄 yīngxióng

英勇 yīngyǒng
婴儿 yīng'ér
罂粟 yīngsù
樱花 yīnghuā
鹰 yīng
迎 yíng
迎合 yínghé
迎候 yínghòu
迎接 yíngjiē
盈 yíng
盈余 yíngyú
荧光 yíngguāng
荧光屏 yíngguāngpíng
荧屏 yíngpíng
萤 yíng
营 yíng
营建 yíngjiàn
营救 yíngjiù
营私 yíngsī
营养 yíngyǎng
营业 yíngyè
营造 yíngzào
萦绕 yíngrào
赢 yíng
赢利 yínglì

影 yǐng
影射 yǐngshè
影视 yǐngshì
影响 yǐngxiǎng
应变 yìngbiàn
应答 yìngdá
应对 yìngduì
应急 yìngjí
应聘 yìngpìn
应用 yìngyòng
映 yìng
映衬 yìngchèn
映照 yìngzhào
硬 yìng
硬盘 yìngpán
硬驱 yìngqū

拥 yōng
拥抱 yōngbào
拥戴 yōngdài
拥护 yōnghù
拥挤 yōngjǐ
拥有 yōngyǒu
痈疽 yōngjū
庸 yōng

庸才 yōngcái
庸俗 yōngsú
雍容 yōngróng
臃肿 yōngzhǒng
永 yǒng
永恒 yǒnghéng
永久 yǒngjiǔ
永远 yǒngyuǎn
甬道 yǒngdào
咏怀 yǒnghuái
咏叹 yǒngtàn
咏叹调 yǒngtàndiào
泳 yǒng
勇 yǒng
勇敢 yǒnggǎn
勇猛 yǒngměng
涌现 yǒngxiàn
踊跃 yǒngyuè
用 yòng
用场 yòngchǎng
用户 yònghù
用力 yònglì
用品 yòngpǐn
用途 yòngtú
用心 yòngxīn

用意 yòngyì
佣金 yòngjīn
优 yōu
优待 yōudài
优点 yōudiǎn
优化 yōuhuà
优良 yōuliáng
优美 yōuměi
优质 yōuzhì
忧 yōu
忧愁 yōuchóu
忧虑 yōulǜ
忧伤 yōushāng
忧郁 yōuyù
幽 yōu
幽静 yōujìng
幽默 yōumò
幽雅 yōuyǎ
悠久 yōujiǔ
悠闲 yōuxián
悠扬 yōuyáng
尤 yóu
尤其 yóuqí
由 yóu

由来 yóulái
由于 yóuyú
由衷 yóuzhōng
犹 yóu
犹自 yóuzì
邮 yóu
邮递 yóudì
邮购 yóugòu
邮寄 yóujì
邮票 yóupiào
邮品 yóupǐn
油 yóu
油耗 yóuhào
油滑 yóuhuá
油亮 yóuliàng
油腻 yóunì
油漆 yóuqī
莜麦 yóumài
铀 yóu
游 yóu
游荡 yóudàng
游逛 yóuguàng
游击队 yóujīduì
游览 yóulǎn
游戏 yóuxì

游泳 yóuyǒng
游园 yóuyuán
鱿鱼 yóuyú
友 yǒu
友爱 yǒu'ài
友好 yǒuhǎo
友情 yǒuqíng
友谊 yǒuyì
有 yǒu
有偿 yǒucháng
有的放矢 yǒudìfàngshǐ
有关 yǒuguān
有劳 yǒuláo
有理 yǒulǐ
有请 yǒuqǐng
有望 yǒuwàng
有效 yǒuxiào
有幸 yǒuxìng
有缘 yǒuyuán
酉 yǒu
又 yòu
右 yòu
右手 yòushǒu
幼儿 yòu'ér
幼儿园 yòu'éryuán

幼教 yòujiào
幼年 yòunián
幼稚 yòuzhì
佑 yòu
诱导 yòudǎo
诱饵 yòu'ěr
诱惑 yòuhuò
诱骗 yòupiàn

迂 yū
迂腐 yūfǔ
迂回 yūhuí
淤 yū
淤积 yūjī
淤泥 yūní
于是 yúshì
余 yú
余地 yúdì
余额 yú'é
余热 yúrè
余兴 yúxìng
鱼 yú
鱼贯 yúguàn
鱼肉 yúròu
鱼水 yúshuǐ

娱乐 yúlè
渔 yú
愉快 yúkuài
愉悦 yúyuè
逾期 yúqī
愚 yú
愚蠢 yúchǔn
愚钝 yúdùn
愚昧 yúmèi
愚弄 yúnòng
舆论 yúlùn
与日俱增 yǔrì jùzēng
予以 yǔyǐ
宇 yǔ
宇航 yǔháng
宇宙 yǔzhòu
羽 yǔ
羽毛球 yǔmáoqiú
雨 yǔ
雨林 yǔlín
雨露 yǔlù
语 yǔ
语法 yǔfǎ
语重心长 yǔzhòng xīncháng
与会 yùhuì

玉 yù
育 yù
郁 yù
郁愤 yùfèn
郁闷 yùmèn
狱 yù
浴 yù
浴场 yùchǎng
浴血 yùxuè
预报 yùbào
预备 yùbèi
预测 yùcè
预谋 yùmóu
预期 yùqī
预想 yùxiǎng
预兆 yùzhào
域名 yùmíng
欲 yù
欲念 yùniàn
欲望 yùwàng
谕 yù
喻 yù
寓所 yùsuǒ
寓言 yùyán
裕 yù

遇险 yùxiǎn
愈 yù
愈合 yùhé
愈加 yùjiā
誉 yù

冤 yuān
冤仇 yuānchóu
冤情 yuānqíng
渊 yuān
渊博 yuānbó
渊源 yuānyuán
元 yuán
元旦 yuándàn
元老 yuánlǎo
元气 yuánqì
元素 yuánsù
元宵 yuánxiāo
元凶 yuánxiōng
员工 yuángōng
园 yuán
园地 yuándì
园丁 yuándīng
园林 yuánlín
园艺 yuányì

原 yuán
原版 yuánbǎn
原本 yuánběn
原材料 yuáncáiliào
原创 yuánchuàng
原告 yuángào
原籍 yuánjí
原来 yuánlái
原理 yuánlǐ
原谅 yuánliàng
原料 yuánliào
原因 yuányīn
原则 yuánzé
原子核 yuánzǐhé
圆 yuán
圆场 yuánchǎng
圆滑 yuánhuá
圆满 yuánmǎn
圆润 yuánrùn
圆舞曲 yuánwǔqǔ
圆周 yuánzhōu
袁 yuán
援 yuán
援手 yuánshǒu
援助 yuánzhù

缘 yuán
缘分 yuánfèn
缘故 yuángù
缘起 yuánqǐ
缘由 yuányóu
源 yuán
源流 yuánliú
源泉 yuánquán
源头 yuántóu
猿 yuán
远 yuǎn
远程 yuǎnchéng
苑 yuàn
怨 yuàn
怨恨 yuànhèn
怨气 yuànqì
怨言 yuànyán
院 yuàn
愿 yuàn
愿意 yuànyì

曰 yuē
约 yuē
约定 yuēdìng
约见 yuējiàn

约略 yuēlüè
约束 yuēshù
月 yuè
月报 yuèbào
月份 yuèfèn
月光 yuèguāng
月票 yuèpiào
月球 yuèqiú
月薪 yuèxīn
乐队 yuèduì
岳 yuè
悦 yuè
悦耳 yuè'ěr
悦目 yuèmù
阅 yuè
阅读 yuèdú
阅览 yuèlǎn
阅历 yuèlì
跃 yuè
粤 yuè
越 yuè
越轨 yuèguǐ
越级 yuèjí
越境 yuèjìng
越位 yuèwèi

越狱 yuèyù

云 yún
云集 yúnjí
云雾 yúnwù
云霄 yúnxiāo
匀 yún
允诺 yǔnnuò
允许 yǔnxǔ
陨落 yǔnluò
陨灭 yǔnmiè
陨石 yǔnshí
殒命 yǔnmìng
殒身 yǔnshēn
孕育 yùnyù
运 yùn
运筹 yùnchóu
运动 yùndòng
运动员 yùndòngyuán
运河 yùnhé
运气 yùnqì
运气 yùn·qi
运输 yùnshū
运行 yùnxíng
运用 yùnyòng
运转 yùnzhuǎn

运作 yùnzuò
晕车 yùnchē
晕针 yùnzhēn
酝酿 yùnniàng
韵 yùn
韵律 yùnlǜ
韵味 yùnwèi
熨 yùn
蕴藏 yùncáng
蕴涵 yùnhán

Z

咂 zā
杂 zá
杂费 záfèi
杂感 zágǎn
杂烩 záhuì
杂技 zájì
杂粮 záliáng
杂乱 záluàn
杂念 zániàn
杂志 zázhì
砸 zá

灾 zāi
灾害 zāihài
灾荒 zāihuāng
灾难 zāinàn
栽 zāi
栽培 zāipéi
栽赃 zāizāng
宰 zǎi
宰割 zǎigē
宰杀 zǎishā
崽 zǎi
再 zài
再版 zàibǎn
在 zài
在编 zàibiān
在场 zàichǎng
在行 zàiháng
在即 zàijí
在意 zàiyì
在座 zàizuò
载体 zàitǐ
载重 zàizhòng

暂 zàn
暂且 zànqiě
暂时 zànshí

暂停 zàntíng
暂行 zànxíng
赞成 zànchéng
赞歌 zàngē
赞美 zànměi
赞叹 zàntàn
赞同 zàntóng
赞扬 zànyáng
赞助 zànzhù

赃 zāng
赃官 zāngguān
赃款 zāngkuǎn
赃物 zāngwù
葬 zàng
葬身 zàngshēn
葬送 zàngsòng

遭 zāo
遭劫 zāojié
遭受 zāoshòu
遭殃 zāoyāng
遭遇 zāoyù
糟 zāo
糟糕 zāogāo

糟粕 zāopò
凿 záo
早 zǎo
早春 zǎochūn
早熟 zǎoshú
澡 zǎo
藻 zǎo
皂白 zàobái
造 zào
造福 zàofú
造就 zàojiù
造孽 zàoniè
造型 zàoxíng
造谣 zàoyáo
造诣 zàoyì
造影 zàoyǐng
噪声 zàoshēng
噪音 zàoyīn
燥热 zàorè
躁动 zàodòng

则 zé
泽 zé
责 zé
责备 zébèi

责成 zéchéng
责怪 zéguài
责令 zélìng
责任 zérèn
责任感 zérèngǎn
责问 zéwèn
仄 zè

贼 zéi

怎 zěn
怎样 zěnyàng

增 zēng
增多 zēngduō
增光 zēngguāng
增加 zēngjiā
增进 zēngjìn
增强 zēngqiáng
增添 zēngtiān
增援 zēngyuán
增长 zēngzhǎng
憎 zēng
憎恨 zēnghèn
憎恶 zēngwù

锃亮 zèngliàng
赠 zèng
赠送 zèngsòng
赠言 zèngyán

扎根 zhāgēn
扎手 zhāshǒu
扎眼 zhāyǎn
扎营 zhāyíng
札记 zhájì
轧钢 zhágāng
闸 zhá
铡 zhá
铡刀 zhádāo
眨 zhǎ
眨眼 zhǎyǎn
乍 zhà
诈 zhà
诈骗 zhàpiàn
诈降 zhàxiáng
炸弹 zhàdàn
炸药 zhàyào
榨 zhà
榨取 zhàqǔ

摘 zhāi
摘录 zhāilù
摘要 zhāiyào
宅 zhái
宅第 zháidì
宅院 zháiyuàn
窄 zhǎi
债 zhài
债权 zhàiquán
债务 zhàiwù
债主 zhàizhǔ
寨 zhài

占卜 zhānbǔ
占卦 zhānguà
沾 zhān
沾光 zhānguāng
沾亲 zhānqīn
沾染 zhānrǎn
毡 zhān
粘连 zhānlián
粘贴 zhāntiē
瞻 zhān
瞻望 zhānwàng
瞻仰 zhānyǎng

斩 zhǎn
斩仓 zhǎncāng
展 zhǎn
展播 zhǎnbō
展开 zhǎnkāi
展览 zhǎnlǎn
展示 zhǎnshì
展现 zhǎnxiàn
盏 zhǎn
崭新 zhǎnxīn
辗转 zhǎnzhuǎn
占领 zhànlǐng
占线 zhànxiàn

占用 zhànyòng
战略 zhànlüè
战术 zhànshù
战役 zhànyì
战争 zhànzhēng
栈道 zhàndào
站 zhàn
站岗 zhàngǎng
站台 zhàntái
绽 zhàn
湛蓝 zhànlán

张 zhāng
张皇 zhānghuáng
张狂 zhāngkuáng
张贴 zhāngtiē
张望 zhāngwàng
张扬 zhāngyáng
章 zhāng
章程 zhāngchéng
章法 zhāngfǎ
彰 zhāng
樟脑 zhāngnǎo
长辈 zhǎngbèi
涨潮 zhǎngcháo
掌 zhǎng
掌管 zhǎngguǎn
掌控 zhǎngkòng
掌握 zhǎngwò
丈 zhàng
仗 zhàng
仗势 zhàngshì
仗义 zhàngyì
帐 zhàng
胀 zhàng
账 zhàng
账单 zhàngdān

账户 zhànghù
账目 zhàngmù
障碍 zhàng'ài

招 zhāo
招标 zhāobiāo
招待 zhāodài
招架 zhāojià
招聘 zhāopìn
招租 zhāozū
昭 zhāo
昭示 zhāoshì
昭雪 zhāoxuě
昭著 zhāozhù
着急 zháojí
着迷 zháomí
找 zhǎo
沼 zhǎo
沼气 zhǎoqì
沼泽 zhǎozé
召唤 zhàohuàn
召见 zhàojiàn
召开 zhàokāi
赵 zhào
照 zhào

照搬 zhàobān
照料 zhàoliào
照明 zhàomíng
照片 zhàopiàn
照射 zhàoshè
照相 zhàoxiàng
照耀 zhàoyào
肇事 zhàoshì

遮 zhē
遮盖 zhēgài
遮掩 zhēyǎn
折叠 zhédié
折服 zhéfú
折合 zhéhé
折价 zhéjià
折磨 zhé·mó
折腰 zhéyāo
折中 zhézhōng
哲 zhé
哲理 zhélǐ
哲学 zhéxué
蛰伏 zhéfú
蛰居 zhéjū
辙 zhé

者 zhě
褶 zhě
褶皱 zhězhòu
这 zhè
这些 zhèxiē
浙 zhè
蔗 zhè

针 zhēn
针砭 zhēnbiān
针对 zhēnduì
针灸 zhēnjiǔ
侦 zhēn
侦查 zhēnchá
侦察 zhēnchá
侦破 zhēnpò
侦探 zhēntàn
珍 zhēn
珍宝 zhēnbǎo
珍藏 zhēncáng
珍贵 zhēnguì
珍重 zhēnzhòng
珍珠 zhēnzhū
真 zhēn
真诚 zhēnchéng

真谛 zhēndì
真挚 zhēnzhì
砧板 zhēnbǎn
斟酌 zhēnzhuó
甄别 zhēnbié
箴言 zhēnyán
臻 zhēn
诊 zhěn
诊断 zhěnduàn
诊所 zhěnsuǒ
诊治 zhěnzhì
枕 zhěn
枕巾 zhěnjīn
枕木 zhěnmù
缜密 zhěnmì
阵 zhèn
振兴 zhènxīng
振作 zhènzuò
赈济 zhènjì
赈灾 zhènzāi
镇 zhèn
镇定 zhèndìng
镇静 zhènjìng
镇压 zhènyā
震 zhèn

震荡 zhèndàng
震耳欲聋 zhèn'ěr yùlóng
震撼 zhènhàn
震惊 zhènjīng
震慑 zhènshè

争 zhēng
争端 zhēngduān
争执 zhēngzhí
征 zhēng
征兵 zhēngbīng
征程 zhēngchéng
征订 zhēngdìng
征服 zhēngfú
征购 zhēnggòu
征集 zhēngjí
征聘 zhēngpìn
征求 zhēngqiú
征途 zhēngtú
峥嵘 zhēngróng
挣扎 zhēngzhá
狰狞 zhēngníng
睁 zhēng
蒸 zhēng
蒸发 zhēngfā

蒸馏 zhēngliú
蒸馏水 zhēngliúshuǐ
蒸笼 zhēnglóng
拯救 zhěngjiù
整 zhěng
整顿 zhěngdùn
整改 zhěnggǎi
整合 zhěnghé
整洁 zhěngjié
整理 zhěnglǐ
正比例 zhèngbǐlì
正常 zhèngcháng
正规 zhèngguī
正好 zhènghǎo
正面 zhèngmiàn
正气 zhèngqì
正确 zhèngquè
正式 zhèngshì
正统 zhèngtǒng
正义 zhèngyì
正直 zhèngzhí
正宗 zhèngzōng
证 zhèng
证件 zhèngjiàn
证据 zhèngjù

证明 zhèngmíng
证券 zhèngquàn
证书 zhèngshū
郑 zhèng
郑重 zhèngzhòng
政 zhèng
政变 zhèngbiàn
政策 zhèngcè
政党 zhèngdǎng
政府 zhèngfǔ
政绩 zhèngjì
政局 zhèngjú
政权 zhèngquán
政治 zhèngzhì
症状 zhèngzhuàng

之 zhī
支 zhī
支持 zhīchí
支援 zhīyuán
支柱 zhīzhù
汁液 zhīyè
枝 zhī
枝节 zhījié
枝蔓 zhīmàn

知 zhī
知道 zhī·dào
知己 zhījǐ
知觉 zhījué
知名 zhīmíng
知趣 zhīqù
知心 zhīxīn
知足 zhīzú
织 zhī
脂 zhī
脂肪 zhīfáng
脂粉 zhīfěn
执 zhí
执法 zhífǎ
执行 zhíxíng
执照 zhízhào
直 zhí
直径 zhíjìng
直属 zhíshǔ
直率 zhíshuài
直辖市 zhíxiáshì
直言 zhíyán
值 zhí
值班 zhíbān
值勤 zhíqín

值日 zhírì
职称 zhíchēng
植 zhí
植保 zhíbǎo
植被 zhíbèi
植物 zhíwù
殖民地 zhímíndì
止 zhǐ
只好 zhǐhǎo
只要 zhǐyào
只有 zhǐyǒu
旨意 zhǐyì
址 zhǐ
纸 zhǐ
咫尺 zhǐchǐ
指 zhǐ
指标 zhǐbiāo
指导 zhǐdǎo
指挥 zhǐhuī
指教 zhǐjiào
指令 zhǐlìng
指南针 zhǐnánzhēn
指使 zhǐshǐ
指正 zhǐzhèng
至 zhì

至交 zhìjiāo
至今 zhìjīn
至少 zhìshǎo
至于 zhìyú
志 zhì
志愿 zhìyuàn
志愿军 zhìyuànjūn
制 zhì
制裁 zhìcái
治 zhì
治安 zhì'ān
治理 zhìlǐ
治疗 zhìliáo
炙热 zhìrè
质 zhì
质变 zhìbiàn
质量 zhìliàng
质朴 zhìpǔ
质问 zhìwèn
质疑 zhìyí
挚爱 zhì'ài
挚友 zhìyǒu
桎梏 zhìgù
秩序 zhìxù
致 zhì

致敬 zhìjìng
致命 zhìmìng
致意 zhìyì
掷 zhì
窒息 zhìxī
智慧 zhìhuì
智谋 zhìmóu
智商 zhìshāng
滞后 zhìhòu
滞留 zhìliú
滞销 zhìxiāo
稚嫩 zhìnèn
置 zhì
置办 zhìbàn
置信 zhìxìn

中断 zhōngduàn
中和 zhōnghé
中坚 zhōngjiān
中间人 zhōngjiānrén
中立 zhōnglì
中介 zhōngjiè
中世纪 zhōngshìjì
中枢 zhōngshū
中听 zhōngtīng

中外 zhōngwài
中心 zhōngxīn
中兴 zhōngxīng
中学生 zhōngxuéshēng
中央 zhōngyāng
中医 zhōngyī
中转 zhōngzhuǎn
忠 zhōng
忠诚 zhōngchéng
忠告 zhōnggào
忠厚 zhōnghòu
忠实 zhōngshí
终 zhōng
终端 zhōngduān
终结 zhōngjié
终身 zhōngshēn
终生 zhōngshēng
终于 zhōngyú
终止 zhōngzhǐ
盅 zhōng
钟 zhōng
钟爱 zhōng'ài
钟表 zhōngbiǎo
钟情 zhōngqíng
衷肠 zhōngcháng

衷曲 zhōngqǔ
肿 zhǒng
肿瘤 zhǒngliú
肿胀 zhǒngzhàng
种类 zhǒnglèi
种群 zhǒngqún
种族 zhǒngzú
中标 zhòngbiāo
中毒 zhòngdú
中风 zhòngfēng
中奖 zhòngjiǎng
中肯 zhòngkěn
中伤 zhòngshāng
中意 zhòngyì
种地 zhòngdì
种田 zhòngtián
种植 zhòngzhí
仲裁 zhòngcái
众 zhòng
众多 zhòngduō
众怒 zhòngnù
众望 zhòngwàng
重创 zhòngchuāng
重点 zhòngdiǎn
重工业 zhònggōngyè

重量 zhòngliàng
重任 zhòngrèn
重视 zhòngshì
重要 zhòngyào

州 zhōu
舟 zhōu
周 zhōu
周而复始 zhōu'ér fùshǐ
周济 zhōujì
周密 zhōumì
周年 zhōunián
周期 zhōuqī
周全 zhōuquán
周围 zhōuwéi
周旋 zhōuxuán
周折 zhōuzhé
周转 zhōuzhuǎn
粥 zhōu
轴承 zhóuchéng
轴线 zhóuxiàn
肘 zhǒu
咒骂 zhòumà
宙 zhòu
绉 zhòu

昼 zhòu
皱 zhòu
骤然 zhòurán

朱 zhū
侏儒 zhūrú
诛 zhū
株连 zhūlián
珠宝 zhūbǎo
珠算 zhūsuàn
诸 zhū
诸如此类 zhūrú cǐlèi
诸位 zhūwèi
竹 zhú
逐步 zhúbù
逐渐 zhújiàn
逐日 zhúrì
主创 zhǔchuàng
主人公 zhǔréngōng
主人翁 zhǔrénwēng
主题 zhǔtí
主体 zhǔtǐ
主要 zhǔyào
主页 zhǔyè
主宰 zhǔzǎi

主张 zhǔzhāng
拄 zhǔ
属望 zhǔwàng
煮 zhǔ
嘱 zhǔ
嘱托 zhǔtuō
瞩目 zhǔmù
伫立 zhùlì
住 zhù
住宿 zhùsù
住所 zhùsuǒ
住宅 zhùzhái
助 zhù
助理 zhùlǐ
助手 zhùshǒu
助威 zhùwēi
助兴 zhùxìng
注 zhù
注册 zhùcè
注定 zhùdìng
注解 zhùjiě
注销 zhùxiāo
注意 zhùyì
注重 zhùzhòng
贮 zhù

贮藏 zhùcáng
贮存 zhùcún
驻 zhù
驻军 zhùjūn
驻守 zhùshǒu
驻扎 zhùzhā
柱 zhù
祝 zhù
祝福 zhùfú
祝贺 zhùhè
祝愿 zhùyuàn
著名 zhùmíng
著作 zhùzuò
蛀 zhù
蛀虫 zhùchóng
筑 zhù
铸 zhù
铸造 zhùzào

抓 zhuā
抓获 zhuāhuò
抓紧 zhuājǐn
抓瞎 zhuāxiā

专长 zhuāncháng

专程 zhuānchéng
专横 zhuānhèng
专家 zhuānjiā
专利 zhuānlì
专门 zhuānmén
专权 zhuānquán
砖 zhuān
转变 zhuǎnbiàn
转播 zhuǎnbō
转达 zhuǎndá
转发 zhuǎnfā
转岗 zhuǎngǎng
转告 zhuǎngào
转轨 zhuǎnguǐ
转行 zhuǎnháng
转机 zhuǎnjī
转嫁 zhuǎnjià
转脸 zhuǎnliǎn
转让 zhuǎnràng
转型 zhuǎnxíng
转移 zhuǎnyí
转折 zhuǎnzhé
传记 zhuànjì
传略 zhuànlüè
转速 zhuànsù

转梯 zhuàntī
赚 zhuàn
撰 zhuàn
撰述 zhuànshù
撰写 zhuànxiě
篆 zhuàn
篆刻 zhuànkè

妆 zhuāng
庄 zhuāng
庄严 zhuāngyán
庄园 zhuāngyuán
庄重 zhuāngzhòng
桩 zhuāng
装 zhuāng
装扮 zhuāngbàn
装备 zhuāngbèi
装潢 zhuānghuáng
装饰 zhuāngshì
装卸 zhuāngxiè
装修 zhuāngxiū
装置 zhuāngzhì
壮 zhuàng
状 zhuàng
状况 zhuàngkuàng

状态 zhuàngtài
撞 zhuàng
撞击 zhuàngjī
撞骗 zhuàngpiàn

追 zhuī
追捕 zhuībǔ
追查 zhuīchá
追赶 zhuīgǎn
追究 zhuījiū
追求 zhuīqiú
追溯 zhuīsù
追随 zhuīsuí
追逐 zhuīzhú
追踪 zhuīzōng
椎 zhuī
锥 zhuī
坠 zhuì
缀 zhuì
赘 zhuì
赘述 zhuìshù
赘言 zhuìyán

准 zhǔn
准备 zhǔnbèi

准确 zhǔnquè
准绳 zhǔnshéng
准许 zhǔnxǔ
准则 zhǔnzé

拙 zhuō
拙笨 zhuōbèn
拙见 zhuōjiàn
拙劣 zhuōliè
捉 zhuō
捉拿 zhuōná
捉弄 zhuōnòng
桌 zhuō
卓 zhuó
卓见 zhuójiàn
卓绝 zhuójué
卓然 zhuórán
卓越 zhuóyuè
卓著 zhuózhù
灼 zhuó
灼热 zhuórè
茁壮 zhuózhuàng
浊 zhuó
浊音 zhuóyīn
酌情 zhuóqíng

啄木鸟 zhuómùniǎo
着落 zhuóluò
着实 zhuóshí
着手 zhuóshǒu
着想 zhuóxiǎng
着眼 zhuóyǎn
着重 zhuózhòng
着装 zhuózhuāng
琢磨 zhuómó

咨 zī
咨文 zīwén
咨询 zīxún
姿 zī
姿势 zīshì
姿态 zītài
资 zī
资本 zīběn
资格 zīgé
资金 zījīn
资料 zīliào
资源 zīyuán
资质 zīzhì
资助 zīzhù
滋补 zībǔ

滋润 zīrùn
滋生 zīshēng
滋事 zīshì
滋味 zīwèi
滋长 zīzhǎng
辎重 zīzhòng
子 zǐ
子女 zǐnǚ
子孙 zǐsūn
仔细 zǐxì
姊妹 zǐmèi
紫 zǐ
紫外线 zǐwàixiàn
字 zì
自 zì
自爱 zì'ài
自卑 zìbēi
自便 zìbiàn
自动 zìdòng
自动化 zìdònghuà
自费 zìfèi
自负 zìfù
自豪 zìháo
自己 zìjǐ
自觉 zìjué

自来水 zìláishuǐ
自理 zìlǐ
自力更生 zìlì gēngshēng
自满 zìmǎn
自强 zìqiáng
自然 zìrán
自然界 zìránjiè
自始至终 zìshǐ zhìzhōng
自信 zìxìn
自行车 zìxíngchē
自以为是 zìyǐwéishì
自由 zìyóu
自治区 zìzhìqū
自尊 zìzūn
恣意 zìyì

宗 zōng
宗教 zōngjiào
宗派 zōngpài
宗旨 zōngzhǐ
宗族 zōngzú
综 zōng
综合 zōnghé
综述 zōngshù
综艺 zōngyì

棕 zōng
棕榈 zōnglǘ
踪 zōng
踪迹 zōngjì
踪影 zōngyǐng
鬃 zōng
总 zǒng
总裁 zǒngcái
总称 zǒngchēng
总额 zǒng'é
总共 zǒnggòng
总计 zǒngjì
总结 zǒngjié
总统 zǒngtǒng
总之 zǒngzhī
纵 zòng
纵横 zònghéng
纵情 zòngqíng
纵然 zòngrán
纵容 zòngróng
纵使 zòngshǐ

走 zǒu
走访 zǒufǎng
走高 zǒugāo

走红 zǒuhóng
走廊 zǒuláng
走强 zǒuqiáng
走俏 zǒuqiào
走势 zǒushì
走私 zǒusī
走向 zǒuxiàng
走眼 zǒuyǎn
走运 zǒuyùn
奏 zòu
奏鸣曲 zòumíngqǔ
奏效 zòuxiào
奏乐 zòuyuè
揍 zòu

租 zū
租借 zūjiè
租金 zūjīn
租赁 zūlìn
租用 zūyòng
足 zú
足够 zúgòu
足迹 zújì
足下 zúxià
族 zú

诅咒 zǔzhòu
阻 zǔ
阻碍 zǔ'ài
阻拦 zǔlán
阻力 zǔlì
阻挠 zǔnáo
阻止 zǔzhǐ
组 zǔ
组合 zǔhé
组建 zǔjiàn
组织 zǔzhī
组装 zǔzhuāng
祖 zǔ
祖产 zǔchǎn
祖国 zǔguó
祖先 zǔxiān
祖业 zǔyè

钻探 zuāntàn
钻研 zuānyán
钻营 zuānyíng
钻戒 zuànjiè
钻石 zuànshí
钻头 zuàntóu
攥 zuàn

嘴 zuǐ
嘴唇 zuǐchún
最 zuì
罪 zuì
罪恶 zuì'è
罪行 zuìxíng
罪责 zuìzé
罪证 zuìzhèng
醉 zuì
醉态 zuìtài
醉意 zuìyì

尊 zūn
尊崇 zūnchóng
尊贵 zūnguì
尊敬 zūnjìng
尊严 zūnyán
尊重 zūnzhòng
遵 zūn
遵守 zūnshǒu
遵循 zūnxún
遵照 zūnzhào

昨 zuó

左 zuǒ
左派 zuǒpài
左倾 zuǒqīng
左右 zuǒyòu
佐 zuǒ
佐证 zuǒzhèng
作弊 zuòbì
作恶 zuò'è
作废 zuòfèi
作风 zuòfēng
作怪 zuòguài
作家 zuòjiā
作品 zuòpǐn
作态 zuòtài
作为 zuòwéi
作业 zuòyè
作用 zuòyòng
作战 zuòzhàn
作者 zuòzhě
坐班 zuòbān
坐标 zuòbiāo
坐落 zuòluò
坐骑 zuòqí
坐镇 zuòzhèn
座谈 zuòtán

做 zuò   做事 zuòshì
做客 zuòkè   做戏 zuòxì
做梦 zuòmèng   做主 zuòzhǔ

表二：普通话水平测试用必读轻声词语表

说　明

1. 本表根据《现代汉语词典》编制。

2. 本表供普通话水平测试第二项——读多音节词语（100个音节）测试使用。

3. 本表共收词549条（其中"子"尾词206条），按汉语拼音字母顺序排列。

4. 条目中的非轻声音节只标本调，不标变调；条目中的轻声音节，注音不标调号，如："明白 míngbai"。

1 爱人 àiren
2 案子 ànzi
3 巴掌 bāzhang
4 把子 bǎzi
5 把子 bàzi
6 爸爸 bàba
7 白净 báijing
8 班子 bānzi
9 板子 bǎnzi
10 帮手 bāngshou
11 梆子 bāngzi
12 膀子 bǎngzi
13 棒槌 bàngchui
14 棒子 bàngzi
15 包袱 bāofu
16 包子 bāozi
17 豹子 bàozi
18 杯子 bēizi
19 被子 bèizi
20 本事 běnshi
21 本子 běnzi
22 鼻子 bízi
23 比方 bǐfang
24 鞭子 biānzi
25 扁担 biǎndan
26 辫子 biànzi

27 别扭 bièniu
28 饼子 bǐngzi
29 玻璃 bōli
30 脖子 bózi
31 簸箕 bòji
32 补丁 bǔding
33 不由得 bùyóude
34 不在乎 bùzàihu
35 步子 bùzi
36 部分 bùfen
37 财主 cáizhu
38 裁缝 cáifeng
39 苍蝇 cāngying
40 差事 chāishi
41 柴火 cháihuo
42 肠子 chángzi
43 厂子 chǎngzi
44 场子 chǎngzi
45 车子 chēzi
46 称呼 chēnghu
47 池子 chízi
48 尺子 chǐzi
49 虫子 chóngzi
50 绸子 chóuzi
51 除了 chúle
52 锄头 chútou
53 畜生 chùsheng
54 窗户 chuānghu
55 窗子 chuāngzi
56 锤子 chuízi
57 刺猬 cìwei
58 凑合 còuhe
59 村子 cūnzi
60 耷拉 dāla
61 答应 dāying
62 打扮 dǎban
63 打点 dǎdian
64 打发 dǎfa
65 打量 dǎliang
66 打算 dǎsuan
67 打听 dǎting
68 大方 dàfang
69 大爷 dàye
70 大夫 dàifu
71 带子 dàizi
72 袋子 dàizi
73 单子 dānzi
74 耽搁 dānge
75 耽误 dānwu
76 胆子 dǎnzi

第三章 普通话水平测试用词语汇总

77 担子 dànzi
78 刀子 dāozi
79 道士 dàoshi
80 稻子 dàozi
81 灯笼 dēnglong
82 凳子 dèngzi
83 提防 dīfang
84 笛子 dízi
85 底子 dǐzi
86 地道 dìdao
87 地方 dìfang
88 弟弟 dìdi
89 弟兄 dìxiong
90 掂量 diānliang
91 点心 diǎnxin
92 调子 diàozi
93 钉子 dīngzi
94 东家 dōngjia
95 东西 dōngxi
96 动静 dòngjing
97 动弹 dòngtan
98 豆腐 dòufu
99 豆子 dòuzi
100 嘟囔 dūnang
101 肚子 dǔzi
102 肚子 dùzi
103 缎子 duànzi
104 队伍 duìwu
105 对付 duìfu
106 对头 duìtou
107 多么 duōme
108 蛾子 ézi
109 儿子 érzi
110 耳朵 ěrduo
111 贩子 fànzi
112 房子 fángzi
113 废物 fèiwu
114 份子 fènzi
115 风筝 fēngzheng
116 疯子 fēngzi
117 福气 fúqi
118 斧子 fǔzi
119 盖子 gàizi
120 干粮 gānliang
121 甘蔗 gānzhe
122 杆子 gānzi
123 杆子 gǎnzi
124 干事 gànshi
125 杠子 gàngzi
126 高粱 gāoliang

127 膏药 gāoyao
128 稿子 gǎozi
129 告诉 gàosu
130 疙瘩 gēda
131 哥哥 gēge
132 胳膊 gēbo
133 鸽子 gēzi
134 格子 gézi
135 个子 gèzi
136 根子 gēnzi
137 跟前 gēnqian
138 跟头 gēntou
139 工夫 gōngfu
140 功夫 gōngfu
141 公公 gōnggong
142 弓子 gōngzi
143 钩子 gōuzi
144 姑姑 gūgu
145 姑娘 gūniang
146 谷子 gǔzi
147 骨头 gǔtou
148 故事 gùshi
149 寡妇 guǎfu
150 褂子 guàzi
151 怪物 guàiwu

152 关系 guānxi
153 官司 guānsi
154 罐头 guàntou
155 罐子 guànzi
156 规矩 guīju
157 闺女 guīnü
158 鬼子 guǐzi
159 柜子 guìzi
160 棍子 gùnzi
161 锅子 guōzi
162 果子 guǒzi
163 蛤蟆 háma
164 孩子 háizi
165 含糊 hánhu
166 汉子 hànzi
167 行当 hángdang
168 合同 hétong
169 和尚 héshang
170 核桃 hétao
171 盒子 hézi
172 红火 hónghuo
173 猴子 hóuzi
174 后头 hòutou
175 厚道 hòudao
176 狐狸 húli

177 胡萝卜 húluóbo
178 胡琴 húqin
179 糊涂 hútu
180 护士 hùshi
181 皇上 huángshang
182 幌子 huǎngzi
183 活泼 huópo
184 火候 huǒhou
185 伙计 huǒji
186 机灵 jīling
187 记号 jìhao
188 记性 jìxing
189 夹子 jiāzi
190 家伙 jiāhuo
191 架势 jiàshi
192 架子 jiàzi
193 嫁妆 jiàzhuang
194 尖子 jiānzi
195 茧子 jiǎnzi
196 剪子 jiǎnzi
197 见识 jiànshi
198 毽子 jiànzi
199 将就 jiāngjiu
200 交情 jiāoqing
201 饺子 jiǎozi
202 叫唤 jiàohuan
203 轿子 jiàozi
204 结实 jiēshi
205 街坊 jiēfang
206 姐夫 jiěfu
207 姐姐 jiějie
208 戒指 jièzhi
209 金子 jīnzi
210 精神 jīngshen
211 镜子 jìngzi
212 舅舅 jiùjiu
213 橘子 júzi
214 句子 jùzi
215 卷子 juànzi
216 咳嗽 késou
217 客气 kèqi
218 空子 kòngzi
219 口袋 kǒudai
220 口子 kǒuzi
221 扣子 kòuzi
222 窟窿 kūlong
223 裤子 kùzi
224 快活 kuàihuo
225 筷子 kuàizi
226 框子 kuàngzi

227 阔气 kuòqi
228 喇叭 lǎba
229 喇嘛 lǎma
230 来不及 lái·bují
231 篮子 lánzi
232 懒得 lǎnde
233 浪头 làngtou
234 老婆 lǎopo
235 老实 lǎoshi
236 老太太 lǎotàitai
237 老头子 lǎotóuzi
238 老爷 lǎoye
239 老子 lǎozi
240 姥姥 lǎolao
241 累赘 léizhui
242 篱笆 líba
243 里头 lǐtou
244 力气 lìqi
245 厉害 lìhai
246 利落 lìluo
247 利索 lìsuo
248 例子 lìzi
249 栗子 lìzi
250 痢疾 lìji
251 连累 liánlei

252 帘子 liánzi
253 凉快 liángkuai
254 粮食 liángshi
255 两口子 liǎngkǒuzi
256 料子 liàozi
257 林子 línzi
258 翎子 língzi
259 领子 lǐngzi
260 溜达 liūda
261 聋子 lóngzi
262 笼子 lóngzi
263 炉子 lúzi
264 路子 lùzi
265 轮子 lúnzi
266 萝卜 luóbo
267 骡子 luózi
268 骆驼 luòtuo
269 妈妈 māma
270 麻烦 máfan
271 麻利 máli
272 麻子 mázi
273 马虎 mǎhu
274 码头 mǎtou
275 买卖 mǎimai
276 麦子 màizi

277 馒头 mántou
278 忙活 mánghuo
279 冒失 màoshi
280 帽子 màozi
281 眉毛 méimao
282 媒人 méiren
283 妹妹 mèimei
284 门道 méndao
285 眯缝 mīfeng
286 迷糊 míhu
287 面子 miànzi
288 苗条 miáotiao
289 苗头 miáotou
290 名堂 míngtang
291 名字 míngzi
292 明白 míngbai
293 模糊 móhu
294 蘑菇 mógu
295 木匠 mùjiang
296 木头 mùtou
297 那么 nàme
298 奶奶 nǎinai
299 难为 nánwei
300 脑袋 nǎodai
301 脑子 nǎozi
302 能耐 néngnai
303 你们 nǐmen
304 念叨 niàndao
305 念头 niàntou
306 娘家 niángjia
307 镊子 nièzi
308 奴才 núcai
309 女婿 nǔxu
310 暖和 nuǎnhuo
311 疟疾 nüèji
312 拍子 pāizi
313 牌楼 páilou
314 牌子 páizi
315 盘算 pánsuan
316 盘子 pánzi
317 胖子 pàngzi
318 狍子 páozi
319 盆子 pénzi
320 朋友 péngyou
321 棚子 péngzi
322 皮子 pízi
323 琵琶 pípa
324 脾气 píqi
325 痞子 pǐzi
326 屁股 pìgu

327 片子 piānzi
328 便宜 piányi
329 骗子 piànzi
330 票子 piàozi
331 漂亮 piàoliang
332 瓶子 píngzi
333 婆家 pójia
334 婆婆 pópo
335 铺盖 pūgai
336 欺负 qīfu
337 旗子 qízi
338 前头 qiántou
339 钳子 qiánzi
340 茄子 qiézi
341 亲戚 qīnqi
342 勤快 qínkuai
343 清楚 qīngchu
344 亲家 qìngjia
345 曲子 qǔzi
346 圈子 quānzi
347 拳头 quántou
348 裙子 qúnzi
349 热闹 rènao
350 人家 rénjia
351 人们 rénmen
352 认识 rènshi
353 日子 rìzi
354 褥子 rùzi
355 塞子 sāizi
356 嗓子 sǎngzi
357 嫂子 sǎozi
358 扫帚 sàozhou
359 沙子 shāzi
360 傻子 shǎzi
361 扇子 shànzi
362 商量 shāngliang
363 晌午 shǎngwu
364 上司 shàngsi
365 上头 shàngtou
366 烧饼 shāobing
367 勺子 sháozi
368 少爷 shàoye
369 哨子 shàozi
370 舌头 shétou
371 身子 shēnzi
372 什么 shénme
373 婶子 shěnzi
374 生意 shēngyi
375 牲口 shēngkou
376 绳子 shéngzi

377 师父 shīfu
378 师傅 shīfu
379 虱子 shīzi
380 狮子 shīzi
381 石匠 shíjiang
382 石榴 shíliu
383 石头 shítou
384 时候 shíhou
385 实在 shízai
386 拾掇 shíduo
387 使唤 shǐhuan
388 世故 shìgu
389 似的 shìde
390 事情 shìqing
391 柿子 shìzi
392 收成 shōucheng
393 收拾 shōushi
394 首饰 shǒushi
395 叔叔 shūshu
396 梳子 shūzi
397 舒服 shūfu
398 舒坦 shūtan
399 疏忽 shūhu
400 熟悉 shúxi
401 爽快 shuǎngkuai
402 思量 sīliang
403 算计 suànji
404 岁数 suìshu
405 孙子 sūnzi
406 他们 tāmen
407 它们 tāmen
408 她们 tāmen
409 台子 táizi
410 太太 tàitai
411 摊子 tānzi
412 坛子 tánzi
413 毯子 tǎnzi
414 桃子 táozi
415 特务 tèwu
416 梯子 tīzi
417 蹄子 tízi
418 挑剔 tiāo·ti
419 挑子 tiāo·zi
420 条子 tiáozi
421 跳蚤 tiàozao
422 铁匠 tiějiang
423 亭子 tíngzi
424 头发 tóufa
425 头子 tóuzi
426 兔子 tùzi

427 妥当 tuǒdang
428 唾沫 tuòmo
429 挖苦 wāku
430 娃娃 wáwa
431 袜子 wàzi
432 晚上 wǎnshang
433 尾巴 wěiba
434 委屈 wěiqu
435 为了 wèile
436 位置 wèizhi
437 位子 wèizi
438 蚊子 wénzi
439 稳当 wěndang
440 我们 wǒmen
441 屋子 wūzi
442 稀罕 xīhan
443 席子 xízi
444 媳妇 xífu
445 喜欢 xǐhuan
446 瞎子 xiāzi
447 匣子 xiázi
448 下巴 xiàba
449 吓唬 xiàhu
450 先生 xiānsheng
451 乡下 xiāngxia

452 箱子 xiāngzi
453 相声 xiàngsheng
454 消息 xiāoxi
455 小伙子 xiǎohuǒzi
456 小气 xiǎoqi
457 小子 xiǎozi
458 笑话 xiàohua
459 谢谢 xièxie
460 心思 xīnsi
461 星星 xīngxing
462 猩猩 xīngxing
463 行李 xíngli
464 性子 xìngzi
465 兄弟 xiōngdi
466 休息 xiūxi
467 秀才 xiùcai
468 秀气 xiùqi
469 袖子 xiùzi
470 靴子 xuēzi
471 学问 xuéwen
472 丫头 yātou
473 鸭子 yāzi
474 衙门 yámen
475 哑巴 yǎba
476 胭脂 yānzhi

477 烟筒 yāntong
478 眼睛 yǎnjing
479 燕子 yànzi
480 秧歌 yāngge
481 养活 yǎnghuo
482 样子 yàngzi
483 吆喝 yāohe
484 妖精 yāojing
485 钥匙 yàoshi
486 椰子 yēzi
487 爷爷 yéye
488 叶子 yèzi
489 一辈子 yībèizi
490 衣服 yīfu
491 衣裳 yīshang
492 椅子 yǐzi
493 意思 yìsi
494 银子 yínzi
495 影子 yǐngzi
496 应酬 yìngchou
497 柚子 yòuzi
498 冤枉 yuānwang
499 院子 yuànzi
500 月饼 yuèbing
501 月亮 yuèliang
502 云彩 yúncai
503 运气 yùnqi
504 在乎 zàihu
505 咱们 zánmen
506 早上 zǎoshang
507 怎么 zěnme
508 扎实 zhāshi
509 眨巴 zhǎba
510 栅栏 zhàlan
511 宅子 zháizi
512 寨子 zhàizi
513 张罗 zhāngluo
514 丈夫 zhàngfu
515 帐篷 zhàngpeng
516 丈人 zhàngren
517 帐子 zhàngzi
518 招呼 zhāohu
519 招牌 zhāopai
520 折腾 zhēteng
521 这个 zhège
522 这么 zhème
523 枕头 zhěntou
524 芝麻 zhīma
525 知识 zhīshi
526 侄子 zhízi

527 指甲 zhǐjia(zhījia)
528 指头 zhǐtou(zhítou)
529 种子 zhǒngzi
530 珠子 zhūzi
531 竹子 zhúzi
532 主意 zhǔyi(zhúyi)
533 主子 zhǔzi
534 柱子 zhùzi
535 爪子 zhuǎzi
536 转悠 zhuànyou
537 庄稼 zhuāngjia
538 庄子 zhuāngzi
539 壮实 zhuàngshi
540 状元 zhuàngyuan
541 锥子 zhuīzi
542 桌子 zhuōzi
543 字号 zìhao
544 自在 zìzai
545 粽子 zòngzi
546 祖宗 zǔzong
547 嘴巴 zuǐba
548 作坊 zuōfang
549 琢磨 zuómo

表三：普通话水平测试用儿化词语表

1. 本表参照《现代汉语词典》编制。

2. 本表仅供普通话水平测试第二项——读多音节词语（100个音节）测试使用。本表儿化音节，在书面上一律加"儿"，但并不表明所列词语在任何语用场合都必须儿化。

3. 本表共收词188条，按儿化韵母的汉语拼音字母顺序排列。

4. 本表列出原形韵母和所对应的儿化韵，用＞表示条目中儿化音节的注音，只在基本形式后面加 r，如："一会儿 yīhuìr"，不标语音上的实际变化。

刀把儿 dāobàr
号码儿 hàomǎr
戏法儿 xìfǎr
在哪儿 zàinǎr
找茬儿 zhǎochár
打杂儿 dǎzár
板擦儿 bǎncār

名牌儿 míngpáir
鞋带儿 xiédàir
壶盖儿 húgàir
小孩儿 xiǎoháir

加塞儿 jiāsāir

快板儿 kuàibǎnr
老伴儿 lǎobànr
蒜瓣儿 suànbànr
脸盘儿 liǎnpánr
脸蛋儿 liǎndànr
收摊儿 shōutānr
花篮儿 huālánr
包干儿 bāogānr
笔杆儿 bǐgǎnr
门槛儿 ménkǎnr

药方儿 yàofāngr
赶趟儿 gǎntàngr
香肠儿 xiāngchángr
瓜瓤儿 guārángr

掉价儿 diàojiàr
一下儿 yīxiàr
豆芽儿 dòuyár

小辫儿 xiǎobiànr
照片儿 zhàopiānr
扇面儿 shànmiànr
差点儿 chàdiǎnr
一点儿 yīdiǎnr
雨点儿 yǔdiǎnr
聊天儿 liáotiānr
拉链儿 lāliànr
冒尖儿 màojiānr
坎肩儿 kǎnjiānr
牙签儿 yáqiānr
露馅儿 lòuxiànr
心眼儿 xīnyǎnr

鼻梁儿 bíliángr

透亮儿 tòuliàngr
花样儿 huāyàngr

脑瓜儿 nǎoguār
大褂儿 dàguàr
麻花儿 máhuār
笑话儿 xiàohuar
牙刷儿 yáshuār

一块儿 yīkuàir

茶馆儿 cháguǎnr
饭馆儿 fànguǎnr
火罐儿 huǒguànr
落款儿 luòkuǎnr
打转儿 dǎzhuànr
拐弯儿 guǎiwānr
好玩儿 hǎowánr
大腕儿 dàwànr

蛋黄儿 dànhuángr
镜框儿 jìngkuàngr
天窗儿 tiānchuāngr

烟卷儿 yānjuǎnr

手绢儿 shǒujuànr
出圈儿 chūquānr
包圆儿 bāoyuánr
人缘儿 rényuánr
绕远儿 ràoyuǎnr
杂院儿 záyuànr

小辈儿 xiǎobèir
摸黑儿 mōhēir

老本儿 lǎoběnr
花盆儿 huāpénr
嗓门儿 sǎngménr
把门儿 bǎménr
哥们儿 gēmenr
纳闷儿 nàmènr
后跟儿 hòugēnr
高跟儿鞋 gāogēnrxié
别针儿 biézhēnr
一阵儿 yīzhènr
走神儿 zǒushénr
大婶儿 dàshěnr
小人儿书 xiǎorénrshū
杏仁儿 xìngrénr
刀刃儿 dāorènr

钢镚儿 gāngbèngr
小瓮儿 xiǎowèngr
夹缝儿 jiāfèngr
脖颈儿 bógěngr
提成儿 tíchéngr

半截儿 bànjiér
小鞋儿 xiǎoxiér

旦角儿 dànjuér
主角儿 zhǔjuér

跑腿儿 pǎotuǐr
一会儿 yīhuìr
耳垂儿 ěrchuír
墨水儿 mòshuǐr
围嘴儿 wéizuǐr
走味儿 zǒuwèir

打盹儿 dǎdǔnr
胖墩儿 pàngdūnr
砂轮儿 shālúnr
冰棍儿 bīnggùnr
没准儿 méizhǔnr

开春儿 kāichūnr　　　火星儿 huǒxīngr
　　　　　　　　　　人影儿 rényǐngr

瓜子儿 guāzǐr
石子儿 shízǐr　　　　毛驴儿 máolǘr
没词儿 méicír　　　　小曲儿 xiǎoqǔr
挑刺儿 tiāocìr　　　　痰盂儿 tányúr
　　　　　　　　　　合群儿 héqúnr

墨汁儿 mòzhīr
锯齿儿 jùchǐr　　　　模特儿 mótèr
记事儿 jìshìr　　　　逗乐儿 dòulèr
　　　　　　　　　　唱歌儿 chànggēr

针鼻儿 zhēnbír　　　　挨个儿 āigèr
垫底儿 diàndǐr　　　　打嗝儿 dǎgér
肚脐儿 dùqír　　　　饭盒儿 fànhér
玩意儿 wányìr　　　　在这儿 zàizhèr
有劲儿 yǒujìnr
送信儿 sòngxìnr　　　碎步儿 suìbùr
脚印儿 jiǎoyìnr　　　没谱儿 méipǔr
　　　　　　　　　　儿媳妇儿 érxífur

花瓶儿 huāpíngr　　　梨核儿 líhúr
打鸣儿 dǎmíngr　　　泪珠儿 lèizhūr
图钉儿 túdīngr　　　有数儿 yǒushùr
门铃儿 ménlíngr
眼镜儿 yǎnjìngr　　　果冻儿 guǒdòngr
蛋清儿 dànqīngr　　　门洞儿 méndòngr

胡同儿 hútòngr
抽空儿 chōukòngr
酒盅儿 jiǔzhōngr
小葱儿 xiǎocōngr

红包儿 hóngbāor
灯泡儿 dēngpàor
半道儿 bàndàor
手套儿 shǒutàor
跳高儿 tiàogāor
叫好儿 jiàohǎor
口罩儿 kǒuzhàor
绝着儿 juézhāor
口哨儿 kǒushàor
蜜枣儿 mìzǎor

鱼漂儿 yúpiāor
火苗儿 huǒmiáor
跑调儿 pǎodiàor
面条儿 miàntiáor
豆角儿 dòujiǎor
开窍儿 kāiqiàor

衣兜儿 yīdōur
老头儿 lǎotóur
年头儿 niántóur
小偷儿 xiǎotōur
门口儿 ménkǒur
纽扣儿 niǔkòur
线轴儿 xiànzhóur
小丑儿 xiǎochǒur
加油儿 jiāyóur

顶牛儿 dǐngniúr
抓阄儿 zhuājiūr
棉球儿 miánqiúr

火锅儿 huǒguōr
做活儿 zuòhuór
大伙儿 dàhuǒr
邮戳儿 yóuchuōr
小说儿 xiǎoshuōr
被窝儿 bèiwōr

耳膜儿 ěrmór
粉末儿 fěnmòr

第四章　普通话水平测试用朗读作品

说　明

1. 本章所选60篇朗读作品供普通话水平测试第三项——朗读短文测试使用。

2. 每篇作品在第400个音节后用"//"标注。评分以朗读作品的前400个音节(不含括注的音节)为限。

3. 为方便大家学习,语音提示中的"一""不"及部分叠字形容词标了变调;其他的汉语拼音原则依据《汉语拼音正词法基本规则》拼写。

4. 为适应测试需要,必要时对原作品做了部分更动。

作品1号

那是力争上游的一种树,笔直的干[1],笔直的枝。它的干呢,通常是丈把高,像是加以人工似的[2],一丈以内,绝无旁枝;它所有的桠枝[3]呢,一律向上,而且紧紧靠拢,也像是加以人工似的,成为一束,绝无横斜逸出;它的宽大的叶子也是片[4]片向上,几乎[5]没有斜生的,更不用说倒垂了;它的皮,光滑而有银色的晕圈[6],微微泛出淡青色。这是虽在北方的风雪的压迫下却保持着倔强[7]挺立的一种树!哪怕只有碗来粗细罢,它却努力向上发展,高到丈许,两丈,参天耸立[8],不折不挠[9],对抗着西北风。

这就是白杨树,西北极普通的一种树,然而决不是平凡的树!

它没有婆娑[10]的姿态,没有屈曲盘旋的虬[11]枝,也许你要说它不美丽,——如果美是专指"婆娑"或"横斜逸出"之类而言,那么,白杨树算不得树中的好女子;但是它却是伟岸,正直,朴质,严肃,也不缺乏温和,更不用提它的坚强不屈与挺拔,它是树中的伟丈夫[12]!当你在积雪初融的高原上走过,看见平坦的大地上傲然挺立这么一株或一排白杨树,难道你就只觉得树只是树,难道你就不想到它的朴质,严肃,坚强不屈,至少也象征了北方的农民;难道你竟一点儿也不联想到,在敌后的广大土//地上,到处有坚强不屈,就像这白杨树一样傲然挺立的守卫他们家乡的哨兵!难道你又不更远一点想到这样枝枝叶叶靠紧团结,力求上进的白杨树,宛然[13]象征了今天在华北平原纵横决荡用血写出新中国历史的那种精神和意志。

节选自茅盾《白杨礼赞》

语音提示

1. 干 gàn
2. 似的 shìde
3. 桠枝 yāzhī
4. 片 piàn
5. 几乎 jīhū
6. 晕圈 yùnquān
7. 倔强 juéjiàng
8. 耸立 sǒnglì
9. 挠 náo
10. 婆娑 pósuō
11. 虬 qiú
12. 丈夫 zhàngfu
13. 宛然 wǎnrán

作品 2 号

两个同龄的年轻人同时受雇于一家店铺[1]，并且拿同样的薪水。

可是一段时间后，叫阿诺德的那个小伙子青云直上，而那个叫布鲁诺的小伙子却仍在原地踏步。布鲁诺很不满意老板的不公正待遇。终于有一天他到老板那儿发牢骚[2]了。老板一边耐心地听着他的抱怨，一边在心里盘算[3]着怎样向他解释清楚[4]他和阿诺德之间的差别。

"布鲁诺先生，"老板开口说话了，"您现在到集市上去一下，看看今天早上有什么卖的。"

布鲁诺从集市上回来向老板汇报说，今早集市上只有一个农民拉了一车土豆在卖。

"有多少？"老板问。

布鲁诺赶快戴上帽子又跑到集上，然后回来告诉老板一共四十袋土豆。

"价格是多少？"

布鲁诺又第三次跑到集上问来了价格。

"好吧，"老板对他说，"现在请您坐到这把椅子上一句话也不要说，看看阿诺德怎么说。"

阿诺德很快就从集市上回来了。向老板汇报说到现在为止只有一个农民在卖土豆，一共四十口袋，价格是多少多少；土豆质量[5]很不错，他带回来一个让老板看看。这个农民一个钟头以后还会弄来几箱西红柿，据他看价格非常公道。昨天他们铺子[6]的西红柿卖得很快，库存已经不//多了。他想这么便宜[7]的西红柿，老板肯定会要进一些的，所以他不仅带回了一个西红柿做样品，而且把那个农民也带来了，他现在正在外面等回话呢。

此时老板转向了布鲁诺，说："现在您肯定知道为什么阿诺德的薪水比您高了吧！"

节选自张健鹏、胡足青主编《故事时代》中《差别》

语音提示

1. 店铺 diànpù
2. 牢骚 láo·sao
3. 盘算 pánsuan
4. 清楚 qīngchu
5. 质量 zhìliàng
6. 铺子 pùzi
7. 便宜 piányi

作品 3 号

我常常遗憾我家门前那块丑石：它黑黝黝[1]地卧在那里，牛似的[2]模样[3]；谁也不知道是什么时候留在这里的，谁也不去理会它。只是麦收时节，门前摊了麦子，奶奶总是说：这块丑石，多占地面呀，抽空[4]把它搬走吧。

它不像汉白玉那样的细腻，可以刻字雕花，也不像大青石那样的光滑，可以供[5]来浣纱[6]捶布。它静静地卧在那里，院边的槐阴没有庇覆[7]它，花儿[8]也不再在它身边生长。荒草便繁衍[9]出来，枝蔓[10]上下，慢慢地，它竟锈上了绿苔[11]、黑斑。我们这些做孩子的，也讨厌起它来，曾合伙要搬走它，但力气又不足；虽时时咒骂[12]它，嫌弃它，也无可奈何，只好任它留在那里了。

终有一日，村子里来了一个天文学家。他在我家门前路过，突然发现了这块石头,眼光立即[13]就拉直了。他再没有离开,就住了下来;以后又来了好些人,都说这是一块陨石[14],从天上落下来已经有二三百年了,是一件了不起的东西。不久便来了车,小心翼翼地将它运走了。

这使我们都很惊奇,这又怪又丑的石头,原来是天上的啊[15]!它补过天,在天上发过热、闪过光,我们的先祖或许仰望过它,它给了他们光明、向往、憧憬[16];而它落下来了,在污土里,荒草里,一躺就//是几百年了!

我感到自己的无知,也感到了丑石的伟大,我甚至怨恨它这么多年竟会默默地忍受着这一切!而我又立即深深地感到它那种不屈于误解、寂寞的生存的伟大。

节选自贾平凹《丑石》

语音提示

1. 黑黝黝 hēiyǒuyǒu/hēiyōuyōu
2. 似的 shìde
3. 模样 múyàng
4. 抽空 chōukòng
5. 供 gōng
6. 浣纱 huànshā
7. 庇覆 bìfù
8. 花儿 huā'ér
9. 繁衍 fányǎn
10. 枝蔓 zhīmàn
11. 绿苔 lùtái
12. 咒骂 zhòumà
13. 立即 lìjí
14. 陨石 yǔnshí
15. 啊 ya
16. 憧憬 chōngjǐng

作品 4 号

在达瑞八岁的时候,有一天他想去看电影。因为[1]没有钱,他想是向爸妈要钱,还是自己挣[2]钱。最后他选择了后者。他自己调制[3]了一种汽水,向过路的行人出售。可那时正是寒冷的冬天,没有人买,只有两个人例外——他的爸爸和妈妈。

他偶然有一个和非常成功的商人谈话的机会。当他对商人讲述了自己的"破产史"后,商人给了他两个重要的建议:一是尝试为别人解决一个难题;二是把精力集中在你知道的、你会的和你拥有的东西上。

这两个建议很关键。因为对于一个八岁的孩子而言,他不会做的事情很多。于是他穿过大街小巷,不停地思考:人们会有什么难题,他又如何利用这个机会?

一天,吃早饭时父亲让达瑞去取报纸。美国的送报员总是把报纸从花园篱笆[4]的一个特制的管子里塞[5]进来。假如你想穿着睡衣舒舒服服地吃早饭和看报纸,就必须离开温暖的房间,冒着寒风,到花园去取。虽然路短,但十分麻烦[6]。

当达瑞为父亲取报纸的时候,一个主意[7]诞生了。当天他就按响邻居的门铃,对他们说,每个月只需付给他一美元,他就每天早上把报纸塞到他们的房门底下。大多数人都同意了,很快他有//了七十多个顾客。一个月后,当他拿到自己赚的钱时,觉得自己简直是飞上了天。

很快他又有了新的机会,他让他的顾客每天把垃圾袋放在门前,然后由他早上运到垃圾桶里,每个月加一美元。之后他还想出了许多孩子赚钱的办法,并把它集结[8]成书,书名为《儿童挣钱的二百五十个主意》。为此,达瑞十二岁时就成了畅销书作家,十五岁有了自己的谈话节目,十七岁就拥有了几百万美元。

节选自[德]博多·舍费尔《达瑞的故事》,刘志明译

语音提示

1. 因为 yīn·wèi
2. 挣 zhèng
3. 调制 tiáozhì
4. 篱笆 líba
5. 塞 sāi
6. 麻烦 máfan
7. 主意 zhǔyi
8. 集结 jíjié

作品 5 号

  这是入冬以来，胶东半岛上第一场雪。

  雪纷纷扬扬，下得很大。开始还伴着一阵儿小雨，不久就只见大片大片的雪花，从彤云[1]密布的天空中飘落下来。地面上一会儿就白了。冬天的山村，到了夜里就万籁俱寂[2]，只听得雪花簌簌[3]地不断往下落，树木的枯枝被雪压断了，偶尔咯吱[4]一声响。

  大雪整整下了一夜。今天早晨，天放晴了，太阳出来了。推开门一看，嗬！好大的雪啊[5]！山川、河流、树木、房屋，全都罩上了一层厚厚的雪，万里江山，变成了粉妆玉砌[6]的世界。落光了叶子的柳树上挂满了毛茸茸[7]亮晶晶的银条儿；而那些冬夏常青的松树和柏树上，则挂满了蓬松松沉甸甸[8]的雪球儿。一阵风吹来，树枝轻轻地摇晃，美丽的银条儿和雪球儿簌簌地落下来，玉屑[9]似的[10]雪末儿随风飘扬，映着清晨的阳光，显出一道道五光十色的彩虹。

  大街上的积雪足有一尺多深，人踩上去，脚底下发出咯吱咯吱的响声。一群群孩子在雪地里堆雪人，掷[11]雪球儿。那欢乐的叫喊声，把树枝上的雪都震落下来了。

  俗话说，"瑞雪兆丰年"。这个话有充分的科学根据，并不是一句迷信的成语。寒冬大雪，可以冻死一部分越冬的害虫；融化了的水渗[12]进土层深处,又能供应[13]//庄稼生长的需要。我相信这一场十分及时的大雪,一定会促进明年春季作物,尤其是小麦的丰收。有经验的老农把雪比做是"麦子的棉被"。冬天"棉被"盖得越厚,明春麦子就长得越好,所以又有这样一句谚语:"冬天麦盖三层被,来年枕着馒头睡"。

我想,这就是人们为什么把及时的大雪称为"瑞雪"的道理吧。

节选自峻青《第一场雪》

语音提示

1. 彤云 tóngyún
2. 万籁俱寂 wànlài-jùjì
3. 簌簌 sùsù
4. 咯吱 gēzhī
5. 啊 ya
6. 粉妆玉砌 fěnzhuāng-yùqì
7. 毛茸茸 máoróngróng
8. 沉甸甸 chéndiàndiàn/chéndiāndiān
9. 玉屑 yùxiè
10. 似的 shìde
11. 掷 zhì
12. 渗 shèn
13. 供应 gōngyìng

作品 6 号

我常想读书人是世间幸福人,因为[1]他除了拥有现实的世界之外,还拥有另一个更为浩瀚[2]也更为丰富的世界。现实的世界是人人都有的,而后一个世界却为[3]读书人所独有。由此我想,那些失去或不能阅读的人是多么的不幸,他们的丧失[4]是不可补偿的。世间有诸多[5]的不平等,财富的不平等,权力的不平等,而阅读能力的拥有或丧失却体现为精神的不平等。

一个人的一生,只能经历自己拥有的那一份欣悦,那一份苦难,也许再加上他亲自闻知的那一些关于自身以外的经历和经验。然而,人们通过阅读,却能进入不同时空的诸多他人的世界。这样,具有阅读能力的人,无形间获得了超越有限生命的无限可能性。阅读不仅使他多识了草木虫鱼之名,而且可以上溯[6]远古下及未来,饱览存在的与非存在的奇风异俗。

　　更为重要的是,读书加惠于人们的不仅是知识的增广,而且还在于精神的感化与陶冶[7]。人们从读书学做人,从那些往哲先贤以及当代才俊的著述中学得他们的人格。人们从《论语》中学得智慧的思考,从《史记》中学得严肃的历史精神,从《正气歌》中学得人格的刚烈,从马克思学得人世//的激情,从鲁迅学得批判精神,从托尔斯泰学得道德的执著[8]。歌德的诗句刻写着睿智[9]的人生,拜伦的诗句呼唤着奋斗的热情。一个读书人,一个有机会拥有超乎个人生命体验的幸运人。

节选自谢冕《读书人是幸福人》

语音提示

1. 因为 yīn·wèi
2. 浩瀚 hàohàn
3. 为 wéi
4. 丧失 sàngshī
5. 诸多 zhūduō
6. 溯 sù
7. 陶冶 táoyě
8. 执著 zhízhuó
9. 睿智 ruìzhì

作品 7 号

　　一天,爸爸下班回到家已经很晚了,他很累也有点儿烦,他发现五岁的儿子靠在门旁正等着他。

"爸,我可以问您一个问题吗?"

"什么问题?""爸,您一小时可以赚多少钱?""这与[1]你无关,你为什么问这个问题?"父亲生气地说。

"我只是想知道,请告诉我,您一小时赚多少钱?"小孩儿哀求道。"假如你一定要知道的话,我一小时赚二十美金。"

"哦,"小孩儿低下了头,接着又说,"爸,可以借我十美金吗?"父亲发怒了:"如果你只是要借钱去买毫无意义的玩具的话,给我回到你的房间睡觉去。好好[2]想想为什么你会那么自私。我每天辛苦工作,没时间和你玩儿小孩子的游戏。"

小孩儿默默地回到自己的房间关上门。

父亲坐下来还在生气。后来,他平静下来了。心想他可能对孩子太凶了——或许孩子真的很想买什么东西,再说他平时很少要过钱。

父亲走进孩子的房间:"你睡了吗?""爸,还没有,我还醒着。"孩子回答。

"我刚才可能对你太凶了,"父亲说,"我不应该发那么大的火儿——这是你要的十美金。""爸,谢谢您。"孩子高兴地从枕头[3]下拿出一些被弄皱的钞票,慢慢地数着。

"为什么你已经有钱了还要?"父亲不解地问。

"因为[4]原来不够,但现在凑够了。"孩子回答:"爸,我现在有//二十美金了,我可以向您买一个小时的时间吗?明天请早一点儿[11]回家——我想和您一起吃晚餐。"

节选自唐继柳编译《二十美金的价值》

语音提示

1. 与 yǔ
2. 好好 hǎohāor/hǎohǎo
3. 枕头 zhěntou
4. 因为 yīn·wèi

作品 8 号

我爱月夜,但我也爱星天。从前在家乡七八月的夜晚在庭院里纳凉的时候,我最爱看天上密密麻麻的繁星。望着星天,我就会忘记一切,仿佛[1]回到了母亲的怀里似的[2]。

三年前在南京我住的地方[3]有一道后门,每晚我打开后门,便看见一个静寂[4]的夜。下面是一片菜园,上面是星群密布的蓝天。星光在我们的肉眼里虽然微小,然而它使我们觉得光明无处不在。那时候我正在读一些天文学的书,也认得[5]一些星星,好像它们就是我的朋友[6],它们常常在和我谈话一样。

如今在海上,每晚和繁星相对,我把它们认得很熟[7]了。我躺在舱面上,仰望天空。深蓝色的天空里悬着无数半明半昧[8]的星。船在动,星也在动,它们是这样低,真是摇摇欲坠呢!渐渐地我的眼睛模糊[9]了,我好像看见无数萤火虫在我的周围飞舞。海上的夜是柔和的,是静寂的,是梦幻的。我望着许多认识[10]的星,我仿佛看见它们在对我眨眼,我仿佛听见它们在小声说话。这时我忘记了一切。在星的怀抱中我微笑着,我沉睡着。我觉得自己是一个小孩子,现在睡在母亲的怀里了。

有一夜,那个在哥伦波上船的英国人指给我看天上的巨人。他用手指着://那四颗明亮的星是头,下面的几颗是身子,这几颗是手,那几颗是腿和脚,还有三颗星算是腰带。经他这一番指点,我果然看清楚[11]了那个天上的巨人。看,那个巨人还在跑呢!

节选自巴金《繁星》

语音提示

1. 仿佛 fǎngfú
2. 似的 shìde
3. 地方 dìfang
4. 静寂 jìngjì
5. 认得 rènde
6. 朋友 péngyou
7. 熟 shú
8. 昧 mèi
9. 模糊 móhu
10. 认识 rènshi
11. 清楚 qīngchu

作品 9 号

假日到河滩上转转[1],看见许多孩子在放风筝[2]。一根根长长的引线,一头系[3]在天上,一头系在地上,孩子同风筝都在天与地之间悠荡,连心也被悠荡得恍恍惚惚了,好像又回到了童年。

儿时放的风筝,大多是自己的长辈或家人编扎[4]的,几根削[5]得很薄[6]的篾,用细纱线扎[7]成各种鸟兽的造型,糊上雪白的纸片,再用彩笔勾勒出面孔与翅膀的图案。通常扎得最多的是"老雕""美人儿[8]""花蝴蝶"等。

我们家前院就有位叔叔,擅扎风筝,远近闻名。他扎得风筝不只体型好看,色彩艳丽,放飞得高远,还在风筝上绷一叶用蒲苇[9]削成的膜片,经风一吹,发出嗡嗡的声响,仿佛[10]是风筝的歌唱,在蓝天下播扬,给开阔的天地增添了无尽的韵味,给驰荡的童心带来几分疯狂。

我们那条胡同[11]的左邻右舍的孩子们放的风筝几乎[12]都是叔

叔编扎的。他的风筝不卖钱,谁上门去要,就给谁,他乐意自己贴钱买材料。

后来,这位叔叔去了海外,放风筝也渐与孩子们远离了。不过年年叔叔给家乡写信,总不忘提起儿时的放风筝。香港回归之后,他在家信中说到,他这只被故乡放飞到海外的风筝,尽管飘荡游弋[13],经沐风雨,可那线头儿一直在故乡和//亲人手中牵着,如今飘得太累了,也该要回归到家乡和亲人身边来了。

是的。我想,不光是叔叔,我们每个人都是风筝,在妈妈手中牵着,从小放到大,再从家乡放到祖国最需要的地方去啊[14]!

节选自李恒瑞《风筝畅想曲》

语音提示

1. 转转 zhuànzhuan
2. 风筝 fēngzheng
3. 系 jì
4. 编扎 biānzā
5. 削 xiāo
6. 薄 báo
7. 扎 zā
8. 人儿 rénr
9. 蒲苇 púwěi
10. 仿佛 fǎngfú
11. 胡同 hútòng
12. 几乎 jīhū
13. 游弋 yóuyì
14. 啊 ya

作品 10 号

爸不懂得怎样表达爱,使我们一家人融洽[1]相处[2]的是我妈。他只是每天上班下班,而妈则把我们做过的错事开列清单,然后由他来责骂我们。

有一次我偷了一块糖果,他要我把它送回去,告诉[3]卖糖的说是我偷来的,说我愿意替他拆箱卸货[4]作为赔偿。但妈妈却明白我只是个孩子。

我在运动场打秋千跌断了腿,在前往医院途中一直抱着我的,是我妈。爸把汽车停在急诊室[5]门口,他们叫他驶开,说那空位[6]是留给紧急车辆停放的。爸听了便叫嚷道:"你以为这是什么车?旅游车?"

在我生日会上,爸总是显得有些不大相称[7]。他只是忙于吹气球,布置餐桌,做杂务。把插着蜡烛的蛋糕推过来让我吹的,是我妈。

我翻阅照相册时,人们总是问:"你爸爸是什么样子的?"天晓得!他老是忙着替别人拍照。妈和我笑容可掬[8]地一起拍的照片[9],多得不可胜数[10]。

我记得妈有一次叫他教[11]我骑自行车。我叫他别放手,但他却说是应该放手的时候了。我摔倒之后,妈跑过来扶我,爸却挥手要她走开。我当时生气极了,决心要给他点儿颜色看。于是我马上爬上自行车,而且自己骑给他看。他只是微笑。

我念大学时,所有的家信都是妈写的。他//除了寄支票外,还寄过一封短柬[12]给我,说因为[13]我不在草坪上踢足球了,所以他的草坪长得很美。

每次我打电话回家,他似乎都想跟我说话,但结果[14]总是说:"我叫你妈来接。"

我结婚[15]时,掉眼泪的是我妈。他只是大声擤[16]了一下鼻子,便走出房间。

我从小到大都听他说:"你到哪里去?什么时候回家?汽车有没有汽油?不,不准去。"爸完全不知道怎样表达爱。除非……

会不会是他已经表达了，而我却未能察觉？

节选自[美]艾尔玛·邦贝克《父亲的爱》

语音提示

1. 融洽 róngqià
2. 相处 xiāngchǔ
3. 告诉 gàosu
4. 卸货 xièhuò
5. 室 shì
6. 空位 kòngwèi
7. 相称 xiāngchèn
8. 笑容可掬 xiàoróng-kějū
9. 照片 zhàopiàn/zhàopiānr
10. 不可胜数 bùkě-shèngshǔ
11. 教 jiāo
12. 短柬 duǎnjiǎn
13. 因为 yīn·wèi
14. 结果 jiéguǒ
15. 结婚 jiéhūn
16. 擤 xǐng

作品 11 号

一个大问题一直盘踞[1]在我脑袋里：

世界杯怎么会有如此巨大的吸引力？除去足球本身的魅力之外，还有什么超乎其上而更伟大的东西？

近来观看世界杯，忽然从中得到了答案：是由于一种无上崇高的精神情感——国家荣誉感！

地球上的人都会有国家的概念，但未必时时都有国家的感情。往往人到异国，思念家乡，心怀故国，这国家概念就变得有血[2]有肉，爱国之情来得非常具体。而现代社会，科技昌达，信息快捷，事事上网，世界真是太小太小，国家的界限似乎[3]也不那么清晰了。再说足球正在快速世界化，平日里各国球员频繁转会[4]，往来随意，致使越来越多的国家联赛都具有国际的因素。球员们不论国籍，只效力于自己的俱乐部,他们比赛时的激情中完全没有爱国主义的因子[5]。

然而,到了世界杯大赛,天下大变。各国球员都回国效力,穿上与光荣的国旗同样色彩的服装。在每一场比赛前,还高唱国歌以宣誓对自己祖国的挚爱[6]与忠诚。一种血缘[7]情感开始在全身的血管[8]里燃烧起来,而且立刻热血[9]沸腾。

在历史时代,国家间经常发生对抗,好男儿[10]戎装[11]卫国。国家的荣誉往往需要以自己的生命去//换取。但在和平时代,唯有这种国家之间大规模对抗性的大赛,才可以唤起那种遥远而神圣的情感,那就是:为祖国而战!

节选自冯骥才《国家荣誉感》

语音提示

1. 盘踞 pánjù
2. 血 xiě
3. 似乎 sìhū
4. 转会 zhuǎnhuì
5. 因子 yīnzǐ
6. 挚爱 zhì'ài
7. 血缘 xuèyuán
8. 血管 xuèguǎn
9. 热血 rèxuè
10. 男儿 nán'ér
11. 戎装 róngzhuāng

作品 12 号

夕阳落山不久,西方的天空,还燃烧着一片橘红色的晚霞。大海,也被这霞光染成了红色,而且比天空的景色更要壮观。因为[1]它是活动的,每当一排排波浪涌起的时候,那映照在浪峰上的霞光,又红又亮,简直就像一片片霍霍燃烧着的火焰,闪烁[2]着,消失了。而后面的一排,又闪烁着,滚动着,涌了过来。

天空的霞光渐渐地淡下去了,深红的颜色变成了绯红[3],绯红又变为[4]浅红。最后,当这一切红光都消失了的时候,那突然显得高而远了的天空,则呈现出一片肃穆[5]的神色。最早出现的启明星,在这蓝色的天幕上闪烁起来了。它是那么大,那么亮,整个广漠的天幕上只有它在那里放射着令人注目的光辉,活像一盏悬挂在高空的明灯。

夜色加浓,苍空中的"明灯"越来越多了。而城市各处的真的灯火也次第亮了起来,尤其是围绕[6]在海港周围山坡上的那一片灯光,从半空倒映在乌蓝的海面上,随着波浪,晃动[7]着,闪烁着,像一串流动着的珍珠,和那一片片密布在苍穹[8]里的星斗[9]互相辉映,煞[10]是好看。

在这幽美的夜色中,我踏着软绵绵[11]的沙滩,沿着海边,慢慢[12]地向前走去。海水,轻轻地抚摸[13]着细软的沙滩,发出温柔的//刷刷声。晚来的海风,清新而又凉爽。我的心里,有着说不出的兴奋[14]和愉快。

夜风轻飘飘地吹拂[15]着,空气中飘荡着一种大海和田禾相混合[16]的香味儿,柔软的沙滩上还残留着白天太阳炙晒[17]的余温。那些在各个工作岗位上劳动了一天的人们,三三两两地来到这软绵绵的沙滩上,他们浴着凉爽的海风,望着那缀[18]满了星星的夜空,尽情地说笑,尽情地休憩[19]。

节选自峻青《海滨仲夏夜》

语音提示

1. 因为 yīn·wèi   2. 闪烁 shǎnshuò

3. 绯红 fēihóng
4. 为 wéi
5. 肃穆 sùmù
6. 围绕 wéirào
7. 晃动 huàngdòng
8. 苍穹 cāngqióng
9. 星斗 xīngdǒu
10. 煞 shà
11. 软绵绵 ruǎnmiánmián
12. 慢慢 mànmàn/mànmānr
13. 抚摸 fǔmō
14. 兴奋 xīngfèn
15. 吹拂 chuīfú
16. 混合 hùnhé
17. 炙晒 zhìshài
18. 缀 zhuì
19. 休憩 xiūqì

作品 13 号

生命在海洋里诞生绝不是偶然的，海洋的物理和化学性质，使它成为孕育原始生命的摇篮。

我们知道，水是生物的重要组成部分，许多动物组织的含水量在百分之八十以上，而一些海洋生物的含水量高达百分之九十五。水是新陈代谢的重要媒介，没有它，体内的一系列生理和生物化学反应就无法进行，生命也就停止。因此，在短时期内动物缺水要比缺少食物更加危险。水对今天的生命是如此重要，它对脆弱的原始生命，更是举足轻重了。生命在海洋里诞生，就不会有缺水之忧。

水是一种良好的溶剂。海洋中含有许多生命所必需的无机盐，如氯[1]化钠、氯化钾、碳酸盐、磷酸盐，还有溶解氧，原始生命可以毫不费力地从中吸取它所需要的元素。

水具有很高的热容量，加之海洋浩大，任凭夏季烈日曝晒[2]，冬季寒风扫荡,它的温度变化却比较[3]小。因此,巨大的海洋就像是天然的"温箱",是孕育原始生命的温床。

阳光虽然为[4]生命所必需,但是阳光中的紫外线却有扼杀原始生命的危险。水能有效地吸收紫外线,因而又为原始生命提供了天然的"屏障[5]"。

这一切都是原始生命得以产生和发展的必要条件。//

节选自童裳亮《海洋与生命》

语音提示

1. 氯 lǜ
2. 曝晒 pùshài
3. 比较 bǐjiào
4. 为 wéi
5. 屏障 píngzhàng

作品 14 号

读小学的时候,我的外祖母去世了。外祖母生前最疼爱我,我无法排除自己的忧伤,每天在学校的操场上一圈儿又一圈儿地跑着,跑得累倒在地上,扑在草坪上痛哭。

那哀痛的日子,断断续续地持续了很久,爸爸妈妈也不知道如何安慰我。他们知道与其骗我说外祖母睡着[1]了,还不如对我说实话:外祖母永远不会回来了。

"什么是永远不会回来呢?"我问着。

"所有时间里的事物,都永远不会回来。你的昨天过去,它就永远变成昨天,你不能再回到昨天。爸爸以前也和你一样小,现在也不能回到你这么小的童年了;有一天你会长大,你会像外祖母一样老;有一天你度过了你的时间,就永远不会回来了。"爸爸说。

爸爸等于给我一个谜语,这谜语比课本上的"日历挂在墙壁,一天撕去一页,使我心里着急"和"一寸光阴一寸金,寸金难买寸光阴"还让我感到可怕;也比作文本上的"光阴似[2]箭,日月如梭"更让我觉得有一种说不出的滋味。

时间过得那么飞快,使我的小心眼儿[3]里不只是着急,还有悲伤。有一天我放学回家,看到太阳快落山了,就下决心说:"我要比太阳更快地回家。"我狂奔回去,站在庭院前喘气的时候,看到太阳//还露[4]着半边脸,我高兴地跳跃起来,那一天我跑赢了太阳。以后我就时常做那样的游戏,有时和太阳赛跑,有时和西北风比快,有时一个暑假才能做完的作业,我十天就做完了;那时我三年级,常常把哥哥五年级的作业拿来做。每一次比赛胜过时间,我就快乐得不知道怎么形容。

如果将来我有什么要教[5]给我的孩子,我会告诉[6]他:假若你一直和时间比赛,你就可以成功!

节选自(台湾)林清玄《和时间赛跑》

语音提示

1. 睡着 shuìzháo
2. 似 sì
3. 心眼儿 xīnyǎnr
4. 露 lòu
5. 教 jiāo
6. 告诉 gàosu

作品 15 号

三十年代初,胡适在北京大学任教授。讲课时他常常对白话文大加称赞,引起一些只喜欢文言文而不喜欢白话文的学生[1]的不满。

　　一次,胡适正讲得得意的时候,一位姓魏的学生突然站了起来,生气地问:"胡先生,难道说白话文就毫无缺点吗?"胡适微笑着回答说:"没有。"那位学生更加激动了:"肯定有!白话文废话太多,打电报用字多,花钱多。"胡适的目光顿时变亮了。轻声地解释说:"不一定吧!前几天有位朋友[2]给我打来电报,请我去政府部门工作,我决定不去,就回电拒绝了。复电是用白话写的,看来也很省字。请同学们根据我这个意思,用文言文写一个回电,看看究竟是白话文省字,还是文言文省字?"胡教授刚说完,同学们立刻认真地写了起来。

　　十五分钟过去,胡适让同学举手,报告用字的数目,然后挑了一份用字最少的文言电报稿,电文是这样写的:

　　"才疏学浅,恐难胜任,不堪从命。"白话文的意思是:学问不深,恐怕很难担任这个工作,不能服从安排。

　　胡适说,这份写得确实不错,仅用了十二个字。但我的白话电报却只用了五个字:

　　"干不了,谢谢!"

　　胡适又解释说:"干不了"就有才疏学浅、恐难胜任的意思;"谢谢"既//对朋友的介绍表示感谢,又有拒绝的意思。所以,废话多不多,并不看它是文言文还是白话文,只要注意选用字词,白话文是可以比文言文更省字的。

节选自陈灼主编《实用汉语中级教程》(上)中《胡适的白话电报》

语音提示

1. 学生 xuésheng　　　　　2. 朋友 péngyou

作品 16 号

很久以前,在一个漆黑的秋天的夜晚,我泛舟[1]在西伯利亚一条阴森森的河上。船到一个转弯处,只见前面黑黢黢[2]的山峰下面一星火光蓦地[3]一闪。

火光又明又亮,好像就在眼前……

"好啦,谢天谢地!"我高兴地说,"马上就到过夜的地方[4]啦!"

船夫扭头朝身后的火光望了一眼,又不以为然地划起桨[5]来。

"远着呢!"

我不相信他的话,因为火光冲破朦胧[6]的夜色,明明在那儿闪烁。不过船夫是对的,事实上,火光的确还远着呢。

这些黑夜的火光的特点是:驱散黑暗,闪闪发亮,近在眼前,令人神往。乍[7]一看,再划几下就到了……其实却还远着呢!……

我们在漆黑如墨的河上又划了很久。一个个峡谷和悬崖,迎面驶来,又向后移去,仿佛[8]消失在茫茫的远方,而火光却依然停在前头,闪闪发亮,令人神往——依然是这么近,又依然是那么远……

现在,无论是这条被悬崖峭壁[9]的阴影笼罩的漆黑的河流,还是那一星明亮的火光,都经常浮现在我的脑际,在这以前和在这以后,曾有许多火光,似乎[10]近在咫尺[11],不止使我一人心驰神往[12]。可是生活之河却仍然在那阴森森的两岸之间流着,而火光也依旧非常遥远。因此,必须加劲划桨……

然而,火光啊[13]……毕竟……毕竟就//在前头!……

节选自[俄]柯罗连科《火光》,张铁夫译

语音提示

1. 泛舟 fànzhōu
2. 黑黢黢 hēiqūqū
3. 蓦地 mòdì
4. 地方 dìfang
5. 桨 jiǎng
6. 朦胧 ménglóng
7. 乍 zhà
8. 仿佛 fǎngfú
9. 峭壁 qiàobì
10. 似乎 sìhū
11. 咫尺 zhǐchǐ
12. 心驰神往 xīnchí-shénwǎng
13. 啊 nga

作品 17 号

对于一个在北平住惯的人，像我，冬天要是不刮风，便觉得是奇迹[1]；济南[2]的冬天是没有风声的。对于一个刚由伦敦回来的人，像我，冬天要能看得见日光，便觉得是怪事；济南的冬天是响晴的。自然，在热带的地方[3]，日光永远是那么毒，响亮的天气，反有点儿叫人害怕。可是，在北方的冬天，而能有温晴的天气，济南真得[4]算个宝地。

设若单单是有阳光，那也算不了出奇。请闭上眼睛想：一个老城，有山有水，全在天底下晒着阳光，暖和[5]安适地睡着，只等春风来把它们唤醒，这是不是理想的境界？小山把济南围了个圈儿[6]，只有北边缺着点口儿。这一圈小山在冬天特别可爱，好像是把济南放在一个小摇篮里，它们安静不动地低声地说："你们放心吧，这儿准保暖和。"真的，济南的人们在冬天是面上含笑的。他们一看那些小山，心中便觉得有了着落[7]，有了依靠。他们由天上看到山上，便不知不觉地想起：明天也许就是春天了吧？这样的温暖，今天夜里山草也许就绿起来了吧？就是这点儿幻想不能一时实现，他们也并不着急，因为[8]这样慈善的冬天，干什么还希望别的呢！

最妙的是下点儿小雪呀。看吧，山上的矮松越发的青黑，树尖儿上顶//着一髻儿[9]白花，好像日本看护[10]妇。山尖儿全白了，给蓝天镶[11]上一道银边。山坡上，有的地方雪厚点儿，有的地方草色还露[12]着；这样，一道儿白，一道儿暗黄，给山们穿上一件带水纹儿的花衣；看着看着，这件花衣好像被风儿[13]吹动，叫你希望看见一点儿更美的山的肌肤。等到快日落的时候，微黄的阳光斜射在山腰上，那点儿薄[14]雪好像忽然害羞，微微露[15]出点儿粉色。就是下小雪吧，济南是受不住大雪的，那些小山太秀气[16]。

节选自老舍《济南的冬天》

语音提示

1. 奇迹 qíjì
2. 济南 jǐnán
3. 地方 dìfang
4. 得 děi
5. 暖和 nuǎnhuo
6. 圈儿 quānr
7. 着落 zhuóluò
8. 因为 yīn·wèi
9. 髻儿 jìr
10. 看护 kānhù
11. 镶 xiāng
12. 露 lòu
13. 风儿 fēng'er
14. 薄 báo
15. 露 lòu
16. 秀气 xiùqi

作品 18 号

纯朴的家乡村边有一条河，曲[1]曲弯弯，河中架一弯石桥，弓样的小桥横跨两岸。

每天,不管是鸡鸣晓月,日丽中天,还是月华泻地,小桥都印下串串足迹[2],洒落串串汗珠。那是乡亲[3]为了追求多棱[4]的希望,兑现[5]美好的遐想[6]。弯弯小桥,不时荡过轻吟低唱,不时露[7]出舒心的笑容。

因而,我稚小[8]的心灵,曾将心声献给小桥:你是一弯银色的新月,给人间普照光辉;你是一把闪亮的镰刀,割刈[9]着欢笑的花果;你是一根晃悠悠的扁担[10],挑起[11]了彩色的明天!哦,小桥走进我的梦中。

我在飘泊[12]他乡的岁月,心中总涌动[13]着故乡的河水,梦中总看到弓样的小桥。当我访南疆探北国,眼帘闯进座座雄伟的长桥时,我的梦变得丰满了,增添了赤橙黄绿青蓝紫。

三十多年过去,我带着满头霜花回到故乡,第一紧要的便是去看望小桥。

啊!小桥呢?它躲起来了?河中一道长虹,浴着朝霞熠熠[14]闪光。哦,雄浑的大桥敞开胸怀,汽车的呼啸、摩托的笛音、自行车的叮铃,合奏着进行交响乐;南来的钢筋、花布,北往的柑橙[15]、家禽,绘出交流欢悦图……

啊!蜕变[16]的桥,传递了家乡进步的消息[17],透露了家乡富裕的声音。时代的春风,美好的追求,我蓦地[18]记起儿时唱//给小桥的歌,哦,明艳艳的太阳照耀了,芳香甜蜜的花果捧来了,五彩斑斓[19]的岁月拉开了!

我心中涌动的河水,激荡起甜美的浪花。我仰望一碧蓝天,心底轻声呼喊:家乡的桥啊[20],我梦中的桥!

节选自郑莹《家乡的桥》

语音提示

1. 曲 qū
2. 足迹 zújì
3. 乡亲 xiāngqin
4. 棱 léng
5. 兑现 duìxiàn
6. 遐想 xiáxiǎng
7. 露 lù
8. 稚小 zhìxiǎo
9. 割刈 gēyì
10. 扁担 biǎndan
11. 挑起 tiāoqǐ
12. 漂泊 piāobó
13. 涌动 yǒngdòng
14. 熠熠 yìyì
15. 柑橙 gānchéng
16. 蜕变 tuìbiàn
17. 消息 xiāoxi
18. 蓦地 mòdì
19. 斑斓 bānlán
20. 啊 wa

作品 19 号

　　三百多年前，建筑设计师莱伊恩受命设计了英国温泽市政府大厅。他运用工程力学的知识[1]，依据自己多年的实践，巧妙地设计了只用一根柱子支撑的大厅天花板。一年以后，市政府权威人士进行工程验收时，却说只用一根柱子支撑天花板太危险，要求莱伊恩再多加几根柱子。

　　莱伊恩自信只要一根坚固的柱子足以保证大厅安全，他的"固执"惹恼了市政官员，险些被送上法庭。他非常苦恼，坚持自己原先的主张吧，市政官员肯定会另找人修改设计；不坚持吧，又有悖[2]自己为人的准则。矛盾了很长一段时间，莱伊恩终于想出了一条妙计，他在大厅里增加了四根柱子，不过这些柱子并未与天花板接触，只不过是装装样子。

三百多年过去了,这个秘密始终没有被人发现。直到前两年,市政府准备修缮[3]大厅的天花板,才发现莱伊恩当年的"弄虚作假"。消息[4]传出后,世界各国的建筑专家和游客云集,当地政府对此也不加掩饰,在新世纪到来之际,特意将大厅作为一个旅游景点对外开放,旨[5]在引导人们崇尚[6]和相信科学。

作为一名建筑师,莱伊恩并不是最出色的。但作为一个人,他无疑非常伟大,这种//伟大表现在他始终恪守[7]着自己的原则,给高贵的心灵一个美丽的住所:哪怕是遭遇到最大的阻力,也要想办法抵达胜利。

节选自游宇明《坚守你的高贵》

语音提示

1. 知识 zhīshi
2. 悖 bèi
3. 修缮 xiūshàn
4. 消息 xiāoxi
5. 旨 zhǐ
6. 崇尚 chóngshàng
7. 恪守 kèshǒu

作品 20 号

自从传言有人在萨文河畔[1]散步时无意发现了金子后,这里便常有来自四面八方的淘金者。他们都想成为富翁,于是寻遍了整个河床,还在河床上挖出很多大坑,希望借助它们找到更多的金子。的确,有一些人找到了,但另外一些人因为[2]一无所得而只好扫兴归去。

也有不甘心落空的,便驻扎[3]在这里,继续寻找。彼得·弗雷特就是其中一员。他在河床附近买了一块没人要的土地,一个人默默[4]地工作。他为了找金子,已把所有的钱都押在这块土地上。他埋头苦干了几个月,直到土地全变成了坑坑洼洼,他失望了——他翻遍了整块土地,但连一丁点儿[5]金子都没看见。

六个月后,他连买面包的钱都没有了。于是他准备离开这儿到别处去谋生。

就在他即将[6]离去的前一个晚上[7],天下起了倾盆[8]大雨,并且一下就是三天三夜。雨终于停了,彼得走出小木屋,发现眼前的土地看上去好像和以前不一样:坑坑洼洼已被大水冲刷平整,松软的土地上长出一层绿茸茸的小草。

"这里没找到金子,"彼得忽有所悟地说,"但这土地很肥沃,我可以用来种花,并且拿到镇上去卖给那些富人,他们一定会买些花装扮他们华丽的客//厅。如果真是这样的话,那么我一定会赚许多钱,有朝一日我也会成为富人……"

于是他留了下来。彼得花了不少精力培育花苗,不久田地里长满了美丽娇艳的各色鲜花。

五年以后,彼得终于实现了他的梦想——成了一个富翁。"我是唯一的一个找到真金的人!"他时常不无骄傲地告诉[9]别人,"别人在这儿找不到金子后便远远地离开,而我的'金子'是在这块土地里,只有诚实的人用勤劳才能采集到。"

节选自陶猛译《金子》

语音提示

1. 河畔 hépàn
2. 因为 yīn·wèi
3. 驻扎 zhùzhā
4. 默默 mòmò
5. 一丁点儿 yìdīngdiǎnr
6. 即将 jíjiāng
7. 晚上 wǎnshang
8. 倾盆 qīngpén

9. 告诉 gàosu

作品 21 号

我在加拿大学习期间遇到过两次募捐[1],那情景至今使我难以忘怀。

一天,我在渥太华[2]的街上被两个男孩子拦住去路。他们十来岁,穿得整整齐齐,每人头上戴着个做工精巧、色彩鲜艳的纸帽,上面写着"为帮助患小儿麻痹[3]的伙伴募捐。"其中的一个,不由分说就坐在小凳上给我擦起皮鞋来,另一个则彬彬有礼地发问:"小姐,您是哪国人?喜欢渥太华吗?""小姐,在你们国家有没有小孩儿患小儿麻痹?谁给他们医疗费?"一连串的问题,使我这个有生以来头一次在众目睽睽[4]之下让别人擦鞋的异乡人,从近乎狼狈的窘态[5]中解脱出来。我们像朋友[6]一样聊起天儿来⋯⋯

几个月之后,也是在街上。一些十字路口处或车站坐着几位老人。他们满头银发,身穿各种老式军装,上面布满了大大小小形形色色的徽章、奖章,每人手捧一大束鲜花,有水仙、石竹、玫瑰[7]及叫不出名字的,一色[8]雪白。匆匆过往的行人纷纷止步,把钱投进这些老人身旁的白色木箱内,然后向他们微微鞠躬,从他们手中接过一朵花。我看了一会儿,有人投一两元,有人投几百元,还有人掏出支票填好后投进木箱。那些老军人毫不注意人们捐多少钱,一直不//停地向人们低声道谢。同行[9]的朋友告诉我,这是为纪念二次大战中参战的勇士,募捐救济残废军人和烈士遗孀[10],每年一次;认捐的人可谓踊跃,而且秩序井然,气氛[11]庄严。有些地方[12],人们还耐心地排着队。我想,这是因为他们都知道:正是这些老人们的流血[13]牺牲换来了包括他们信仰自由在内的许许多多。

我两次把那微不足道的一点儿钱捧给他们,只想对他们说声"谢谢"。

节选自青白《捐诚》

语音提示

1. 募捐 mùjuān
2. 渥太华 wòtàihuá
3. 麻痹 mábì
4. 睽睽 kuíkuí
5. 窘态 jiǒngtài
6. 朋友 péngyou
7. 玫瑰 méigui
8. 一色 yísè
9. 同行 tóngxíng
10. 遗孀 yíshuāng
11. 气氛 qìfēn
12. 地方 dìfang
13. 流血 liúxuè

作品 22 号

没有一片绿叶,没有一缕[1]炊烟,没有一粒泥土,没有一丝花香,只有水的世界,云的海洋。

一阵台风袭[2]过,一只孤单的小鸟无家可归,落到被卷到洋里的木板上,乘[3]流而下,姗姗[4]而来,近了,近了!……

忽然,小鸟张开翅膀,在人们头顶盘旋了几圈儿,"噗啦[5]"一声落到了船上。许是累了?还是发现了"新大陆"?水手撵[6]它它不走,抓它,它乖乖地落在掌心。可爱的小鸟和善良的水手结成[7]了朋友[8]。

瞧,它多美丽,娇巧的小嘴,啄[9]理着绿色的羽毛,鸭子样的扁脚,呈现出春草的鹅黄。水手们把它带到舱里,给它"搭铺[10]",让它在船上安家落户,每天,把分到的一塑料筒淡水匀给它喝,把从祖国带来的鲜美的鱼肉分给它吃,天长日久,小鸟和水手的感情日趋笃厚[11]。清晨,当第一束阳光射进舷窗[12]时,它便敞开美丽的歌喉,唱啊[13]唱,嘤嘤有韵,宛如春水淙淙[14]。人类给它以生命,它毫不悭吝[15]地把自己的艺术青春奉献给了哺育[16]它的人。可能都是这样?艺术家们的青春只会献给尊敬他们的人。

小鸟给远航生活蒙上了一层浪漫色调。返航时,人们爱不释手,恋恋不舍地想把它带到异乡。可小鸟憔悴[17]了,给水,不喝!喂肉,不吃!油亮的羽毛失去了光泽。是啊[18],我//们有自己的祖国,小鸟也有它的归宿,人和动物都是一样啊[19],哪也不如故乡好!

慈爱的水手们决定放开它,让它回到大海的摇篮去,回到蓝色的故乡去。离别前,这个大自然的朋友与水手们留影纪念。它站在许多人的头上、肩上、掌上、胳膊上,与喂养过它的人们,一起融进那蓝色的画面……

节选自王文杰《可爱的小鸟》

语音提示

1. 缕 lǚ
2. 袭 xí
3. 乘 chéng
4. 姗姗 shānshān
5. 噗啦 pūlā
6. 攥 niǎn
7. 结成 jiéchéng
8. 朋友 péngyou
9. 啄 zhuó
10. 搭铺 dāpù
11. 笃厚 dǔhòu
12. 舷窗 xiánchuāng
13. 啊 nga
14. 淙淙 cóngcóng
15. 悭吝 qiānlìn
16. 哺育 bǔyù
17. 憔悴 qiáocuì
18. 啊 ra

19. 啊 nga

作品 23 号

　　纽约的冬天常有大风雪,扑面的雪花不但令人难以睁开眼睛,甚至呼吸都会吸入冰冷的雪花。有时前一天晚上还是一片晴朗,第二天拉开窗帘,却已经积雪盈尺,连门都推不开了。

　　遇到这样的情况,公司、商店常会停止上班,学校也通过广播,宣布停课。但令人不解的是,惟有公立小学,仍然开放。只见黄色的校车,艰难地在路边接孩子,老师则一大早就口中喷着热气,铲去车子前后的积雪,小心翼翼[1]地开车去学校。

　　据统计,十年来纽约的公立小学只因为[2]超级暴风雪停过七次课。这是多么令人惊讶的事。犯得着[3]在大人都无须上班的时候让孩子去学校吗?小学的老师也太倒霉了吧?

　　于是,每逢大雪而小学不停课时,都有家长打电话去骂。妙的是,每个打电话的人,反应全一样——先是怒气冲冲地责问,然后满口道歉,最后笑容满面地挂上电话。原因是,学校告诉家长:

　　在纽约有许多百万富翁,但也有不少贫困的家庭。后者白天开不起暖气,供[4]不起午餐,孩子的营养全靠学校里免费的中饭,甚至可以多拿些回家当晚餐。学校停课一天,穷孩子就受一天冻,挨[5]一天饿,所以老师们宁愿[6]自己苦一点儿,也不能停课。//

　　或许有家长会说:何不让富裕的孩子在家里,让贫穷的孩子去学校享受暖气和营养午餐呢?

　　学校的答复是:我们不愿让那些穷苦的孩子感到他们是在接受救济,因为施舍[7]的最高原则是保持受施者的尊严。

节选自(台湾)刘墉《课不能停》

语音提示

1. 小心翼翼 xiǎoxīn-yìyì
2. 因为 yīn·wèi
3. 犯得着 fàndezháo
4. 供 gōng
5. 挨 ái
6. 宁愿 nìngyuàn
7. 施舍 shīshě

作品 24 号

十年,在历史上不过是一瞬间[1]。只要稍加注意,人们就会发现:在这一瞬间里,各种事物都悄悄经历了自己的千变万化。

这次重新访日,我处处感到亲切和熟悉[2],也在许多方面发觉了日本的变化。就拿奈良[3]的一个角落来说吧,我重游了为之[4]感受很深的唐招提寺,在寺内各处匆匆走了一遍,庭院依旧,但意想不到还看到了一些新的东西。其中之一,就是近几年从中国移植来的"友谊[5]之莲"。

在存放鉴真遗像的那个院子里,几株中国莲昂然挺立,翠绿的宽大荷叶正迎风而舞,显得十分愉快。开花的季节已过,荷花朵朵已变为莲蓬累累[6]。莲子的颜色正在由青转紫,看来已经成熟[7]了。

我禁不住[8]想:"因"已转化为"果"。

中国的莲花开在日本,日本的樱花开在中国,这不是偶然。我希望这样一种盛况延续不衰。可能有人不欣赏花,但决不会有人欣赏落在自己面前的炮弹。

在这些日子里,我看到了不少多年不见的老朋友[9],又结识[10]了一些新朋友。大家喜欢涉及的话题之一,就是古长安和古奈良。

那还用得着[11]问吗,朋友们缅怀[12]过去,正是瞩望[13]未来。瞩目于未来的人们必将获得未来。

我不例外,也希望一个美好的未来。

为//了中日人民之间的友谊,我将不浪费今后生命的每一瞬间。

节选自严文井《莲花和樱花》

语音提示

1. 瞬间 shùnjiān
2. 熟悉 shúxi
3. 奈良 nàiliáng
4. 为之 wèizhī
5. 友谊 yǒuyì
6. 累累 léiléi
7. 成熟 chéngshú
8. 禁不住 jīnbúzhù
9. 朋友 péngyou
10. 结识 jiéshí
11. 用得着 yòngdezháo
12. 缅怀 miǎnhuái
13. 瞩望 zhǔwàng

作品 25 号

梅雨潭闪闪的绿色招引着我们,我们开始追捉她那离合的神光了。揪[1]着草,攀着乱石,小心探身下去,又鞠躬过了一个石穹门[2],便到了汪汪一碧的潭边了。

瀑布在襟袖[3]之间,但是我的心中已没有瀑布了。我的心随潭水的绿而摇荡。那醉人的绿呀!仿佛[4]一张极大极大的荷叶铺着,满是奇异的绿呀。我想张开两臂抱住她,但这是怎样一个妄想啊[5]。

站在水边,望到那面,居然觉着有些远呢!这平铺着、厚积着的绿,着实[6]可爱。她松松地皱缬[7]着,像少妇拖着的裙幅;她滑滑的明亮着,像涂了"明油"一般,有鸡蛋清那样软,那样嫩;她又不杂些尘滓[8],宛然[9]一块温润的碧玉,只清清的一色——但你却看不透她!

我曾见过北京什刹海[10]拂地[11]的绿杨,脱不了鹅黄的底子,似乎太淡了。我又曾见过杭州虎跑[12]寺近旁高峻而深密的"绿壁",丛叠[13]着无穷的碧草与绿叶的,那又似乎太浓了。其余呢,西湖的波太明了,秦淮河的也太暗了。可爱的,我将什么来比拟[14]你呢?我怎么比拟得出呢?大约潭是很深的,故能蕴蓄[15]着这样奇异的绿;仿佛蔚蓝[16]的天融了一块在里面似的[17],这才这般的鲜润啊[18]。

那醉人的绿呀!我若能裁你以为带,我将赠给那轻盈的//舞女,她必能临风飘举了。我若能挹[19]你以为眼,我将赠给那善歌的盲妹,她必明眸[20]善睐[21]了。我舍不得你,我怎舍得你呢?我用手拍着你,抚摩着你,如同一个十二三岁的小姑娘。我又掬[22]你入口,便是吻着她了。我送你一个名字,我从此叫你"女儿绿",好吗?

第二次到仙岩的时候,我不禁[23]惊诧[24]于梅雨潭的绿了。

节选自朱自清《绿》

语音提示

1. 揪 jiū
2. 石穹门 shíqióngmén
3. 襟袖 jīnxiù
4. 仿佛 fǎngfú
5. 啊 nga
6. 着实 zhuóshí
7. 皱缬 zhòuxié
8. 尘滓 chénzǐ
9. 宛然 wǎnrán
10. 什刹海 shíchàhǎi
11. 拂地 fúdì
12. 虎跑 hǔpáo
13. 丛叠 cóngdié
14. 比拟 bǐnǐ

15. 蕴蓄 yùnxù
16. 蔚蓝 wèilán
17. 似的 shìde
18. 啊 na
19. 挹 yì
20. 明眸 míngmóu
21. 善睐 shànlài
22. 掬 jū
23. 不禁 bùjīn
24. 惊诧 jīngchà

作品 26 号

我们家的后园有半亩空地[1]，母亲说："让它荒着怪可惜的，你们那么爱吃花生，就开辟出来种花生吧。"我们姐弟几个都很高兴，买种[2]、翻地、播种[3]、浇水，没过几个月，居然收获了。

母亲说："今晚我们过一个收获节，请你们父亲也来尝尝我们的新花生，好不好？"我们都说好。母亲把花生做成了好几样食品，还吩咐就在后园的茅亭里过这个节。

晚上[4]天色不太好，可是父亲也来了，实在很难得。

父亲说："你们爱吃花生吗？"

我们争着答应："爱！"

"谁能把花生的好处说出来？"

姐姐说："花生的味美。"

哥哥说："花生可以榨油。"

我说："花生的价钱[5]便宜[6]，谁都可以买来吃，都喜欢吃。这就是它的好处。"

父亲说："花生的好处很多，有一样最可贵：它的果实埋在地里，不像桃子、石榴、苹果那样，把鲜红嫩绿的果实高高地挂在枝头上，使人一见就生爱慕之心。你们看它矮矮地长在地上，等到成熟[7]了,也不能立刻分辨出来它有没有果实,必须挖出来才知道。"

我们都说是,母亲也点点头。

父亲接下去说:"所以你们要像花生,它虽然不好看,可是很有用,不是外表好看而没有实用的东西。"

我说:"那么,人要做有用的人,不要做只讲体面,而对别人没有好处的人了。"//

父亲说:"对。这是我对你们的希望。"

我们谈到夜深才散。花生做的食品都吃完了,父亲的话却深深地印在我的心上。

节选自许地山《落花生》

语音提示

1. 空地 kòngdì
2. 买种 mǎizhǒng
3. 播种 bōzhǒng
4. 晚上 wǎnshang
5. 价钱 jià·qián
6. 便宜 piányi
7. 成熟 chéngshú

作品 27 号

我打猎归来,沿着花园的林阴路走着。狗跑在我前边。

突然,狗放慢脚步,蹑足潜行[1],好像嗅[2]到了前边有什么野物。

我顺着林阴路望去,看见了一只嘴边还带黄色、头上生着柔毛的小麻雀。风猛烈地吹打着林阴路上的白桦[3]树,麻雀从巢[4]里跌落下来,呆呆地伏在地上,孤立无援地张开两只羽毛还未丰满的小翅膀。

我的狗慢慢向它靠近。忽然,从附近一棵树上飞下一只黑胸脯的老麻雀,像一颗石子似的[5]落到狗的跟前。老麻雀全身倒竖着羽毛,惊恐万状,发出绝望、凄惨的叫声,接着向露[6]出牙齿、大张着的狗嘴扑去。

老麻雀是猛扑下来救护幼雀的。它用身体掩护着自己的幼儿……但它整个小小的身体因恐怖而战栗[7]着,它小小的声音也变得粗暴嘶哑[8],它在牺牲自己!

在它看来,狗该是多么庞大的怪物啊[9]!然而,它还是不能站在自己高高的、安全的树枝上……一种比它的理智更强烈的力量,使它从那儿扑下身来。

我的狗站住了,向后退了退……看来,它也感到了这种力量。

我赶紧唤住惊慌失措的狗,然后我怀着崇敬[10]的心情,走开了。

是啊[11],请不要见笑。我崇敬那只小小的、英勇的鸟儿[12],我崇敬它那种爱的冲动和力量。

爱,我想,比//死和死的恐惧更强大。只有依靠它,依靠这种爱,生命才能维持下去,发展下去。

节选自[俄]屠格涅夫《麻雀》,巴金译

语音提示

1. 蹑足潜行 nièzúqiánxíng
2. 嗅 xiù
3. 桦 huà
4. 巢 cháo
5. 似的 shìde
6. 露 lòu
7. 战栗 zhànlì
8. 嘶哑 sīyǎ
9. 啊 wa
10. 崇敬 chóngjìng
11. 啊 ra
12. 鸟儿 niǎo'er

作品 28 号

那年我六岁。离我家仅一箭之遥的小山坡旁,有一个早已被废弃的采石场,双亲从来不准我去那儿,其实那儿风景十分迷人。

一个夏季的下午,我随着一群小伙伴偷偷上那儿去了。就在我们穿越了一条孤寂的小路后,他们却把我一个人留在原地,然后奔[1]向"更危险的地带"了。

等他们走后,我惊慌失措地发现,再也找不到要回家的那条孤寂的小道。像只无头的苍蝇,我到处乱钻,衣裤上挂满了芒刺。太阳已经落山,而此时此刻,家里一定开始吃晚餐了,双亲正盼着我回家……想着想着,我不由得背[2]靠着一棵树,伤心地呜呜大哭起来……

突然,不远处传来了声声柳笛。我像找到了救星,急忙循声走去。一条小道边的树桩上坐着一位吹笛人,手里还正削[3]着什么。走近细看,他不就是被大家称为"乡巴佬儿"的卡廷吗?

"你好,小家伙儿,"卡廷说,"看天气多美,你是出来散步的吧?"

我怯生生[4]地点点头,答道:"我要回家了。"

"请耐心等上几分钟,"卡廷说,"瞧,我正在削一支柳笛,差不多就要做好了,完工后就送给你吧!"

卡廷边削边不时把尚未成形的柳笛放在嘴里试吹一下。没过多久,一支柳笛便递到我手中。我俩在一阵阵清脆悦耳的笛音//中,踏上了归途……

当时,我心中只充满感激,而今天,当我自己也成了祖父时,却突然领悟到他用心之良苦!那天当他听到我的哭声时,便判定我一定迷了路,但他并不想在孩子面前扮演"救星"的角色[5],于是吹响柳笛以便让我能发现他,并跟着他走出困境!就这样,卡廷先生[6]以乡下[7]人的纯朴,保护了一个小男孩儿强烈的自尊。

节选自唐若水译《迷途笛音》

语音提示

1. 奔 bēn
2. 背 bèi
3. 削 xiāo
4. 怯生生 qièshēngshēng
5. 角色 juésè
6. 先生 xiānsheng
7. 乡下 xiāngxia

作品 29 号

在浩瀚无垠[1]的沙漠里,有一片美丽的绿洲,绿洲里藏着一颗闪光的珍珠。这颗珍珠就是敦煌[2]莫高窟[3]。它坐落在我国甘肃省敦煌市三危山和鸣沙山的怀抱中。

鸣沙山东麓[4]是平均高度为十七米的崖壁。在一千六百多米长的崖壁上,凿有大小洞窟七百余个,形成了规模宏伟的石窟群。其中四百九十二个洞窟中,共有彩色塑像两千一百余尊,各种壁画共四万五千多平方米。莫高窟是我国古代无数艺术匠师留给人类的珍贵文化遗产。

莫高窟的彩塑,每一尊都是一件精美的艺术品。最大的有九层楼那么高,最小的还不如一个手掌大。这些彩塑个性鲜明,神态各异。有慈眉善目的菩萨[5],有威风凛凛[6]的天王,还有强壮勇猛的力士……

莫高窟壁画的内容丰富多彩,有的是描绘古代劳动人民打猎、捕鱼、耕田、收割的情景,有的是描绘人们奏乐[7]、舞蹈、演杂技的场面,还有的是描绘大自然的美丽风光。其中最引人注目的是飞天。壁画上的飞天,有的臂挎花篮,采摘鲜花;有的反弹琵琶[8],轻拨银弦[9];有的倒悬身子,自天而降;有的彩带飘拂,漫天遨游;有的舒展着双臂,翩翩[10]起舞。看着这些精美动人的壁画,就像走进了//灿烂辉煌的艺术殿堂。

莫高窟里还有一个面积不大的洞窟——藏经洞。洞里曾藏有我国古代的各种经卷[11]、文书、帛画、刺绣、铜像等共六万多件。由于清朝政府腐败无能,大量珍贵的文物被外国强盗掠走。仅存的部分经卷,现在陈列于北京故宫等处。

莫高窟是举世闻名的艺术宝库。这里的每一尊彩塑、每一幅壁画、每一件文物,都是中国古代人民智慧的结晶。

节选自小学《语文》第六册中《莫高窟》

语音提示

1. 浩瀚无垠 hàohànwúyín
2. 敦煌 dūnhuáng
3. 窟 kū
4. 麓 lù
5. 菩萨 pú·sà
6. 威风凛凛 wēifēng-lǐnlǐn
7. 奏乐 zòuyuè
8. 琵琶 pí·pa
9. 弦 xián
10. 翩翩 piānpiān
11. 经卷 jīngjuàn

作品 30 号

其实你在很久以前并不喜欢牡丹[1],因为它总被人作为富贵膜拜。后来你目睹了一次牡丹的落花,你相信所有的人都会为[2]之感动:一阵清风徐来,娇艳鲜嫩的盛期牡丹忽然整朵整朵地坠落[3],铺撒[4]一地绚丽[5]的花瓣。那花瓣落地时依然鲜艳夺目,如同一只奉上祭坛的大鸟脱落的羽毛,低吟着壮烈的悲歌离去。

牡丹没有花谢花败之时,要么烁于枝头,要么归于泥土,它跨越萎顿[6]和衰老,由青春而死亡,由美丽而消遁[7]。它虽美却不吝惜[8]生命,即使[9]告别也要展示给人最后一次的惊心动魄。

所以在这阴冷的四月里,奇迹[10]不会发生。任凭游人扫兴和诅咒[11],牡丹依然安之若素。它不苟且、不俯就、不妥协、不媚俗,甘愿自己冷落自己。它遵循自己的花期自己的规律,它有权利为自己选择每年一度的盛大节日。它为什么不拒绝寒冷?

天南海北的看花人,依然络绎不绝[12]地涌入洛阳城。人们不会因牡丹的拒绝而拒绝它的美。如果它再被贬谪[13]十次,也许它就会繁衍出十个洛阳牡丹城。

于是你在无言的遗憾中感悟到,富贵与高贵只是一字之差[14]。同人一样,花儿[15]也是有灵性的,更有品位之高低。品位这东西为气为魂为//筋骨为神韵,只可意会。你叹服牡丹卓尔不群[16]之姿,方知品位是多么容易被世人忽略或是漠视的美。

节选自张抗抗《牡丹的拒绝》

语音提示

1. 牡丹 mǔdān
2. 为 wèi
3. 坠落 zhuìluò
4. 铺撒 pūsǎ
5. 绚丽 xuànlì
6. 萎顿 wěidùn
7. 消遁 xiāodùn
8. 吝惜 lìnxī
9. 即使 jíshǐ
10. 奇迹 qíjì

11. 诅咒 zǔzhòu
12. 络绎不绝 luòyì-bùjué
13. 贬谪 biǎnzhé
14. 差 chā
15. 花儿 huā'ér
16. 卓尔不群 zhuó'ěr-bùqún

作品 31 号

　　森林涵养[1]水源，保持水土，防止水旱灾害的作用非常大。据专家测算，一片十万亩面积的森林，相当于一个两百万立方米的水库，这正如农谚[2]所说的："山上多栽树，等于修水库。雨多它能吞，雨少它能吐。"

　　说起森林的功劳，那还多得很。它除了为人类提供[3]木材及许多种生产、生活的原料之外，在维护生态环境方面也是功劳卓著[4]。它用另一种"能吞能吐"的特殊功能孕育了人类。因为[5]地球在形成之初，大气中的二氧化碳含量很高，氧气很少，气温也高，生物是难以生存的。大约在四亿年之前，陆地才产生了森林。森林慢慢将大气中的二氧化碳吸收，同时吐出新鲜氧气，调节气温：这才具备了人类生存的条件，地球上才最终有了人类。

　　森林，是地球生态系统的主体，是大自然的总调度[6]室，是地球的绿色之肺。森林维护地球生态环境的这种"能吞能吐"的特殊功能是其他任何物体都不能取代的。然而，由于地球上的燃烧物增多，二氧化碳的排放量急剧增加，使得地球生态环境急剧恶化，主要表现为全球气候变暖，水分蒸发加快，改变了气流的循环，使气候变化加剧，从而引发热浪、飓风[7]、暴雨、洪涝[8]及干旱。

　　为了//使地球的这个"能吞能吐"的绿色之肺恢复健壮，以改善生态环境，抑制全球变暖，减少水旱等自然灾害，我们应该大力造林、护林,使每一座荒山都绿起来。

节选自《中考语文课外阅读试题精选》中《"能吞能吐"的森林》

语音提示

1. 涵养 hányǎng
2. 农谚 nóngyàn
3. 提供 tígōng
4. 卓著 zhuózhù
5. 因为 yīn·wèi
6. 调度 diàodù
7. 飓风 jùfēng
8. 洪涝 hónglào

作品 32 号

朋友[1]即将[2]远行。

暮春时节,又邀了几位朋友在家小聚。虽然都是极熟[3]的朋友,却是终年难得一见,偶尔电话里相遇,也无非是几句寻常话。一锅小米稀饭,一碟大头菜,一盘自家酿制[4]的泡菜,一只巷口买回的烤鸭,简简单单,不像请客,倒像家人团聚。

其实,友情也好,爱情也好,久而久之都会转化为亲情。

说也奇怪,和新朋友会谈文学、谈哲学、谈人生道理等等,和老朋友却只话家常,柴米油盐,细细碎碎,种种琐事[5]。很多时候,心灵的契合[6]已经不需要太多的言语来表达。

朋友新烫了个头,不敢回家见母亲,恐怕惊骇[7]了老人家,却欢天喜地来见我们,老朋友颇能以一种趣味性的眼光欣赏这个改变。

年少的时候,我们差不多都在为别人而活,为苦口婆心的父母活,为循循善诱[8]的师长活,为许多观念、许多传统的约束力而活。年岁逐增,渐渐挣脱[9]外在的限制与束缚[10],开始懂得为自己活,照自己的方式做一些自己喜欢的事,不在乎[11]别人的批评意见,不在乎别人的诋毁[12]流言,只在乎那一份随心所欲的舒坦[13]自然。偶尔,也能够纵容自己放浪一下,并且有一种恶作剧的窃喜。

就让生命顺其自然,水到渠成吧,犹如窗前的//乌桕[14],自生自落之间,自有一份圆融丰满的喜悦。春雨轻轻落着,没有诗,没有酒,有的只是一份相知相属[15]的自在自得。

夜色在笑语中渐渐沉落,朋友起身告辞,没有挽留,没有送别,甚至也没有问归期。

已经过了大喜大悲的岁月,已经过了伤感流泪的年华,知道了聚散原来是这样的自然和顺理成章,懂得这点,便懂得珍惜每一次相聚的温馨[16],离别便也欢喜[17]。

节选自(台湾)杏林子《朋友和其他》

语音提示

1. 朋友 péngyou
2. 即将 jíjiāng
3. 熟 shú
4. 酿制 niàngzhì
5. 琐事 suǒshì
6. 契合 qìhé
7. 惊骇 jīnghài
8. 循循善诱 xúnxún-shànyòu
9. 挣脱 zhèngtuō
10. 束缚 shùfù
11. 在乎 zàihu
12. 诋毁 dǐhuǐ
13. 舒坦 shūtan
14. 乌桕 wūjiù
15. 相属 xiāngzhǔ
16. 温馨 wēnxīn
17. 欢喜 huānxǐ

作品 33 号

我们在田野散步:我,我的母亲,我的妻子和儿子。

母亲本不愿出来的。她老了,身体不好,走远一点儿就觉得很累。我说,正因为¹如此,才应该多走走。母亲信服地点点头,便去拿外套。她现在很听我的话,就像我小时候很听她的话一样。

这南方初春的田野,大块小块的新绿随意地铺²着,有的浓,有的淡,树上的嫩芽也密了,田里的冬水也咕咕地起着水泡。这一切都使人想着一样东西——生命。

我和母亲走在前面,我的妻子和儿子走在后面。小家伙突然叫起来:"前面是妈妈和儿子,后面也是妈妈和儿子。"我们都笑了。

后来发生了分歧³;母亲要走大路,大路平顺;我的儿子要走小路,小路有意思⁴。不过,一切都取决于我。我的母亲老了,她早已习惯听从她强壮的儿子;我的儿子还小,他还习惯听从他高大的父亲;妻子呢,在外面,她总是听我的。一霎时⁵我感到了责任的重大。我想找一个两全的办法,找不出;我想拆散⁶一家人,分成两路,各得其所,终不愿意。我决定委屈⁷儿子,因为我伴同他的时日还长。我说:"走大路。"

但是母亲摸摸孙儿的小脑瓜,变了主意⁸:"还是走小路吧。"她的眼随小路望去:那里有金色的菜花,两行整齐的桑树,//尽头⁹一口水波粼粼¹⁰的鱼塘。"我走不过去的地方,你就背¹¹着我。"母亲对我说。

这样,我们在阳光下,向着那菜花、桑树和鱼塘走去。到了一处,我蹲下来,背起了母亲;妻子也蹲下来,背起了儿子。我和妻子都是慢慢地,稳稳地,走得很仔细,好像我背¹²上的同她背上的加起来,就是整个世界。

节选自莫怀戚《散步》

语音提示

1. 因为 yīn·wèi
2. 铺 pū
3. 分歧 fēnqí
4. 意思 yìsi
5. 霎时 shàshí
6. 拆散 chāisàn
7. 委屈 wěiqu
8. 主意 zhǔyi
9. 尽头 jìntóu
10. 粼粼 línlín
11. 背 bēi
12. 背 bèi

作品 34 号

地球上是否真的存在"无底洞"？按说地球是圆的，由地壳[1]、地幔[2]和地核三层组成，真正的"无底洞"是不应存在的，我们所看到的各种山洞、裂口、裂缝，甚至火山口也都只是地壳浅部的一种现象。然而中国一些古籍[3]却多次提到海外有个深奥莫测的无底洞。事实上地球上确实有这样一个"无底洞"。

它位于希腊亚各斯古城的海滨。由于濒临[4]大海，大涨潮[5]时，汹涌的海水便会排山倒海般地涌入洞中，形成一股湍[6]湍的急流。据测，每天流入洞内的海水量达三万多吨。奇怪的是，如此大量的海水灌入洞中，却从来没有把洞灌满。曾有人怀疑，这个"无底洞"，会不会就像石灰岩地区的漏斗、竖井、落水洞一类的地形。然而从二十世纪三十年代以来，人们就做了多种努力企图寻找它的出口，却都是枉费心机。

为了揭开这个秘密，一九五八年美国地理学会派出一支考察队，他们把一种经久不变的带色染料溶解在海水中，观察染料是如何随着海水一起沉下去。接着又察看了附近海面以及岛上的各条

河、湖,满怀希望地寻找这种带颜色的水,结果令人失望。难道是海水量太大把有色水稀释得太淡,以致无法发现?//

至今谁也不知道为什么这里的海水会没完没了地"漏"下去,这个"无底洞"的出口又在哪里,每天大量的海水究竟都流到哪里去了?

节选自罗伯特·罗威尔《神秘的"无底洞"》

语音提示

1. 地壳 dìqiào
2. 地幔 dìmàn
3. 古籍 gǔjí
4. 濒临 bīnlín
5. 涨潮 zhǎngcháo
6. 湍 tuān

作品 35 号

我在俄国见到的景物再没有比托尔斯泰墓更宏伟、更感人的。

完全按照托尔斯泰的愿望,他的坟墓成了世间最美的,给人印象最深刻的坟墓。它只是树林中的一个小小的长方形土丘,上面开满鲜花——没有十字架,没有墓碑,没有墓志铭[1],连托尔斯泰这个名字也没有。

这位比谁都感到受自己的声名所累[2]的伟人,却像偶尔被发现的流浪汉,不为[3]人知的士兵,不留名姓地被人埋葬了。谁都可以踏进他最后的安息地,围在四周稀疏的木栅栏[4]是不关闭的——保护列夫·托尔斯泰得以安息的没有任何别的东西,惟有人们的敬意;而通常,人们却总是怀着好奇,去破坏伟人墓地的宁静。

这里,逼人的朴素禁锢[5]住任何一种观赏的闲情,并且不容许你大声说话。风儿[6]俯临,在这座无名者之墓的树木之间飒飒[7]响着,和暖[8]的阳光在坟头嬉戏;冬天,白雪温柔地覆盖这片幽暗的圭[9]土地。无论你在夏天或冬天经过这儿,你都想像不到,这个小小的、隆起的长方体里安放着一位当代最伟大的人物。

然而,恰恰是这座不留姓名的坟墓,比所有挖空心思[10]用大理石和奢华[11]装饰建造的坟墓更扣人心弦[12]。在今天这个特殊的日子//里,到他的安息地[13]来的成百上千人中间,没有一个有勇气,哪怕仅仅从这幽暗的土丘上摘下一朵花留作纪念。人们重新感到,世界上再没有比托尔斯泰最后留下的、这座纪念碑式的朴素坟墓更打动人心的了。

节选自[奥]茨威格《世间最美的坟墓》,张厚仁译

语音提示

1. 墓志铭 mùzhìmíng
2. 累 lěi
3. 为 wéi
4. 栅栏 zhà·lan
5. 禁锢 jìngù
6. 风儿 fēng'ér
7. 飒飒 sàsà
8. 和暖 hénuǎn
9. 圭 guī
10. 心思 xīnsi
11. 奢华 shēhuá
12. 心弦 xīnxián
13. 安息地 ānxīdì

作品 36 号

我国的建筑,从古代的宫殿到近代的一般住房,绝大部分是对称[1]的,左边怎么样,右边怎么样。苏州园林可绝不讲究对称,好像故意避免似的[2]。东边有了一个亭子或者一道回廊,西边决不会来一个同样的亭子或者一道同样的回廊。这是为什么?我想,用图

画来比方³,对称的建筑是图案画,不是美术画,而园林是美术画,美术画要求自然之趣,是不讲究对称的。

苏州园林里都有假山和池沼⁴。

假山的堆叠⁵,可以说是一项艺术而不仅是技术。或者是重峦叠嶂⁶,或者是几座小山配合着竹子花木,全在乎⁷设计者和匠师们生平多阅历,胸中有丘壑⁸,才能使游览者攀登的时候忘却苏州城市,只觉得身在山间。

至于池沼,大多引用活水。有些园林池沼宽敞⁹,就把池沼作为全园的中心,其他景物配合着布置。水面假如成河道模样¹⁰,往往安排桥梁。假如安排两座以上的桥梁,那就一座一个样,决不雷同。

池沼或河道的边沿很少砌齐整的石岸,总是高低屈曲¹¹任其自然。还在那儿布置几块玲珑的石头,或者种些花草。这也是为了取得从各个角度看都成一幅画的效果。池沼里养着金鱼或各色鲤鱼,夏秋季节荷花或睡莲开//放,游览者看"鱼戏莲叶间",又是入画的一景。

节选自叶圣陶《苏州园林》

语音提示

1. 对称 duìchèn
2. 似的 shìde
3. 比方 bǐfang
4. 池沼 chízhǎo
5. 堆叠 duīdié
6. 重峦叠嶂 chóngluán-diézhàng
7. 在乎 zàihu
8. 丘壑 qiūhè
9. 宽敞 kuān·chang
10. 模样 múyàng
11. 屈曲 qūqū

作品 37 号

　　一位访美中国女作家,在纽约遇到一位卖花的老太太。老太太穿着[1]破旧,身体虚弱,但脸上的神情却是那样祥和兴奋[2]。女作家挑了一朵花说:"看起来,你很高兴。"老太太面带微笑地说:"是的,一切都这么美好,我为什么不高兴呢?""对烦恼,你倒真能看得开。"女作家又说了一句。没料到,老太太的回答更令女作家大吃一惊:"耶稣[3]在星期五被钉[4]上十字架时,是全世界最糟糕的一天,可三天后就是复活节。所以,当我遇到不幸时,就会等待三天,这样一切就恢复正常了。"

　　"等待三天",多么富于哲理的话语,多么乐观的生活方式。它把烦恼和痛苦抛下,全力去收获快乐。

　　沈从文在"文革"期间,陷入了非人的境地。可他毫不在意,他在咸宁时给他的表侄、画家黄永玉写信说:"这里的荷花真好,你若来……"身陷苦难却仍为荷花的盛开欣喜赞叹不已,这是一种趋于澄明[5]的境界,一种旷达洒脱的胸襟[6],一种面临磨难[7]坦荡从容[8]的气度,一种对生活童子般的热爱和对美好事物无限向往的生命情感。

　　由此可见,影响一个人快乐的,有时并不是困境及磨难,而是一个人的心态。如果把自己浸泡[9]在积极、乐观、向上的心态中,快乐必然会//占据你的每一天。

节选自《态度创造快乐》

语音提示

1. 穿着 chuānzhuó　　　　2. 兴奋 xīngfèn

3. 耶稣 yēsū
4. 钉 dìng
5. 澄明 chéngmíng
6. 胸襟 xiōngjīn

7. 磨难 mónàn
8. 从容 cóngróng
9. 浸泡 jìnpào

作品 38 号

泰山极顶看日出,历来被描绘成十分壮观的奇景。有人说:登泰山而看不到日出,就像一出大戏没有戏眼,味儿[1]终究有点寡淡[2]。

我去爬山那天,正赶上个难得的好天,万里长空,云彩丝儿[3]都不见。素常,烟雾腾腾的山头,显得眉目分明。同伴们都欣喜地说:"明天早晨准可以看见日出了。"我也是抱着这种想头[4],爬上山去。

一路从山脚往上爬,细看山景,我觉得挂在眼前的不是五岳独尊的泰山,却像一幅规模惊人的青绿山水画,从下面倒展开来。在画卷中最先露[5]出的是山根底那座明朝建筑岱宗坊[6],慢慢地便现出王母池、斗[7]母宫、经石峪[8]。山是一层比一层深,一叠比一叠奇,层层叠叠,不知还会有多深多奇,万山丛中,时而点染着极其工细的人物。王母池旁的吕祖殿里有不少尊明塑,塑着吕洞宾等一些人,姿态神情是那样有生气,你看了,不禁[9]会脱口赞叹说:"活啦。"

画卷继续展开,绿阴森森的柏洞[10]露面[11]不太久,便来到对松山。两面奇峰对峙[12]着,满山峰都是奇形怪状的老松,年纪怕都有上千岁了,颜色竟那么浓,浓得好像要流下来似的[13]。来到这儿,你不妨权当一次画里的写意人物,坐在路旁的对松亭里,看看山色,听听流//水和松涛。

一时间,我又觉得自己不仅是在看画卷,却又像是在零零乱乱翻着一卷[14]历史稿本。

节选自杨朔《泰山极顶》

语音提示

1. 味儿 wèir
2. 寡淡 guǎdàn
3. 云彩丝儿 yúncaisīr
4. 想头 xiǎngtou
5. 露 lòu
6. 岱宗坊 dàizōngfāng
7. 斗 dǒu
8. 峪 yù
9. 不禁 bùjīn
10. 柏洞 bǎidòng
11. 露面 lòumiàn
12. 对峙 duìzhì
13. 似的 shìde
14. 卷 juàn

作品 39 号

育才小学校长陶行知[1]在校园看到学生王友用泥块砸自己班上的同学,陶行知当即[2]喝止[3]了他,并令他放学后到校长室去。无疑,陶行知是要好好[4]教育这个"顽皮"的学生[5]。那么他是如何教育的呢?

放学后,陶行知来到校长室,王友已经等在门口准备挨[6]训了。可一见面,陶行知却掏出一块糖果送给王友,并说:"这是奖给你的,因为[7]你按时来到这里,而我却迟到了。"王友惊疑地接过糖果。

随后,陶行知又掏出一块糖果放到他手里,说:"这第二块糖果也是奖给你的,因为当我不让你再打人时,你立即就住手了,这说明你很尊重我,我应该奖你。"王友更惊疑了,他眼睛睁得大大的。

陶行知又掏出第三块糖果塞[8]到王友手里,说:"我调查过了,你用泥块砸那些男生,是因为他们不守游戏规则,欺负女生;你砸他们,说明你很正直善良,且有批评不良行为的勇气,应该奖励你啊[9]!"王友感动极了,他流着眼泪后悔地喊道:"陶……陶校长你打我两下吧!我砸的不是坏人,而是自己的同学啊[10]……"

陶行知满意地笑了,他随即掏出第四块糖果递给王友,说:"为你正确地认识错误,我再奖给你一块糖果,只可惜我只有这一块糖果了。我的糖果//没有了,我看我们的谈话也该结束了吧!"说完,就走出了校长室。

节选自《教师博览·百期精华》中《陶行知的"四块糖果"》

语音提示

1. 陶行知 Táo Xíngzhī
2. 当即 dāngjí
3. 喝止 hèzhǐ
4. 好好 hǎohǎo / hǎohāor
5. 学生 xuésheng
6. 挨 ái
7. 因为 yīn·wèi
8. 塞 sāi
9. 啊 ya
10. 啊 ya

作品 40 号

享受幸福是需要学习的,当它即将[1]来临的时刻需要提醒。人可以自然而然地学会感官的享乐,却无法天生地掌握幸福的韵律。灵魂的快意同器官的舒适像一对孪生[2]兄弟,时而相傍[3]相依,时而南辕北辙[4]。

幸福是一种心灵的震颤[5]。它像会倾听音乐的耳朵一样,需要不断地训练。

简而言之，幸福就是没有痛苦的时刻。它出现的频率[6]并不像我们想像的那样少。人们常常只是在幸福的金马车已经驶过去很远时，才拣起地上的金鬃毛[7]说，原来我见过它。

人们喜爱回味幸福的标本，却忽略它披着露水[8]散发[9]清香的时刻。那时候我们往往步履[10]匆匆，瞻前顾后[11]不知在忙着什么。

世上有预报台风的，有预报蝗灾的，有预报瘟疫[12]的，有预报地震的。没有人预报幸福。

其实幸福和世界万物一样，有它的征兆[13]。

幸福常常是朦胧[14]的，很有节制地向我们喷洒甘霖[15]。你不要总希望轰轰烈烈的幸福，它多半只是悄悄地扑面而来。你也不要企图把水龙头拧[16]得更大，那样它会很快地流失。你需要静静地以平和之心，体验它的真谛[17]。

幸福绝大多数是朴素的。它不会像信号弹似的[18]，在很高的天际闪烁红色的光芒。它披着本色的外衣，亲//切温暖地包裹起我们。

幸福不喜欢喧嚣[19]浮华，它常常在暗淡中降临。贫困中相濡以沫[20]的一块糕饼，患难中心心相印的一个眼神，父亲一次粗糙[21]的抚摸，女友一张温馨的字条……这都是千金难买的幸福啊[22]。像一粒粒缀[23]在旧绸子上的红宝石，在凄凉中愈发熠熠[24]夺目。

节选自毕淑敏《提醒幸福》

语音提示

1. 即将 jíjiāng
2. 孪生 luánshēng
3. 傍 bàng
4. 南辕北辙 nányuán-běizhé
5. 震颤 zhènchàn
6. 频率 pínlǜ
7. 鬃毛 zōngmáo
8. 露水 lùshuǐ

9. 散发 sànfā
10. 步履 bùlǚ
11. 瞻前顾后 zhānqián-gùhòu
12. 瘟疫 wēnyì
13. 征兆 zhēngzhào
14. 朦胧 ménglóng
15. 甘霖 gānlín
16. 拧 nǐng
17. 真谛 zhēndì
18. 似的 shìde
19. 喧嚣 xuānxiāo
20. 相濡以沫 xiāngrúyǐmò
21. 粗糙 cūcāo
22. 啊 wa
23. 缀 zhuì
24. 熠熠 yìyì

作品 41 号

在里约热内卢的一个贫民窟[1]里,有一个男孩子,他非常喜欢足球,可是又买不起,于是就踢塑料盒,踢汽水瓶,踢从垃圾箱里拣来的椰子壳[2]。他在胡同[3]里踢,在能找到的任何一片空地[4]上踢。

有一天,当他在一处干涸[5]的水塘里猛踢一个猪膀胱[6]时,被一位足球教练看见了。他发现这个男孩儿踢得很像是那么回事,就主动提出要送给他一个足球。小男孩儿得到足球后踢得更卖劲[7]了。不久,他就能准确地把球踢进远处随意摆放的一个水桶里。

圣诞节到了,孩子的妈妈说:"我们没有钱买圣诞礼物送给我们的恩人,就让我们为他祈祷[8]吧。"

小男孩儿跟随妈妈祈祷完毕,向妈妈要了一把铲子便跑了出去。他来到一座别墅[9]前的花园里,开始挖坑。

就在他快要挖好坑的时候,从别墅里走出一个人来,问小孩儿在干什么,孩子抬起满是汗珠的脸蛋儿,说:"教练,圣诞节到了,我没有礼物送给您,我愿给您的圣诞树挖一个树坑。"

教练把小男孩儿从树坑里拉上来,说:"我今天得到了世界上最好的礼物。明天你就到我的训练场去吧。"

三年后,这位十七岁的男孩儿在第六届足球锦标赛上独进二十一球,为巴西第一次捧回了金杯。一个原来不//为[10]世人所知的名字——贝利,随之传遍世界。

节选自刘燕敏《天才的造就》

语音提示

1. 贫民窟 pínmínkū
2. 壳 kér
3. 胡同 hútòngr
4. 空地 kòngdì
5. 干涸 gānhé
6. 膀胱 pángguāng
7. 卖劲 màijìnr
8. 祈祷 qídǎo
9. 别墅 biéshù
10. 为 wéi

作品 42 号

记得我十三岁时,和母亲住在法国东南部的耐斯城。母亲没有丈夫,也没有亲戚[1],够清苦的,但她经常能拿出令人吃惊的东西,摆在我面前。她从来不吃肉,一再说自己是素食者。然而有一天,我发现母亲正仔细地用一小块碎面包擦那给我煎牛排用的油锅。我明白了她称自己为素食者的真正原因。

我十六岁时,母亲成了耐斯市美蒙旅馆的女经理。这时,她更忙碌了。一天,她瘫在椅子上,脸色苍白,嘴唇发灰。马上找来医生,做出诊断:她摄取[2]了过多的胰岛素。直到这时我才知道母亲多年一直对我隐瞒的疾痛——糖尿病。

她的头歪向枕头一边,痛苦地用手抓挠[3]胸口。床架上方,则挂着一枚我一九三二年赢得⁴耐斯市少年乒乓球冠军的银质奖章。

啊,是对我的美好前途的憧憬⁵支撑着她活下去,为了给她那荒唐的梦至少加一点真实的色彩,我只能继续努力,与时间竞争,直至一九三八年我被征入空军。巴黎很快失陷,我辗转⁶调到英国皇家空军。刚到英国就接到了母亲的来信。这些信是由在瑞士的一个朋友⁷秘密地转⁸到伦敦,送到我手中的。

现在我要回家了,胸前佩带着醒目的绿黑两色的解放十字绶//带⁹,上面挂着五六枚我终身难忘的勋章,肩上还佩带着军官肩章。到达旅馆时,没有一个人跟我打招呼¹⁰。原来,我母亲在三年半以前就已经离开人间了。

在她死前的几天中,她写了近二百五十封信,把这些信交给她在瑞士的朋友,请这个朋友定时寄给我。就这样,在母亲死后的三年半的时间里,我一直从她身上吸取着力量和勇气——这使我能够继续战斗到胜利那一天。

节选自〔法〕罗曼·加里《我的母亲独一无二》

语音提示

1. 亲戚 qīnqi
2. 摄取 shèqǔ
3. 抓挠 zhuānao
4. 赢得 yíngdé
5. 憧憬 chōngjǐng
6. 辗转 zhǎnzhuǎn
7. 朋友 péngyou
8. 转 zhuǎn
9. 绶带 shòudài
10. 招呼 zhāohu

作品 43 号

生活对于任何人都非易事,我们必须有坚韧不拔的精神。最要紧的,还是我们自己要有信心。我们必须相信,我们对每一件事情都具有天赋的才能,并且,无论付出任何代价,都要把这件事完成。当事情结束的时候,你要能问心无愧地说:"我已经尽我所能了。"

有一年的春天,我因病被迫在家里休息数周。我注视着我的女儿们所养的蚕正在结[1]茧,这使我很感兴趣。望着这些蚕执著[2]地、勤奋地工作,我感到我和它们非常相似[3]。像它们一样,我总是耐心地把自己的努力集中在一个目标上。我之所以如此,或许是因为[4]有某种力量在鞭策着我——正如蚕被鞭策着去结茧一般。

近五十年来,我致力于科学研究,而研究,就是对真理的探讨。我有许多美好快乐的记忆。少女时期我在巴黎大学,孤独地过着求学的岁月;在后来献身科学的整个时期,我丈夫和我专心致志,像在梦幻中一般,坐在简陋[5]的书房里艰辛地研究,后来我们就在那里发现了镭。

我永远追求安静的工作和简单的家庭生活。为了实现这个理想,我竭力[6]保持宁静的环境,以免受人事的干扰和盛名[7]的拖累[8]。

我深信,在科学方面我们有对事业而不是//对财富的兴趣。我的惟一奢望是在一个自由国家中,以一个自由学者的身份从事研究工作。

我一直沉醉于世界的优美之中,我所热爱的科学也不断增加它崭新的远景。我认定科学本身就具有伟大的美。

节选自[波兰]玛丽·居里《我的信念》,剑捷译

语音提示

1. 结 jié   2. 执著 zhízhuó

3. 相似 xiāngsì
4. 因为 yīn·wèi
5. 简陋 jiǎnlòu
6. 竭力 jiélì
7. 盛名 shèngmíng
8. 拖累 tuōlěi

作品 44 号

我为什么非要教书[1]不可？是因为[2]我喜欢当教师的时间安排表和生活节奏。七、八、九三个月给我提供[3]了进行回顾、研究、写作的良机，并将三者有机融合，而善于回顾、研究和总结正是优秀教师素质中不可缺少的成分。

干这行给了我多种多样的"甘泉"去品尝，找优秀的书籍去研读，到"象牙塔"和实际世界里去发现。教学工作给我提供了继续学习的时间保证，以及多种途径、机遇和挑战。

然而，我爱这一行的真正原因，是爱我的学生[4]。学生们在我的眼前成长、变化。当教师意味着亲历"创造"过程的发生——恰似[5]亲手赋予[6]一团泥土以生命，没有什么比目睹它开始呼吸更激动人心的了。

权利我也有了：我有权利去启发诱导，去激发智慧的火花，去问费心思考的问题，去赞扬回答的尝试，去推荐书籍，去指点迷津。还有什么别的权利能与[7]之相比呢？

而且，教书还给我金钱和权利之外的东西，那就是爱心。不仅有对学生的爱，对书籍的爱，对知识的爱，还有教师才能感受到的对"特别"学生的爱。这些学生，有如冥顽不灵[8]的泥块，由于接受了老师的炽爱[9]才勃发了生机。

所以，我爱教书，还因为，在那些勃发生机的"特//别"学生身上,我有时发现自己和他们呼吸相通,忧乐与共。

节选自[美]彼得·基·贝得勒《我为什么当教师》

语音提示

1. 教书 jiāoshū
2. 因为 yīn·wèi
3. 提供 tígōng
4. 学生 xuésheng
5. 恰似 qiàsì
6. 赋予 fùyǔ
7. 与 yǔ
8. 冥顽不灵 míngwán-bùlíng
9. 炽爱 chì'ài

作品 45 号

中国西部我们通常是指黄河与秦岭相连一线以西,包括西北和西南的十二个省、市、自治区。这块广袤[1]的土地面积为五百四十六万平方公里,占国土总面积的百分之五十七;人口二点八亿,占全国总人口的百分之二十三。

西部是华夏文明的源头。华夏祖先的脚步是顺着水边走的:长江上游出土过元谋人牙齿化石,距今约一百七十万年;黄河中游出土过蓝田人头盖骨,距今约七十万年。这两处古人类都比距今约五十万年的北京猿人资格更老。

西部地区是华夏文明的重要发源地,秦皇汉武以后,东西方文化在这里交汇融合,从而有了丝绸之路的驼铃声声,佛院深寺的暮鼓晨钟[2]。敦煌莫高窟[3]是世界文化史上的一个奇迹[4],它在继承汉晋艺术传统的基础上,形成了自己兼收并蓄的恢弘[5]气度,展现出精美绝伦的艺术形式和博大精深的文化内涵。秦始皇兵马俑[6]、西夏王陵、楼兰古国、布达拉宫、三星堆、大足石刻等历史文化遗产,同样为[7]世界所瞩目[8],成为中华文化重要的象征。

西部地区又是少数民族及其文化的集萃[9]地,几乎[10]包括了我国所有的少数民族。在一些偏远的少数民族地区,仍保留//了一些久远时代的艺术品种,成为珍贵的"活化石",如纳西古乐、戏曲、剪纸、刺绣、岩画等民间艺术和宗教艺术。特色鲜明、丰富多彩,犹如一个巨大的民族民间文化艺术宝库。

我们要充分重视和利用这些得天独厚的资源优势,建立良好的民族民间文化生态环境,为西部大开发做出贡献。

节选自《中考语文课外阅读试题精选》
中《西部文化和西部开发》

语音提示

1. 广袤 guǎngmào
2. 暮鼓晨钟 mùgǔ-chénzhōng
3. 莫高窟 Mògāokū
4. 奇迹 qíjì
5. 恢弘 huīhóng
6. 兵马俑 bīngmǎyǒng
7. 为 wéi
8. 瞩目 zhǔmù
9. 集萃 jícuì
10. 几乎 jīhū

作品 46 号

高兴,这是一种具体的被看得到摸得着[1]的事物所唤起的情绪。它是心理的,更是生理的。它容易来也容易去,谁也不应该对它视而不见失之交臂,谁也不应该总是做那些使自己不高兴也使旁人不高兴的事。让我们说一件最容易做也最令人高兴的事吧,尊重你自己,也尊重别人,这是每一个人的权利,我还要说这是每一个人的义务。

快乐，它是一种富有概括性的生存状态、工作状态。它几乎[2]是先验的，它来自生命本身的活力，来自宇宙、地球和人间的吸引，它是世界的丰富、绚丽[3]、阔大、悠久的体现。快乐还是一种力量，是埋在地下的根脉[4]。消灭一个人的快乐比挖掘[5]掉一棵大树的根要难得多。

欢欣，这是一种青春的、诗意的情感。它来自面向着未来伸开双臂奔跑的冲力，它来自一种轻松而又神秘、朦胧[6]而又隐秘的激动，它是激情即将[7]到来的预兆，它又是大雨过后的比下雨还要美妙得多也久远得多的回味……

喜悦，它是一种带有形而上[8]色彩的修养和境界。与其[9]说它是一种情绪，不如说它是一种智慧、一种超拔[10]、一种悲天悯人[11]的宽容和理解，一种饱经沧桑的充实和自信，一种光明的理性，一种坚定//成熟[12]，一种战胜了烦恼和庸俗的清明澄澈[13]。它是一潭清水，它是一抹[14]朝霞，它是无边的平原，它是沉默的地平线，多一点儿、再多一点儿喜悦吧，它是翅膀，也是归巢[15]。它是一杯美酒，也是一朵永远开不败的莲花。

节选自王蒙《喜悦》

语音提示

1. 摸得着 mōdezháo
2. 几乎 jīhū
3. 绚丽 xuànlì
4. 根脉 gēnmài
5. 挖掘 wājué
6. 朦胧 ménglóng
7. 即将 jíjiāng
8. 形而上 xíng ér shàng
9. 与其 yǔqí
10. 超拔 chāobá
11. 悲天悯人 bēitiān-mǐnrén
12. 成熟 chéngshú
13. 澄澈 chéngchè
14. 抹 mǒ

15. 归巢 guīcháo

作品 47 号

在湾仔[1],香港最热闹的地方[2],有一棵榕树,它是最贵的一棵树,不光在香港,在全世界,都是最贵的。

树,活的树,又不卖何言其贵?只因它老,它粗,是香港百年沧桑的活见证,香港人不忍看着它被砍伐,或者被移走,便跟要占用这片山坡的建筑者谈条件:可以在这儿建大楼盖商厦[3],但一不准砍树,二不准挪树,必须把它原地精心养起来,成为香港闹市中的一景。太古大厦的建设者最后签了合同[4],占用这个大山坡建豪华商厦的先决条件是同意保护这棵老树。

树长在半山坡上,计划将树下面的成千上万吨山石全部掏空[5]取走,腾出地方来盖楼,把树架在大楼上面,仿佛它原本是长在楼顶上似的[6]。建设者就地造了一个直径十八米、深十米的大花盆,先固定好这棵老树,再在大花盆底下盖楼。光这一项就花了两千三百八十九万港币,堪称[7]是最昂贵的保护措施了。

太古大厦落成之后,人们可以乘[8]滚动扶梯一次到位,来到太古大厦的顶层,出后门,那儿是一片自然景色。一棵大树出现在人们面前,树干有一米半粗,树冠[9]直径足有二十多米,独木成林,非常壮观,形成一座以它为中心的小公园,取名叫"榕圃[10]"。树前面//插着铜牌,说明原由。此情此景,如不看铜牌的说明,绝对想不到巨树根底下还有一座宏伟的现代大楼。

节选自舒乙《香港:最贵的一棵树》

语音提示

1. 湾仔 wānzǎi
2. 地方 dìfang
3. 商厦 shāngshà
4. 合同 hétong
5. 掏空 tāokōng
6. 似的 shìde
7. 堪称 kānchēng
8. 乘 chéng
9. 树冠 shùguān
10. 榕圃 róngpǔ

作品 48 号

我们的船渐渐地逼近榕树了:我有机会看清它的真面目:是一棵大树,有数不清的丫枝,枝上又生根,有许多根一直垂到地上,伸进泥土里。一部分树枝垂到水面,从远处看,就像一棵大树斜躺在水面上一样。

现在正是枝繁叶茂的时节。这棵榕树好像在把它的全部生命力展示给我们看。那么多的绿叶,一簇[1]堆在另一簇的上面,不留一点儿缝隙[2]。翠绿的颜色明亮地在我们的眼前闪耀,似乎[3]每一片树叶上都有一个新的生命在颤动[4],这美丽的南国的树!

船在树下泊[5]了片刻,岸上很湿,我们没有上去。朋友[6]说这里是"鸟的天堂",有许多鸟在这棵树上做窝,农民不许人去捉它们。我仿佛[7]听见几只鸟扑翅的声音,但是等到我的眼睛注意地看那里时,我却看不见一只鸟的影子,只有无数的树根立在地上,像许多根木桩。地是湿的,大概涨潮[8]时河水常常冲上岸去。"鸟的天堂"里没有一只鸟,我这样想到。船开了,一个朋友拨着船,缓缓地流到河中间去。

第二天,我们划着船到一个朋友的家乡去,就是那个有山有塔的地方⁹。从学校出发,我们又经过那"鸟的天堂"。

这一次是在早晨,阳光照在水面上,也照在树梢上。一切都//显得非常光明。我们的船也在树下泊了片刻。

起初四周围非常清静。后来忽然起了一声鸟叫。我们把手一拍,便看见一只大鸟飞了起来,接着又看见第二只,第三只。我们继续拍掌,很快地这个树林就变得很热闹了。到处都是鸟声,到处都是鸟影。大的,小的,花的,黑的,有的站在枝上叫,有的飞起来,在扑翅膀。

节选自巴金《小鸟的天堂》

语音提示

1. 簇 cù
2. 缝隙 fèngxì
3. 似乎 sìhū
4. 颤动 chàndòng
5. 泊 bó
6. 朋友 péngyou
7. 仿佛 fǎngfú
8. 涨潮 zhǎngcháo
9. 地方 dìfang

作品 49 号

有这样一个故事。

有人问:世界上什么东西的气力最大?回答纷纭得很,有的说"象",有的说"狮",有人开玩笑似的[1]说:是"金刚",金刚有多少气力,当然大家全不知道。

结果[2],这一切答案完全不对,世界上气力最大的,是植物的种子。一粒种子所可以显现出来的力,简直是超越一切。

人的头盖骨,结合得非常致密与坚固,生理学家和解剖[3]学者用尽了一切的方法,要把它完整地分出来,都没有这种力气。后来忽然有人发明了一个方法,就是把一些植物的种子放在要剖析[4]的头盖骨里,给它以温度与湿度,使它发芽。一发芽,这些种子便以可怕的力量,将一切机械[5]力所不能分开的骨骼[6],完整地分开了。植物种子的力量之大,如此如此。

这,也许特殊了一点儿,常人不容易理解。那么,你知道笋的成长吗?你知道被压在瓦砾[7]和石块下面的一棵小草的生长吗?它为着向往阳光,为着达成它的生之意志,不管上面的石块如何重,石与石之间如何狭[8],它必定要曲曲折折[9]地,但是顽强不屈地透到地面上来。它的根往土壤钻,它的芽往地面挺,这是一种不可抗拒的力,阻止它的石块,结果也被它掀翻[10],一粒种子的力量之大,//如此如此。

没有一个人将小草叫做"大力士",但是它的力量之大,的确是世界无比。这种力是无形的生命力。只要生命存在,这种力就要显现。上面的石块,丝毫不足以阻挡。因为[11]它是一种"长期抗战"的力;有弹性,能屈能伸的力;有韧性,不达目的不止的力。

节选自夏衍《野草》

语音提示

1. 似的 shìde
2. 结果 jiéguǒ
3. 解剖 jiěpōu
4. 剖析 pōuxī
5. 机械 jīxiè
6. 骨骼 gǔgé
7. 瓦砾 wǎlì
8. 狭 xiá
9. 曲曲折折 qūqūzhézhé
10. 掀翻 xiānfān
11. 因为 yīn·wèi

作品 50 号

燕子去了,有再来的时候;杨柳枯了,有再青的时候;桃花谢了,有再开的时候。但是,聪明[1]的,你告诉我,我们的日子为什么一去不复返呢?——是有人偷了他们罢:那是谁?又藏在何处呢?是他们自己逃走了罢:现在又到了哪里呢?

去的尽管[2]去了,来的尽管来着;去来的中间,又怎样地匆匆呢?早上我起来的时候,小屋里射进两三方斜斜的太阳。太阳他有脚啊,轻轻悄悄地挪移了;我也茫茫然跟着旋转[3]。于是——洗手的时候,日子从水盆里过去;吃饭的时候,日子从饭碗里过去;默默时,便从凝然的双眼前过去。我觉察他去的匆匆了,伸出手遮挽[4]时,他又从遮挽着的手边过去;天黑时,我躺在床上,他便伶伶俐俐地从我身上跨过,从我脚边飞去了。等我睁开眼和太阳再见,这算又溜走了一日。我掩着面叹息。但是新来的日子的影儿又开始在叹息里闪过了。

在逃去如飞的日子里,在千门万户的世界里我能做些什么呢?只有徘徊罢了,只有匆匆罢了;在八千多日的匆匆里,除徘徊外,又剩些什么呢?过去的日子如轻烟,被微风吹散了,如薄雾[5],被初阳蒸融[6]了;我留着些什么痕迹呢?我何曾留着像游丝样的痕迹呢?我赤裸裸来//到这世界,转眼间也将赤裸裸的回去罢?但不能平的,为什么偏白白走这一遭啊?

你聪明的,告诉我,我们的日子为什么一去不复返呢?

节选自朱自清《匆匆》

语音提示

1. 聪明 cōng·míng
2. 尽管 jǐnguǎn
3. 旋转 xuánzhuǎn
4. 遮挽 zhēwǎn
5. 薄雾 bówù
6. 蒸融 zhēngróng

作品 51 号

有个塌鼻子的小男孩儿,因为[1]两岁时得过脑炎,智力受损,学习起来很吃力。打个比方[2],别人写作文能写二三百字,他却只能写三五行。但即便[3]这样的作文,他同样能写得很动人。

那是一次作文课,题目是《愿望》。他极其认真地想了半天,然后极认真地写,那作文极短。只有三句话:我有两个愿望,第一个是,妈妈天天笑眯眯地看着我说:"你真聪明[4],"第二个是,老师天天笑眯眯地看着我说:"你一点儿也不笨。"

于是,就是这篇作文,深深地打动了他的老师,那位妈妈式的老师不仅给了他最高分,在班上带感情地朗读了这篇作文,还一笔一画地批道:你很聪明,你的作文写得非常感人,请放心,妈妈肯定会格外喜欢你的,老师肯定会格外喜欢你的,大家肯定会格外喜欢你的。

捧着作文本,他笑了,蹦蹦跳跳地回家了,像只喜鹊[5]。但他并没有把作文本拿给妈妈看,他是在等待,等待着一个美好的时刻。

那个时刻终于到了,是妈妈的生日[6]——一个阳光灿烂的星期天:那天,他起得特别早,把作文本装在一个亲手做的美丽的大信封里,等着妈妈醒来。妈妈刚刚睁眼醒来,他就笑眯眯地走到妈妈跟前说:"妈妈,今天是您的生日,我要//送给您一件礼物。"

果然,看着这篇作文,妈妈甜甜地涌出了两行热泪,一把搂住小男孩儿,搂得很紧很紧。

是的,智力可以受损,但爱永远不会。

节选自张玉庭《一个美丽的故事》

语音提示

1. 因为 yīn·wèi
2. 比方 bǐfang
3. 即便 jíbiàn
4. 聪明 cōng·míng
5. 喜鹊 xǐquè
6. 生日 shēngri

作品 52 号

小学的时候,有一次我们去海边远足,妈妈没有做便饭,给了我十块钱买午餐。好像走了很久,很久,终于到海边了,大家坐下来便吃饭,荒凉的海边没有商店,我一个人跑到防风林外面去,级任老师要大家把吃剩的饭菜分给我一点儿。有两三个男生留下一点儿给我,还有一个女生,她的米饭拌了酱油,很香。我吃完的时候,她笑眯眯地看着我,短头发,脸圆圆的。

她的名字叫翁香玉。

每天放学的时候,她走的是经过我们家的一条小路,带着一位比她小的男孩儿,可能是弟弟。小路边是一条清澈[1]见底的小溪,两旁竹阴覆盖,我总是远远[2]地跟在她后面,夏日的午后特别炎热,走到半路她会停下来,拿手帕[3]在溪水里浸湿,为小男孩儿擦脸。我也在后面停下来,把肮脏[4]的手帕弄湿了擦脸,再一路远远跟着她回家。

后来我们家搬到镇上去了,过几年我也上了中学。有一天放学回家,在火车上,看见斜对面一位短头发、圆圆脸的女孩儿,一身素净[5]的白衣黑裙。我想她一定不认识我了。火车很快到站了,我随着人群挤向门口,她也走近了,叫我的名字。这是她第一次和我说话。

她笑眯眯的,和我一起走过月台。以后就没有再见过//她了。这篇文章收在我出版的《少年心事》这本书里。

书出版后半年,有一天我忽然收到出版社转来的一封信,信封上是陌生的字迹[6],但清楚地写着我的本名。

信里面说她看到了这篇文章心里非常激动,没想到在离开家乡,漂泊[7]异地这么久之后,会看见自己仍然[8]在一个人的记忆里,她自己也深深记得这其中的每一幕,只是没想到越过遥远的时空,竟然另一个人也深深记得。

节选自苦伶《永远的记忆》

语音提示

1. 清澈 qīngchè
2. 远远 yuǎnyuǎn/yuǎnyuānr
3. 手帕 shǒupà
4. 肮脏 āngzāng
5. 素净 sùjing
6. 字迹 zìjì
7. 漂泊 piāobó
8. 仍然 réngrán

作品 53 号

在繁华的巴黎大街的路旁,站着一个衣衫褴褛[1]、头发斑白、双目失明的老人。他不像其他乞丐那样伸手向过路行人乞讨,而是在身旁立一块木牌,上面写着:"我什么也看不见!"街上过往的行人很多,看了木牌上的字都无动于衷[2],有的还淡淡一笑,便姗姗[3]而去了。

这天中午,法国著名诗人让·彼浩勒也经过这里。他看看木牌上的字,问盲老人:"老人家[4],今天上午有人给你钱吗?"

盲老人叹息着回答:"我,我什么也没有得到。"说着,脸上的神情非常悲伤。

让·彼浩勒听了,拿起笔悄悄地在那行字的前面添上了"春天到了,可是"几个字,就匆匆地离开了。

晚上[5],让·彼浩勒又经过这里,问那个盲老人下午的情况。盲老人笑着回答说:"先生,不知为什么,下午给我钱的人多极了!"让·彼浩勒听了,摸着胡子满意地笑了。

"春天到了,可是我什么也看不见!"这富有诗意的语言,产生这么大的作用,就在于它有非常浓厚的感情色彩。是的,春天是美好的,那蓝天白云,那绿树红花,那莺歌燕舞,那流水人家[6],怎么不叫人陶醉呢?但这良辰美景,对于一个双目失明的人来说,只是一片漆黑。当人们想到这个盲老人,一生中竟连万紫千红的春天//都不曾看到,怎能不对他产生同情之心呢?

节选自小学《语文》第六册中《语言的魅力》

语音提示

1. 褴褛 lánlǚ
2. 无动于衷 wúdòng-yúzhōng
3. 姗姗 shānshān
4. 老人家 lǎorenjia
5. 晚上 wǎnshang
6. 人家 rénjiā

作品 54 号

有一次,苏东坡的朋友张鹗[1]拿着一张宣纸来求他写一幅字,而且希望他写一点儿关于养生方面的内容。苏东坡思索了一会儿,点点头说:"我得到了一个养生长寿古方,药只有四味,今天就赠给你吧。"于是,东坡的狼毫在纸上挥洒起来,上面写着:"一曰[2]无事以当[3]贵,二曰早寝[4]以当富,三曰安步以当车,四曰晚食以当肉。"

这哪里有药?张鹗一脸茫然地问。苏东坡笑着解释说,养生长寿的要诀[5],全在这四句里面。

所谓"无事以当贵",是指人不要把功名利禄[6]、荣辱过失考虑得太多,如能在情志上潇洒大度[7],随遇而安,无事以求,这比富贵更能使人终其天年。

"早寝以当富",指吃好穿好、财货充足,并非就能使你长寿。对老年人来说,养成良好的起居习惯,尤其是早睡早起,比获得任何财富更加宝贵。

"安步以当车",指人不要过于讲求安逸、肢体不劳,而应多以步行来替代骑马乘[8]车,多运动才可以强健体魄,通畅气血。

"晚食以当肉",意思是人应该用已饥方食、未饱先止代替对美味佳肴[9]的贪吃无厌。他进一步解释,饿了以后才进食,虽然是粗茶淡饭,但其香甜可口会胜过山珍;如果饱了还要勉强吃,即使美味佳肴摆在眼前也难以//下咽。

苏东坡的四味"长寿药",实际上是强调了情志、睡眠、运动、饮食四个方面对养生长寿的重要性,这种养生观点即使[10]在今天仍然值得借鉴。

节选自蒲昭和《赠你四味长寿药》

语音提示

1. 腭 è
2. 曰 yuē
3. 当 dàng
4. 寝 qǐn
5. 要诀 yàojué
6. 利禄 lìlù
7. 潇洒大度 xiāosǎ-dàdù
8. 乘 chéng
9. 肴 yáo
10. 即使 jíshǐ

作品 55 号

　　人活着,最要紧的是寻觅[1]到那片代表着生命绿色和人类希望的丛林,然后选一高高的枝头站在那里观览人生,消化痛苦,孕育歌声,愉悦世界!

　　这可真是一种潇洒的人生态度,这可真是一种心境爽朗的情感风貌。

　　站在历史的枝头微笑,可以减免许多烦恼。在那里,你可以从众生相[2]所包含的甜酸苦辣、百味人生中寻找你自己;你境遇中的那点儿苦痛,也许相比之下,再也难以占据[3]一席之地;你会较[4]容易地获得从不悦中解脱灵魂的力量,使之不致变得灰色。

　　人站得高些,不但能有幸早些领略到希望的曙光,还能有幸发现生命的立体的诗篇。每一个人的人生,都是这诗篇中的一个词、一个句子或者一个标点。你可能没有成为一个美丽的词,一个引人注目的句子,一个惊叹号,但你依然是这生命的立体诗篇中的一个音节、一个停顿、一个必不可少的组成部分。这足以使你放弃前嫌[5],萌生为人类孕育新的歌声的兴致,为世界带来更多的诗意。

最可怕的人生见解,是把多维的生存图景看成平面。因为那平面上刻下的大多是凝固了的历史——过去的遗迹[6];但活着的人们,活得却是充满着新生智慧的,由//不断逝去[7]的"现在"组成的未来。人生不能像某些鱼类躺着游,人生也不能像某些兽类爬着走,而应该站着向前行,这才是人类应有的生存姿态。

节选自[美]本杰明·拉什《站在历史的枝头微笑》

语音提示

1. 寻觅 xúnmì
2. 众生相 zhòngshēngxiàng
3. 占据 zhànjù
4. 较 jiào
5. 前嫌 qiánxián
6. 遗迹 yíjì
7. 逝去 shìqù

作品 56 号

中国的第一大岛、台湾省的主岛台湾,位于中国大陆架的东南方,地处东海和南海之间,隔[1]着台湾海峡和大陆相望。天气晴朗的时候,站在福建沿海较[2]高的地方[3],就可以隐隐约约地望见岛上的高山和云朵。

台湾岛形状狭长,从东到西,最宽处只有一百四十多公里;由南至北,最长的地方约有三百九十多公里。地形像一个纺织用的梭子。

台湾岛上的山脉纵贯南北,中间的中央山脉犹如全岛的脊梁[4]。西部为海拔近四千米的玉山山脉,是中国东部的最高峰。全岛约有三分之一的地方是平地,其余为山地。岛内有缎带般的瀑布,蓝宝石似的⁵湖泊⁶,四季常青的森林和果园,自然景色十分优美。西南部的阿里山和日月潭,台北市郊的大屯山风景区,都是闻名世界的游览胜地。

台湾岛地处⁷热带和温带之间,四面环海,雨水充足,气温受到海洋的调剂⁸,冬暖夏凉,四季如春,这给水稻和果木生长提供⁹了优越的条件。水稻、甘蔗¹⁰、樟脑是台湾的"三宝"。岛上还盛产鲜果和鱼虾。

台湾岛还是一个闻名世界的"蝴蝶王国"。岛上的蝴蝶共有四百多个品种,其中有不少是世界稀有的珍贵品种。岛上还有不少鸟语花香的蝴//蝶谷,岛上居民利用蝴蝶制作的标本和艺术品,远销许多国家。

节选自《中国的宝岛——台湾》

语音提示

1. 隔 gé
2. 较 jiào
3. 地方 dìfang
4. 脊梁 jǐliang
5. 似的 shìde
6. 湖泊 húpō
7. 地处 dìchǔ
8. 调剂 tiáojì
9. 提供 tígōng
10. 甘蔗 gānzhe

作品 57 号

对于中国的牛,我有着一种特别尊敬的感情。

留给我印象最深的,要算在田垄¹上的一次"相遇"。

一群朋友²郊游,我领头在狭窄³的阡陌⁴上走,怎料迎面来了几头耕牛,狭道容不下人和牛,终有一方要让路。它们还没有走近,我们已经预计斗不过畜生[5],恐怕难免踩到田地泥水里,弄得鞋袜又泥又湿了。正踟蹰[6]的时候,带头的一头牛,在离我们不远的地方[7]停下来,抬起头看看,稍迟疑一下,就自动走下田去。一队耕牛,全跟着它离开阡陌,从我们身边经过。

我们都呆了,回过头来,看着深褐色的牛队,在路的尽头消失,忽然觉得自己受了很大的恩惠。

中国的牛,永远沉默地为人做着沉重的工作。在大地上,在晨光或烈日下,它拖着沉重的犁,低头一步又一步,拖出了身后一列又一列松土,好让人们下种[8]。等到满地金黄或农闲时候,它可能还得[9]担当搬运负重的工作;或终日绕[10]着石磨[11],朝同一方向,走不计程的路。

在它沉默的劳动中,人便得到应得的收成[12]。

那时候,也许,它可以松一肩重担,站在树下,吃几口嫩草。偶尔摇摇尾巴,摆摆耳朵,赶走飞附身上的苍蝇,已经算是它最闲适的生活了。

中国的牛,没有成群奔跑的习//惯,永远沉沉实实的,默默地工作,平心静气。这就是中国的牛!

节选自小思《中国的牛》

语音提示

1. 田垄 tiánlǒng
2. 朋友 péngyou
3. 狭窄 xiázhǎi
4. 阡陌 qiānmò
5. 畜生 chùsheng
6. 踟蹰 chíchú
7. 地方 dìfang
8. 下种 xiàzhǒng
9. 得 děi
10. 绕 rào
11. 石磨 shímò
12. 收成 shōucheng

作品 58 号

不管我的梦想能否成为事实,说出来总是好玩儿的:

春天,我将要住在杭州。二十年前,旧历的二月初,在西湖我看见了嫩柳与菜花,碧浪与翠竹。由我看到的那点儿春光,已经可以断定,杭州的春天必定会教[1]人整天生活在诗与图画之中。所以,春天我的家应当是在杭州。

夏天,我想青城山应当算作最理想的地方[2]。在那里,我虽然只住过十天,可是它的幽静已拴住了我的心灵。在我所看见过的山水中,只有这里没有使我失望。到处都是绿,目之所及,那片淡而光润的绿色都在轻轻地颤动[3],仿佛[4]要流入空中与心中似的[5]。这个绿色会像音乐,涤[6]清了心中的万虑。

秋天一定要住北平。天堂是什么样子,我不知道,但是从我的生活经验去判断,北平之秋便是天堂。论天气,不冷不热。论吃的,苹果、梨、柿子、枣儿、葡萄,每样都有若干种。论花草,菊花种类之多,花式之奇,可以甲天下。西山有红叶可见,北海可以划船——虽然荷花已残,荷叶可还有一片清香。衣食住行,在北平的秋天,是没有一项不使人满意的。

冬天,我还没有打好主意[7],成都或者相当的合适,虽然并不怎样和暖,可是为了水仙,素心腊梅,各色的茶花,仿佛就受一点儿寒//冷,也颇值得去了。昆明的花也多,而且天气比成都好,可是旧书铺[8]与精美而便宜[9]的小吃远不及成都那么多。好吧,就暂这么规定:冬天不住成都便住昆明吧。

在抗战中,我没能发国难[10]财。我想,抗战胜利以后,我必能阔起来。那时候,假若飞机减价,一二百元就能买一架的话,我就自备一架,择黄道吉日慢慢[11]地飞行。

节选自老舍《住的梦》

语音提示

1. 教 jiào
2. 地方 dìfang
3. 颤动 chàndòng
4. 仿佛 fǎngfú
5. 似的 shìde
6. 涤 dí
7. 主意 zhǔyi / zhúyi
8. 书铺 shūpù
9. 便宜 piányi
10. 国难 guónàn
11. 慢慢 mànmàn / mànmānr

作品 59 号

我不由得[1]停住了脚步。

从未见过开得这样盛[2]的藤萝,只见一片辉煌的淡紫色,像一条瀑布,从空中垂下,不见其发端,也不见其终极,只是深深浅浅的紫,仿佛在流动,在欢笑,在不停地生长。紫色的大条幅上,泛着点点银光,就像迸溅[3]的水花。仔细看时,才知那是每一朵紫花中的最浅淡的部分,在和阳光互相挑逗。

这里除了光彩,还有淡淡的芳香。香气似乎[4]也是浅紫色的,梦幻一般轻轻地笼罩[5]着我。忽然记起十多年前,家门外也曾有过一大株紫藤萝,它依傍[6]一株枯槐[7]爬得很高,但花朵从来都稀落,东一穗西一串伶仃[8]地挂在树梢,好像在察颜观色,试探什么。后来索性连那稀零的花串也没有了。园中别的紫藤花架也都拆掉,改种了果树。那时的说法是,花和生活腐化有什么必然关系。我曾遗憾地想：这里再看不见藤萝花了。

过了这么多年，藤萝又开花了，而且开得这样盛，这样密，紫色的瀑布遮住了粗壮的盘虬[9]卧龙般的枝干，不断地流着，流着，流向人的心底。

花和人都会遇到各种各样的不幸，但是生命的长河是无止境的。我抚摸了一下那小小的紫色的花舱，那里满装了生命的酒酿[10]，它张满了帆，在这//闪光的花的河流上航行。它是万花中的一朵，也正是由每一个一朵，组成了万花灿烂的流动的瀑布。

在这浅紫色的光辉和浅紫色的芳香中，我不觉加快了脚步。

节选自宗璞《紫藤萝瀑布》

语音提示

1. 不由得 bùyóude
2. 盛 shèng
3. 迸溅 bèngjiàn
4. 似乎 sìhū
5. 笼罩 lǒngzhào
6. 依傍 yībàng
7. 枯槐 kūhuái
8. 伶仃 língdīng
9. 盘虬 pánqiú
10. 酒酿 jiǔniàng

作品 60 号

在一次名人访问中，被问及上个世纪最重要的发明是什么时，有人说是电脑，有人说是汽车，等等。但新加坡的一位知名人士却说是冷气机。他解释，如果没有冷气，热带地区如东南亚国家，就不可能有很高的生产力，就不可能达到今天的生活水准。他的回答实事求是，有理有据。

看了上述报道，我突发奇想：为什么没有记者问："二十世纪最糟糕的发明是什么?"其实二〇〇二年十月中旬,英国的一家报纸就评出了"人类最糟糕的发明"。获此"殊荣"的,就是人们每天大量使用的塑料袋。

诞生于上个世纪三十年代的塑料袋,其家族包括用塑料制成的快餐饭盒、包装纸、餐用杯盘、饮料瓶、酸奶杯、雪糕杯等等。这些废弃物形成的垃圾,数量多、体积大、重量轻、不降解[1],给治理工作带来很多技术难题和社会问题。

比如,散落[2]在田间、路边及草丛中的塑料餐盒,一旦被牲畜[3]吞食,就会危及健康甚至导致死亡。填埋废弃塑料袋、塑料餐盒的土地,不能生长庄稼和树木,造成土地板结[4],而焚烧[5]处理这些塑料垃圾,则会释放出多种化学有毒气体,其中一种称为二噁英[6]的化合物,毒性极大。

此外,在生产塑料袋、塑料餐盒的//过程中使用的氟利昂[7],对人体免疫系统和生态环境造成的破坏也极为严重。

节选自林光如《最糟糕的发明》

语音提示

1. 降解 jiàngjiě
2. 散落 sànluò
3. 牲畜 shēngchù
4. 板结 bǎnjié
5. 焚烧 fénshāo
6. 二噁英 èr'è yīng
7. 氟利昂 fúlì'áng

第五章 普通话水平测试用说话题目

说　明

1. 30则话题供普通话水平测试第四项——命题说话测试使用。

2. 30则话题仅是对话题范围的规定,并不规定话题的具体内容。

1. 我的愿望（或理想）
2. 我的学习生活
3. 我尊敬的人
4. 我喜爱的动物（或植物）
5. 童年的记忆
6. 我喜爱的职业
7. 难忘的旅行
8. 我的朋友
9. 我喜爱的文学（或其他）艺术形式
10. 谈谈卫生与健康
11. 我的业余生活
12. 我喜欢的季节（或天气）
13. 学习普通话的体会
14. 谈谈服饰

15. 我的假日生活
16. 我的成长之路
17. 谈谈科技发展与社会生活
18. 我知道的风俗
19. 我和体育
20. 我的家乡(或熟悉的地方)
21. 谈谈美食
22. 我喜欢的节日
23. 我所在的集体(学校、机关、公司等)
24. 谈谈社会公德(或职业道德)
25. 谈谈个人修养
26. 我喜欢的明星(或其他知名人士)
27. 我喜爱的书刊
28. 谈谈对环境保护的认识
29. 我向往的地方
30. 购物(消费)的感受

第六章 计算机辅助普通话水平测试

第一节 计算机辅助普通话水平测试指导

一、测试简介

计算机辅助普通话水平测试指通过计算机语音识别系统,部分代替人工评测,对普通话水平测试中应试人朗读的1~3题的语音标准程度进行辨识的评测过程。应试人通过计算机使用《国家普通话水平智能测试系统》完成普通话水平测试,前三题分数由计算机自动评测,第四题分数由测试员通过互联网根据录音评测,最终由计算机合成应试人的成绩。

计算机辅助普通话水平测试是国家语言文字应用"十五"重点课题项目,2006年1月,该项目通过了国家语委科研规划领导小组的鉴定。当年,教育部语用司批准在13个省市开展计算机辅助普通话水平测试试点,2009年计算机辅助普通话水平测试工作在全国铺开。河北省的计算机辅助普通话水平测试试点工作开始于2007年,2010年在全省范围内推广应用。

二、注意事项

应试人参加计算机辅助普通话水平测试,相对于传统的人工测试而言,在操作流程和测试环境等方面有很大区别,须注意以下事项。

(一)熟记考试信息。应试人拿到准考证后,必须熟记准考证上的考试日期、报到时间和地点等信息。

(二)携带有效证件。身份证(或其他有效证件)和准考证是应试人参加测试以及考务管理人员用以核对考生身份的依据,应试人参加测试时必须随身携带。

(三)正确操作计算机。应试人在测试前应详细阅读计算机辅助普通话水平测试应试指南和考场规则。待开始测试时,需正确佩戴耳机,并通过耳机中的指令逐步完成登录、确认个人信息、试音、测试等程序。开始测试后,不要做任何与考试无关的操作,不要说任何与考试内容无关的话,否则会干扰计算机评测,影响测试成绩。

(四)保持适中音量。应试人在试音时,要保持适中音量(计算机屏幕上音量显示绿色标记范围内),从试音成功到测试结束保持音量基本一致,否则,有可能导致测试失败。

(五)使用适当语速。应试人在整个测试过程中语速应保持适中,努力做到使每个字的读音都清晰准确,不要太快,也不要太慢。其中第一题和第二题的语速相对于后两个题而言要稍微慢些,对于第一题的每个音节要读准确,不要连读,第二题要保证把每个词语作为完整单位读出来,不要将词语读断。第三题和第四题不同于前两个题,除了吐字发音标准规范的要求外,还要注意整体的流畅自然。

（六）注意测试时限。普通话水平测试的四个题都有时间要求，前三题分别超时或第四题说话时间不足 3 分钟都要扣分。应试人在计算机的屏幕上会看到时间的进度，要保证在规定的时间内完成。每题读完后，点击屏幕右下角的"下一题"按钮，进入下一题的测试，不必等待。

（七）妥善处理误读。应试人在读第一、二题时，如果发现某个音节读错了，允许及时纠正一次；但在朗读过程中如果仅是某个音节读错了，最好不要回读音节所在的整个句子，不然会因为回读影响流畅度。一个音节错误仅扣 0.1 分，但流畅度最少要扣 0.5 分。

（八）异常情况处理。在测试过程中，应试人如遇到个人信息有误、计算机死机等无法继续测试的异常情况，千万不要慌乱，更不要随意开关计算机、拔插耳机，要及时举手示意，请考务人员帮助处理。

（九）说话内容切题。计算机只评判应试人前三题成绩，第四题由测试员人工评测。应试人说话内容如有离题、雷同（背稿子或读稿子）问题，将酌情扣分；若发现应试人用数数、读秒、列举同学或动植物名称等无效话语来应对说话考试，也将酌情扣分。

三、应试指南

在参加测试前，请仔细阅读本"应试指南"，了解"计算机辅助普通话水平测试系统"的操作程序。

（一）佩戴耳机（如图示）

1. 请您就座后戴上耳机（麦克风戴在左耳），并将话筒置于口腔前方。

2. 戴好耳机后请点击"下一步"按钮。

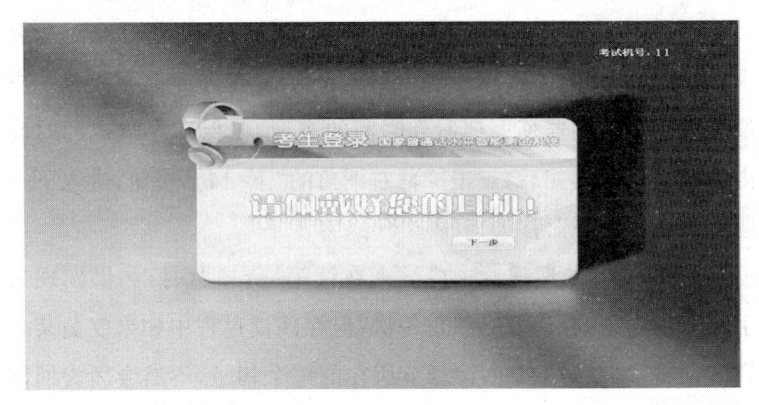

(二)考生登录(如图示)

1. 输入您的准考证编号。

2. 单击"进入"按钮继续。

3. 如果输入有误,单击"修改"按钮重新输入。

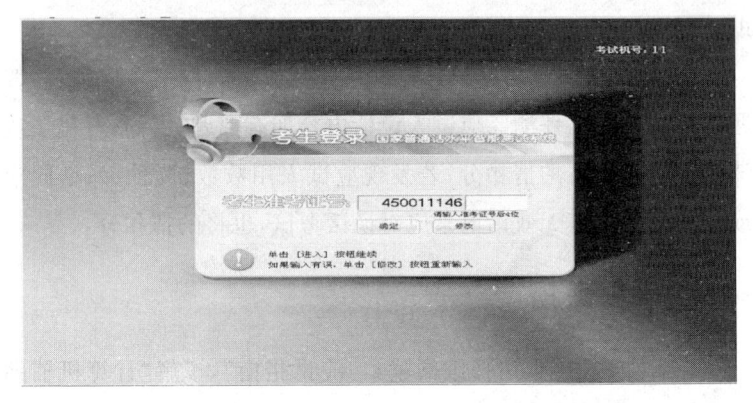

(三)核对信息(如图示)

1. 请仔细核对您的个人信息。

2. 如信息无误,单击"确认"按钮继续。

3. 如准考证编号有误,请单击"返回"按钮重新登录。

4. 如其他信息有误，请索要并填写"信息更正单"，交主考老师备案，然后单击"确认"按钮继续。

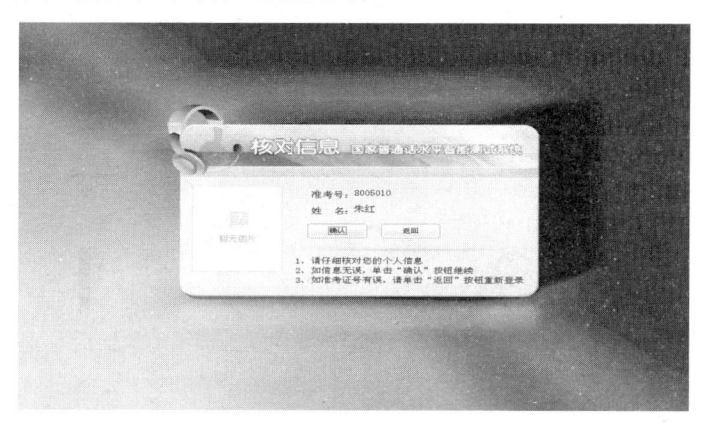

（四）确认试卷（如图示）

1. 考生该步骤不需操作，直接点击"确认"按钮继续。

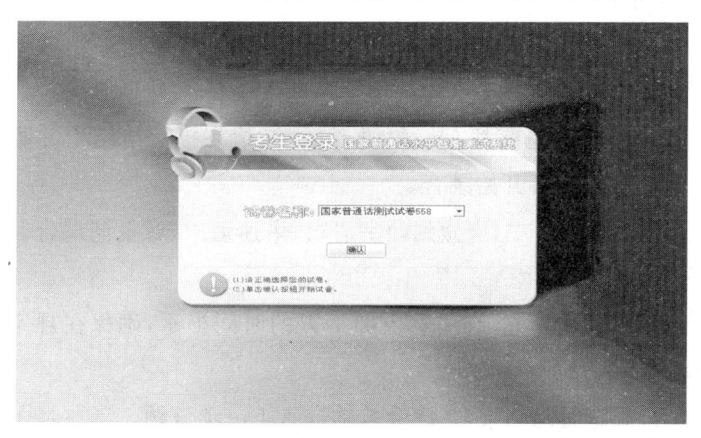

（五）自动试音（如图示）

1. 请在提示语结束并听到"嘟"的一声后，用正常说话的音量朗读主屏中的个人测试信息。

2. 本系统会自动调节，以适应您的音量，您不用做任何操作。

3. 试音结束,系统会弹出提示试音结束的对话框。

4. 点击对话框中的"确认"按钮,进入正式测试程序。

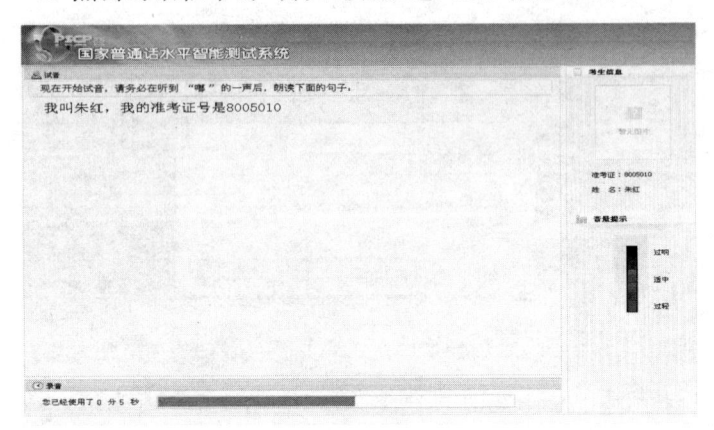

（六）开始考试

提示：

1. 普通话水平测试共有 4 项题目,系统会依次显示各项内容,您只需根据屏幕显示的试题内容进行录音。

2. 每项试题前都有一段语音提示,请在提示语结束并听到"嘟"的一声后,再开始录音。

3. 录音过程中,应做到吐字清晰,语速适中,音量同试音时保持一致。

4. 录音过程中,请注意主屏下方的时间提示,确保在规定的时间内完成每项考试。

5. 规定时间结束,系统会自动进入下一项试题。

6. 如某项试题时间有余,单击屏幕右下角的"下一题"按钮,可进入下一项试题。

特别提示：

1. 考试过程中,考生不要说试卷以外的任何内容,以免影响考试成绩。

2. 如有疑问,请举手示意,工作人员会及时前来解答。

第一题　读单音节字词(如图示)

1. 请在提示语结束并听到"嘟"的一声后,再开始录音。

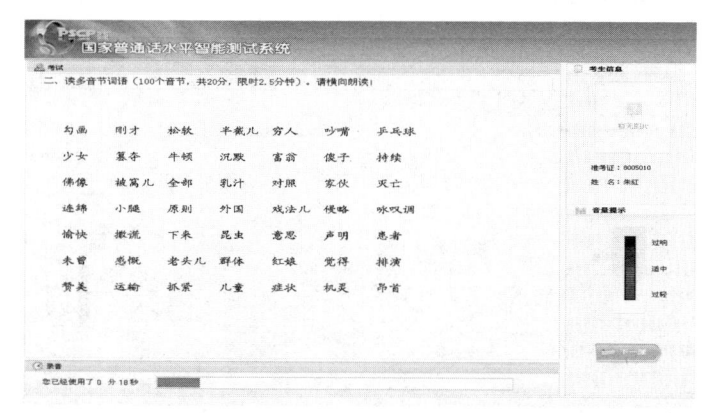

2. 如该项试题时间有余,单击屏幕右下角的"下一题"按钮,可进入下一项试题。

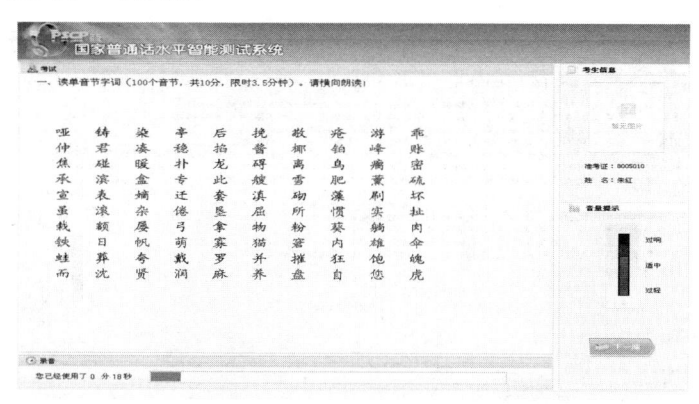

第二题　读多音节词语(如图示)

1. 请在提示语结束并听到"嘟"的一声后,再开始录音。

2. 如该项试题时间有余,单击屏幕右下角的"下一题"按钮,可进入下一项试题。

第三题　朗读短文(如图示)

1. 请在提示语结束并听到"嘟"的一声后,再开始录音。

2. 如该项试题时间有余,单击屏幕右下角的"下一题"按钮,可进入下一项试题。

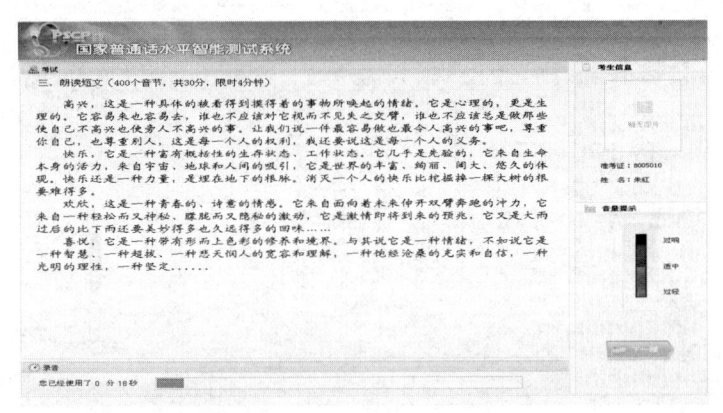

第四题　命题说话(如图示)

1. 请在提示语结束并听到"嘟"的一声后,再开始录音。

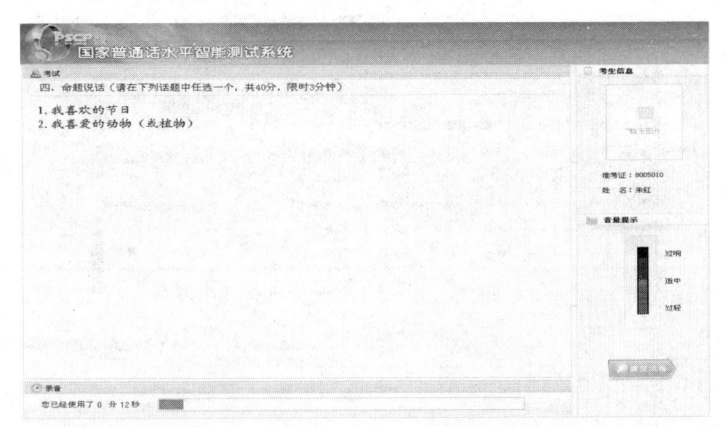

2. 录音开始时,请读出所选话题名称。如:我说的话题是"我尊敬的人"。

3. 本题必须说满3分钟(请按主屏下方的时间提示条把握时间)。

4. 说话结束后,单击屏幕右下角的"提交试卷"按钮,便可结束考试;说满3分钟后,系统也会自动提交试卷。

(七)结束考试(如图示)

1. 提交试卷后,系统会自动弹出如下提示框,表示您已成功结束本次考试。

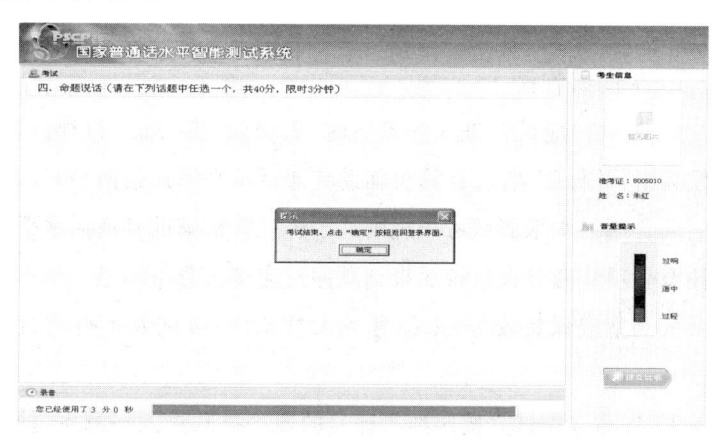

2. 请单击屏幕中央的"确定"按钮,结束整个考试程序。

3. 请摘下耳机放在桌上,然后离开试场。

第二节 考场规则与评分细则

一、考场规则

2009年7月,河北省语言文字培训测试中心出台了《计算机辅助普通话水平测试考场规则》,规范了计算机辅助普通话水平测试操作,保证了测试工作的科学性和严肃性。

计算机辅助普通话水平测试考场规则

（一）应试人须携带《准考证》和身份证,双证齐全,否则不予测试。

（二）应试人必须在《准考证》规定的候测时间报到,迟到30分钟以上者,取消测试资格,测试费不予退还。

（三）测试流程:

1. 报到。应试人进入候测室时,需交验《准考证》和身份证,等候编组,并仔细阅读《计算机辅助普通话水平测试指南》和《计算机辅助普通话水平测试考场规则》,了解计算机辅助普通话水平测试注意事项。考务人员按照报到顺序对应试人分组编号。

候测室应保持安静,未经考务人员允许,应试人不得擅自离开。

2. 备测。应试人按照准考证号的顺序排队进入备测室,抽取座位号对号入座。其座位号、试卷号与机位号相一致。每个座位前准备一份试卷,应试人不得在试卷上做任何标记,不得与他人交谈,备测时间为10分钟。

3. 测试。应试人在考务人员的引导下排队进入测试室(考场),按抽取的机位号入座,并按照计算机辅助测试系统提示的要求进行操作和测试。测试时应关闭通讯工具,不得携带任何资料。

（四）应试人在测试过程中如有问题询问,向考务人员举手示意,不得大声喧哗。

（五）测试结束，经考务人员准许后，方可轻轻离开考场。

（六）应试人员如出现评测失败，由测试工作人员安排重测。

（七）应试人违反考场规则，取消本次测试成绩；发现替考等作弊行为，应试人和代考人一年内不准测试，情节严重的提请其所在单位给予处理。

二、评分细则

2009年，为加强对计算机辅助普通话水平测试工作的管理，进一步提高测试质量，河北省语言文字工作委员会根据教育部语用司《计算机辅助普通话水平测试评分试行办法》（教语用司函〔2009〕5号）和《河北省实施〈普通话水平测试大纲〉细则》（冀语〔2004〕9号），结合计算机辅助普通话水平测试实际，制定了《河北省实施〈计算机辅助普通话水平测试评分试行办法〉细则》。

河北省实施《计算机辅助普通话水平测试评分试行办法》细则

根据教育部语用司印发的《计算机辅助普通话水平测试评分试行办法》（教语用司函〔2009〕5号）和《河北省实施〈普通话水平测试大纲〉细则》（冀语〔2004〕9号），结合"计算机辅助普通话水平测试系统"（以下简称"辅测系统"）的要求，制定本实施细则。

一、评分方法

（一）"辅测系统"评定分数。普通话水平测试的"读单音节字词"、"读多音节词语"、"朗读短文"三项内容，由国家语言文字工作部门认定的"辅测系统"评分。

（二）人工评定分数。第四项"命题说话"项由2名普通话水平测试员人工评分。

二、人工评分操作办法

（一）登录"辅测系统"。测试员通过手机短信接受测试机构分配的测试任务（也可直接登录"辅测系统"，在系统里接受任务），然后通过 http://hb.cltt.org 登录"辅测系统"，登录"账号"为本人的《河北省普通话水平测试员上岗资格证书》编号后六位数字，初始密码均为111111，测试员登录系统后，在"修改密码"菜单中重新设定自己的密码。

（二）评分程序。测试员登录"辅测系统"后，看到测试机构分配的评测任务，点击"处理"下面的"评分"按钮，进入评分页面；点击每个应试人录音后面的"打分"按钮，"辅测系统"开始播放应试人"命题说话"项的录音，测试员则开始根据录音在"河北省计算机辅助普通话水平测试'命题说话'项评分表"上做评分记录，并将每小项的扣分分值填入"辅测系统"中相应位置。将一个应试人员的录音评分完成后，点击"评测任务完成"，从而完成了一个应试人的评分任务。依此类推。

（三）评分标准。

1. 语音标准程度，共25分。分六档：

一档：语音标准，或极少有失误。扣0分、1分、2分。

二档：语音错误在10次以下，有方音但不明显。扣3分、4分。

三档：语音错误在10次以下，但方音比较明显；或语音错误在10次—15次之间，有方音但不明显。扣5分、6分。

四档:语音错误在 10 次—15 次之间,方音比较明显。扣 7 分、8 分。

五档:语音错误超过 15 次,方音明显。扣 9 分、10 分、11 分。

六档:语音错误多,方音重。扣 12 分、13 分、14 分。

2. 词汇语法规范程度,共 10 分。分三档:

一档:词汇、语法规范。扣 0 分。

二档:词汇、语法偶有不规范的情况。扣 1 分、2 分。

三档:词汇、语法屡有不规范的情况。扣 3 分、4 分。

3. 自然流畅程度,共 5 分。分三档:

一档:语言自然流畅,扣 0 分。

二档:语言基本流畅,口语化较差,有背稿子的表现。扣 0.5 分、1 分。

三档:语言不连贯,语调生硬。扣 2 分、3 分。

4. 说话不足 3 分钟,酌情扣分:缺时 1 分钟以内(含 1 分钟),扣 1 分、2 分、3 分;缺时 1 分钟以上,扣 4 分、5 分、6 分;说话不满 30 秒(含 30 秒),本测试项成绩计为 0 分。

5. 离题、内容雷同,视程度扣 4 分、5 分、6 分。

6. 无效话语,累计占时酌情扣分:累计占时 1 分钟以内(含 1 分钟),扣 1 分、2 分、3 分;累计占时 1 分钟以上,扣 4 分、5 分、6 分;有效话语不满 30 秒(含 30 秒),本测试项成绩计为 0 分。

三、本细则由河北省语言文字培训测试中心负责解释。

附录一 中华人民共和国国家通用语言文字法

(2000年10月31日第九届全国人民代表大会常务委员会第十八次会议通过,2000年10月31日中华人民共和国主席令第37号,自2001年1月1日起施行)

第一章 总则

第一条 为推动国家通用语言文字的规范化、标准化及其健康发展,使国家通用语言文字在社会生活中更好地发挥作用,促进各民族、各地区经济文化交流,根据宪法,制定本法。

第二条 本法所称的国家通用语言文字是普通话和规范汉字。

第三条 国家推广普通话,推行规范汉字。

第四条 公民有学习和使用国家通用语言文字的权利。

国家为公民学习和使用国家通用语言文字提供条件。

地方各级人民政府及其有关部门应当采取措施,推广普通话和推行规范汉字。

第五条 国家通用语言文字的使用应当有利于维护国家主权和民族尊严,有利于国家统一和民族团结,有利于社会主义物质文明建设和精神文明建设。

第六条 国家颁布国家通用语言文字的规范和标准,管理国家通用语言文字的社会应用,支持国家通用语言文字的教学和科学研究,促进国家通用语言文字的规范、丰富和发展。

第七条　国家奖励为国家通用语言文字事业做出突出贡献的组织和个人。

第八条　各民族都有使用和发展自己的语言文字的自由。

少数民族语言文字的使用依据宪法、民族区域自治法及其他法律的有关规定。

第二章　国家通用语言文字的使用

第九条　国家机关以普通话和规范汉字为公务用语用字。法律另有规定的除外。

第十条　学校及其他教育机构以普通话和规范汉字为基本的教育教学用语用字。法律另有规定的除外。

学校及其他教育机构通过汉语文课程教授普通话和规范汉字。使用的汉语文教材,应当符合国家通用语言文字的规范和标准。

第十一条　汉语文出版物应当符合国家通用语言文字的规范和标准。

汉语文出版物中需要使用外国语言文字的,应当用国家通用语言文字作必要的注释。

第十二条　广播电台、电视台以普通话为基本的播音用语。

需要使用外国语言为播音用语的,须经国务院广播电视部门批准。

第十三条　公共服务行业以规范汉字为基本的服务用字。因公共服务需要,招牌、广告、告示、标志牌等使用外国文字并同时使用中文的,应当使用规范汉字。

提倡公共服务行业以普通话为服务用语。

第十四条　下列情形、应当以国家通用语言文字为基本的用语用字:

(一)广播、电影、电视用语用字;

(二)公共场所的设施用字;

(三)招牌、广告用字;

(四)企业事业组织名称;

(五)在境内销售的商品的包装、说明。

第十五条　信息处理和信息技术产品中使用的国家通用语言文字应当符合国家的规范和标准。

第十六条　本章有关规定中,有下列情形的,可以使用方言:

(一)国家机关的工作人员执行公务时确需使用的;

(二)经国务院广播电视部门或省级广播电视部门批准的播音用语;

(三)戏曲、影视等艺术形式中需要使用的;

(四)出版、教学、研究中确需要使用的。

第十七条　本章有关规定中,有下列情形的,可以保留或使用繁体字、异体字:

(一)文物古迹;

(二)姓氏中的异体字;

(三)书法、篆刻等艺术作品;

(四)题词和招牌的手书字;

(五)出版、教学、研究中需要使用的;

(六)经国务院有关部门批准的特殊情况。

第十八条　国家通用语言文字以《汉语拼音方案》作为拼写和注音工具。

《汉语拼音方案》是中国人名、地名和中文文献罗马字母拼写法的统一规范，并用于汉字不便或不能使用的领域。

初等教育应当进行汉语拼音教学。

第十九条　凡以普通话作为工作语言的岗位，其工作人员应当具备说普通话的能力。

以普通话作为工作语言的播音员、节目主持人和影视话剧演员、教师、国家机关工作人员的普通话水平，应当分别达到国家规定的等级标准；对尚未达到国家规定的普通话等级标准的，分别情况进行培训。

第二十条　对外汉语教学应当教授普通话和规范汉字。

第三章　管理和监督

第二十一条　国家通用语言文字工作由国务院语言文字工作部门负责规划指导、管理监督。

国务院有关部门管理本系统的国家通用语言文字的使用。

第二十二条　地方语言文字工作部门和其他有关部门，管理和监督本行政区域内的国家通用语言文字的使用。

第二十三条　县级以上各级人民政府工商行政管理部门依法对企业名称、商品名称以及广告的用语用字进行管理和监督。

第二十四条　国务院语言文字工作部门颁布普通话水平测试等级标准。

第二十五条　外国人名、地名等专有名词和科学技术术语译成国家通用语言文字，由国务院语言文字工作部门或者其他有关部门组织审定。

第二十六条 违反本法第二章有关规定,不按照国家通用语言文字的规范和标准使用语言文字的,公民可以提出批评和建议。

本法第十九条第二款规定的人员用语违反本法第二章有关规定的,有关单位应当对直接责任人员进行批评教育;拒不改正的,由有关单位作出处理。

城市公共场所的设施和招牌、广告用字违反本法第二章有关规定的,由有关行政管理部门责令改正;拒不改正的,予以警告,并督促其限期改正。

第二十七条 违反本法规定,干涉他人学习和使用国家通用语言文字的,由有关行政管理部门责令限期改正,并予以警告。

第四章 附则

第二十八条 本法自2001年1月1日起施行。

附录二 河北省实施《中华人民共和国国家通用语言文字法》办法

(2007年11月23日河北省第十届人民代表大会常务委员会第三十一次会议通过)

第一章 总则

第一条 为推广普通话和推行规范汉字,加强国家通用语言文字工作的管理和监督,更好地发挥国家通用语言文字在社会生活中的作用,根据《中华人民共和国国家通用语言文字法》等有关法律、法规,结合本省实际,制定本办法。

第二条 本省行政区域内国家通用语言文字的使用、管理和监督,适用本办法。

本办法所称的国家通用语言文字是普通话和规范汉字。

第三条 公民有学习和使用国家通用语言文字的权利。任何组织和个人不得干涉他人学习和使用国家通用语言文字。

第四条 县级以上人民政府应当将推广普通话、推行规范汉字作为社会主义精神文明建设的重要内容,对国家通用语言文字工作所需人员和经费予以保证,为公民学习和使用国家通用语言文字提供条件。

第五条 县级以上人民政府语言文字工作主管部门负责本行

政区域内国家通用语言文字工作的管理和监督。

县级以上人民政府工商行政管理部门依法对企业名称、商品名称以及广告的用语用字进行管理和监督。

县级以上人民政府其他有关行政管理部门按照各自的职责，做好国家通用语言文字的相关工作。

第六条　乡（镇）人民政府和街道办事处负责做好本区域内国家通用语言文字的相关工作。

第七条　广播、电视、报刊、网络等新闻媒体应当经常进行国家通用语言文字的宣传教育，适时发布相关公益广告，增强公民学习和使用国家通用语言文字的意识。

每年9月为本省推广普通话和推行规范汉字宣传月。

第八条　县级以上人民政府及其有关部门对在国家通用语言文字工作中做出突出贡献的组织和个人，应当予以表彰、奖励。

第二章　国家通用语言文字的使用

第九条　下列情形，应当以普通话为基本用语：

（一）国家机关、社会团体、企业事业单位的公务活动用语；

（二）幼儿园、学校及其他教育机构的教育教学和校园用语；

（三）广播电台和电视台的播音、主持、采访用语，电影、电视剧和话剧的用语，汉语文音像制品和有声电子出版物的用语；

（四）公共服务行业直接面向公众的服务用语；

（五）各类会议、展览及其他大型群体性活动的工作用语。

第十条　1954年1月1日以后出生的下列人员的普通话水平，应当根据国家行业主管部门的规定，分别达到以下等级标准：

（一）国家机关、社会团体、事业单位工作人员为三级甲等以

上,其中省、设区的市、市辖区的国家机关、社会团体、事业单位工作人员为二级乙等以上;

(二)幼儿园、学校及其他教育机构的工作人员为三级甲等以上,其中教师及管理人员为二级乙等以上,汉语文教师为二级甲等以上,语音教师为一级乙等以上;

(三)高等学校、中等职业学校的学生为二级乙等以上,其中中文、外语、文艺、传媒、旅游等与口语表达密切相关专业的学生为二级甲等以上;

(四)广播电台和电视台的播音员、节目主持人及影视话剧演员为一级乙等以上,其中省级广播电台和电视台的播音员、节目主持人为一级甲等;

(五)公共服务行业的广播员、解说员、话务员、导游员等特殊岗位人员为二级甲等以上,其他直接面向公众服务的工作人员为三级甲等以上。

前款规定的人员经普通话水平测试尚未达到相应等级标准的,应当分别情况对其进行培训。

第一款第(一)、(二)、(四)、(五)项规定的岗位,新录用、聘用的工作人员,应当达到相应的普通话等级水平。

第十一条 下列情形,应当以规范汉字为基本用字:

(一)国家机关、社会团体、企业事业单位的名称、公文、公务印章和公务用名片的用字;

(二)幼儿园、学校及其他教育机构的教育教学用字;

(三)各类广告、告示、标志牌、指示牌、名称牌、标语牌、招牌、会标的用字;

(四)报纸、期刊、图书、音像制品等印刷、电子出版物的用字;

（五）影视屏幕和网站用字；

（六）在境内销售的商品的包装、说明用字；

（七）地名、公共设施的名称用字；

（八）公共服务行业的服务用字。

前款第（三）、（七）项规定的用字，需要使用外国文字标注的，其地名、专名和通名部分应当使用汉语拼音拼写。

第十二条　本省行政区域内确需使用方言或者保留、使用繁体字和异体字的，应当符合《中华人民共和国国家通用语言文字法》的有关规定。

招牌中含有手书繁体字、异体字的，应当在明显位置配放规范汉字的招牌。

第十三条　汉语文出版物、国家机关公文应当符合国家关于普通话、规范汉字、汉语拼音、标点符号、数字用法的规范和标准。

第十四条　使用标点符号和汉语拼音，应当符合国家《标点符号用法》、《汉语拼音方案》和《汉语拼音正词法基本规则》的规定。

第十五条　国家机关工作人员、教师、高等学校和中等职业学校的学生、编辑、记者、中文字幕制作人员、校对人员及誊印、印章、牌匾、广告制作业文案工作人员的汉字应用水平，应当达到国家规定的等级标准。

第十六条　县级以上人民政府语言文字工作主管部门负责国家通用语言文字培训测试工作的组织协调和指导监督。

省人民政府语言文字工作主管部门负责核发普通话水平等级证书和汉字应用水平等级证书。

语言文字培训测试机构具体负责组织实施国家通用语言文字

的培训测试工作,有关单位应当予以配合。

第三章 管理和监督

第十七条 县级以上人民政府语言文字工作主管部门应当开展城市语言文字评估工作,重点评估国家机关、学校、大众传媒、主要公共服务行业运用国家通用语言文字的基本状况。评估结果以适当方式公布。

第十八条 县级以上人民政府语言文字工作主管部门应当建立监测工作网络,对各类媒体、公共场所用语用字进行监测,监测结果应当向社会公布。

第十九条 公民对不按照国家通用语言文字的规范和标准使用语言文字的,可以提出批评和建议,并有权向语言文字工作主管部门或者其他有关部门举报,接到举报的部门应当进行调查处理,并及时予以答复。

第二十条 县级以上人民政府语言文字工作主管部门可以聘请语言文字工作监督员。语言文字工作监督员协助语言文字工作主管部门对国家通用语言文字的使用进行监督。

语言文字工作监督员对不按照国家通用语言文字的规范和标准使用语言文字的行为,可以提出批评或者向有关部门提出处理建议。

第四章 法律责任

第二十一条 语言文字工作主管部门和其他有关行政管理部门及其工作人员不依法履行语言文字工作职责、滥用职权、徇私舞弊的,对负有责任的主管人员和其他直接责任人员依法给予行政处分。

第二十二条 国家通用语言文字测试工作人员违反测试规定的，由语言文字工作主管部门进行批评教育；弄虚作假或者索取、收受他人财物的，由其所在单位给予行政处分。

接受国家通用语言文字测试的人员违反测试规定，弄虚作假的，由语言文字工作主管部门取消其测试成绩；扰乱测试工作秩序的，由其所在单位给予行政处分。

第二十三条 违反本办法第九条、第十条规定的，由语言文字工作主管部门或者有关单位对直接责任人员进行批评教育；拒不改正的，由有关单位作出处理。

第二十四条 违反本办法第十一条规定的，由语言文字工作主管部门或者有关行政管理部门责令限期改正；逾期不改正的，予以警告。

第二十五条 违反本办法规定，干涉他人学习和使用国家通用语言文字的，由有关行政管理部门责令限期改正，并予以警告。

第五章 附则

第二十六条 本办法自 2008 年 1 月 1 日起施行。《河北省汉语言文字应用管理条例》同时废止。

附录三 普通话异读词审音表

(1985年12月修订)

说　　明

一、本表所审,主要是普通话有异读的词和有异读的作为"语素"的字。不列出多音多义字的全部读音和全部义项,与字典、词典形式不同,例如:"和"字有多种义项和读音,而本表仅列出原有异读的八条词语,分列于 hè 和 huo 两种读音之下(有多种读音,较常见的在前。下同);其余无异读的音、义均不涉及。

二、在字后注明"统读"的,表示此字不论用于任何词语中只读一音(轻声变读不受此限),本表不再举出词例。例如:"阀"字注明"fá(统读)",原表"军阀"、"学阀"、"财阀"条和原表所无的"阀门"等词均不再举。

三、在字后不注"统读"的,表示此字有几种读音,本表只审订其中有异读的词语的读音。例如"艾"字本有 ài 和 yì 两音,本表只举"自怨自艾"一词,注明此处读 yì 音;至于 ài 音及其义项,并无异读,不再赘列。

四、有些字有文白二读,本表以"文"和"语"作注。前者一般用于书面语言,用于复音词和文言成语中;后者多用于口语中的单音词及少数日常生活事物的复音词中。这种情况在必要时各举词语为例。例如:"杉"字下注"(一)shān(文):紫～、红～、水～;(二)shā(语):～篙、～木"。

五、有些字除附举词例之外,酌加简单说明,以便读者分辨。说明或按具体字义,或按"动作义"、"名物义"等区分,例如:"畜"字下注"(一)chù(名物义):～力、家～、牲～、幼～;(二)xù(动作义):～产、～牧、～养"。

六、有些字的几种读音中某音用处较窄,另音用处甚宽,则注"除××(较少的词)念乙音外,其他都念甲音",以避免列举词条繁而未尽,挂一漏万的缺点。例如:"结"字下注"除'～了个果子'、'开花～果'、'～巴'、'～实'念jiē之外,其他都念jié"。

七、由于轻声问题比较复杂,除《初稿》涉及的部分轻声词之外,本表一般不予审订,并删去部分原审的轻声词,例如"麻刀(dao)"、"容易(yi)"等。

八、本表酌增少量有异读的字或词,做了审订。

九、除因第二、六、七各条说明中所举原因而删略的词条之外,本表又删汰了部分词条。主要原因是:1.现已无异读(如"队伍"、"理会");2.罕用词语(如"俵分"、"仔密");3.方言土音(如"归里包堆〔zuī〕"、"告送〔song〕");4.不常用的文言词语(如"刍荛"、"甗甀");5.音变现象(如"胡里八涂〔tū〕"、"毛毛腾腾〔tēngtēng〕");6.重复累赘(如原表"色"字的有关词语分列达23条之多)。删汰条目不再编入。

十、人名、地名的异读审订,除原表已涉及的少量词条外,留待以后再审。

附录三 普通话异读词审音表

A

阿(一)ā
　～訇　～罗汉　～
木林　～姨
　(二)ē
　～谀　～附　～胶
　～弥陀佛
挨(一)āi
　～个　～近
　(二)ái
　～打　～说
癌 ái（统读）
霭 ǎi（统读）
蔼 ǎi（统读）
隘 ài（统读）
谙 ān（统读）
埯 ǎn（统读）
昂 áng（统读）
凹 āo（统读）
拗(一)ào
　～口
　(二)niù
　执～　脾气很～
坳 ào（统读）

B

拔 bá（统读）
把 bà
　印～子
白 bái（统读）
膀 bǎng
　翅～
蚌(一)bàng
　蛤～
　(二)bèng

　～埠
傍 bàng（统读）
磅 bàng
　过～
鲍 bāo（统读）
胞 bāo（统读）
薄(一)báo(语)
　常单用，如"纸很
　～"。
　(二)bó(文)
　多用于复音词。
　～弱　稀～　淡～
　尖嘴～舌　单～
　厚～
堡(一)bǎo
　碉～　～垒
　(二)bǔ
　～子　吴～　瓦窑
　～　柴沟～
　(三)pù
　十里～
暴(一)bào
　～露
　(二)pù
　一～（曝）十寒
爆 bào（统读）
焙 bèi（统读）
惫 bèi（统读）
背 bèi
　～脊　～静
鄙 bǐ（统读）
俾 bǐ（统读）
笔 bǐ（统读）
比 bǐ（统读）
臂(一)bì
　手～　～膀
　(二)bei
　胳～

庇 bì（统读）
髀 bì（统读）
避 bì（统读）
辟 bì
　复～
裨 bì
　～补　～益
婢 bì（统读）
痹 bì（统读）
壁 bì（统读）
蝙 biān（统读）
遍 biàn（统读）
膘(一)biāo
　黄～马
　(二)piào
　～骑　～勇
傧 bīn（统读）
缤 bīn（统读）
濒 bīn（统读）
殡 bìn（统读）
屏(一)bǐng
　～除　～弃　～气
　～息
　(二)píng
　～藩　～风
柄 bǐng（统读）
波 bō（统读）
播 bō（统读）
菠 bō（统读）
剥(一)bō(文)
　～削
　(二)bāo(语)
泊(一)bó
　淡～　飘～　停～
　(二)pō
　湖～　血～
帛 bó（统读）
勃 bó（统读）

钹 bó（统读）
伯(一)bó
　～～(bo)老～
　(二)bǎi
　大～子（丈夫的
　哥哥）
箔 bó（统读）
簸(一)bǒ
　颠～
　(二)bò
　～箕
脖 bo
　胳～
卜 bo
　萝～
醭 bú（统读）
哺 bǔ（统读）
捕 bǔ（统读）
鹁 bǔ（统读）
埠 bù（统读）

C

残 cán（统读）
惭 cán（统读）
灿 càn（统读）
藏(一)cáng
　矿～
　(二)zàng
　宝～
糙 cāo（统读）
嘈 cáo（统读）
螬 cáo（统读）
厕 cè（统读）
岑 cén（统读）
差(一)chā(文)
　不～　累黍　不～
　什么　偏～　色～

~别视 ~误~
电势~ 一念之
~ ~池 ~错言
~语错 一 ~ 二
错 阴错阳~ ~
等 ~额 ~价 ~
强人意 ~数 ~
异
(二)chà(语)
~不多 ~不离
~点儿
(三)cī
参~
猹 chá（统读）
搽 chá（统读）
闸 chǎn（统读）
羼 chàn（统读）
颤(一)chàn
~动 发~
(二)zhàn
~栗（战栗）打
~（打战）
韂 chàn（统读）
伥 chāng（统读）
场(一)chǎng
~合 ~所 冷~
捧~
(二)cháng
外~ 圩~ ~院
一~雨
(三)chang
排~
钞 chāo（统读）
巢 cháo（统读）
嘲 cháo
~讽 ~骂 ~笑
耖 chào（统读）
车(一)chē

安步当~ 杯水
~薪
闭门造~ 螳臂
当~
(二)jū
(象棋棋子名称)
晨 chén（统读）
称 chèn
~心 ~意 ~职
对~ 相~
撑 chēng（统读）
乘（动作义，念
chéng)
包~制 ~便~
风破浪 ~客 ~
势 ~兴
橙 chéng（统读）
惩 chéng（统读）
澄(一)chéng(文)
~清（如"~清混
乱"、"~清问
题"）
(二)dèng(语)
单用，如"把水
清了"。
痴 chī（统读）
吃 chī（统读）
弛 chí（统读）
褫 chǐ（统读）
尺 chǐ
~寸 ~头
豉 chǐ（统读）
侈 chǐ（统读）
炽 chì（统读）
春 chōng（统读）
冲 chòng
~床 ~模
臭(一)chòu

遗~万年
(二)xiù
乳~ 铜~
储 chǔ（统读）
处 chǔ(动作义)
~罚 ~分 ~决
~理 ~女 ~置
畜（一）chù（名物
义）
~力 家~ 牲~
幼~
(二)xù(动作义)
~产 ~牧 ~养
触 chù（统读）
搐 chù（统读）
绌 chù（统读）
黜 chù（统读）
闯 chuǎng（统读）
创（一）chuàng
草~ ~举 首~
~造 ~作
(二)chuāng
~伤 重~
绰（一）chuò
~~有余
(二)chuo
宽~
疵 cī（统读）
雌 cí（统读）
赐 cì（统读）
伺 cì
~候
枞（一）cōng
~树
(二)zōng
~阳〔地名〕
从 cóng（统读）
丛 cóng（统读）

攒 cuán
万头~动 万箭
~心
脆 cuì（统读）
撮(一)cuō
~儿 一~儿盐
一~儿匪帮
(二)zuǒ
一~儿毛
措 cuò（统读）

D

搭 dā（统读）
答(一)dá
报~ ~复
(二)dā
~理 ~应
打 dá
苏~ 一~（十二
个）
大(一)dà
~夫（古官名）
~王（如爆破~
王、钢铁~王）
(二)dài
~夫（医生）~
黄
~王（如山~王）
~城〔地名〕
呆 dāi（统读）
傣 dǎi（统读）
逮（一）dài（文）如
"~捕"。
(二)dǎi(语)单
用，
如"~蚊子"、"~
特务"。

当(一)dāng
 ～地 ～间儿
 ～年(指过去)
 ～日(指过去)
 ～天(指过去)
 ～时(指过去)
 螳臂～车
(二)dàng
 一个～ 俩安步
 ～车 适～ ～年
 (同一年) ～日
 (同一时候) ～
 天(同一天)
档 dàng（统读）
蹈 dǎo（统读）
导 dǎo（统读）
倒(一)dǎo
 颠～ 颠～是非
 颠～黑白 颠三
 ～四 倾箱～箧
 排山～海 ～板
 ～嚼 ～仓 ～嗓
 ～戈 潦～
(二)dào
 ～粪(把粪弄碎)
悼 dào（统读）
蠹 dào（统读）
凳 dèng（统读）
氐 dī（统读）
氏 dī〔古民族名〕
堤 dī（统读）
提 dī
 ～防
的 dí
 ～当 ～确
抵 dǐ（统读）
蒂 dì（统读）
缔 dì（统读）

谛 dì（统读）
点 dian
 打～（收拾、贿
 赂）
跌 diē（统读）
蝶 dié（统读）
订 dìng（统读）
都(一)dōu
 ～来了
(二)dū
 ～市 首～
 大～（大多）
堆 duī（统读）
吨 dūn（统读）
盾 dùn（统读）
多 duō（统读）
咄 duō（统读）
掇(一)duō（"拾取、
 采取"义）
(二)duo
 撺～ 掇～
裰 duō（统读）
踱 duó（统读）
度 duó
 忖～ ～德量力

E

婀 ē（统读）

F

伐 fá（统读）
阀 fá（统读）
砝 fǎ（统读）
法 fǎ（统读）
发 fà
 理～ 脱～ 结～

帆 fān（统读）
藩 fān（统读）
梵 fàn（统读）
坊(一)fāng
 牌～ ～巷
(二)fáng
 粉～ 磨～ 碾～
 染～ 油～ 谷～
妨 fáng（统读）
防 fáng（统读）
肪 fáng（统读）
沸 fèi（统读）
汾 fén（统读）
讽 fěng（统读）
肤 fū（统读）
敷 fū（统读）
俘 fú（统读）
浮 fú（统读）
服 fú
 ～毒 ～药
拂 fú（统读）
辐 fú（统读）
幅 fú（统读）
甫 fǔ（统读）
复 fù（统读）
缚 fù（统读）

G

噶 gá（统读）
冈 gāng（统读）
刚 gāng（统读）
岗 gǎng
 ～楼 ～哨 ～子
 门～ 站～ 山～
 子
港 gǎng（统读）
葛(一)gé

 ～藤 ～布 瓜～
(二)gě〔姓〕（包
 括单、复姓）
隔 gé（统读）
革 gé
 ～命 ～新 改～
合 gě（一升的十分
 之一）
给(一)gěi（语）单
 用。
(二)jǐ（文）
 补～ 供～ 供～
 制 ～予 配～ 自
 ～自足
亘 gèn（统读）
更 gēng
 五～ ～生
颈 gěng
 脖～子
供(一)gōng
 ～给 提～ ～销
(二)gòng
 口～ 翻～ 上～
佝 gōu（统读）
枸 gǒu
 ～杞
勾 gòu
 ～当
估（除"～衣"读 gù
 外，都读 gū）
骨（除"～碌"、"～
 朵"读 gū 外，都
 读 gǔ）
谷 gǔ
 ～雨
锢 gù（统读）
冠(一)guān（名物
 义）

~心病
(二)guàn(动作义)
沐猴而~ ~军
犷 guǎng(统读)
庋 guǐ(统读)
桧(一)guì[树名]
(二)huì[人名]
"秦~"。
刽 guì(统读)
聒 guō(统读)
蝈 guō(统读)
过(除姓氏读 guō外,都读 guò)

H

虾 há
~蟆
哈(一)hǎ
~达
(二)hà
~什蚂
汗 hán
可~
巷 hàng
~道
号 háo
寒~虫
和(一)hè
唱~ 附~ 曲高~寡
(二)huo
搀~ 搅~ 暖~热~ 软~
貉(一)hé(文)
一丘之~
(二)háo(语)

~绒 ~子
壑 hè(统读)
褐 hè(统读)
喝 hè
~彩 ~道 ~令
~止 呼幺~六
鹤 hè(统读)
黑 hēi(统读)
亨 hēng(统读)
横(一)héng
~肉 ~行霸道
(二)hèng
蛮~ ~财
訇 hōng(统读)
虹(一)hóng(文)
~彩 ~吸
(二)jiàng(语)
单说。
讧 hòng(统读)
囫 hú(统读)
瑚 hú(统读)
蝴 hú(统读)
桦 huà(统读)
徊 huái(统读)
踝 huái(统读)
浣 huàn(统读)
黄 huáng(统读)
荒 huang
饥~(指经济困难)
海 huì(统读)
贿 huì(统读)
会 huì
一~儿 多~儿
~厌(生理名词)
混 hùn
~合 ~乱 ~凝土 ~淆 ~血儿

~杂
蠖 huò(统读)
霍 huò(统读)
豁 huò
~亮
获 huò(统读)

J

羁 jī(统读)
击 jī(统读)
奇 jī
~数
赍 jī(统读)
缉(一)jī
通~ 侦~
(二)qī
~鞋口
几 jī
茶~ 条~
圾 jī(统读)
戢 jí(统读)
疾 jí(统读)
汲 jí(统续)
棘 jí(统读)
藉 jí
狼~(籍)
嫉 jí(统读)
脊 jí(统读)
纪(一)jì[姓]
(二)jì
~念 ~律 纲~~元
偈 jì
~语
绩 jì(统读)
迹 jì(统读)
寂 jì(统读)

箕 jī
簸~
辑 jí
逻~
茄 jiā
雪~
夹 jiā
~带 藏~ 披~道
儿~攻~棍~生~杂~竹桃~注
浃 jiā(统读)
甲 jiǎ(统读)
歼 jiān(统读)
鞯 jiān(统读)
间(一)jiān
~不容发 中~
(二)jiàn
中~儿 ~道 ~谍 ~断 ~或 ~接 ~距 ~隙 ~续 ~阻 ~作挑拨离~
趼 jiǎn(统读)
俭 jiǎn(统读)
缰 jiāng(统读)
膙 jiǎng(统读)
嚼(一)jiáo(语)
味同~蜡
咬文~字
(二)jué(文)
咀~ 过屠门而大~
(三)jiào
倒~(倒嚼)
侥 jiǎo
~幸
角(一)jiǎo

八～（大茴香）
～落 独～戏～
膜 ～度 ～儿（犄
～）～楼 勾心斗
～ 号～ 口～（嘴
～）鹿～菜 头
（二）jué
～斗 ～儿（脚
色）口～（吵嘴）
主～儿 配～儿
～力 捧～儿
脚（一）jiǎo
根～
（二）jué
～儿（也作"角
儿"，脚色）
剿（一）jiǎo
围～
（二）chāo
～说 ～袭
校 jiào
～勘 ～样 ～正
较 jiào（统读）
酵 jiào（统读）
嗟 jiē（统读）
疖 jiē（统读）
结（除"～了个果
子"、"开花
果"、"～巴"、"～
实"念 jiē 之外，
其他都念 jié）
睫 jié（统读）
芥（一）jiè
～菜（一般的芥
菜）～末
（二）gài
～菜（也作"盖
菜"）～蓝菜

矜 jīn
～持 自～ ～怜
仅 jǐn
～～ 绝无～有
谨 jǐn（统读）
觐 jìn（统读）
浸 jìn（统读）
斤 jin
千～（起重的工
具）
茎 jīng（统读）
粳 jīng（统读）
鲸 jīng（统读）
境 jìng（统读）
痉 jìng（统读）
劲 jìng
刚～
窘 jiǒng（统读）
究 jiū（统读）
纠 jiū（统读）
鞠 jū（统读）
鞫 jū（统读）
掬 jū（统读）
苴 jū（统读）
咀 jǔ
～嚼
矩（一）jǔ
～形
（二）ju
规～
俱 jù（统读）
龟 jūn
～裂（也作"皲
裂"）
菌（一）jūn
细～ 病～ 杆～
霉～
（二）jùn

香～ ～子
俊 jùn（统读）

K

卡（一）kǎ
～宾枪 ～车 ～
介苗 ～片 ～通
（二）qiǎ
～子 关～
揩 kāi（统读）
慨 kǎi（统读）
忾 kài（统读）
勘 kān（统读）
看 kān
～管 ～护 ～守
慷 kāng（统读）
拷 kǎo
坷 kē
～拉（垃）
疴 kē（统读）
壳（一）ké（语）
～儿 贝～儿 脑
～ 驳～枪
（二）qiào（文）
地～ 甲～ 躯～
可（一）kě
～～儿的
（二）kè
～汗
恪 kè（统读）
刻 kè（统读）
克 kè
～扣
空（一）kōng
～心砖 ～城计
（二）kòng
～心吃药

眍 kōu（统读）
矻 kū（统读）
酷 kù（统读）
框 kuàng（统读）
矿 kuàng（统读）
傀 kuǐ（统读）
溃（一）kuì
～烂
（二）huì
～脓
篑 kuì（统读）
括 kuò（统读）

L

垃 lā（统读）
邋 lā（统读）
阑 lǎn（统读）
缆 lǎn（统读）
蓝 lan
苤～
琅 láng（统读）
捞 lāo（统读）
劳 láo（统读）
醪 láo（统读）
烙（一）lào
～印 ～铁 ～饼
（二）luò
炮～（古酷刑）
勒（一）lè（文）
～逼 ～令 ～派
～索 悬崖～马
（二）lēi（语）多单
用。
擂（除"～台"、"打
～"读 lèi 外，都
读 léi）
礌 léi（统读）

羸 léi（统读）
蕾 lěi（统读）
累（一）lèi
（辛劳义，如"受
～"〔受劳～〕）
（二）léi
（如"～赘"）
（三）lěi
（牵连义，如"带
～"、"～及"、"连
～"、"赔～"、
"牵～"、"受～"
〔受牵～〕）
蠡（一）lí
管窥～测
（二）lǐ
～县 范～
喱 lí（统读）
连 lián（统读）
敛 liǎn（统读）
恋 liàn（统读）
量（一）liàng
～入为出 忖～
（二）liang
打～ 掂～
踉 liàng
～跄
撩 liáo
～草～倒
劣 liè（统读）
捩 liè（统读）
趔 liè（统读）
拎 līn（统读）
遴 lín（统读）
淋（一）lín
～浴～漓～巴
（二）lìn
～硝～盐～病

蛉 líng（统读）
榴 liú（统读）
馏（一）liú（文）如
"干～"、"蒸～"。
（二）liù（语）如
"～馒头"。
馏 liú
～金
碌 liù
～碡
笼（一）lóng（名物
义）
～子 牢～
（二）lǒng（动作
义）
～络～括～统
～罩
偻（一）lóu
佝～
（二）lǚ
伛～
瞜 lou
眍～
房 lǚ（统读）
捋 lǚ
露（一）lù（文）
赤身～体 ～天
～骨 ～头角 藏
头～尾 抛头～
面 ～头（矿）
（二）lòu（语）
～富 ～苗 ～光
～相 ～马脚
头
橹 lǔ（统读）
捋（一）lǚ
～胡子
（二）luō

～袖子
绿（一）lǜ（语）
（二）lù（文）
～林 鸭～江
李 luán（统读）
孪 luán（统读）
掠 lüè（统读）
囵 lún（统读）
络 luò
～腮胡子
落（一）luò（文）
～膘 ～花生
～魄 涨～～槽
着～
（二）lào（语）
～架 ～色 ～炕
～枕 ～儿 ～子
（一种曲艺）
（三）là（语），遗
落义。
丢三～四 ～在
后面

M

脉（除"～～"念
mòmò 外，一律
念 mài）
漫 màn（统读）
蔓（一）màn（文）
～延 不～不支
（二）wàn（语）
瓜～ 压～
牤 māng（统读）
氓 máng
流～
芒 máng（统读）
铆 mǎo（统读）

瑁 mào（统读）
虻 méng（统读）
盟 méng（统读）
祢 mí（统读）
眯（一）mí
～了眼（灰尘等
入目，也作"迷"）
（二）mī
～了一会儿（小
睡）～缝着眼
（微微合目）
靡（一）mí
～费
（二）mǐ
风～ 委～ 披～
秘（除"～鲁"读 bì
外，都读 mì）
泌（一）mì（语）
分～
（二）bì（文）
～阳〔地名〕
娩 miǎn（统读）
缈 miǎo（统读）
皿 mǐn（统读）
闽 mǐn（统读）
茗 míng（统读）
酩 mǐng（统读）
谬 miù（统读）
摸 mō（统读）
模（一）mó
～范 ～式 ～型
～糊 ～特儿 ～
棱两可
（二）mú
～子 ～具 ～样
膜 mó（统读）
摩 mó
按～ 抚～

嬷 mó（统读）
墨 mò（统读）
糖 mò（统读）
沫 mò（统读）
缪 móu
　绸～

N

难（一）nán
　困～（或变轻声）
　～兄～弟（难得的兄弟，现多用作贬义）
（二）nàn
　排～ 解纷发～
　刁～ 责～ ～兄～弟（共患难或同受苦难的人）
蝻 nǎn（统读）
蛲 náo（统读）
讷 nè（统读）
馁 něi（统读）
嫩 nèn（统读）
恁 nèn（统读）
妮 nī（统读）
拈 niān（统读）
鲇 nián（统读）
酿 niàng（统读）
尿（一）niào
　糖～症
（二）suī（只用于口语名词）
　尿(niào)～ ～脬
嗫 niè（统读）
宁（一）níng
　安～
（二）nìng

～可 无～〔姓〕
忸 niǔ（统读）
脓 nóng（统读）
弄（一）nòng
　玩～
（二）lòng
　～堂
暖 nuǎn（统读）
衄 nǜ（统读）
疟（一）nüè（文）
　～疾
（二）yào（语）
　发～子
娜（一）nuó
　婀～ 袅～
（二）nà
　（人名）

O

殴 ōu（统读）
呕 ǒu（统读）

P

杷 pá（统读）
琶 pá（统读）
牌 pái（统读）
排 pǎi
　～子车
迫 pǎi
　～击炮
湃 pài（统读）
爿 pán（统读）
胖 pán
　心广体～（～为安舒貌）
蹒 pán（统读）

畔 pàn（统读）
乓 pāng（统读）
滂 pāng（统读）
脬 pāo（统读）
胚 pēi（统读）
喷（一）pēn
　～嚏
（二）pèn
　～香
（三）pen
　嚏～
澎 péng（统读）
坯 pī（统读）
披 pī（统读）
匹 pǐ（统读）
僻 pì（统读）
譬 pì（统读）
片（一）piàn
　～子 唱～ 画～ 相～ 影～ ～儿会
（二）piān（口语一部分词）
　～子 ～儿 唱～儿 画～儿 相～儿 影～儿
剽 piāo（统读）
缥 piāo
　～缈（飘渺）
撇 piē
　～弃
聘 pìn（统读）
乒 pīng（统读）
颇 pō（统读）
剖 pōu（统读）
仆（一）pū
　前～后继
（二）pú

～从
扑 pū（统读）
朴（一）pǔ
　俭～ ～素 ～质
（二）pō
　～刀
（三）pò
　～硝 厚～
镤 pǔ（统读）
瀑 pù
　～布
曝（一）pù
　一～十寒
（二）bào
　～光（摄影术语）

Q

栖 qī
　两～
戚 qī（统读）
漆 qī（统读）
期 qī（统读）
蹊 qī
　～跷
蛴 qí（统读）
畦 qí（统读）
萁 qí（统读）
骑 qí（统读）
企 qǐ（统读）
绮 qǐ（统读）
杞 qǐ（统读）
械 qì（统读）
洽 qià（统读）
签 qiān（统读）
潜 qián（统读）
荨（一）qián（文）
　～麻

(二)xún(语)
~麻疹
嵌 qiàn（统读）
欠 qian
　打哈~
戕 qiāng（统读）
锵 qiāng
　~水
强(一)qiáng
　~渡 ~取豪夺
　~制 博闻~识
(二)qiǎng
　勉~ 牵~ ~词
　夺理 ~迫 ~颜
为笑
(三)jiàng
　倔~
襁 qiǎng（统读）
跄 qiàng（统读）
悄(一)qiāo
　~~儿的
(二)qiǎo
　~默声儿的
橇 qiāo（统读）
翘(一)qiào(语)
　~尾巴
(二)qiáo(文)
　~首 ~楚 连~
怯 qiè（统读）
挈 qiè（统读）
趄 qie
　趔~
侵 qīn （统读）
衾 qīn （统读）
嗪 qín （统读）
倾 qīng（统读）
亲 qìng
　~家

穹 qióng（统读）
赳 qū（统读）
曲(麯)qū
　大~ 红~ 神~
渠 qú（统读）
瞿 qú（统读）
蠼 qú（统读）
苣 qǔ
　~荬菜
龋 qǔ（统读）
趣 qù（统读）
雀 què
　~斑 ~盲症

R

髯 rán （统读）
攘 rǎng（统读）
桡 ráo （统读）
绕 rào （统读）
任 rén〔姓，地名〕
妊 rèn （统读）
扔 rēng（统读）
容 róng （统读）
糅 róu （统读）
茹 rú（统读）
孺 rú（统读）
蠕 rú（统读）
辱 rǔ（统读）
挼 ruó（统读）

S

靸 sǎ（统读）
噻 sāi（统读）
散(一)sǎn
　懒~ 零零~~
~漫

(二)san
　零~
丧 sang
　哭~着脸
扫(一)sǎo
　~兴
(二)sào
　~帚
埽 sào（统读）
色(一)sè(文)
(二)shǎi(语)
塞(一)sè(文)动作
义。
(二)sāi(语)名
物义，如："活
~"、"瓶~"；动
作义，如："把洞
~住"。
森 sēn（统读）
煞(一)shā
　~尾 收~
(二)shà
　~白
啥 shá（统读）
厦(一)shà(语)
(二)xià(文)
　~门 噶~
杉(一)shān（文）
　紫~ 红~ 水~
(二)shā(语)
　~篙 ~木
衫 shān（统读）
姗 shān（统读）
苫(一)shàn(动作
义，如"~布")
(二)shān(名物
义，如"草~子")
墒 shāng（统读）

猞 shē（统读）
舍 shè
　宿~
慑 shè（统读）
摄 shè（统读）
射 shè（统读）
谁 shéi，又音 shuí
娠 shēn（统读）
什(甚)shén
　~么
蜃 shèn（统读）
甚(一)shèn(文)
　桑~
(二)rèn(语)
　桑~儿
胜 shèng（统读）
识 shí
　常~ ~货 ~字
似 shì
　~的
室 shì（统读）
螫(一)shì(文)
(二)zhē(语)
匙 shi
　钥~
殊 shū（统读）
蔬 shū（统读）
疏 shū（统读）
叔 shū（统读）
淑 shū（统读）
菽 shū（统读）
熟(一)shú(文)
(二)shóu(语)
署 shǔ（统读）
曙 shǔ（统读）
漱 shù（统读）
戍 shù（统读）
蟀 shuài（统读）

孀 shuāng（统读）
说 shuì
　游～
数 shuò
　～见不鲜
硕 shuò（统读）
蒴 shuò（统读）
艘 sōu（统读）
嗾 sǒu（统读）
速 sù（统读）
塑 sù（统读）
虽 suī（统读）
绥 suí（统读）
髓 suǐ（统读）
遂（一）suì
　不～ 毛～自荐
　（二）suí
　半身不～
隧 suì（统读）
笋 sǔn（统读）
莎 suō
　～草
缩（一）suō
　收～
　（二）sù
　～砂密（一种植物）
唆 suō（统读）
索 suǒ（统读）

T

趿 tā（统读）
鳎 tǎ（统读）
獭 tǎ（统读）
沓（一）tà
　重～
　（二）ta

疲～
（三）dá
　一～纸
苔（一）tái（文）
　（二）tāi（语）
探 tàn（统读）
涛 tāo（统读）
悌 tì（统读）
佻 tiāo（统读）
调 tiáo
　～皮
帖（一）tiē
　妥～ 伏伏～～
　俯首～耳
　（二）tiě
　请～ 字～儿
　（三）tiè
　字～ 碑～
听 tīng（统读）
庭 tíng（统读）
骰 tóu
凸 tū（统读）
突 tū（统读）
颓 tuí（统读）
蜕 tuì（统读）
臀 tún（统读）
唾 tuò（统读）

W

娲 wā（统读）
挖 wā（统读）
瓦 wà
　～刀
喎 wāi（统读）
蜿 wān（统读）
玩 wán（统读）
惋 wǎn（统读）

脘 wǎn（统读）
往 wǎng（统读）
忘 wàng（统读）
微 wēi（统读）
巍 wēi（统读）
薇 wēi（统读）
危 wēi（统读）
韦 wéi（统读）
违 wéi（统读）
唯 wéi（统读）
圩（一）wéi
　～子
　（二）xū
　～（墟）场
纬 wěi（统读）
委 wěi
　～靡
伪 wěi（统读）
萎 wěi（统读）
尾（一）wěi
　～巴
　（二）yǐ
　马～儿
尉 wèi
　～官
文 wén（统读）
闻 wén（统读）
紊 wěn（统读）
喔 wō（统读）
蜗 wō（统读）
硪 wò（统读）
诬 wū（统读）
梧 wú（统读）
牾 wǔ（统读）
乌 wù
　～拉（也作"靰
　鞡"）～拉草
杌 wù（统读）

鹜 wù（统读）

X

夕 xī（统读）
汐 xī（统读）
晰 xī（统读）
析 xī（统读）
皙 xī（统读）
昔 xī（统读）
溪 xī（统读）
悉 xī（统读）
熄 xī（统读）
蜥 xī（统读）
螅 xī（统读）
惜 xī（统读）
锡 xī（统读）
樨 xī（统读）
袭 xí（统读）
檄 xí（统读）
峡 xiá（统读）
暇 xiá（统读）
吓 xià
　杀鸡～猴
鲜 xiān
　屡见不～
　数见不～
锨 xiān（统读）
纤 xiān
　～维
涎 xián（统读）
弦 xián（统读）
陷 xiàn（统读）
霰 xiàn（统读）
向 xiàng（统读）
相 xiàng
　～机行事
崤 xiáo（统读）

哮 xiào（统读）
些 xiē（统读）
颉 xié
　～颃
携 xié（统读）
偕 xié（统读）
挟 xié（统读）
械 xiè（统读）
馨 xīn（统读）
囟 xìn（统读）
行 xíng
　操～ 德～ 发～
　品～
省 xǐng
　内～ 反～ ～亲
　不～人事
芎 xiōng（统读）
朽 xiǔ（统读）
宿 xiù
　星～ 二十八～
煦 xù（统读）
蓿 xu
　苜～
癣 xuǎn（统读）
削（一）xuē（文）
　剥～ ～减 瘦～
　（二）xiāo（语）
　切～ ～铅笔
　～球
穴 xué（统读）
学 xué（统读）
雪 xuě（统读）
血（一）xuè（文）用
　于复音词及成
　语，如"贫～"、
　"心～"、"呕心沥
　～"、"～泪史"、
　"狗～喷头"等。

（二）xiě（语）口语
　多单用，如"流了
　点儿～"及几个
　口语常用词，如：
　"鸡～"、"～晕"、
　"～块子"等。
谑 xuè（统读）
寻 xún（统读）
驯 xùn（统读）
逊 xùn（统读）
熏 xùn
　煤气～着了
徇 xùn（统读）
殉 xùn（统读）
蕈 xùn（统读）

Y

押 yā（统读）
崖 yá（统读）
哑 yǎ
　～然失笑
亚 yà（统读）
殷 yān
　～红
芫 yán
　～荽
筵 yán（统读）
沿 yán（统读）
焰 yàn（统读）
夭 yāo（统读）
肴 yáo（统读）
杳 yǎo（统读）
窅 yǎo（统读）
钥（一）yào（语）
　～匙
　（二）yuè（文）
　锁～

曜 yào（统读）
耀 yào（统读）
椰 yē（统读）
噎 yē（统读）
叶 yè
　～公好龙
曳 yè
　弃甲～兵 摇～
　～光弹
屹 yì（统读）
轶 yì（统读）
谊 yì（统读）
懿 yì（统读）
诣 yì（统读）
艾 yì
　自怨自～
荫 yìn（统读）
　（"树～"、"林～
　道"应作"树阴"、
　"林阴道"）
应（一）yīng
　～届 ～名儿 ～
　许 提出的条件
　他都～了 是我
　～下来的任务
　（二）yìng
　～承 ～付 ～声
　～时 ～验 ～邀
　～用 ～运 ～征
　里～外合
萦 yíng（统读）
映 yìng（统读）
佣 yōng
　～工
庸 yōng（统读）
臃 yōng（统读）
壅 yōng（统读）
拥 yōng（统读）

踊 yǒng（统读）
咏 yǒng（统读）
泳 yǒng（统读）
莠 yǒu（统读）
愚 yú（统读）
娱 yú（统读）
愉 yú（统读）
伛 yǔ（统读）
屿 yǔ（统读）
吁 yù
　呼～
跃 yuè（统读）
晕（一）yūn
　～倒 头～
　（二）yùn
　月～ 血～ ～车
酝 yùn（统读）

Z

匝 zā（统读）
杂 zá（统读）
载（一）zǎi
　登～ 记～
　（二）zài
　搭～ 怨声～道
　重～ 装～ ～歌
　～舞
簪 zān（统读）
咱 zán（统读）
暂 zàn（统读）
凿 záo（统读）
择（一）zé
　选～
　（二）zhái
　～不开 ～菜 ～
　席
贼 zéi（统读）

憎 zēng（统读）
甑 zèng（统读）
喳 zhā
　喳喳～～
轧（除"～钢"、"～
　辊"念 zhá 外，其
　他都念 yà）（gá
　为方言，不审）
摘 zhāi（统读）
粘 zhān
　～贴
涨 zhǎng
　～落　高～
着（一）zháo
　～慌　～急　～家
　～凉　～忙　～迷
　～水　～雨
（二）zhuó
　～落　～手　～眼
　～意　～重　不～
　边际
（三）zhāo
　失～
沼 zhǎo（统读）
召 zhào（统读）
遮 zhē（统读）

蛰 zhé（统读）
辙 zhé（统读）
贞 zhēn（统读）
侦 zhēn（统读）
帧 zhēn（统读）
胗 zhēn（统读）
枕 zhěn（统读）
诊 zhěn（统读）
振 zhèn（统读）
知 zhī（统读）
织 zhī（统读）
脂 zhī（统读）
植 zhí（统读）
殖（一）zhí
　繁～　生～　～民
（二）shi
　骨～
指 zhǐ（统读）
掷 zhì（统读）
质 zhì（统读）
蛭 zhì（统读）
秩 zhì（统读）
栉 zhì（统读）
炙 zhì（统读）
中 zhōng
　人～（人口上唇
　当中处）
种 zhòng
　点～（义同"点
　播"。动宾结构
　念 diǎnzhǒng，义
　为点播种子）
洲 zhōu（统读）
骤 zhòu（统读）
轴 zhòu
　大～子戏　压～
　子
碡 zhou
　碌～
烛 zhú（统读）
逐 zhú（统读）
属 zhǔ
　～望
筑 zhù（统读）
著 zhù
　土～
转 zhuǎn
　运～
撞 zhuàng（统读）
幢（一）zhuàng
　一～楼房
（二）chuáng

经～（佛教所设刻
　有经咒的石柱）
拙 zhuō（统读）
茁 zhuó（统读）
灼 zhuó（统读）
卓 zhuó（统读）
综 zōng
　～合
纵 zòng（统读）
粽 zòng（统读）
镞 zú（统读）
组 zǔ（统读）
钻（一）zuān
　～探　～孔
（二）zuàn
　～床　～杆　～具
佐 zuǒ（统读）
唑 zuò（统读）
柞（一）zuò
　～蚕　～绸
（二）zhà
　～水（在陕西）
做 zuò（统读）
作（除"～坊"读 zuō
　外，其余都读
　zuò）

附录四 河北方言分布示意图

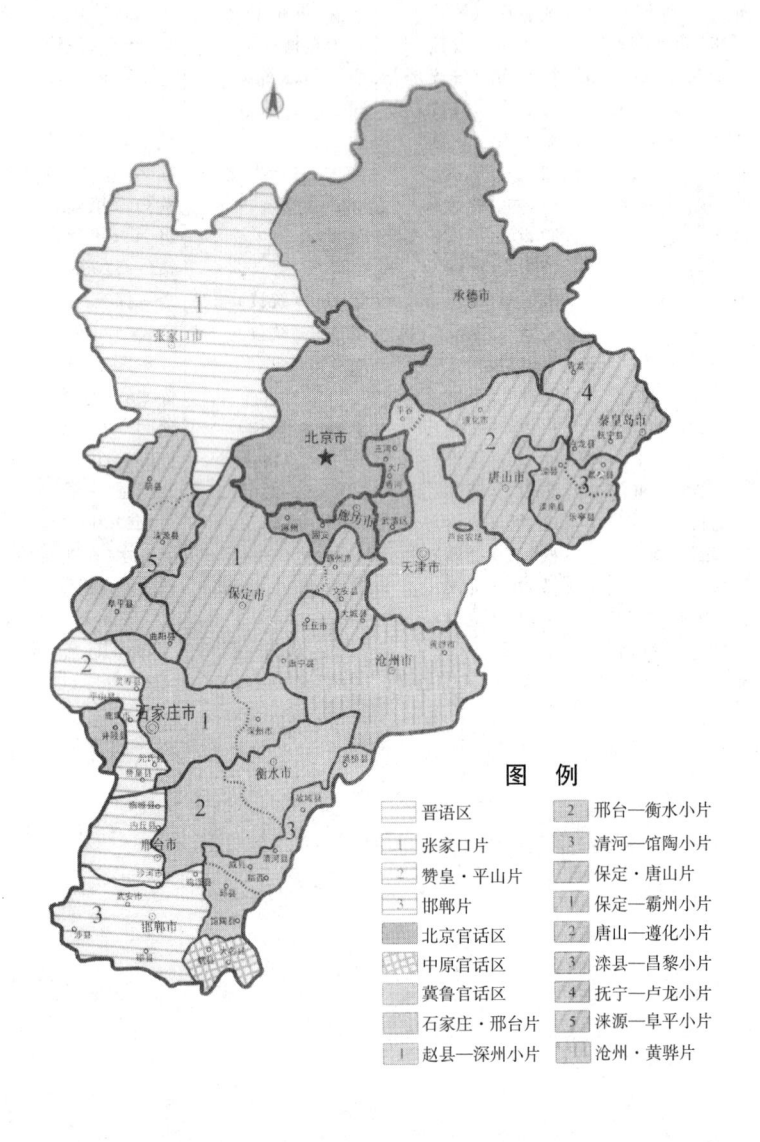

后　　记

为进一步提高河北省普通话水平测试工作水平，保障河北省普通话水平测试工作规范、科学、持续发展，我们在《河北省普通话培训测试教程》基础上，结合河北省普通话培训测试工作实际，组织编写了这本《普通话水平测试指导用书》（河北版）。具体分工如下：

宗欢记（河北省教育厅语言文字工作处）、张淑敏（河北省语言文字培训测试中心）、张二刚（河北省语言文字培训测试中心）执笔编写第一章第一节为什么推广普通话、推广普通话的方针政策、工作目标，第三节普通话水平测试的性质、作用、测试机构依据、对象和等级要求。

王晖（河北省教育厅语言文字工作处）执笔编写第一章第一节什么是普通话，第二节方言与河北方言分区，第三节普通话水平测试的内容、方式、等级标准、评分标准、测试样卷、测试流程。

王晖、何彦杰（河北师范大学国际交流学院）执笔编写第二章第一节普通话语音知识。

郝作成（河北科技师范学院文法学院）、唐健雄（河北师范大学文学院）执笔编写第二章第二节普通话水平测试指导中的读单音节字词、读多音节词语。

曹昭（河北省普通话培训测试中心）、阎浩然（河北师范大学国际交流学院）负责编写第二章第二节普通话水平测试指导中的朗读短文、命题说话。

曹昭、黄振桥(河北省语言文字培训测试中心)负责编写第三章普通话水平测试用词语汇总。

曹昭负责编写第四章普通话水平测试用朗读篇目,第五章普通话水平测试用说话题目,第六章计算机辅助普通话水平测试。

全书的统稿、润色工作由宗欢记、王晖、张二刚、张淑敏、曹昭、郝作成承担,最终靠编委会全体同志的共同协作完成了书稿。

刘教民同志在百忙中为此书撰写了序言。

在此书编写过程中,我们参阅了一些语言学、方言学的论著、教材和有关资料,恕不一一列举,在此一并致谢!书中缺点、疏漏之处,乞请读者指正。

《普通话水平测试指导用书》(河北版)编写委员会
二〇一一年十月一日